東京大學東洋文化研究所研究報告

先秦家族關係史料の新研究

小寺　敦　著

東洋文化研究所紀要　別册

序

先秦時代における家族は、經學的な觀點からは倫理道德的秩序の基礎として、唯物史觀に代表される所謂社會構成體史觀では上部構造に影響を與える下部構造にあたるものとして、人類學・民俗學では當該時代の社會風俗研究の中心課題として扱われてきた。問題關心は研究者の立場によりそれぞれ異なるが、いずれも當該分野を重要かつ基礎的な研究對象としてきたことでは共通する。家族という概念は、研究者や研究對象によって示す內容にばらつきがあり、實際のところはかなり曖昧な用語ではあるが、通常、最も卑近で最小の人間集團の單位とされる。從って、過去の家族について議論することは、その者の歷史認識に直結する意味を持ち續けてきたし、また過去のあらゆる事象の研究に對して影響を及ぼすことなのである。このように家族研究は歷史學の枠內にとどまらず、人文・社會科學において極めて重要な一分野を構成する。先秦家族史はその家族研究の中の一分野である。これまで中國古代家族史における研究對象として盛んに研究がなされてきたのは、いうまでもなく戰國中期の商鞅變法以後に成立してくるとされる秦漢時代以後のものである。西嶋定生や增淵龍夫といった戰後日本の研究者は、春秋戰國時代になると、舊來の氏族制的な血緣紐帶にかわって新たに出現する非血緣・非地緣的人間關係に着目し、秦漢帝國の構造を解明しようとした。彼らの間で實りある論戰が展開されて中國古代史研究の一時代が形作られたのは周知のことである。秦漢時代の家族は商鞅變法に象徵的にみられるように、先秦時代の家族形態を克服して成立するわけであるが、そうした認識の下で、先秦時代の家族が研究對象としては、しばしば秦漢帝國の家族制度に先行接續する家族形態として位置づけられてきたこともまた事實である。だが、先秦時代の家族はなにも秦漢時代のそれの前提としての價値しか有しないわけでは勿論ないのであって、先秦時代の家族研究それ自體は、近年岡村秀典や宮本一夫らによって議論されている初期國家論の時代區分に従うなら、[1]初期國家の成立（前二〇〇〇年ごろ）より以前から領域國家の形成（前五世紀前後以降）に至る時代まで、すなわち中國史のみならず東アジア史、ひいては世界史的視野において最も初期の家族のあり方を探求する手段として、獨立した學問分野となり得るものである。また所謂「傳統的」な家族倫理の根據とされる經書は、成書年代はともかくとして、内容的にはいずれも先秦時代の要素を含んでいるとする見解が有力であり、その思想は中國のみならず現代日本の家族觀にも大きな影響を與えている。このように先秦時代の家族研究は、日本の家族研究とも大きな關連性をもつのである。

その研究の基礎となるのは、當該時代の傳世文獻や出土史料である。出土史料はその分量の少なさと出土地域・年代の偏りのために、傳世文獻に記録が少ない西周時代以前を除いて近年までは補助的に利用されることが多く、多くの場合、傳世文獻が據るべき根本史料として扱われてきた。傳世文獻の中、『春秋左氏傳（左傳）』は春秋時代、『詩（詩經）』は西周から春秋時代以前を解明する史料として、漢代以後の注釋による研究が進められつつ盛んに用いられてきた。だがそれらが古文系の經典であり成書事情が不明瞭であったため、古來、今文系の學者などによって僞書というレッテルを貼られることがあった。近代に入ると、今文學の流れを汲む所謂「疑古派」により、清朝考證學の傳統と歐米の近代的な學問的方法とによる文獻批判がなされ、古典籍の本文とその注釋の間に違いがあるという指摘もなされた。前近代の先秦家族研究は漢代以後の概念に引きずられていたことになる。これは今日でも參照すべき見解であるが、傳世文獻を僞書と斷定する際に間々強引な論證がみられ、春秋時代以前の歴史研究が無意味とされたことすらあった。[2]だが今世紀に入ると疑古派によって僞書と斷定された書籍の一部が出土史料の中から發見されるようになった。そのため、疑古派は嚴しい批判に晒されるようになり、今日の中國大陸で掲げられている「走出疑古」なる標語が示すように、[3]先秦古典籍の記事をほとんど無批判に史實として利用しようとする動きがみられるまでになった。結局のところ、『左傳』や『詩』もこのような研究の流れの中で、なかなか體系だった史料研究が行われずに今日を迎えたのである。先秦家族史研究もまた多くの場合、他の中國古代史の各分野と同樣、傳世文獻の內容を一定程度信頼することを前提として行われてきた。嚴しい言葉を用いて言えば史料に對する一種の思考停止である。そのため先秦時代家族の議論は、ともすれば論者の都合のよいよう恣意的な史料解釋が行われがちであった。そして一般に先秦家族史は、それ自體が相當曖昧な概念である「宗法制」の崩壞、および「宗法制」に代わる秦漢時代の家族制成立の時代として位置づけられてきたのであった。こうした研究狀況を前にすれば、體系的な史料分析の方法論が是非必要であることが理解される。それ故、本書はかかる意識のもとに史料分析の手法として傳世文獻の構造分析を採用し、系統立てて先秦家族史を見直したいと考えるのである。

　從って取り上げるべき研究課題についても、家族研究には、親族稱謂、系譜や家産など、樣々な課題を扱わねばならない。傳世文獻で目につくのは婚姻や親子關係などを表す親族關係の記事である。系譜關係の記事を多く載せる傳世文獻として、『春秋』三傳や『國語』といった年代記の類があげられる。記事の數量が多いということは、データが多く信頼性が比較的高い結論を期待できるということである。そこでまず、檢討對象を『春秋』三傳の婚姻・系譜關係記事に絞り、個々の婚姻記事に對する評價や、そうした婚姻關係から生み出される親族關係を分析し、更にそうした家族關係記事を掲載する文獻の史料的性格を追求した。これが第一章である。次に、先秦家族史を研究するにあたっては、傳世文獻の記事における新舊も判別しなければならない。その判別基準となる出土史料の家族關係記事を、傳世文獻の記事と比較して、出土史料・傳世文獻それぞれの史料的性格を明確にしようとし、更には繼承や同姓不婚といった先秦時代における家族の問題について、一つの見通しを得ようとした。これが第二章である。『詩』は、家族關係を同時代の風俗を表現したものとして重要な史料とされてきた。目加田誠・松本雅明・白川靜らを始めとする體系的な研究があるとはいえ、成立時期を始め、その史料的性格全般について、未だに定説といえるものがない。それにもかかわらず、多くの場合、『詩』各篇の成立を西周から春秋時代におくことを前提とし、『詩』の詩句をもとにして西周から春秋時代の社會を復元しようとする試みが進められている。確かに、『詩』には西周金文に類似した表現がみられるなど、その成立の古さを示唆する部分がある。しかし、そのことのみを根據に成立年代を論ずることの困難さは、松本雅明が述べるような後代成立の可能性を考えれば自ずと明らかである[4]。とはいえ、『詩』そのものには成立年代を特定できる材料がほとんどない。そこで他書に引用された『詩』、特に引用例が豐富で、しかも春秋時代以前の『詩』利用の風俗を記す史料が豐富とされる『左傳』を手掛かりとして、そこに引用された『詩』について検討し、更に『詩』の口誦と筆寫の問題を契機に、『詩』の成立・傳播に關する考察を進めることにした。これが第三章である。以上の章立てのもと、本書は書き進められる。

以上、本書では、先秦時代の家族關係諸分野について、その材料となる史料の史料的性格を確認することを中心としながら、先秦家族史の幾つかの問題についても検討を加えていくことになる。

注

（1）岡村秀典「禮制からみた國家の成立」（田中良之・川本芳昭編『東アジア古代國家論——プロセス・モデル・アイデンティティ——』、すいれん舎、二〇〇六年四月）、宮本一夫「中國における初期國家形成過程を定義づける」（前掲書）。

（2）例えば、白鳥庫吉「支那古代史の批判」（一九三〇年頃、『白鳥庫吉全集』八（岩波書店、一九七〇年十月）所収）五四三

頁、同「支那古代史について」（一九二九年十一月三十日史學會例會講演、『史學雜誌』四一―一、一九三〇年一月、『白鳥庫吉全集』八（岩波書店、一九七〇年十月）所收）五八五頁は、堯舜禹から春秋末までの記録が史實性に乏しいことをいい、和田清『中國史概説』（全二册、岩波全書一二〇、岩波書店、東京、一九五〇年十一月、一九五一年二月）一一～一二頁は、中國の歴史でやや信憑性があるのは、周室東遷後のこととしている。

（3）李學勤『走出疑古時代』（修訂本、遼寧大學出版社、一九九七年十二月）。無論、大陸の學者が皆このスローガンに従っているわけではない。

（4）松本雅明『詩經諸篇の成立に關する研究』（東洋文庫論叢第四十一、東洋文庫、一九五八年一月）五七八～五八九頁など。

目次

先秦家族關係史料の新研究

序章　先秦家族關係史料に關する研究史の整理と展望

第一節　先秦家族史および鄰接諸分野研究の展望

――婚姻史を中心として――

序

加藤常賢の先秦家族制度に關する研究が出版されたのは、一九四〇年である。この頃から日本では先秦家族史に關する研究が次々と發表されるようになった。周知のように先秦時代、その中でも特に春秋後期から戰國時代にかけて、中國では鐵器と牛耕の出現に象徴されるような歷史的な社會變動があったとされ、このことは特に戰後歷史學で注目され、多くの議論を生み、そして今現在も生みつつある。詳しくは本文で述べるが、加藤はこの時代の家族制度の變動について基本的な見通しを立てた。その見通しが中國學の他分野の見解と整合性をもったことから、加藤の研究は戰後盛んとなった社會構成體史觀による中國古代史研究に刺激を與え、先秦家族史は戰後の中國歷史學の中で非常に重要な役割を演じることとなった。

先秦時代の家族史、就中その家族制度を研究する上での史料は、傳世文獻では『左傳』や『禮記』といった經書が主であった。經書はいうまでもなく儒敎の聖典であり、經學と密接に關わる。こういう事情もあって、經書に書かれている範圍内の先秦家族制度については、前近代より精緻な研究が進められてきた。そのため今日では日本・中國を中心として、關連分野を含めた膨大な先秦家族史研究の蓄積が存在するのである。

しかし近年の我が國ではかつてみられたような活況はもはやない。それには、かつて盛んだった所謂「周代宗法制」に代表される、中國古代の家族に關する構造研究が大方なされ、それに關する問題はほぼ出盡くした觀があることもあろう。しかし、それ以上に先秦家族史の學問の存立そのものに關わる深刻な問題がある。近年、瀨川昌久は、親族の研究者には時流に乘り遲れた印象があることについて觸れているが、(1)文化人類學においては、かつて流行した親族研究が行き詰まりをみせ、嚴しい批判的再檢討を根本から迫られている。モルガン後の歐米の文化人類學主流と對立するマルクス史觀も、文化人類學初期の理論を引き繼いでおり、親族研究はその重要な構成要素であって、モルガンやエンゲルスによる血緣家族→プナルア（Punaluan）家族→對偶婚家族→家父長制家族→單婚家族という單線的な發展段階論を家族史の基礎に据えている。(2)これまでモルガン・エンゲルスの學說に基づいた研究は數多くなされたが、今日ではモルガン・エンゲルスの學說を全否定する立場からだけではなく、その學說を利用する立場からも、これまでのそういう研究を見直す動きがある。(3)以上のような影響が日本における先秦時代の家族研究にも現れていると考えられる。

その一方で、近年の中國大陸では、この方面の研究は活況を呈しており、多くの專門書が出版され、相當な分量の論文が執筆されている。(4)それには、中國大陸においては、モルガン・エンゲルスの理論が表面的にはなお生命を保ち續けていることがあろう。また、文革中は歐米の文化人類學の研究成果を參考にすることができなかったため、文革後の中國では、文化人類學を利用した親族研究になお肯定的印象が存在することもあろう。中國における先秦婚姻・家族史の研究動向に關しては、近年、通史的にではあるが郭松義が八〇年代以來の婚姻・家族史をまとめ、(5)官文娜が宗法制研究史を整理している。(6)中國における家族史研究の進展には評價すべき點があるものの、この狀況が先秦家族史の新たな展望を開くものとは、必ずしも樂觀視できない事情がある。そのため、いわば危機的狀況にある先秦家族史研究の今日的意義を確認し、その研究を進めていく見通しを得るため、研究史の整理を行う必要がある。

日本では、中國古代家族史のみを直接分析對象とした研究は必ずしも多くない。多くは鄰接諸分野を研究する過程で、家族についても觸れることになる。そのため、家族史以外の鄰接諸分野に目を配る必要がでてくる。先秦時代の家族史は多く周代宗法制と關連づけて議論される。周代宗法制は繼承・系譜・祖先祭祀・姓氏・親族稱謂といった個別の問題と關連性をもち、それらはいずれも婚姻と密接な關係を有する。婚姻はいわば先秦家族制度の支柱であり、先秦時代の婚姻に關する先行研究を振り返ることは、先秦家族史研究の出發點となり得る。

そこで、本節では婚姻史を中心とした先秦家族史の學說史整理を中心に行う。この作業は第一・二章で進める議論の前提となる。とりあげる先行研究の範圍は、當然ながら研究蓄積のある日本と中國のものがほとんどになる。そして時代は、本書で主に扱う春秋戰國時代を中心とし、必要に應じて殷・西周時代に關する研究にも觸れることとする。(7)

一．先秦家族研究史の整理

一―一．周代宗法制研究――加藤常賢の業績を中心として――

先秦時代の家族を規定していたのは同姓不婚にみられるような姓氏に基づく規範であり、その規範のよりどころとなっていたのは、周代宗法制と稱される嫡長子繼承の制度だったとされる。傳世文獻における宗法に關する記事に相矛盾する點があることもあって、前近代においては、周代宗法制に關する議論は盛んに行われた。(8)しかしこれらは、あくまでも經學的解釋であり、經書の祖述の域を出るものではなかった。(9)

近代に入り、歐米の學問が流入しても、先秦家族史に關する研究は、多くは前近代よりひきつづいて漢學の傳統を受け繼いだ中國哲學の研究者によって、いわゆる宗法制度の解明を中心に行われた。また、廣池千九郎が明治時代の末期において、周代宗法制の人爲性をみてとったように、[10]法制史家もこの時期に宗法制研究を行っている。この時期の研究者には、文化人類學の理論やエンゲルスの發展段階論を先秦史に利用する者がいた。しかし、多くは經學的な議論から抜け出せないものや、外來の理論をそのまま先秦史に適用しようとしたものだった。[11]それから、宗法制崩壊の時期については春秋戰國とするのが常識であったため、宗法制度の成立、つまり家族制度の畫期をどこに置くかが問題とされた。これは、婚姻の發展段階論の觀點からいえば、內婚制母系社會から外婚制父系社會への轉換點がどこにあるかという形で議論された。殷代を母系制、周代を父系制として宗法制度成立の畫期を殷周交替期に置くものに王國維、郭沫若、曾謇、陳顧遠などがあり、[12]殷周をともに父系制としてその連續性を說くものに、丁山、董家遵、胡厚宣などがあり、後に郭沫若も自說を撤回してこれに與した。[13]また、略奪婚の存在の是非など、婚姻習俗の檢討も彼らは行っていたが、あくまでも個別事例の研究にとどまっており、先秦婚姻史の歷史的展開における位置づけまで考えるには至らなかった。

こうした狀況に對し、加藤常賢は、殷周交替期に宗法制の畫期を認めず、「宗制度」を單なる繼承法・族統括の規定とみずに、西周時代に成立した血族組織の制度と考え、姓—血族的氏族制、氏—領土的氏族制、大宗—宗族的家制、小宗—宗族的血族制に分類し、姓から氏、大宗から小宗への發展過程を考えた。そして、『爾雅』釋親篇の親族稱謂について、古文字學の知識を導入して檢討し、先秦時代の族制を昭穆制度にみられるような cross cousin 婚による雙分制組織としている。また、媵制を sororate という婚姻習俗とするなど、婚姻形態の考察も行った。[14]このように、先秦時代の家族形態を文化人類學でいう雙分制組織に求め、そこから周代宗法制の構造と展開を明らかにしようと試みたのである。無論、加藤の引用した文化人類學や古文字學の理論は今日からみれば問題のあるものも多いが、一九四〇年前後という時代においてはまさに畫期的であった。加藤は、主要文獻の解釋に沒頭するような清朝考證學者の研究態度を批判し、「宗制度」の如き制度・習俗は、その來源を究明すべきことを說き、宗法制研究を歷史的に解明しようとした。飯尾秀幸は、そうした加藤の研究態度を、氏族共同體の結合原理に非血緣的要素をとりこんだ、歷史的展開過程で捉えたものとして高く評價するが、[15] 加藤常賢の業績は、戰後の共同體論の先驅となる一面ももっていた。加藤の學問自體は傳統的な漢學の流れの中にあり、モルガン・エンゲルスの所說や中國古代母系制說も否定しており、モルガン・エンゲルスの歷史觀とは對極の見解を有していたと考えられる。しかし、それがかえって幸いしたのか、それまでの內外の研究にしばしばみられたように、發展段階の公式を安易に中國史に適用することはなく、文化人類學や古文字學の研究成果を導入し、獨自に中國家族史の發展段階を想定することになった。そして、これらは戰後の先秦家族史研究の先取りをする結果となった。加藤の業績の骨子である、年代が下るとともに血緣集團の範圍が狹まり、地緣原理が擴大することは、今日でも繼承されている。

これ以後、少なくとも日本では、先秦家族史は總合的な形で研究されることはなくなり、個別分散化の傾向をたどるようになった。大きく分ければ二つあり、一つは家族形態論を繼承する形で、國家論、家父長制論のような社會構成體史の性格が強いものとなった。もう一つは、社會史的な性格の強いものとなった。そうした意味では、加藤の研究は、中國古代家族研究における分水嶺だといえる。

戰後、宗法については、豐島靜枝のようにエンゲルスの理論を周代宗法制研究にそのまま適用したものもあったが、[16] 加藤常賢の雙分制の議論にみられるような、文化人類學の成果を導入した宗法制の分析が主流であり、宗法制の成立時期を巡って、主に一九六〇〜七〇年代にかけて議論が交わされた。鈴木隆一は、傳世文獻、特に經書の家族關係記事を檢討し、「祖禰制」という兄弟相續を基本とした、三世代同居同財を親族とする制度が、宗法制に先行したとした。[17]江頭廣は先秦時代を父系母系共存制の社會と考え、四分制の理論を傳世文獻の家族關係記事に適用し、伯仲叔季を結婚階級名とし、同姓不婚から同宗不婚へ、さらに同小宗不婚へという不婚範圍、ひいては血族意識の縮小を論じた。[18]鈴木・江頭説に對しては反論があり、谷田孝之は喪服制度に據りながら、レヴィ-ストロース（Levi-Strauss）を援用し、鈴木や江頭の伯仲叔季＝結婚階級説を否定した。[19]また、伊藤道治は殷代を宗法制への過渡期と捉えた。[20]以上は、宗法制の傳統的な血縁組織としての性格を重視しているが、先述した廣池千九郎のように、[21]宗法制そのものに人爲的な性格を認める研究もあった。山田統は宗法制に政治的・擬制的な要素を認めた。[22]多くの研究は、宗法制の成立を春秋以前に置いたが、宇都木章は傳世文獻にみえる諸侯系譜の後代性を指摘し、[23]宗法制の成立を春秋から戰國にかけて確立された禮論と考えた。[24]松丸道雄は、宇都木説を承け、殷代は、擬制的血縁關係の理念によって、邑制國家連合的性格をもつ王朝秩序を支え、周代宗法制度は、周王室の政治支配理念との不可分な關係を表したものとした。[25]これらは、傳世文獻の記事には後代の潤色になる部分があることに焦點をあてたものだが、一方で出土史料の研究の進展により、傳世文獻の一部が西周期の慣習を反映していることも分かってきた。池澤優は、傳世文獻と出土史料の宗法に關する記載が一致するものがあることに觸れている。[26]戰後の中國大陸では、童書業が時代區分論から、宗法制を封建制の早熟段階とした。[27]楊寬は、周代宗法制による國君・卿大夫內部の權力強化によって、それら相互の矛盾・衝突がおこり、周王・諸侯の力が衰退すると、下級の新興勢力に權力が移ったとし、單なる宗法制の時期區分から一歩踏み出して、戰國時代の新たな權力につながる過程を考察した。[28]また、芮逸夫のように親族稱謂について研究したものもかなり存在する。[29]そして文革後は、宗法制の原型、あるいは宗法制そのものが殷代以前に遡るとする論調が主流となった。例えば朱鳳瀚は、かなり愼重な表現ではあるが、後に宗法制度と稱されるものの原型が殷代に遡ってみられるとした。[30]これらの論調に共通するのは、父系原理のみ強調し、それに當てはまらない現象を例外として處理することである。このように、氏族社會の名殘を示すとされ、モルガン・エンゲルスの家族制度の發展段階論に沿った解釋が行われている。そして、宗法制の來源を殷代以前に求め、その殷周間の連續性を認める研究は、多數にのぼる。[31]また、出土史料を用いて宗法制を論ずるものもある。[32]李衡眉は、昭穆制を母系から父系社會への過渡期の産物とし、發展段階の中に位置づける。[33]なお、殷代について、雙分制組織の議論を利用したものに、殷王室の族組織について論じた張光直の研究がある。[34]こうした研究は、得てして考古學の成果と文獻の記載を安易に結合しがちであるが、岡村秀典のように、考古學者の側から、考古學と文獻史學の成果との斷絶を指摘した上で、それらの總合を促す聲も出てきている。[35]

次に、宗法制の中核となっているのは「姓」に基づく族組織である。その實體については謎が多く、前近代より議論が行われてきた。近代に入っても、當初は歴代注釋の解釋の範圍から脫することはなかった。橋本增吉は、姓が民族の違いを表すと考えた。[36]文化人類學の理論が先秦家族史にも導入されると、當時流行していたトーテム（totem）論をとりいれたものが現れ、日本では戰後すぐの時期までみられた。松本信廣は、姓をトーテムと同一であると考えた。[37]山田統は、『左傳』の婚姻記事の統計をとり、姓ごとにトーテムを對應させ、その通婚關係による體制が周代に存在したとした。[38]山田はその後、周室と諸侯の血緣關係を擬制的なものとして捉えた。[39]中國でも陳顧遠、李玄伯や董家遵などが戰前から戰後にかけて、姓をトーテムとし、同姓不婚を外婚制を示すものとして論じていて、史料にみえる levirate などについても觸れている。[40]近年でも何星亮や徐揚傑のように姓をトーテムとするものがある。[41]しかし、中國古代のトーテムの存在を疑問視する見解もある。[42]

姓による規範として最も重要なのは同姓不婚である。戴炎輝は、周代の同姓不婚については近親結婚の嫌惡によると考えた。[43]しかし、仁井田陞は、同姓不婚を外婚・族外婚制にあたるものとして捉えた。[44]鈴木隆一は、傳世文獻にみえる「一生一及」制が雙分制組織と關係あるものであり、同姓不婚はその組織に付隨するものであって、族外婚制を表すものと考えた。そして、加藤常賢の雙分制論を承け、[45]同姓不婚という婚姻規制を検討對象として「姓」制度について論じ、「伯叔」または「仲季」の字《あざな》をもつ兄弟からなる二團體が、「一生一及」制と稱される相續を行っていたとした。[46]他に同姓不婚の由來について述べたものに、深津胤房がある。[47]姓氏の起源については、林巳奈夫が甲骨金文の圖象記號を氏族名と考えたように、[48]圖象記號との關係に注目するものがある。鈴木隆一は、中國古代に同姓意識によって結合した「姓族」と、血縁關係を自覺した個人による「氏族」の兩制度があったとし、「姓族」の方が古く、春秋時代に「氏族」が發生したとした。[49]徐復觀は、姓を「血統的符號」、氏を「國土的符號」とし、春秋から戰國時代にかけて、宗法制が崩懷して宗法に關係のない血縁組織ができあがり、姓はもとの政治的意義など失い、姓・氏は一つの實體になったとしたが、[50]姓氏の性格付けは加藤常賢と共通性をもつものであった。このように、氏の起源については血縁共同體の崩壊との深い關係が想定されていたが、[51]七〇年代以降、姓の起源についても擬制的性格や政治性を見出そうとする視點が現れた。杜正勝は姓の起源を人爲的・政治的なものとする。[52]尾形勇は、宗法制の基盤となる姓を政治的・擬制的なものとし、既に漢代において姓氏の分布に數的な偏りがみえることを指摘しつつ、姓の成立について考察した。[53]楊希枚は「賜姓」に封建社會の實利的な性格をみてとり、同一の姓をもつ者の集團である「姓族」は、文化人類學でいう clan にあたり、「姓族」の上位集團である「氏族」は、政治的な地域集團であると考えている。[54]中國大陸では、姓が戰國時代以後より前段階の社會の名殘を示すとし、モルガン・エンゲルスの家族制度の發展段階論に沿った解釋が主流である。[55]馬雍は、姓氏制度の起源を傳世文獻記載の夏代に求め、戰國中期に變化を被ったと考えた。[56]しかし近年、越智重明は、姓の起源自體は血縁的であり、戰國中期以降に政治的意味を強くもったと考え、姫姓におけるその崩壊期に、姫姓以外はその形成過程にあったとして、姓の性格の時代・地域による變化を考えた。[57]

繼承や系譜の問題は、宗法制の基礎であり、婚姻にも密接に關わることである。このことについては、先に觸れた宇都木章、松丸道雄や尾形勇のように作爲性や政治性を指摘するものがあった。[58] しかしこれに反して、中國大陸では、出土史料の增加により、[59] 從來僞作とされていた古典籍の成書年代が遡るという現象が現れるようになったこともあってか、一九八〇年代以降、無批判に傳世文獻を利用しようとする論調が盛んになった。そのためか、嫡長子繼承の慣習や、それに基づく宗法が春秋以前、殷代にまで遡って存在したとする研究が現れはじめ、そうした考え方が有力になった。李學勤は、既に文革前からこうした考えを述べ、殷代が父系制プナルア婚だとした。[60] 楊升南や何浩・張君は、傳世文獻にみえる楚王の系譜から、末子相續による春秋時代の楚の王位繼承を否定して嫡長子繼承によるとし、[61] 錢杭は魯の「一生一及」による君位繼承をも否定し、[62] 李衡眉・梁方健も魯の「一繼一及」を政治的事情による非正式なものとした。[63] しかし、これに對する反論が齋藤道子によって行われた。齋藤は、傳世文獻にみえる楚の系譜に作爲が加わっている可能性を主張し、[64] 何浩・張君の新說に異を唱え、春秋時代の楚の王位が、平王期を境として同世代の公子を王の補佐役としたために、兄弟相續から父子相續へと固定化したことを主張した。[65] 更に、『史記』楚世家にみられる楚の王位の系譜が、春秋時代の靈王期以降、中原の系圖に自らを合わせて周との關わりを持たせようとする意圖的な操作をみてとった。[66] また、王恩田も西周期に「一建一及」制が存在したことを肯定する。[67] 系譜について、谷口滿は、楚の建國傳說の形成過程において、內藤湖南や顧頡剛が論じたような加上の法則が存在することを述べている。[68] 傳世文獻の系譜記事をもとに、周王朝・秦の系統をいずれも牧畜民の羌族とする佐藤長の研究もある。[69] 增大する出土史料をこうした問題に利用する動きもでてきており、王建新は、昭穆制について研究を進めることで墓主の判別に利用できるとし、[70] 李零は出土史料も利用して楚の系譜を檢討している。[71]

春秋戰國時代において、列國は互いに婚姻關係を結んだことが傳世文獻から窺える。先述したように、戰前、山田統がこのことをトーテム論を用いて體系的に議論した(72)。戰後、先秦の婚姻研究は個別事例の研究が中心だったため、婚姻全般として扱われることはなかったが、一九八〇年代に入って婚姻關係を用いて當時の國際關係を論じたものが現れだした。張光直は、文王以前の殷と周の婚姻について、妻を送る側の政治的地位が、妻を迎える側より高かったが、東周期になると變化し、母方の伯叔父の國と姉妹の甥の國との間には、政治的に差異があり、妻を迎える側が送る側より、祭祀儀禮上、高い地位を享受していたとした(73)。このような議論は、根據となる傳世文獻の性格を充分に検討した上で行われる必要がある。宇都木章は、『春秋』經文にみえる魯の公女について検討し、魯とその公女の嫁ぎ先の國との關係について論じた(74)。また、加藤常賢以來(75)、先秦時代の諸侯間における交叉イトコ婚の存在は定説となっていたが、これに異論を唱えるものが現れた。サッチャーは、當該時代において、よく論ぜられるような交叉イトコ婚が指向されたり、結婚同盟が繼續されたりしたようなことはなかったとし、むしろ、その後の中國の結婚儀禮へと繼續していった要素に注目した(76)。確かに傳世文獻上からは、そのような形態の婚姻記事は減少するが、そのことを婚姻制度の畫期に結びつけて考察したのが齋藤道子である。齋藤は春秋時代の婚姻一般について考察を加え、周室の弱體化と共に、母方交叉イトコ婚は少なくなり、國際關係の單位が姓から國へと變化し、女性も「質」としての意味をもつようになり、異姓媵が出現したとし、婚姻制度の畫期を春秋時代に置いた(77)。崔明德は先秦時代の政治的な婚姻を幾つかに分類して述べる(78)。徐傑令は春秋期諸侯間の婚姻關係がもたらした負の側面を強調する(79)。花房卓爾は亡命と婚姻關係との關わりについて論じた(80)。中國では、春秋戰國時代は、氏族社會およびそれに基づく西周宗法制が崩れて、家父長制ないし一夫一婦制という新たな家族發展段階に移行する過渡期であるとする考え方がある(81)。顧頡剛は、春秋時代の「烝」・「報」という婚姻形態は父系氏族社會から奴隸制社會へに移行期に現れた特殊なものとした(82)。薛理勇は、媵制をプナルア婚の遺制とする(83)。いずれにせよ發展段階論の枠組みは堅持されている。

戰後は各地域の婚姻について個別に検討するものが増えたが、婚姻・血緣關係の權力形成への利用とその限界を考えるものが多い。小野澤精一は、文公時代の晉國が、異姓との通婚關係に頼る性格が濃厚であり、そのような人的結合關係が強固な覇者軍團を形成する基盤となっていたとした[84]。また小野澤は、齊桓公の相となった管仲が、舅族から甥族への援助の形をとらず、賢能として採り上げられ、「仲父」という擬血緣的な呼ばれかたをしていたとする[85]。田中柚美子は、戎・狄が晉の婚姻政策により、晉に同化したとした[86]。太田幸男は、田氏は、族的集團の崩壊期にあっても、なお強固な血緣組織を維持し續けていたとし、田齊の家父長權下に組織した王權の限界を論ずる[87]。松井嘉德は、鄭の王卿士としての官制的側面は、周王子弟としての出自によるものであり、そのような制度が周王朝の衰退につながったとした[88]。山田崇仁は、淅川下寺春秋楚墓を検討し、從來の複數家系の成員の緩やかな連合體からなる楚型世族から、一家系から出す宗主權力の強い中原型世族へと脱却を圖ったとした[89]。以上、血緣關係が、中央集權化阻害の要因として議論されている。高兵は亡命者の婚姻から春秋時代の民族融合などについて述べた[90]。このほかに金文を中心とした研究成果もあり、任偉は西周金文から西周初期の召公一族と燕君の世系を復元した[91]。劉正は、金文にみられる周代の氏族や廟制について論じた[92]。また近年では青銅器銘文のデータベース化が進展したこともあり、婚姻關係を示す銘文を網羅的に整理・利用した研究もある。例えば陳昭容は、青銅器銘文をもとにして漢淮地區諸國の婚姻關係について論じている[93]。

一―二　女性に關する研究

エンゲルスは女性の世界史的敗北により、母系・母權制が轉覆され、家父長制家族に移行したと述べたが[94]、このように、先秦時代における女性の地位は出自研究と關連づけて進められた。既に述べたように、郭沫若らは殷代母系制說[95]、胡厚宣らは殷周父系制說を唱えたが[96]、そこでは母系・父系と母權・父權が混同されており、現在もそのような混同が時々みられる。出自は女性の地位と絡めて母系＝母權と誤解されることがあるが、今日では女性の地位と出自は相關關係にないとするのが普通である。陳東原は、春秋戰國から秦代にかけて禮教が強化され、婚姻などにおいて女性の束縛が強化されたとした[97]。仁井田陞は、中國歷代の婚姻法は男子を中心として構成されており、女子は從屬的な地位にあったとする[98]。田上泰昭は、『左傳』を中心に婚姻記事を檢討し、『左傳』編者が『春秋』の理念に呻く婦人の複雜な絆を描き、そこにその歷史觀の根底があると考えた[99]。宇都木章は、『左傳』にみえる聲伯の妻という一女性の悲劇的運命について述べている[100]。これらは先秦時代の女性が低い地位に甘んじていたとするものだが、その後、特に一九九〇年代に入って出土史料の研究が進展すると、女性の地位がそれまで考えられていたより高いと考えられるようになり、以下のように原始母權制の議論とは異なる角度から中國古代「家父長制」への疑問がだされることになった。林巳奈夫は、西周期の女性の地位の高さが後代より高かったことに觸れる[101]。吉田浤一は、睡虎地秦簡の段階に對偶婚の影響が殘っているとし、夫權の弱さを指摘する[102]。伊藤道治は、金文銘の檢討により、西周時代の貴族女性の經濟的な獨立性を述べた[103]。竹浪隆良は、睡虎地秦簡について、吉田說には批判的だが、夫婦が比較的平等であったとする[104]。工藤元男は、睡虎地秦簡の屬邦律の規定から、母の出自が身分を決定する上で意味をもっていたことに觸れている[105]。山田勝芳は、戰後日本の中國古代家族の研究史をまとめつつ、雲夢睡虎地秦簡などの出土史料を用い、睡虎地秦簡の段階では父權・父の原理を中心としながら、母權・母の原理に對應する法規定がなお見られたが、國家との關わりの中で男系中心に家を再編する力が働き、漢代に第一段階としての「家」觀念が成立するとした[106]。豐田久は、西周時代において、「王」の嫡妻は、婚姻夫婦として「王」と一體化しており、宗廟の祭主として、支配の公的權威の源泉である「上帝」に通じており、そこに「王」を代行する彼女自身の公的權威があったとした[107]。また、太田有子は、先秦秦漢の夫婦の合葬について、春秋戰國における族的結合の崩壞と單家族の形成、戰國中期から前漢中期におけるその普及、前漢中期から後漢にかけての單家族から複合家族への再統合やそれに伴う夫婦一體化への志向が關わっているとした[108]。陳昭容は大量の青銅器を調査し、周代女性の祭祀中の地位について論じ、祭祀活動の面から周代は男性もしくは父權中心の時代だとした[109]。曹兆蘭は、青銅器銘文を網羅的に收集し、女性の地位の變遷について述べた[110]。他に、宋伯姬の燒死事件について『春秋』三傳の記事を比較し、その説話形成の過程を論じた田村和親の傳世文獻成立に關する研究がある[111]。

出土史料における族名や個人名といった固有名詞の比定は、その史料の性格を決定するため、重大な問題である。特に、女性名には通常、姓がみられるため、その器の製作者比定を左右する。その際には、傳世文獻に現れる名稱を參照しつつ進められてきた。しかし、傳世文獻における氏や姓の竝び方には、それなりの規則性はあるものの、例外も多いことが前近代から知られていた。こうしたことについては、加藤常賢や江頭廣が檢討を行っているが[112]、その實態を明確にするには至らなかった。このことが、青銅器の製作者や年代を特定する際に議論を紛糾させてきた。吳基昌は金文銘の人名比定を行ったが、未だ定論とはなっていない[113]。この種の問題で典型的なのは、曾國の姓である。姬姓の隨と同一とみるか、傳世文獻上の姒姓の曾とするかで議論が紛糾した。王育成は、曾侯乙墓の青銅器銘文の女性名から金文銘の女性名の法則性について論じた[114]。我が國では、宇都木章や石黑ひさ子が曾國の姓について議論している[115]。また平勢隆郎は、叔尸鎛・鐘の人名問題から、母系で祖先を遡ることがあり得るとする[116]。殷代については、徐義華や嚴志斌が殷代甲骨文にみえる女性名を整理している[117]。こういった傳世・出土史料の人名、特に女性名に關する問題は、中國大陸でさかんに論じられているが[118]、結局幾つかの範疇に分類することで終わっており、曹定雲が認めているように[119]、この問題は複雜であって定說がない。

高木智見は、傳世文獻の記事を根據として、祭祀する者とされる者とが一種理念的な共同體を形成していたとした[120]。このように、現世の人間と祖先神による一種の共同體理論は、先秦時代の女性のあり方を考える上にも影響を及ぼすだろう。郭沫若が、祖先祭祀から殷代を母權社會と考えたことは先に觸れたが[121]、殷代の祖先祭祀における女性の存在の大きさは、伊藤道治が、殷代の祖先祭祀が周代のそれに較べて女性の祖先がかなり大きく扱われていたとするように[122]、多くの研究者が同意するところである。しかし、このような考えに異を唱える議論が近年の中國大陸を中心としてあり、朱鳳瀚は、殷代の祖先祭祀について、女性祖先も受祭者に含まれるが、男性祖先の配偶者としてそうあるだけで、母系の繼承關係は排斥されているとし、血緣團體から地域性組織への過渡期であるとした[123]。池澤優は、春秋時代を境に、「孝」により表示されていた權威の範圍が縮小し[124]、祖先崇拜の集團統合の機能が薄れ、傍系・母系を含む近親死者の記念に重點が置かれていくようになるとする[125]。また、高木智見說の影響をうけて、齋藤道子は、國の統治權の源が周王朝から封建された家柄を示す「血」にあり、それが諸侯間の勢力調整機能を果たしたが、春秋時代に周王室の權威が失墜すると「血」の重みが減じたとした[126]。中國では、謝維揚が周代金文にみえる女性祖先祭祀の事例より、周代を非對稱な雙親世系よりなっているとし、中國での從來の單なる父系・母系制論爭とは異なる見解をだしている[127]。また法制史では、滋賀秀三が、父子一體・夫妻一體の原則を論じている[128]。

一―三　民俗學的研究などについて

文化人類學や民俗學の手法を用いて家族の諸形態を論ずるものは、戰前によく行われたが[129]、戰後はあまり行われなくなった。しかし、江頭廣は、民俗學の手法を積極的に先秦史に用い、傳世文獻を中心に利用した「左傳民俗學」の道を開くことで[130]、先秦時代の家族の習俗についても考察を進めた。

こうした傾向は特に、『詩』（『詩經』）をもとにした家族研究にみられる。グラネがその嚆矢であり、グラネは春秋以前において、排他的な結婚同盟によって周代諸侯間の秩序が維持され、『詩』の祭禮歌がそれを示していると考えた[131]。しかし、その後、松本雅明がこの説の難點を批判しているように[132]、グラネ說に同意する研究者は少なくなったが、『詩』、特に國風が先秦時代の婚姻などの習俗を直接反映する同時代史料であると考えて、その個々の篇から婚姻など、先秦時代の家族一般のありかたを探ろうとする研究が續々と現れた[133]。中國でも、この分野の研究は非常に論文の本數が多い[134]。『詩』が確かに西周から春秋にかけての同時代史料ならば、これらの研究は極めて意義あるものであろう。しかし、その成書年代に定說がない狀況下で、研究が進められていくことには不安を感じる。

家族道德・倫理については、傳世文獻の記事をもとに進められた。宇野精一は、傳世文獻の記事をもとに、春秋時代の家族倫理について觸れている[135]。花房卓爾は、傳世文獻にみえる父子關係について考察した[136]。藤川正數は、『公羊傳』・『左傳』の記事を比較しつつ、『公羊傳』が國家的・政治的秩序をより重視するのに對し、『左傳』は家族主義的倫理をより重視するとした[137]。そのような違いが現れる背景についての考察が待たれる。栗原圭介は、先秦時代の婚姻の禮的理念について述べた[138]。このような課題について論ずる場合、そこで扱うことになる史料の史料的性格については見解が分かれていることが多いため、そうした史料を極力詳細に整理し、愼重に検討しながら研究を進めていく必要があると思われる。

いうまでもなく、戰前・戰中の時期は、自由な研究活動が制限されていた。しかし、このことが加藤常賢をはじめとする有能な研究者を、史料に則した實證的な研究に向かわせることになったともいえる。この時期の研究成果を基礎として、戰後の先秦家族研究が展開されていくことになった。

二、從來の研究における問題點

戰後日本では、マルクス・エンゲルスの著作や文化人類學の知見を利用して分析するものが增大した。その際、先秦時代は、家族史にとり、中國史上最初の統一國家である秦漢帝國に先行接續する時代として位置づけられ、漢代のいわゆる三族制家族のような複合家族に先行する家族形態や、その規範となる宗法制の變遷・そのあり方について議論が交わされた。このころは、日本における先秦家族史の研究史上、最も活發に研究が行われた時期だったといえる。戰後共產黨政權の成立した中國大陸では、モルガン・エンゲルスの理論、すなわち、母權制から父權制へ移行し、原始亂婚から、次第に婚姻規制を擴大し、やがては一夫一婦制へとたどりつくという、婚姻・家族の發展段階論が婚姻・家族史に適用され、社會學や文化人類學は「資產階級唯心學派」として排斥された。[139]その上、一九五〇～七〇年代は十分に研究を行える社會狀況になかったこともあって、中國大陸ではほとんど先秦家族史の研究業績はみられなくなった。しかし、文革後の解放的な空氣の中、一九八〇年代以降は中國で先秦家族史の研究が一氣に增加した。既に紹介したように、それらの研究の中には、實證性の高いものや、銳い問題提起を含んだ高いレベルのものもみられる。この間の事情は、王玉波[140]や郭松義[141]が述べている。逆に日本ではそのころから先秦家族史の研究が停滯期を迎えたのである。

先秦時代の家族史の方法論は、前近代以來の經學的方法論、モルガン・エンゲルスの家族發展史觀にみられる社會構成體史の方法論、社會史的方法論というように、それぞれが複合的に組み合わさっていることもしばしばあるが、大きく三種類に區分することが可能だろう。經學的な方法論は、戰前において先秦家族史の研究の基礎を築いたといえようが、經學であるがゆえに經書の分析は緻密である一方、それら經書が成立してくる當時の社會や歷史の流れに對する配慮がやや不充分な嫌いがあった。社會構成體史については、日本では、婚姻史というよりは家族史の家族形態論が流行し、一時は家族史のみならず歷史學全體をリードし、みるべき成果もあったが、近年ではこの系統の研究は少なくなった。社會史については、西側諸國ではモルガン後の文化人類學主流派がマルクス主義と激しく對立するようになったこともあってか、日本では社會構成體史をはじめとする歷史學的な視點からは距離をおき、當該時代に密着して考察を進める傾向が強い。中國大陸では、文革後にそれまでの社會構成體史に社會史の方法論が導入される形で研究が進められた。近年では、既に紹介した朱鳳瀚の研究のように、人類學など、中國學に直接關連する分野以外の最新の成果を積極的に取り入れる環境ができあがりつつある。

戰後の先秦家族史研究は、個別化の一途をたどったが、これは研究の深化を進め、先秦時代の家族に關する個々の具體相を把握することができるようになった。その反面、個々の分野を統一的に把握し、先秦家族史全體を俯瞰することが、ややもすれば疎かになった。中國大陸では、家族史の專著が相當數出版されていることからも分かるように、詳細かつ實證的なレベルの高い研究から、中國史の諸事象をエンゲルスの公式に代入しただけのものまであって玉石混淆の狀況にある。ひるがえって日本では近年、池澤優、豐田久、山田勝芳らの家族史と關連性をもつ業績が矢繼ぎ早に現れ、先秦家族史は再び息を吹き返そうとしているかにみえる。

今日、先秦家族史の主流は、日本においては家族關係史料の作爲部分の辨別と非父系原理の遡及にあり、中國においては家族の發展段階を軸に据えた上での宗法制・父系制原理の遡及にある。エンゲルスのある種教條的な理解によれば、母系原理の存在は社會の「原始的」な性格を示すため、「中華文明」の起源を遡ろうとする中國における近年の流れからすれば、父系制原理や宗法制が殷代以前に遡って存在した方が、都合がよいからであろう。日本の場合は、近年の日本や歐米諸國における女性史の流行や、女性の側からの視點に着目されやすい風潮の影響もあるかもしれない。兩者は一見、對照的であるが、殷周交替期における家族制度の繼續性や、母方の血統に關する重要性、女性が先秦時代に一定程度の地位を占めていたことはいずれも認めている。つまり實證的な部分の見解には必ずしも大きな差があるわけではなく、結局家族に關わる現象の中で、重視するポイントの相違であるようにもみえる。つまり、日中雙方の價値觀や歷史觀が先秦家族史の研究史に反映されているのである。だから一見迂遠な方法にみえるかもしれないが、先秦時代の家族を研究することは、日本の家族史について一つの研究視角を提供するものとなるのである。

このように、現代の研究者の價値觀が先秦家族研究を規定するように、傳世文獻の家族關連記事も成立當時の思想的影響を被っていると考えられる。前近代以來、傳世文獻における漢代以後の注釋類を參照して先秦家族史の研究が行われてきた。しかしながら本文の內容と注釋の解釋との間には時代・地域による差異が生じる。その問題を解決するための一つの手段として、史料本文に對する構造分析が考えられる。それにより、その史料本文における時代・地域の層が辨別され、そうした差異が見えてくることが期待される。このようにして先秦時代の家族史關係諸問題に對する再檢討を進めていきたいと考える。

結　語

當初、精緻ではあるものの傳世文獻の祖述にとどまったり、歐米の理論の安易な適用であることが多かった先秦家族史研究は、加藤常賢によって、文化人類學の方法論と血緣から地緣への發展という歴史的方法論を與えられた。これを境に研究は個別化・細分化の方向へ向かった。確かに個別の事例についての理解は深まったといえようが、二〇世紀末以降の思想・社會狀況の激變もあってか、今日の日本における研究は停滯している。また、中國においては、研究自體は盛んにみえるが、發表される研究に多樣性がやや缺けているように思われる。日中いずれにおいても、當時の女性のあり方に注意が拂われている點は共通する。

それら研究の史料の中心は傳世文獻であるが、現代の研究者の價値觀が先秦家族研究を規定するように、傳世文獻の家族關連記事も成立當時の思想的影響を被っていると考えられる。前近代以來、傳世文獻における漢代以後の注釋類を參照して先秦家族史の研究が行われてきた。しかしながら本文の內容と注釋の解釋との間には時代・地域による差異が生じる。その問題を解決するための一つの手段として、史料本文に對する構造分析が考えられる。それにより、その史料本文における時代・地域の層が辨別され、そうした差異が見えてくることが期待される。そこで、その史料分析の方法を用いた先秦家族史關係史料の史料的性格の確認作業を、第一章以降で進めていく。

先秦家族史研究に必要な史料の中、特に春秋三傳と『詩』が重要史料であるが、『詩』は、春秋三傳の一つである『左傳』にかなり多くの篇が引用されている。春秋三傳の史料的性格は未だに決着のついていない部分が多いが、『詩』については、春秋三傳以上に議論が錯綜している觀がある。そうした中で、松本雅明の『詩』に關する業績は、その總合性や歴史的展開を重視した點のため、『詩』の研究史において、先秦家族史における加藤常賢と同樣な重みをもっていると考えられる。それゆえ次節では、『詩』について檢討を加えるに先立ち、松本雅明の業績を振り返ることにする。

注

（1）瀬川昌久「人類學における親族研究の軌跡」（『岩波講座文化人類學』四、岩波書店、一九九七年十月）。

（2）Morgan, Lewis Henry. *Ancient Society or Researches in the Lines of Human Progress from Savagery through Barbarism to Civilization.* New York: Henry Holt, 1877.

Engels, Friedrich. *Der Ursprung der Familie, des Privateigenthums und des Staats: Im Anschluss an Lewis H. Morgan's Forschungen.* 1891.

（3）二十世紀末のソ連型社會主義體制崩壞前後から顯著にみられるようになったが、所謂マルクス主義思想に對する從來の通俗的ともいえる理解を批判的に再檢討しつつ、マルクスの思想本來の意味・意義を確認する研究が進展しつつある。この動きは歐米では活潑であるものの、日本ではやや遲れ氣味のようである。この動きは、エンゲルスの理論がしばしば利用されてきた家族史研究とも關わりをもつことでもあり、非常に重要な問題である。だがその問題は本節で扱うにはあまりにも大きいため、ここではそうした動きの存在を指摘するにとどめておく。

（4）文革後の中國における先秦婚姻・家族史關係の論文點數は、目睹し得た限りでも、二百篇を優に超える。

（5）郭松義「八十年代以來中國大陸婚姻・家庭史研究概述」（『中國史學』六、一九九六年十二月）。

（6）官文娜「中國の宗法制およびその研究の歷史と現狀」（『立命館文學』五五七、一九九八年十一月）。

（7）家族形態に關する議論は、家族史に關係がないわけではないが、筆者自身の現在の問題關心とは懸隔があり、近年の堀敏一「中國古代の家族形態」（『中國古代の家と集落』、汲古書院、一九九六年十一月）九五〜九九頁による學說史整理が既に存在するため、本節では特に本論に關係のない限り、割愛することにした。それから、法制史の家族法關連や喪服制も同樣に原則として省略する。

（8）北宋の張載『經學理窟』五卷、淸の程瑤田『宗法小記』一卷（『皇淸經解』卷五百二十四）、毛奇齡『大小宗通釋』一卷（『皇淸經解續編』卷二十三）など。

(9) 内田銀藏「支那古代の姓氏の關する研究（1）」、「同（2）」（『藝文』五―四、一九一四年四月、『同』五―七、一九一四年七月）は、宗法制に關する江戸時代の漢學をはじめ、前近代の姓氏に關する研究史を整理している。

(10) 廣池千九郎「中國古代親族法の研究」（東京帝國大學學位請求論文、一九一〇年、内田智雄校訂『東洋法制史研究』（創文社、一九八三年十月）所收）。

(11) 服部宇之吉「宗法考」（『東洋學報』三―一、一九一三年一月）、井上芳郎『支那原始社會形態』（岡倉書房、一九三九年七月）、諸橋轍次『支那の家族制』（大修館書店、一九四〇年五月）、西山榮久『支那の姓氏と家族制度』（六興出版部、一九四四年一月）など。

(12) 王國維『觀堂集林』二十卷（一九二一年）、郭沫若『中國古代社會研究』（上海聯合書店、一九三〇年一月）、曾謇『中國古代社會』（食貨出版社、一九三四年十一月）、陳顧遠『中國婚姻史』（商務印書館、一九三六年十一月）。

(13) 丁山「宗法考源」（『中央研究院歴史語言研究所集刊』四―四、一九三四年）、董家遵「中國古代婚姻制度研究」（『現代史學』二―一・二、一九三四年五月、卞恩才整理『中國古代婚姻史研究』（廣東人民出版社、一九九五年九月）所收）、胡厚宣「殷代婚姻家族宗法生育制度考」（『甲骨學商史論叢』初集、齊魯大學國學研究所、一九四四年三月）、郭沫若『十批判書』（改版、新文藝出版社、一九五一年八月）。

(14) 加藤常賢『支那古代家族制度研究』（岩波書店、一九四〇年九月）。

(15) 飯尾秀幸「中國古代の家族研究をめぐる諸問題」（『歴史評論』四二八、一九八五年十二月）。

(16) 豐島靜枝『中國における國家の起源――國家發生史上のアジアの道――』（汲古書院、一九九九年十二月）。

(17) 鈴木隆一「宗法の成立事情」（『東方學報』京都三一、一九六一年三月）。

(18) 江頭廣『姓考――周代の家族制度――』（風間書房、一九七〇年四月）。

(19) 谷田孝之『中國古代家族制度論考』（東海大學出版會、一九八九年十月）。

(20) 伊藤道治「殷以前の血縁組織と宗教」（『東方學報』京都三二、一九六二年三月）。

(21) 廣池千九郎前掲注（10）書。

(22) 山田統「左傳所見の通婚關係を中心として見たる宗周姓制度」（『漢學會雜誌』五―一～九―二、一九三七年三月～一九四一年九月、『山田統著作集』四（明治書院、一九八二年四月）所收）。

(23) 宇都木章「宗族制と邑制」（『古代史講座』六、學生社、一九六二年十二月）。

(24) 宇都木章「西周諸侯系圖試論」（『中國古代史研究』第二、吉川弘文館、一九六五年五月）。

(25) 松丸道雄「殷周國家の構造」（『岩波講座世界歷史』四、岩波書店、一九七〇年五月）。

(26) 池澤優「西周金文の祖先祭祀における祭祀對象――陝西省強家村・莊白村銅器群の例――」（論集編集委員會編『論集中國古代の文字と文化』、汲古書院、一九九九年八月）。

(27) 童書業「從「生產關係適合生產力的規律」說到西周春秋的宗法封建制度」（文史哲雜誌編輯委員會編『中國古史分期問題論叢』、中華書局、一九五七年十一月）。

(28) 楊寬「試論西周春秋間的宗法制度和貴族組織」（『古史新探』、中華書局、一九六五年十月、『西周史』（臺灣商務印書館、一九九九年四月）所收）。

(29) 芮逸夫「伯叔姨舅姑攷」（『中央研究院歷史語言研究所集刊』一四、一九四九年十二月）など。

(30) 朱鳳瀚『商周家族形態研究』（天津古籍出版社、一九九〇年八月）。

(31) 李學勤「論殷代親族制度」（『文史哲』一九五七―一一、一九五七年十一月）、裘錫圭「關於商代的宗族組織與貴族和平民兩個階級的初步研究」（『文史』一七、一九八三年六月）、陶毅・明欣『中國婚姻家庭制度史』（東方出版社、一九九四年七月）、雁俠『中國早期姓氏制度研究』（天津古籍出版社、一九九六年八月）、朱彥民「論商族早期婚姻制度的變遷」（慶祝李民先生七十壽辰論文集編委會編『中國古代文明探索――慶祝李民先生七十壽辰論文集――』、中州古籍出版社、二〇〇六年一月）など。

(32) 曹瑋「散伯車父器與西周婚姻制度」（『文物』二〇〇〇―三、二〇〇〇年三月）。

(33) 李衡眉『昭穆制度研究』（齊魯書社、一九九六年十一月）。

(34) 張光直「商王廟號新考」（『中央研究院民族學研究所集刊』一五、一九六三年、『中國青銅時代』（香港中文大學出版社、一九八二年）所收）、張光直「關於商王廟號新考一文的補充意見」（『中央研究院民族學研究所集刊』一九、一九六五年）。

（35）岡村秀典「禮制からみた國家の成立」（田中良之・川本芳昭編『東アジア古代國家論――プロセス・モデル・アイデンティティ――』、すいれん舍、二〇〇六年四月）二三一～二三三頁。
（36）橋本增吉「支那古代に於ける姓氏の意義に就きて」（『史學雜誌』二一―七、一九一〇年七月）。
（37）松本信廣「支那古姓とトーテミズム」（『史學』一、一九二二年十月、『同』二、一九二三年一月）。
（38）山田統前揭注（22）論文。
（39）山田統「周代封建制度と血族聚團制」（『社會經濟史學』一七―二、一九五一年五月、『山田統著作集』四（明治書院、一九八二年四月）所收）。
（40）陳顧遠前揭注（12）書、李玄伯『中國古代社會新研』（開明書局、一九四九年三月）、董家遵「中國的內婚制與外婚制」（手寫本、一九四五年、卞恩才整理『中國古代婚姻史研究』、廣東人民出版社、一九九五年九月、所收）、董家遵「中國收繼婚史之研究」（『嶺南大學西南社會經濟研究所專刊』第八種、一九五〇年五月、卞恩才整理『中國古代婚姻史研究』、廣東人民出版社、一九九五年、所收）。
（41）何星亮「圖騰名稱與姓氏的起源」（『民族研究』一九九〇―五、一九九〇年九月）、徐揚傑『中國家族制度史』（人民出版社、一九九二年七月）。
（42）橋本增吉前揭注（36）論文、池田末利「古代中國に於けるトテミズムの問題」（『宗教研究』一七〇、一九六一年十二月）、馬雍「中國姓氏制度的沿革」（『中國文化研究集刊』二、復旦大學出版社、一九八五年二月）など。
（43）戴炎輝「同姓不婚（1）」、「同（2・完）」（『法學協會雜誌』五三―七、五三―八、一九三五年七月、八月）。
（44）仁井田陞『支那身分法史』（岩波書店、一九四二年一月）。
（45）加藤常賢前揭注（14）書。
（46）鈴木隆一「同姓不婚に就いて」（『支那學』一〇、一九四二年四月）、鈴木隆一「一生一及の相續法」（『東方學報』京都三三、一九六三年三月）。
（47）深津胤房「古代中國人の思想と生活――同姓不婚について――」（『二松學舍大學東洋學研究所集刊』五、一九七五年三月）。

(48) 林巳奈夫「殷周時代の圖象記號」(『東方學報』京都三九、一九六八年三月)。
(49) 鈴木隆一「姓による族的結合」(『東方學報』京都三六、一九六四年十月)。
(50) 徐復觀『兩漢思想史』(增訂版、臺灣學生書局、一九七六年六月)。
(51) 加藤常賢前掲注(14)書。
(52) 杜正勝「周代封建制的建立——封建與宗法(上編)——」、「周代封建制的建立——封建與宗法(下編)——」(『中央研究院歷史語言研究所集刊』五〇、一九七九年九月)、杜正勝「傳統家族試論」(上)・(下)(『大陸雜誌』六五—二、一九八二年八月、『同』六五—三、一九八二年九月)。
(53) 尾形勇「中國の姓氏」(『東アジア世界における日本古代史講座』一〇(東アジアにおける社會と習俗)、學生社、一九八三年十二月)、同「「吹律定姓」初探——中國古代姓氏制に關する一考察——」(『西嶋定生博士還曆記念　東アジア史における國家と農民』、山川出版社、一九八四年十一月)。
(54) 楊希枚『先秦文化史論集』(中國社會科學出版社、一九九五年八月)。
(55) 雲博生「『春秋』與『春秋左傳』反映的原始婚俗考略」(『中南民族學院學報』(哲學社會科學版)一九八八—二、一九八八年三月)、金眉・張中秋「同姓不婚到同宗共姓不婚的歷史考察」(『南京大學學報』(哲學・人文・社會科學)一九八八—三、一九八八年七月)、宋鎭豪『夏商社會生活史』(中國社會科學出版社、一九九四年九月)など。
(56) 馬雍前掲注(42)論文。
(57) 越智重明『戰國秦漢史研究』三(中國書店、一九九七年八月)「姓、氏と通婚」。
(58) 宇都木章前掲注(24)論文、松丸道雄前掲注(25)論文、尾形勇「中國の姓氏」(前掲注(53))。
(59) 馬王堆漢墓帛書整理小組『馬王堆漢墓帛書(壹)』(文物出版社、一九七四年九月)、同『馬王堆漢墓帛書(參)』(文物出版社、一九七八年七月)、荊門市博物館『郭店楚墓竹簡』(文物出版社、一九九八年五月)、馬承源主編『上海博物館藏戰國楚竹書』(一)(上海古籍出版社、二〇〇一年十一月)など。
(60) 李學勤前掲注(31)論文。

(61) 楊升南「是幼子繼承制、還是長子繼承制？」(『中國史研究』一九八二―一、一九八二年三月)、何浩・張君「試論楚國的君位繼承制」(『中國史研究』一九八四―四、一九八四年十一月)。
(62) 錢杭『周代宗法制度史研究』(學林出版社、一九九一年八月)。
(63) 李衡眉・梁方健「「一繼一及」非「魯之常」說」(『齊魯學刊』一九九九―六、一九九九年七月)。
(64) 齋藤道子「楚の王位繼承法と靈王・平王期」(『史學』五七―一、一九八七年五月)、同「春秋楚國の王と世族――その系譜關係をめぐって――」(『日中文化研究』一〇、勉誠社、一九九六年八月)。
(65) 齋藤道子「楚の王位繼承法と靈王・平王期」(前揭注(64))。
(66) 齋藤道子「春秋楚國の王と世族――その系譜關係をめぐって――」(前揭注(64))。
(67) 王恩田「再論西周的一建一及制」(『大陸雜誌』八四―三、一九九二年三月)。
(68) 谷口滿「先秦楚國の建國と建國傳說――先王傳說の形成にみられる加上の法則――」(代表・安田二郎『中國における歷史認識と歷史意識の展開についての總合的研究』、平成四・五年度科學研究費報告書、一九九四年三月)。
(69) 佐藤長「周王朝の系統について――西方民族と中國民族――」(『鷹陵史學』一三、一九八七年十月)、同「秦王朝の系統について」(『鷹陵史學』一四、一九八八年十月)。
(70) 王建新「中國先秦昭穆制について」(『泉屋博古館紀要』五、一九八八年九月)。
(71) 李零「楚國族源・世系的文字學證明」(『文物』一九九一―二、一九九一年二月)。
(72) 山田統前揭注(22)論文。
(73) Chang, Kwang-chih(張光直). *Art, Myth, and Ritual: The Path to Political Authority in Ancient China*. Cambridge: Harvard University Press, Mass., 1983.(伊藤清司・森雅子・市瀬智紀譯『古代中國社會――美術・神話・祭祀――』(東方書店、一九九四年一月))。
(74) 宇都木章「『春秋』にみえる魯の公女」(『中國古代史研究』第六、研文出版、一九八九年十一月)。
(75) 加藤常賢前揭注(14)書。

(76) 齋藤道子「春秋時代の婚姻——その時代的特質を求めて——」(『東海大學文明研究所紀要』一二、一九九二年三月)。

(77) Thatcher, Melvin P., *Marriages of the Ruling Elite in the Spring and Autumn Period*. Rubie S. Watson & Patricia Buckley Ebrey, ed. *Marriage and Inequality in Chinese Society*. Berkley and Los Angeles: University of California Press, 1991.

(78) 崔明德『先秦政治婚姻史』(山東大學出版社、二〇〇四年十一月)。

(79) 徐傑令「春秋時期聯姻對封交的影響」(『東北師大學報』(哲學社會科學版) 二〇〇四—一、二〇〇四年一月)。

(80) 花房卓爾「子にとって父とはなにか——春秋時代の父子關係——」(『廣島大學文學部紀要』三七、一九七七年十二月)。

(81) 祝瑞開「我國一夫一妻制家庭的形成」(『社會科學輯刊』一九八九—六、一九八九年十一月)、陳寧「春秋時期大國爭覇對諸侯婚姻制度的影響」(『河北師院學報』一九九〇—四、一九九〇年十二月)。

(82) 顧頡剛「由「烝」・「報」等婚姻方式看社會制度的變遷」(上)・(下)(『文史』一四、一九八二年七月、『同』一五、一九八二年九月)。

(83) 薛理勇「試論春秋媵制」(『江漢論壇』一九九一—八、一九九一年八月)。なお最近では、周廷良『夏商周原始文化要論』(學苑出版社、二〇〇四年七月) のように、傳世文獻を利用し、夏王朝や傳説の堯舜以前の時代の存在を前提とし、そこまで遡って婚姻研究を試みるものがあるが、これらの議論の進め方に危うさを感ぜずにはいられない。

(84) 小野澤精一「晉の文公説話にみられる覇者の性格について」(『東京大學教養學部人文科學紀要』四六 (國文學・漢文學) XⅢ、一九六八年九月、小野澤精一『中國古代説話の思想史的研究』(汲古書院、一九八二年十二月) 所收)。

(85) 小野澤精一「齊の桓公説話の思想史的考察——特に桓公政權成立過程における管仲との結びつきをめぐって——」(『二松學舍大學論集』(中國文學編)、一九七七年十月、小野澤精一『中國古代説話の思想史的研究』(汲古書院、一九八二年十二月) 所收)。

(86) 田中柚美子「晉と戎狄——獻公の婚姻關係を中心として——」(『國學院雜誌』七六—三、一九七五年三月)。

(87) 太田幸男「齊の田氏について・その二——田齊の成立——」(『中國古代史研究』第四、雄山閣、一九七四年三月)。

(88) 松井嘉德「周王子弟の封建――鄭の始封・東遷をめぐって――」（『史林』七二―四、一九八九年七月、松井嘉德『周代國制の研究』（汲古書院、二〇〇二年二月）に一部再録）。
(89) 山田崇仁「淅川下寺春秋楚墓考――二號墓の被葬者とその時代――」（『史林』八〇―四、一九九七年七月）。
(90) 高兵「春秋「流亡婚姻」考述」（『齊魯學刊』二〇〇四―一、二〇〇四年一月）。
(91) 任偉「西周早期金文中的召公家族與燕君世系」（『中國歷史文物』二〇〇三―一、二〇〇三年）。
(92) 劉正『金文氏族研究――殷周時代社會・歷史和禮制視野中的氏族問題――』（中華書局、二〇〇二年一月）、同『金文廟制研究』（中國社會科學出版社、二〇〇四年一月）。
(93) 陳昭容「從靑銅器銘文看兩周漢淮地區諸國婚姻關係」（『中央研究院歷史語言研究所集刊』七五―四、二〇〇四年十二月）。
(94) エンゲルス前揭注（2）書。
(95) 郭沫若前揭注（12）書。
(96) 胡厚宣前揭注（13）書。
(97) 陳東原『中國婦女生活史』（商務印書館、一九三七年五月）。
(98) 仁井田陞前揭注（44）書。
(99) 田上泰昭「春秋左氏傳における歷史敍述の性質――魯公十八夫人をめぐって――」（『日本中國學會報』二五、一九七三年十月）、同「春秋左氏傳における說話成熟の原型――十三魯公女記事をめぐって――」（『日本中國學會報』三一、一九七九年十月）。
(100) 宇都木章「エピソード〝「左傳」中の一女性の悲劇をめぐって〟」（『史友』三、一九七一年五月）。
(101) 林巳奈夫前揭注（48）論文。
(102) 吉田浤一「中國家父長制論批判序說」（中國史研究會編『中國專制國家と社會結合――中國史像の再構成Ⅱ――』、文理閣、一九九〇年二月）。
(103) 伊藤道治「𧊒鼎銘とその社會的意義」（『關西外國語大學研究論集』五八、一九九三年七月）。

(104) 竹浪隆良「中國古代の夫權と父母權について」(『堀敏一先生古稀記念　中國古代の國家と民衆』、汲古書院、一九九五年三月)。
(105) 工藤元男『睡虎地秦簡よりみた秦代の國家と社會』(創文社、一九九八年二月)。
(106) 山田勝芳「中國古代の「家」と均分相續」(『東北アジア研究』二、一九九八年三月)。
(107) 豊田久「西周金文に見える「家」について――婦人の婚姻そして祖先神、領地や軍事など――」(論集編集委員會編『論集中國古代の文字と文化』、汲古書院、一九九九年八月)。
(108) 太田有子「古代中國における夫婦合葬墓」(『史學』四九―四、一九八〇年三月)、同「中國古代における夫婦合葬――その發生と展開および家族制度との關わり――」(伊藤清司先生退官記念論文編集委員會『中國の歴史と民俗』、第一書房、一九九一年十月)。
(109) 陳昭容「周代婦女在祭祀中的地位――青銅器銘文中的性別・身分與角色研究(之一)――」(『清華學報』三一―四、二〇〇一年十二月)。
(110) 曹兆蘭『金文與殷周女性文化』(北京大學出版社、北京、二〇〇四年七月)。
(111) 田村和親「伯姫に對する『三傳』の評價」(『二松學舍大學東洋學研究所集刊』二七、一九九七年三月)。
(112) 加藤常賢前揭注(14)書、江頭廣前揭注(18)書。
(113) 吳其昌『金文世族譜』(中央研究院歷史語言研究所專刊之十二、一九三六年四月)。
(114) 王育成「從兩周金文探討婦名「稱國」規律――兼談湖北隨縣曾國姓――」(『江漢考古』一九八二―一、一九八二年九月)。
(115) 宇都木章「春秋左傳に見える鄫國」(『青山史學』八、一九八四年十一月)、宇都木章「曾侯乙墓について」(『三上次男博士喜壽記念論文集・歷史編』、平凡社、一九八五年八月)、石黑ひさ子「曾侯乙墓出土竹簡についての一考察」(『駿臺史學』九五、一九九五年十月)、同「『左傳』に見える鄫國・杞國」(『史料批判研究』二、汲古書院、一九九九年六月)。
(116) 平勢隆郎『中國古代紀年の研究――天文と曆の檢討から――』(東京大學東洋文化研究所、汲古書院、一九九六年三月)。但し、同『『春秋』と『左傳』――戰國の史書が語る「史實」、「正統」、國家領域觀――』(中央公論新社、二〇〇三年二月)

六三～六五頁ではその見解に修正が加えられている。

(117) 徐義華「甲骨刻辭諸婦考」（『殷商文明暨紀念三星堆遺址發現七十周年國際學術研討會論文集』、社會科學文獻出版社、二〇〇三年八月）、嚴志斌「商代金文的婦名問題」（『古文字研究』二六、中華書局、二〇〇六年十一月）。

(118) 陳偉「兩周婦名稱國的一點商榷」（『江漢考古』一九八二―二、一九八二年）、盛冬鈴「西周銅器銘文中的人名及其對斷代的意義」（『文史』一七、一九八三年六月）、李學勤「考古發現與古代姓氏制度」（『考古』一九八七―三、一九八七年三月）、同「先秦人名的幾個問題」（『歷史研究』一九九一―五、一九九一年十月）、李仲操「兩周金文中的婦女稱謂」（『古文字研究』一八、一九九二年八月）、張淑一「先秦「賜姓」問題探索」（『東北師大學報』（哲學社會科學版）一九九九―四、一九九九年七月）、汪中文「兩周金文所見周代女子名號條例（修訂稿）」（『古文字研究』二三、中華書局・安徽大學出版社、二〇〇二年六月）、曹兆蘭「金文女性稱謂中的古姓」（『考古與文物』二〇〇二―二、二〇〇二年二月）、石岩「周代金文女子稱謂研究」（『文物春秋』二〇〇四―三、二〇〇四年六月）。

(119) 曹定雲「周代金文中女子稱謂類型研究」（『考古』一九九九―六、一九九九年六月）。

(120) 高木智見「夢にみる春秋時代の祖先神――祖先觀念の研究（2）――」（『名古屋大學東洋史研究報告』一四、一九八九年十二月）、同「春秋時代の神・人共同體について」（『中國―社會と文化』五、一九九〇年六月）。

(121) 郭沫若前掲注（12）書。

(122) 伊藤道治前掲注（20）論文。

(123) 朱鳳瀚『商周家族形態研究』（天津古籍出版社、一九九〇年八月）。

(124) 池澤優「西周春秋時代の「孝」と祖先祭祀について――「孝」の宗教學・その1――」（『筑波大學地域研究』一〇、一九九二年一月）。

(125) 池澤優「祭られる神と祭られぬ神――戰國時代の楚の「卜筮祭禱記錄」竹簡に見る靈的存在の構造に關する覺書」（『中國出土資料研究』創刊號、一九九七年三月）。

(126) 齋藤道子「春秋時代における統治權と宗廟」（伊藤清司先生退官記念論文集編集委員會編『中國の歷史と民俗』、第一書房、一九九一年十月)。

(127) 謝維揚『周代家庭形態』(中國社會科學出版社、一九九〇年六月、一部修訂版、金景芳師傳學者文庫第一輯、黑龍江人民出版社、哈爾濱、二〇〇五年一月)。

(128) 滋賀秀三『中國家族法の原理』(創文社、一九六七年三月)一二八～一三六頁。

(129) 陳顧遠前揭注(12)書など。

(130) 江頭廣『左傳民俗考』(二松學舍大學出版部、一九八七年三月)、同『古代中國の民俗と日本』(雄山閣、一九九二年二月)。

(131) Granet, Marcel. *Fêtes et Chansons anciennes de la Chine. Bibliothèque de l'École des Hautes Études, Paris: Sciences religieuses* 34, *Leroux*, 1919.(邦譯、内田智雄譯『支那古代の祭禮と歌謠』、弘文堂、一九四二年十月)。

(132) 松本雅明「競爭と結婚同盟——詩經國風篇成立についての諸問題」(『法文論叢』二八、一九七一年一月、『同』三〇、一九七二年十二月、『中國古代史研究』(松本雅明著作集一〇、弘生書林、一九八八年六月)所收)。

(133) 佐藤廣治「詩の所謂三星と婚時」(『支那學』三—二、一九二三年十一月)、金田純一郎「唱和方式の婚俗をめぐって」(上)・(中)・(下)(『京都女子大學文學部紀要』一三、一九五六年九月、『同』一四、一九五七年三月、『同』一六、一九五八年二月)、松本雅明「周代における婚姻の季節について(上)・(下)——詩經にみえる庶民祭禮研究の一章——」(『東方宗教』三、四・五、一九五三年七月、一九五四年二月)、同「詩經戀愛詩における興の研究——周南關雎篇について——」(『東方古代研究』五、一九五四年十二月)、石川三佐男「『詩經』における捕兔の興詞と婚宴の座興演舞について——兔を對象とする呪儀的行爲とその展開——」(『日本中國學會報』三五、一九八三年十月)、同「『詩經』における夫婦の破局をうたう歌について」(『詩經研究』九、一九八四年十二月)、藤山和子「『詩經』標有梅における婚姻の正時——戴震の「詩標有梅解」を通じて——」(『日本中國學會報』三五、一九八三年十月)、中鉢雅量「詩經における神婚儀禮」(『東方宗教』六六、一九八五年十月)、谷口義介『中國古代社會史研究』(朋友書店、一九八八年三月)など。

(134) 近年では、郜林濤「『詩經』所載上古婚嫁時令的文化內涵」(『晉陽學刊』一九九七—六、一九九七年十一月)など。

(135) 宇野精一「春秋時代の道德意識について」(『大東文化研究所東洋學術論叢』二、一九五八年十月)。

(136) 花房卓爾前掲注（80）論文。
(137) 藤川正數「春秋左氏傳における家族主義的倫理思想」（『池田末利博士古稀記念　東洋學論集』、池田末利博士古稀記念事業會、一九八〇年九月）。
(138) 栗原圭介『古代中國婚姻制の禮理念と形態』（東方書店、一九八二年二月）。
(139) 郭松義前掲注（5）論文。
(140) 王玉波「啓動・中斷・復興——中國家庭・家族史研究述評——」（『歴史研究』一九九三—二、一九九三年四月）。
(141) 郭松義前掲注（5）論文。

第二節　松本雅明『詩經諸篇の成立に關する研究』における詩篇成立年代について

序

松本雅明は、中國古代研究の基礎となる傳世文獻として、『尙書』とともに『詩經（詩）』を掲げる。(1)このように重要な史料である『詩』は、その成立について不明な點が多く、古來さまざまな形で議論されてきた。周知のように、こうした中で松本雅明の詩經研究は、當該分野における代表的・基本的なものとしてしばしば引用される。松本の研究中で使われた史料は傳世文獻が中心であるが、近年では上海博楚簡『孔子詩論』などの出土史料により、(2)『詩』の成立・編纂をめぐる研究は新たな局面を迎えている。(3)いまや出土史料は量的に増大して相當な分量となり、それを用いない研究はもはや考えられないようになった。そのため、『詩』研究に限らず、ややもすれば傳世文獻の史料的價値が低く評價されたり、傳世文獻中心に組み立てられた先行研究が輕んぜられたりするように思えることがないではない。しかし、出土史料の史料的性格を見極める上での重要な判定材料は、いまだに傳世文獻が重要な位置を占めているのである。

本書で先秦家族史の研究を進めていくにあたり、まず先秦家族史を再構成する材料となる先秦史料の史料的性格に關する分析が必要である。そこで第一章では『春秋』三傳が取り扱われることになる。續いて第二章では傳世文獻と出土史料である金文の突き合わせが行われる。ここで金文の中には『詩』と共通するか近い語句がみられることは周知の事實であり、しかも『詩』は先秦家族史に關する重要な傳世文獻の一つである。從って『詩』についても、その史料的性格、特に基礎的な問題である『詩』の成立と傳播を扱うことが必要である。松本雅明は、『詩』の成立を社會變化の事象にリンクさせている。本書の議論展開にとって參照すべき視點であり、本書の研究テーマと松本の研究が絡み合う點がそこにある。それゆえ、『詩』の問題を取り扱うにあたり、松本雅明の業績と向かい合う必要があると考える。

松本の前掲書の內容を簡單に述べれば、第一章は『詩』修辭における賦比興の分類であり、第二章・第三章は興の研究である。第四章は、詩篇における新古の層の辨別であり、第五章は年代の推移によって、詩篇の間に思惟の展開があることを示し、第六章は詩篇の內部に年代推定の資料を探すものであり、この四章分では詩篇の年代を確定しようとする。第七章・第八章では詩篇に現れた古代社會と祭禮を検討する。本節では、『詩』各篇の成立年代に關する部分を扱うことになるため、同書第四章から第六章を中心にみていくことになる。

一．相對年代の決定――第四章・第五章――

（イ）第四章

『詩』の年代決定は、絕對的な手掛かりが乏しいことから、なかなか困難なことである。そこで松本は、まず詩篇相互におけるおおよその相對的な先後關係を決定しようとしたのである。同書第三章までは、詩篇における興の分析

に大半の頁數が割かれている。『周禮』春官宗伯の大師に

　教六詩、曰風、曰賦、曰比、曰興、曰雅、曰頌。

　六詩を教う、曰く風、曰く賦、曰く比、曰く興、曰く雅、曰く頌。

とあり、『毛詩』大序に

　詩有六義、一曰風、二曰賦、三曰比、四曰興、五曰雅、六曰頌。

　詩に六義有り、一に曰く風、二に曰く賦、三に曰く比、四に曰く興、五に曰く雅、六に曰く頌。

とあって、六詩ないし六義の一つとしての「興」がとりあげられている。興などについては、古來さまざまに議論されてきたが、松本は興の本質を氣分象徵・雰圍氣の形成にあるとした。篇ごとにおける興の描寫の違いから、詩篇の層序の問題が浮かび上がり、第四章につながっていくことになる。

同書第四章では、「詩篇における新古の層の辨別」と題して、『詩』における層序の問題を扱っている。まずその第一節で、もっとも豐富な例をもつものとして草摘歌をとりあげている。

『詩』にみえる植物採取の表現については、

(一)「采□□」という定式化された表現が多い。

(二)それらは興としても何らか主文にかかわりを持っている。

(三)採取の對象となる植物はかなり豐富であるが、(四)そのおのおの現れる度數はそう多くはない。

とする。そうした上で、周南漢廣・召南甘棠・召南采蘋・小雅瓠葉・魏風十畝之間・豳風七月にみられるような、植物採取の目的が明確に規定されている詩篇により、興におけるこのような植物採取は、食用・祭奠・馬の秣・紡織などの實用的目的をもつとする。そこから、他篇の草摘についてもその用途を類推し、『詩』の中に、まだ觀賞的花摘

み、ないし摘草遊びが存在しなかったことを論證する。そして、『詩』時代人の自然觀について、彼らの自然との交渉は、行爲的にはどこまでも、生活の場、實用的な意味、を離れえなかったとする。

そして周南芣苢など、賦的性格をもつ草摘みをとりあげ、その最も基本的な詩は草摘歌そのもので、そのもつ愉樂・戀愛の感想をふまえて、はじめて物思いが歌われるとする。草摘みそのものが、小雅出車や豳風七月のように、さらに屬目として客觀化されるということは、それが非傷感に託されるかぎり、最も遲れるとする。更に詩形の問題に及び、同型式のフレーズの反復からなる疊詠體から非疊詠體へという流れを示し、詩形の發展・複雜化は、おおむね新古の層と平行するといいうると述べ、そこから小雅の詩が新しいという見通しを立てる。

次に魏風十畝之間を例としてとりあげ、草摘歌には戀愛感情がその底を流れているとし、純粋の興となる篇について小雅采菽と小雅小宛をとりあげ、草摘が實際の用法と切り離される時、諺風の用法にかかわることを指摘する。

そして第一節のまとめを述べる。魏風十畝之間・王風采葛は章三句の、二章および三章の疊詠という、『詩』の中で最も簡潔な古朴な詩形をとっている。召南摽有梅は章四句の三章疊詠で草摘歌から發展したと思われ、唐風椒聊は章六句の二章疊詠、魏風汾沮洳は章六句の三章疊詠でこの二詩は戀愛と同時に一種の祝頌歌の性格を加えてきており、確かに十畝之間・采葛に遲れる。周南葛覃は章六句の前二章疊詠（不完全）・後一章獨立、周南關雎は複雜な疊詠體をとり、確かに編成された跡を示している。ことに關雎は、宮廷の婚禮歌としての成立と、『詩』の中、類例のない詩形とから、最も新しい詩篇の一つであると考える。唐風采苓は章八句の三章疊詠體をとり、既に草摘みのもつ戀愛感情を離れて不信への嘆きを歌うところから、新しい變化だと思われ、草摘歌の一異形と考えられる點において、なお關雎より古い形をとどめるものとする。小雅采菽・魯頌泮水における純粋の祝頌歌、小雅小宛における道理の指示は、その五章（章八句）、八章（章八句）、六章（章六句）の非定型の詩形とまって、最も新しい樣相を示しているとする。

そして、草摘の興の展開は、詩形とまって、詩篇の層序に對して見通しを與えるということができるとする。

第二節では、『詩』にみえる「未見君子」の句を扱う。周南汝墳を引用し、「未見君子」は、多く「既見君子」を伴い、相互に依存しながら、男女の邂逅を意味するとする。

だが秦風晨風や唐風揚之水では「未見君子」が單獨で用いられ、興の型式化・「未見君子」用法の抽象化が現れ、邂逅が變形してくると述べる。

それが饗宴の詩と君子の祝頌へと移行するとし、饗宴については、秦風車鄰・唐風山有樞になると、「未見君子」・「既見君子」も切迫した感動を伴わず、ただ一首の雰圍氣を構成するのに役立つのみとなり、更に小雅の蓼蕭・頍弁・出車ではこれらの句が氣分を醸し出すだけの常套句となるとする。君子の祝頌については、「既見君子」のみではあるが、小雅の菁菁者莪・隰桑をとりあげ、蓼蕭などと同様の傾向がみえることを示す。

そして、以上で例としてとりあげた詩篇が、疊詠體から非疊詠體、短章短句から長章長句へというように、素朴な詩形から次第に複雜な詩形に發展していく傾向にあることを示す。そして詩形にあまりに依存して議論することが危険であることを指摘しつつも、詩形の上からも、國風から雅へという流れで新古の層序を議論できることをいう。

第三節では、草摘と深い關係をもち、事例も豊富である採薪の歌を扱う。

以上より、その結語で詩篇相互の先後關係について、

(一)　行爲的・直接的な表現から、感傷的・聯想的表現に移行する。

(二)　興においては、鮮明な、印象的なものから象徴的なものにかわる。

(三)　後期には、しだいに諺的表現が豊富になる。

(四)　後期には、自然と人間とを比喩し、ことに自然の存在（恒常性）に對して、浮游する人生を對比させるもの

が現れる。

（五）後期には、必然の興があらわれる。

（六）新しい詩には、悲傷感がふかくなる。愛の悲傷、生活苦、懷古、讒言、政治への怨嗟、亡國の主題は、ことにそうである。

（七）新しい詩では、成句が利用され、編成のあとが目だつ。それは形式的な饗宴・祝頌の詩においていちじるしい。

（八）詩篇のなかに作者が現れるものは新しい。

（九）詩形においては、單純素朴な疊詠體から、しだいに複雜なものに移り、非疊詠ないし不整形の詩は、もっとも新しく成立している。しかし詩形にのみ依存することは危險である。

（一〇）一般に國風は古く、雅・頌には發展し、もしくは形式化した新しい詩篇が多い。本章にあつかった詩篇にはその逆はなかった。すなはち民謠が宮廷歌に編成されることはあったが、宮廷歌が民謠に轉化した例はみられなかった。この點はのちの考察において重要である。

と一〇項目を箇條書きで列擧している。

このように第四章では、あくまで各篇相互の成立年代の先後關係を決定しようとするものであった。疊詠體から非疊詠・不整形へというように、詩篇の形式を先後關係判斷の基準とするものの、それだけに依存することはせず、內容にも踏み込んで各篇間の新舊を判定している。そして、新古の層序において國風から雅へという流れという見通しを立てる。ここで目處を付けられた相對年代を基礎とし、第六章で絕對年代の決定に入るのである。

(ロ) 第五章

同書第五章では、「詩篇における思惟展開の徑路——庶民的思考との關聯において——」と題して、第四章に續いて詩篇の新古の層を解明することをおしすすめ、詩篇間における思惟の展開があることを示し、その徑路を明らかにする。それは、國風の民謠から小雅・大雅・頌の宮廷詩にわたるところから、まず庶民的思考を基礎として中國古代の思想をとらえ、知識層、すなわち爲政階級の思想との關聯と、知識層が庶民的思考の上に立ちつつも、そこから隔離していく過程とを見ることができるとする。

第一節では、詩の表現における象徵性と印象性の視點から考察をすすめる。まず詩における賦と興との比率をみる。國風では、形の上からみると、興が七割程度を占め、小雅でもそれはあまり變わらない。しかし、大雅ではその比率が逆轉し、頌になると、四〇篇の中、興は三篇のみであることを指摘する。つまり、興そのものが國風的または小雅的で、大雅的・頌的なものとは異なる。そして國風の中でも、曹・衞・唐・周南・邶・豳の順に興が多く、十割から六割弱までの純粹な興をもつ。逆に鄭・齊はそれぞれ三分の二、半數弱が賦であり、興と賦の中間形がほぼ興と同數を占める。詩形からいっても、鄭・齊はそれぞれ二章疊詠、三章疊詠の古朴な詩篇が多いことを述べる。それから、國風・雅における象徵性について述べ、それを直接情調に深く根ざしているものとする。そして印象性を、初めに視覺に訴えそれから情調的なかたちに移行してゆくとし、國風では周南に最も多く、秦風・召南・邶風がそれに次ぐとする。印象的描寫における正興と反興とを比較すると、後者は諸風では、分散的に數例みえているにすぎないが、象徵と印象の關係は、小雅になると逆轉する。正興の印象描寫は象徵のそれの三分の一にみたず、反興を加えても半分にすぎない。そして正と反との比較においては、むしろ反興が有力になりつつあるように見えるとする。大雅や頌になると、このような印象性はほとんど見えなくなってしまい、國風・小雅・大雅・頌の順に減少してゆき、大雅・頌に至って姿を消してしまうさまを知ることができ、正興に對して反興の頻度がしだいに增加するが、それも間もなくなくなってしまうと述べる。かくして印象が國風的なのに對し、象徵が小雅的なものであるとすれば、たんに詩形のみではなく、時代的に一方から他方への移行が考えられるのではないかと問題提起する。それから、詩形について、古詩形の作品ほど印象がきわだち、詩形が複雜化するに從って、象徵的要素と理智的性格とが增すとする。そこから、興はもともと庶民の生活感動の上に生まれてきているが、彼らは自然を客體的に捉えうるほど成長していないので、最も素朴に行動的に捉えられた自然は賦となり、あるいは興、ないし賦と興との中間形をとる。やがて興が修辭として意識的に形成されるようになり、そうした直覺的で鮮明な興をもつ詩は單純でリズミカルだが、それは庶民の祭禮において舞踏とともに歌われたことを示している。しかし、この段階ではまだ貴族や知識層と庶民との間には分離はなかったとする。だが、自然の把握に象徵度が增してゆき、他方では反興があらわれ、それが進むと、歌そのものが素朴さを離れ、情調的になり、もはや祭禮の舞踏歌とは思えなくなるが、それは宮廷の婚禮歌、饗宴歌、悲傷歌においてて著しく、そういう詩が現れる國風後期には知識層の歌が現れるとする。小雅になると、高度象徵をとるものには個性がみえ、政治的・思想的表現をとるものもあり、反興をふまえて更に理智的・感傷的に展開させるが、それらには庶民と分離した貴族・知識階級の思考をよみとることができるとする。つまり、全體的・民族的な歌謠が、その上に立ちつつ、漸くそれから離れて、別に上層の思考が生まれてきつつあることを知らしめるとし、その變化は、西周から東周の移行の時期にあると考える。

第二節では、諺的表現をとりあげる。國風にはなおパラドックス、矛盾概念の結合、誇張、對偶法がみられるが、國風の非定型の詩、小雅・大雅にはもはやそれはなく、純粹に自然の規格化という方向に向かっているとする。國風における、興の諺風な孤立や印象性は、それが希薄になっていくにしたがって、主文のなかに混入し、或いは主文の一部分をなすようになる。主文への混入がいちじるしくない場合にも、一章が對句形の竝列となり、全體でひとつの諺風の趣を備え、結果において、それらの諺が主文に等しい働きをするにいたる。諺の興としての性格もくずれ、しばしば章の中間または末尾におかれるようになる。それらの點からみて、國風の複雜な詩形、非定型の詩に見えるものは、小雅のそれより古い形をとどめ、大雅および頌のそれは、もっとも新しく、もっともくずれた形を示すということができるとする。そして、國風より小雅・大雅・頌への方向は考えられても、その逆の方向は全く考えられないと述べる。更に、周の東遷ごろからはじまる古代社會の變動が、思考に大きな變革をもたらしたとも想定する。

第三節では、存在の興をとりあげ、興における「有」の用法を七種類に分けて分析し、その用法の違いが成立年代に關係すると考えた。そして、國風の庶民的な思考では、「有」は卽興的・屬目的な自然のありかたを示し、從って「ある」ということよりも、有る狀態に關心が示されたが、後期に知識層の思考が自立するようになると、「山有□□、隰有□□」というように、自然を規格的にとらえ、その必然によって主文の人事を強めようとする。關心は具象的な自然ではなくして、恆常化され觀念化された自然に向けられると述べる。

第四節では、必然の興をとりあげる。それは興の中で、必然性或いは法則性のあらわれたものである。定式化がすすむに從い、興のもつ本來の象徵的意義は失われ、すなわち興自身の存在價値をみずから否定して、小雅の或るものや大雅になると、純粹な敍事詩的なものを流行させるにいたったのではないかとし、

（一）　自然の定式化は必然的に敍事的な傾向、すなわちリズムの立場をはなれて倫理的傾向を生み、それは儒家的な世界があらわれる先驅をなしている。

（二）　高度の象徵は、前者と相卽しつつ、しかも文藝の主流からしだいに離れて、わずかに、戰國時代に「楚辭」的なものにおいて維持された、ということができる。しかも後者のなかにも、第一の波動（規格化・人間化）の滲透はふせぎきれなかったことは、その修飾的な自然の捉えかたをみてもわかる。かくして春秋後期より秦漢にいたる政治・思想の優位とともに、古代文藝の沒落の時代がはじまる。

（三）　そのような變化の背後には、國風を生んだ庶民社會の變動が考えられるであろう。おそらく、村落の古代的な結合や生活の崩壞は、國風の歌謠が唱われたような祭禮を變形させ、その意味を失わせたにちがいない。そこにはもはや、前の時代の生き生きした自然感情も歌謠も、存在する餘地がなくなったのであろう。

と三點に分けて結論づけている。

以上、第五章では、詩における象徵性と印象性、諺的表現、興における存在の表現、興における必然性・法則性の表現から新古の層を考察する。印象的な表現からより複雜・高度な象徵的表現へ、そして自然表現の規格化という流れを見出し、それが庶民の祭禮における歌謠から貴族・知識階層の思考を反映した詩篇へという流れと密接に關係していると考える。こうした詩における貴族・知識層の思考の自立、社會の轉換という變化は、周の東遷期を畫期とすると考えている。

ここまでで分かるように、松本は本書第四章・第五章で、『詩』各篇における相對年代を考察しつつ、絕對年代にも少し踏み込んでいる。その考察を更に進めるため、第六章で『詩』の絕對年代の檢討作業に入ることになる。

二　絶對年代の決定――第六章――

同書第六章では、『詩』における絶對年代の決定について論ずる。ここで問題となっているのは、小雅十月之交篇の日食記事、それから各篇の内容から推定される成立年代である。特に十月之交篇の日食記事は、『詩』諸篇において精密な絶對年代を特定することが可能な唯一の史料であり、その日時をめぐって漢代以來議論が絶えないものである。ここにその問題となっている十月之交篇の冒頭第一章を引用しておく。

十月之交、朔月辛卯、日有食之、亦孔之醜、彼月而微、此日而微、今此下民、亦孔之哀。

十月の交、朔月辛卯、日之《これ》を食する有り、亦た孔だ之《これ》醜し、彼の月にして微かなり、此の日にして微かなり、今此の下民、亦た孔だ之《これ》哀れ。

第一節では、橋本增吉說(4)を引用しながら飯島忠夫說(5)批判を行っている。それは、十干十二支・二十八宿の名がみえることによる年代推定、豳風七月篇の「七月流火」から推測される曆法、小雅十月之交篇の日食記事の日時である。まず十干十二支については、飯島が甲骨文を戰國時代のものとして議論しており、問題にならないと考える。二十八宿については、殷末から西周時代にわたるという漠然とした暗示しかでてこない。「七月流火」は橋本增吉說により、年代推定することは不可能とする。十月之交篇の日食記事については、ここでは前七七六年とする飯島說を否定するにとどめる。そして、『詩』の年代推定に關するこれら四つの理由は、ひとつとして確實な資料とはなりがたいとする。

第二節では鄘風定之方中篇の「定之方中」をとりあげる。「定之方中、作于楚宮、揆之以日、作于楚室」は、前六五八年正月に、營室（ペガサス座α・β星）が中原の地、すなわち北緯三十五度のあたりにおいて、南方に上中したことを意味するとする、橋本增吉說を検證する。そして、橋本說の營室南中に關する計算間違いを指摘した上で、そもそも營室南中そのものが、時間的に大した變化がなく、詩の年代決定に意味をもちえないとする。また、詩の季節が嚴冬と考えられず、むしろ春を豫想させ、僖公二年の齊桓公による衞復國の逼迫した空氣が少しも感ぜられないことを述べ、「定之方中」による年代決定は不可能とする。

第三節では、詩の內容と詩形から國風の年代推定を行う。まず橋本增吉の研究をもとに、召南何彼穠矣、邶風擊鼓、邶風・鄘風の名稱、衞風碩人、衞風河廣、秦風黃鳥の年代を述べる。それから橋本の引かなかった、鄘風載馳・邶風泉水、齊風南山・敝笱・載驅・猗嗟、邶風二子乘舟・鄘風君子偕老、陳風株林、曹風下泉・召南甘棠についてもそれらの年代を議論している。その結果、

（一）　ある特定の事實をよむことの明らかな詩篇においても、直ちにその時の作とは斷定しえられないこと。

（二）　それらの詩篇がいずれも特殊な詩形や描寫を示していて、それは國風のすべてには及ぼされえないこと。

の二點を指摘する。そして年代推定可能な詩篇の中、何彼穠矣が前八世紀末、株林が前七世紀末であり、詩形は疊詠をとらず進展した複雜なかたちをとるものが多く、敍事の複雜化と進展がみられ、これらのことからすべて末期に屬するとする。

第四節では、第三節と同樣の手法を用いて小雅の年代推定を行う。その資料は釆薇・出車・六月・釆芑・節南山・正月・十月之交・雨無正である。次に、小雅にみえる南仲・吉甫・尹氏などといった人名から年代を推定するが、後の時代に假託された可能性を述べ、それらの名前がみられる出車・節南山・大雅常武などの諸篇を結びつけがたいとする。更に小雅にみえる異民族名もとりあげ、橋本說を參照しつつ、玁狁の名稱は『春秋』に全くみえないことから、

それ以前に遡り、蠻荊の名稱は、『春秋』では前六六六年までみえ、前六五九年以降は楚となっているから、荆が春秋以前に遡ると述べる。しかし、そうした族名がみえる詩篇の成立年代もそのまま遡らせることには愼重である。そして、年代の推定がきわめて不確實に終わるのは、從來の研究において、それが外面的な二、三の人名・地名・國名によってなされ、更に詩そのものの構成・修辭・形式などについての省察に缺け、それらを見通した廣い視野がとられていなかったからであると述べ、ある國名が現れていて、その下限がどこにあるかを確かめても、後世に回顧的にそれを描いたり、詩人が滅びた國名・地名を自己の國名・地名として採用したりする場合には、その操作は無意味に近くなってしまうという。

こうした年代決定の史料に關する愼重な態度は、第五節の小雅十月之交篇の日食記事についてもひきつづいてみられる。

第五節では、それまでよりも年代推定の資料として確實にみえる、小雅十月之交篇にみえる日食記事を扱う。漢代注釋以來の研究史を繙き、それは近代天文學を利用した學説まで及ぶ。整理すると、毛序の幽王説、鄭玄の厲王説（以上、天文學的な根據に基づくものではない）、梁の虞劆などの幽王六年（前七七六年）説、平山清次、ウィリィ・ハルトナーの平王三十六年（前七三五年）[6]説となる。松本は、平山説を疑いないように思われるとしながらも、なおいくつかの問題があってよいのではないかとし、次のように述べる。

（一）「朔日辛卯」という干支の傳承の確實度。これは孤立資料であり、正しさを確認する手掛かりがない。

（二）『春秋』の日食記事における錯誤・闕文の多さ。平山清次が、三十二の日食記事の中、十七が正しく、十五は全く誤りであるとすることを引用する[7]。

（三）十月之交篇の

彼月而微、此日而微。

彼の月にして微かなり、此の日にして微かなり。

日月告凶、不用其行、四國無政、不用其良、彼月而食、則維其常、此日而食、于何不臧。

日月凶を告げ、其の行を用ひず、四國政無く、其の良を用ひず、彼の月にして食するは、則ち維れ其の常、此の日にして食するは、于何ぞ臧からざる。

は、日食に先立って月食があったことを示す記事とされるが、これを詩的表現として讀むと、必ずしも月食の事實を指すものではない。

(四)　十月之交篇は、實際に日食を見て作られたのではなく、理念化された日食思想をもととし、『史記』天官書・『漢書』五行志にみられる思想の系譜をもつものである。

(五)　十月之交篇は、周王朝の衰運と政治の頽廢とをなげく宮廷詩人によって作られていることは確かであるが、當時の權力者を批判することはほとんど不可能に近いから、それが同時代である平王期とは考えられない。

(六)　だから、十月之交を①皇父または尹氏の失脚後の制作であり、②歴史的事實を述べるというより、それに假託して制作の時代の現實を諷諫しようとしたものである。

つまり、平王三十六年說は、天文學的な觀點からみれば說得力があるとみているわけであるが、十月之交篇の干支の信賴性に疑問を提示しながら、その日食の日時がどうであれ、篇の成立年代は日食の起こった年代とは限らず、むしろかなり下るだろうと考えるわけである。十月之交篇の日食記事が『詩』各篇成立の絕對年代決定において、それほど價値をもたないとみているわけである。松本の指摘は「疑古」的ともいえるが、確かにその六箇條いずれの項目についてもあり得ないことではない。

第六節は、大雅における年代推定の資料を扱う。大雅三十一篇は小雅より一層構成的だとし、文王篇から卷阿篇に至る正大雅十八篇は、文王・武王の創業をたたえる詩（文王篇から生民篇までの十一篇）・泰平を頌する詩（行葦篇から鳧鷖篇までの三篇）・成王を戒める詩（假樂から卷阿までの四篇）からなっており、民勞篇から召旻までの變大雅十三篇は、厲王を刺る詩（民勞から桑柔までの五篇）・宣王を美する詩（雲漢篇から常武篇までの六篇）・幽王を刺る詩（瞻卬篇から召旻篇までの二篇）からなっているとする。

次に各篇の時期について、毛詩と三家詩の説を述べ、主題についての異説は少ないようだとする。ここで四家詩が述べる、大雅の各詩篇が對象として扱う人物を表にすると左記のようになる。

篇名	毛詩	齊詩	魯詩	韓詩
文王	文王	周公		
緜			大王	
文王有聲			文王	
行葦	成王	公劉	公劉	公劉
假樂	成王		宣王	
泂酌	成王	（一般的）	公劉	
卷阿	成王	（一般的）		
板	厲王		周王	
桑柔	芮伯		芮良夫	
雲漢			宣王	

このことから、大雅詩篇の排列は、文武王・成王・厲王・宣王・幽王の五つの群が考えられていたことを推測する。詩篇の成立した時代の意識と、詩說成立の時代のそれとの間には、斷絶がないことを推測する。

『尙書』の五誥を中心とする部分は、大誥など、いずれも周公または成王にかけられているとし、その中心が周公・成王にあり、それが更に上は文王・武王、下は康王・穆王に發展していっているとする。そして、『詩』・『書』には本質的な違いがあり、それは時代的な關心の相違とするほかないように思われるとする。『書』では、文王・武王の受命、殷の討伐よりも、その端緒をうけつぎ王朝の基礎を固めた周公・成王の業績が、より現實性をもって人々に迫ったであろう。しかるに『詩』では、大祖としての文武王、更にそれに先んずる系譜に、焦點が置かれてくる。更に王朝の頽落に際しては、厲王・幽王と中興の宣王との對照が、顯著な事實となって目前にあることになる。そこには『書』の缺を補い、新しい時代の要請に應ずるという意味があるように思われる、とする。

第七節「頌の成立」では、頌の成立を扱う。頌において直接年代を推定しうる資料はきわめて乏しいとしつつ、詩形の複雜さから、魯頌はすべて新しく、國風の末期およびその後の發展の樣相を呈しており、商頌も同樣に新しいとする。周頌には一篇が分裂してできたものがあるとし、そこから頌の大部分は短詩形としてはじめから成立したものではなく、いずれも數章からなる詩の分裂によってできたものであり、その中の特殊な長い句からなる一章の詩は、はじめから一篇の詩として完結しているとする。その背景として、古い祭禮から饗宴へ、宗族組織の崩壞と家や個人の出現・人間の主張という、社會と祭禮の變動を考える。そして、頌の最も古朴なものは西周後期まで遡りうるとするが、周頌の單長形のものは、國風の後期、小雅の時代に近く、周の東遷以後から春秋の前期にわたって成立していることを思わせると述べる。周頌の農祭詩、商頌、魯頌は、『詩』の終末期におくことができるとし、魯頌閟宮篇が僖公（前六五九―六二七）以後、すなわち前七世紀末・六世紀初の成立であるとし、これを一つの基準と考える。

第八節は「年代についての結論」である。

まずは國風である。召南何彼穠矣は、周の平王（前七七〇―七二〇）の孫の婚禮をうたうところから、その晩年以後、すなわち前八世紀の後半から前七世紀初頭。齊風南山は、魯の桓公（前六九四歿）の夫人文姜と齊の襄公のことを歌うとして、前七世紀の初め。衞風碩人は、譚國の滅亡（前六八四）以前の物語であるとみるなら、前七世紀の前半。しかしここでは、その物語がのちに回想的によまれる可能性も多い。邶風泉水、鄘風載馳・定之方中は、前六六〇年の衞國の滅亡、前六四八年の楚丘における都城の復興に關するとみて、前七世紀の半ばから終わりにかけて。秦風黃鳥は、穆公の死（前六二一）に殉う勇士をなげく詩であるから、前七世紀末。陳風株林は、前七世紀末から前五九九年までの、陳の靈公と夏姫とのことを諷すると考えられる。これらは嚴密には、その事實以後であって、事象次第では相當時間的な幅がおかれるであろうとする。更に、豳風七月は、修辭および時令說、暦法資料から、終末期すなわち春秋中期に近い成立と考えられることを付記する。

次に小雅については、十月之交の日食は、平王三十六年（前七三五）の事實をさすと考えて、それ以後。しかしこの場合は、直接的なはげしい政治の批評であるところから、かなり時間を隔てて、のちの現實を諷刺するために故事が描かれたと考える。ほかの節南山・正月・雨無正には、西周の滅亡、遷都などみえるところから、東周になってからの詩。出車は、國風の新しい詩篇の編成からなるところから、春秋前期末の詩と考える。節南山などもその表現や修辭からすると、東遷直後ではなく、末期の詩であることは爭えない。それは小雅における亡國の歎き、戰時への怨嗟を歌う詩篇の年代を推定する一つの規準となるであろうとする。

大雅については、歌謠性の強いもの（棫樸・旱麓・旣醉・鳧鷖・假樂・卷阿）、小雅には全くみえない敍事性の強い詩（文王・大明・緜・皇矣・思齊・生民・公劉など）、兩者の中間の詩がある。また、末期的な悲傷感の深い詩の中にも、諷諫を主とするもの（民勞・板・抑）、亂世や小人の跋扈をなげくもの（桑柔・召旻）、後宮婦人の禍をとくもの（瞻卬）、天子が旱を天に訴えるもの（雲漢）などがあり、それらは詩形も、描寫の手法も、修辭も、かなりの隔たりがみられる。祝頌の詩と悲傷の詩とは簡單には結びつきえないから、その中間のさまざまな層を無視して、二、三の詩篇の年代によって、ただちに全體をおしはかることは不可能である。しかも敍事性が強くなると、金文や『尙書』との關係を無視するわけにはゆかないとする。

頌については、大雅より更に複雜だとし、魯頌閟宮・商頌殷武は魯の僖公の年代まで下る。だが嚴密には時代を限定する資料とはいえず、頌の下限を示すもので、全體の年代を決めるのには役立たないとする。

最後に、國風・小雅・大雅・頌それぞれに則した發展を見極める必要を說き、一の人名・地名・異民族名・天文曆法資料によることの危險性を訴える。西周・東周の間に思惟の轉換をみており、春秋前期における周の衰退とともにかえって古代を理想的に描くようになったと考えている。

以上、第六章では小雅十月之交篇にみえる日食記事を代表とする『詩』絕對年代決定の史料を扱い、その絕對年代に迫ろうとしたのである。しかし、松本はこうした史料を絕對年代の決定に利用すること自體に懷疑的である。假にそれらの史料の年代が判明したとしても、詩篇がその年代と同時に成立したという保證はなく、後世に成立した可能性もあるからというのがその理由である。ここで松本は史料にみられる紀年關係記事をもとにして、その史料の成立年代を研究することについて、嚴しい疑問を投げかけているというべきであろう。この視點は「疑古」・「釋古」の見方と共通する部分をもつものである。そして、相對年代決定の材料である、詩篇の內容から行われる分析の方をむしろ重視しているのである。

また、『詩』は『尙書』より後の成立であり、『尙書』の缺を補い、新しい時代の要請に應ずるために成立した可能性を考えている。そして基本的に國風が古く、小雅・大雅がこれに次ぎ、頌が新しいとしている。

なお、第七章・第八章においては、古代祭禮の復元、および『詩』にみえる古代の祭禮を扱っている。そして、日本の歌垣や奄美大島の八月踊についての調査結果から、國風の素朴な歌謠の背後に農祭の舞踏があり、それが單に歌われるだけの饗宴歌に移行するためには社會變動・祭禮の變化がなければならないとする。それは氏族社會の崩壞と村落における階層の發生である。國風の後期のもの・小雅・大雅・頌の大部分はそれを機會として成立したとする。松本は、『詩』諸篇の成立を歷史の展開に即して考えているのである。

松本の『詩』成立に關する研究に關しては、赤塚忠、白川靜、家井眞らが松本とは異なる見解を出しているものの(8)、年代關係資料に對する場合などにみられる批判的態度などにおいて、今日的意義を失っていないと考えられる。

結語

松本雅明『詩經諸篇の成立に關する研究』の中、『詩』の成立について論じた部分をみてきた。いうまでもなく、阜陽漢簡『詩經』や上海博楚簡『孔子詩論』などといった出土史料が利用できない時代のものであるから、傳世文獻による限界性を有するわけであるが、その制約下にこれだけの成果を擧げたことには敬服させられる。

『詩』の新古の層については、基本的に單純から複雜へという觀點から議論しているものの、それに賴りきることの危險性も指摘している。そして、『詩』の成立を歷史的展開に即して考慮し、周の東遷期を『詩』成立における畫期と考え、この時期に、氏族社會が崩壞し、村落において階層が發生すると考えている。また、おおむね國風にその畫期以前の古い篇があり、雅・頌はだいたいその畫期以後にできた比較的新しいものと考えているが、『詩』成立に關する唯一ともいうべき客觀的な史料といえる、小雅十月之交篇の日食記事については、他の絶對年代決定に利用可能な資料と同樣、それほど重要視していない。十月之交篇に見える日食の年代と十月之交篇それ自體の成立年代に乖離がある可能性を考えているからであり、史料にみられる紀年關係記事をもとにして、その史料の成立年代を研究することについて、嚴しい疑問を投げかけており、各詩篇の内容からなされる分析の方を重要視している。

その結果、『詩』各篇の成立年代については、それを遡及させる點においてかなり愼重な態度をとる結果となっている。先秦時代の出土史料の增加によって傳世文獻の内容がある程度史實を反映しているとする見方が強まりつつある状況下にあって、このような態度は今日少なくなりつつあり、史料内容をほとんど無批判に當該時代史として再構成する傾向は國の内外を問わず見受けられるようである。また、『詩』成立に關する研究に關しては、赤塚忠、白川靜、家井眞らが松本とは異なる見解を出しているが、『詩』の内容に關する解釋が研究者によって一定しないこともあって、各篇の成立年代をはじめとして今日まで決着のついていない問題が多い。そうした中で先學の學問的遺産が十分に繼承されていないということが時折聞かれる。私のような淺學菲才の者にとっては忸怩たる思いのする話である。無論、先學の營爲全てを肯定する必要はないが、それらを常に確認しながら前進すべきであり、松本のような、所謂「疑古」の方法に長け、また所謂「釋古」の方法にも愼重に對處したというべき（レッテル貼りになるような言い方として用いる意圖は毛頭ないが、近年この種の言葉は好んで用いられる傾向があるので、短く表現するという意味で、あえて價値中立的な用語として使用する）視點を大切にしつつ本分野の研究は進められていくべきだと考えている。これまで進めてきた拙い檢討からもこのことは肯定される。よってその部分的檢討の優位性が搖るがない限りは、そうした視點を繼承しつつ今後の研究を進めていきたいと考えている。史料にみられる歷史的事件の記事について、後世における再利用を考えた松本の視點が、そうした繼承されるべき學問的遺産の一つとして認識されるべきことを述べるには、本節の検討ではいまなお不十分であろう。しかし、その不十分な點をおくとしても、なお繼承すべきだという思いに驅られるのは私一人だけだろうか。

それから、松本の『詩』研究には『詩』の絶對年代を決定するにおいては限界がある。それは專ら文獻の構造を分析することにより、文獻の成書年代を類推していくからである。だから平山清次らの暦法の議論を參照する必要があったのである。本書も松本の研究と類似したところがあり、家族關係記事の構造分析のみでは、文獻の成立年代を決定するには不十分なのである。そのために第一章以降では、年代に關する研究を時々確認する必要が生ずることになる。ここで述べたことを嚙みしめつつ、第三章で『左傳』の引詩を手掛かりとして、『詩』に關する具體的な検討に入っていくこととする。

注

（1）松本雅明『詩經諸篇の成立に關する研究』（東洋文庫、一九五八年一月）一頁。

（2）馬承源主編『上海博物館藏戰國楚竹書』（一）（上海古籍出版社、二〇〇一年十一月）。

（3）『孔子詩論』に關する研究としては例えば、劉信芳『孔子詩論述學』（安徽大學出版社、二〇〇三年一月）、黃懷信『上海博物館藏戰國楚竹書『詩論』解義』（社會科學文獻出版社、二〇〇四年八月）、陳桐生『『孔子詩論』研究』（中華書局、二〇〇四年十二月）などがある。

（4）橋本增吉『支那古代曆法史研究』（東洋文庫、一九四三年十月）三三八～四〇八頁。

（5）飯島忠夫『支那古代史論』（補訂版、恆星社、一九四一年四月、初版、一九三〇年一月）。

（6）Hirayama Kiyotsugu. *On the eclipses recorded in the Shu chin*（書經）*and Shih ching*（詩經）. Tokyo Sugaku-Buturigakkwai Kizi, Ser. 2, Vol. VIII, 1914. Hartner, Willy. *Das Datum der Shih-ching-Finsternis*. T'oung Pao,

Serie II, Vol. XXXI, Livr. 3-5, 1935.

（7）平山清次前掲注（6）論文。『春秋』の日食記事については、平勢隆郎『中國古代紀年の研究——天文と暦の検討から——』（東京大學東洋文化研究所、汲古書院、一九九六年三月）表Ⅰが、誤記を訂正した上で編年配列している。

（8）赤塚忠『詩經研究』（赤塚忠著作集第五巻、研文社、一九八六年三月）、白川靜『詩經研究——通論篇——』（朋友書店、一九八一年十月、原著、『稿本詩經研究』（通論篇、油印本、一九六〇年六月））、家井眞「『詩經』に於ける雅・頌の發生と成立」（『二松學舍大學論集』三〇、一九八六年三月）など。なお、松本雅明前掲注（1）書出版後、吉川幸次郎・白川靜・山田統・友枝龍太郎・赤塚忠による書評が出ており、グラネに依據する部分、新古の層や先行研究理解への疑問など、論旨の骨格に關連するような嚴しい指摘が行われており、出版當時の松本説に對する反發の大きさが窺われる。また、白川靜は前掲書などで松本説の批判を行っており、松本雅明「詩經と楚辭」（『古代史講座』一二、學生社、東京、一九六五年十一月、同『中國古代史研究』（松本雅明著作集一〇、弘生書林、東京、一九八八年六月）所收）六「白川氏の方法とその批判」、松本雅明「古典の形成」（『岩波講座世界史』四、岩波書店、東京、一九七〇年五月、同『中國古代史研究』（松本雅明著作集一〇、弘生書林、東京、一九八八年六月）所收）二「『詩經』の成立」三「歌謡の背景」などで、白川の批判に對する反論が行われている。

第一章　『春秋』三傳にみえる婚姻記事の比較検討

第一節　婚姻記事の差異よりみた春秋三傳

――『春秋』經文にみえる事例を中心として――

序

先秦家族史を研究するための史料として、傳世文獻が極めて重要な位置を占めていることは今更いうまでもないことである。中でも『春秋』三傳には多くの家族關係記事が含まれている。特に『左傳』はその豐富な說話記事によって、家族史にとどまらず、先秦史を解明する重要な手掛かりとなり得るものである。しかしながら、その史料的性格、特に眞僞については古來議論が絶えなかった。それを史料として利用する場合、僞書として完全に檢討對象外とするか、反對にその內容を全面的に信用するか、兩者の折衷案としてその內容の一部分を信賴するかのいずれかに分かれた。今日では第三の立場が主流となっているが、その信賴する部分をどう判別するかは、個々の研究者の恣意性に委ねられる傾向が強い(1)。こうした先秦時代の史料をめぐる錯綜した狀況下で、特定の見解を前提として研究を進めることも一つの見識といえようが、まずは利用する史料の史料的性格を可能な限り明らかにし、また現時點で明らかにできる限界を把握しておく方が、その後進めていく研究の信賴性が高まると思われる。

婚姻は家族史の中において重要な部分を占めるが、『春秋』三傳には婚姻に關する記事が非常に多くみられる。『春秋』經文に對する三傳それぞれの內容に違いがみられることは先行研究により指摘されている。『春秋』三傳にみられる婚姻のあり方を比較検討することにより、先秦家族史を解明していく足がかりとすることができる。本文で述べるように、その網羅的検討は既に先行研究によって行われている。しかし、それらの史料分析は上述したような問題を常に抱えながら行われていたのである。そこで、改めて『左傳』の婚姻記事を検討し、先行研究が見落としていた點が見出せないか確認することにしよう。

一．問題の所在

春秋三傳、特に『左傳』には、魯の歴代國君と他國の公女との婚姻記事が多數みられる。特に齊の公女との婚姻は、その婚姻記事の中でも代表的なものであり、從來より先秦時代の婚姻に關する研究では、この婚姻關係が當然ながら重要なものとして意識されてきた。しかしながらそうした研究は、特定の問題關心から『左傳』のような文獻史料の一部を參照・検討するにとどまり、總合的に婚姻研究を行ったものは意外に少ない。

本文の論點に沿い、個々に注記するものは多々あるが、網羅的總合的な研究として以下のものが擧げられる。

山田統は、姓と姓に對應するトーテムにより、春秋時代の「姓制度」を總合的に論ずる。(2) 江頭廣は先秦時代の家族制度を、伯仲叔季の四分組織の氏族制度に基づく「二族連世交換婚」を行い、「一生一及」の兄弟相續制度をもつものとする。(3) サッチャーは、そのような交叉イトコ婚が指向されたり、結婚同盟が繼續されたようなことはないとし、むしろ、その後の中國の結婚儀禮へと繼續していったこの時代の要素に注目する。(4) 齋藤道子は、その婚姻の間に異姓の婦人の介在があり、實質的にクロスカズン婚ではなくなりつつあることを指摘する。(5) 魯侯夫人・公女についてのみ検討したものではあるが、田上泰昭は『左傳』を中心とした検討を行い、『左傳』歴史觀の根底に婚姻記事があるとし、魯侯夫人や魯公女の婚姻記事の配列に、『春秋』經文の理念に呻く婦人の複雑な絆を描いた『左傳』編者の意圖を見出す。[6]

しかし、山田統に見えるトーテミズムの理論については、現在否定的な見解が有力である。[7] 江頭廣の假說は興味深いものだが、谷田孝之はその氏族制度モデルの實證性に難があることを指摘する。[8] 齋藤道子は上記サッチャー說を承けて魯について檢討し、姜姓とは異姓の婦人の介在して、クロスカズン婚が中斷することを指摘しているが、[9] その中斷の意味するところはどこにあるか更に追求する必要がある。

本節で『春秋』三傳を分析するにあたり、その方法論が問題になる。特に『左傳』については周知の通り、劉逢祿や康有爲に代表される前漢末劉歆僞作說があり、[10] 史料的信頼性が問題となる。[11] しかし今日では新出土史料の發見と「疑古派」の退潮もあって、僞作說を支持する研究者は以前より少なくなった。成書地域に關する相違はあっても、戰國前期ないし中期に成書されたことは多くの研究者間の共通認識となっている。[12] しかし、それはややもすれば研究者が『左傳』の內容を自說に都合のよいよう、恣意的に取捨選擇する傾向を生み出したこともまた事實である。

こうした研究狀況下で、小倉芳彥により『左傳』の內容を時代相によって分類する方法論が提唱されたのである。[13] それは、

（Ⅰ）事件の推移を比較的忠實に傳えていると思われる實錄風の部分。

（Ⅱ）筋の展開に插入されている演說的な部分。

（Ⅲ）段落の末尾に付けられている〝君子曰く〟という批評、あるいは『春秋』本文の句法についての說明的な部分。

という三種類に分類され、（Ⅰ）→（Ⅱ）→（Ⅲ）の三段階にわたる成立が考えられたのである。後の注で觸れるよ

うに、小倉以前にも『左傳』を内容面から分類し検討した研究は存在した。しかし、小倉のように成立の段階を考慮に入れた形式分類を行い、なおかつそれをもとに『左傳』の記事を検討して成果を擧げたものはなかったといってよい。その意味で『左傳』研究は新しい段階へ一歩踏み込んだといえる。しかしながら、小倉の研究では、（Ⅰ）に該當する部分は膨大な量に上り、様々な要素が混在していることが想定され、更なる検討の餘地を殘していると考えられた。

筆者は研究班「史料批判研究會」に參加し、この殘された問題を考えた。討論の過程で次第にできあがってきたのが、小倉の分類をもととする次の内容分類である。

（1）『春秋』經文を引用した【經文引用】。
（2）『春秋』經文にあたる部分を異なる文章で引用する【經文換言・説話】。
（3）『春秋』經文の解説をした【經解】。
（4ａ）史傳に基づいた實錄部分の【説話・地の文】。
（4ｂ）およびその中の會話文【説話・會話】。
（5）【説話】の解説をした【説解】。
（6ａ）「君子曰く」で始まる【君子曰】。
（6ｂ）これに準じた「君子」で始まる【君子】。
（7）「凡そ」で始まる【凡例】。

この分類をどのように利用するかは、參加者個々の裁量に委ねられた格好であり、筆者の考えが他の班員に受け入れられるかどうかは、本書の内容などに即して具體的に判斷していただくしかないが、その自分なりの判斷をもって以下の検討を進めることにしよう。
まずは齋藤道子說を念頭に置きつつ、婚姻記事の檢討を『春秋』三傳に擴げて進めてみることにする。『左傳』を中心として、三傳が婚姻に對してどのような解釋を行っているかを抽出し檢討する。[14] ただし、ここでは『春秋』經文に出現する婚姻關係記事についてのみ對象とし、傳文のみに現れる事例に關しては第二節以下で檢討することにしよう。

二．『春秋』にみえる魯を娶妻側とする事例について

二―一．齊から娶る場合

まず『春秋』において、魯が妻を受け取る側となっている事例からみていく。最初に最も事例の多い齊の公女との事例を擧げる。それらを年代順に竝べると次の通りである。

①　桓公と文姜

魯の國君と夫人の組み合わせでは、最も有名なものだろう。しかし、その扱いに關しては、『春秋』と三傳それぞれに違いがある。

最初に記載されるのは、桓公三年である。經文には、（春秋桓公三―五）[15]

公子翬、齊に如きて女を逆ふ。

（春秋桓公三―六）

九月、齊侯、姜氏を讙に送る。公、齊侯に讙に會す。夫人姜氏、齊より至る。

（春秋桓公三―七）

冬、齊侯、其の弟年をして來聘せしむ。

とある。『左傳』には、それぞれの經文に對應する傳文があり、いずれも【經解】を含む。（左傳桓公三―五）は、【經文引用】・【經解】で、

秋、公子翬、齊に如きて女を逆ふ（以上【經文引用】）。先君の好を脩む。故に公子と曰ふ（以上【經解】）。

とあり、齊の公女を迎えることで、先君以來の友好を固めたとする。（左傳桓公三―六）には、【經文引用】・【經解】・【凡例】で、

齊侯、姜氏を讙に送る（以上【經文引用】）。禮に非ざるなり（以上【經解】）。凡そ公女、敵國に嫁すれば、姊妹は則ち上卿之を送り、以て先君に禮す。公子《むすめ》は則ち下卿之を送る。大國に於ては公子と雖も亦上卿之を送る。天子に於ては則ち諸卿皆行く。公は自ら送らず。小國に於ては則ち上大夫之を送る（以上【凡例】）。

とあり、齊侯が姜氏を送ってきたのは、送り手がその地位にあわず「非禮」として齊侯を批判し、續いて公女が嫁ぐ際にいかなる地位の者が送るべきかを凡例で示している。（左傳桓公三―七）は、【經文換言・說話】・【經解】で、

冬、齊の仲年來聘するは（以上【經文換言・說話】）、夫人を致すなり（以上【經解】）。

とあり、齊の襄公の弟が文姜を送ったことを示す。

なお『穀梁傳』は、（春秋桓公三―五）に傳文を付し、

女を逆ふるは、親らする者なり。大夫を使はすは正に非ざるなり。

と、桓公が親迎しなかったことを「非正」[16]と批判する。

次に（左傳桓公六—五）の莊公出生の記事で、「文姜」の名が現れる。そして、その名は十二年後の桓公十八年に現れる。ところが經文では、（春秋桓公一八—一）

十有八年春、王の正月、公、齊侯に濼に會す。公、夫人姜氏と遂に齊に如く。

（春秋桓公一八—二）

夏四月丙子、公、齊に薨ず。

と、『春秋』の常例の如く簡潔に記述されている。これに對し、『左傳』にはこの事件を詳しく説明する【説話】がある。（左傳桓公一八—一・二）に

十八年春、公、將に行有り（以上【説話・地の文】）、遂に姜氏と齊に如かんとす（以上【經文換言・説話】）。申儒曰く（以上【説話・地の文】）、女に家有り、男に室有り、相瀆ること無きなり。之を有禮と謂ふ。此れを易へば必ず敗れん、と（以上【説話・會話】）。公、齊侯に濼に會す（以上【經文引用】）。遂に文姜と齊に如く（以上【經文換言・説話】）。齊侯通ず。公之を讁む。以て告ぐ。夏四月丙子、公を享す。公子彭生をして公を乘せしむ（以上【説話・地の文】）。公、車に薨ず（以上【經文換言・説話】）。魯人齊に告げて曰く（以上【説話・地の文】）、寡君、君の威を畏れて敢て寧居せず。來りて舊好を脩めしに、禮成りて反らず。咎を歸する所無く、諸侯に惡し。請ふ、彭生を以て之を除かん、と（以上【説話・會話】）。齊人、彭生を殺す（以上【説話・地の文】）。

とあり、文姜と齊の襄公の「通」と、それが露見したため、襄公が公子彭生に桓公を殺害させたとするものである。從って、ここは經文で曖昧にされた「事實（齊の襄公と文姜の惡事）」を、『左傳』が【經文引用】・【經文換言・説話】と【説話・地の文】・【説話・會話】を交互に出現させ、【説話】の中で實態を暴く形にしているようにみえる。[17]また

【說話・會話】では、申儒の言として男女の「禮」を掲げており、この部分全體の思想的意義付けとなっていると考えられる。

一方、（春秋桓公一八—一）の『公羊傳』には、

公、何を以てか及夫人と言はざる。夫人、外なればなり。夫人、外なりとは何ぞや。內辭なり。其の實は夫人、公を外にするなり。

とあり、『穀梁傳』には、

濼の會に夫人と言はざるは何ぞや。夫人の伉《たが》ふるを以て、稱《はか》り數へざればなり。

とある。ここでは、『左傳』とは異なり、文姜の私事に言及されていない。但し『公羊傳』では、（春秋莊公一—二）に傳文を附して、この事件の狀況を解說する。

これ以後、文姜は魯の國外に生涯滯在することになる。莊公元年の經文（春秋莊公一—一）に、

元年春、王の正月。

とあり、これに對して『左傳』に、【經文引用】・【經解】として、

元年春（以上【經文引用】）、卽位を稱せざるは、文姜、出る故なり（以上【經解】）。

とあり、莊公の母である文姜が國外にいたため、莊公の卽位を經文で述べなかったとする。そして、（春秋莊公一—二）

三月、夫人、齊に孫《のが》る。

の【經文引用】・【經解】として、『左傳』に

三月、夫人、齊に孫る（以上【經文引用】）。姜氏と稱せざるは、絕ちて親と爲さざるなり。禮なり（以上【經解】）。

とあり、『春秋』では明らかでない事情を『左傳』で解説し、それを「禮」に合するとする。一方、『公羊傳』に、(春秋莊公一—二)に關して文姜のことがみえ、

……夫人、何を以て姜氏と稱せざる。貶するなり。曷爲れぞ貶する。公を弑するに與ればなり。其れ公を弑するに與るはいかん。夫人、公を齊侯に譖ひ、公曰く、同、吾が子に非ず、齊侯の子なり、と。齊侯怒る。之と飲酒し、其の出づるに於て、公子彭生をして之を送らしめ、其の乘るに於て、幹《わきばら》を搚《くじ》きて之を殺す。母を念ふは善き所なり。則ち曷爲れぞ其の母を念ふに於いて貶する。母を念ふを與《ゆる》さざればなり。

とあり、夫人が桓公のことを襄公に讒言し、桓公が弑されることになったので貶めたとする。そして、同(莊公)が齊の襄公と文姜の不義の子ということにもなっている。結局、最も嚴しい評價を受けているのは莊公である。また、ここの説話は、『公羊傳』にしては詳しいが、『公羊傳』がこの事件を特別視していることを窺わせる。そして、『穀梁傳』に、

孫の言と爲すは、猶ほ孫のごときなり。奔るを諱むなり。練の時に接し、母の變を錄す。始めて之を人とするなり。氏姓を言はざるは、之を貶するなり。人の天に於けるや、道を以て命を受くなり。人に於けるや、言を以て命を受くなり。道に若《したが》はざる者、天、之を絕つなり。言に若はざる者、人、之を絕つなり。臣子は命を受くるを大なりとす。

とあり、文姜を貶めたとはするが、『左傳』や『公羊傳』のように、事情を詳しく説明しない。

そして、(春秋莊公二—四)に、

冬十有二月、夫人姜氏、齊侯に禚に會す。

とあり、『左傳』に、【經文換言・説話】・【經文引用】・【經解】として、

二年冬、（以上【經文換言・說話】）、夫人姜氏、齊侯に禚に會するは（以上【經文引用】）、姦を書すなり（以上【經解】）。

とし、【經解】でも、齊の襄公と文姜の「姦」を暴く體裁になっている。ここは、『穀梁傳』も、

　婦人既に嫁げば、境を踰えず。境を踰ゆるは、正に非ざるなり。婦人、會と言はず。會と言ふは正に非ざるなり。
　饗するは甚だし。

とあり、一度嫁いだ者が「竟」を踰えたことを批判しており[18]、批判の理由が『左傳』と全く異なる。

（春秋莊公四―一）に、

　四年春、王の二月、夫人姜氏、齊侯を祝丘に享す[19]。

とある。『左傳』に傳文はない。『穀梁傳』に、

　饗するは甚だし。齊侯を饗するは、齊侯を病せしむる所以なり。

とあり、齊侯をもてなすことが度を超え、彼の病の原因となっていると述べる。

（春秋莊公五―二）に、

　夏、夫人姜氏、齊師に如く。

とある。『左傳』に傳文はない。なお、『穀梁傳』に、

　……婦人既に嫁げば境を踰えず。境を踰ゆるは禮に非ざるなり。

とあり、（春秋莊公二―四）に對する傳文の前半部分と同樣のことをいう。

（春秋莊公六―五）に、

　冬、齊人、來りて衞の俘を歸《おく》る[20]。

とあり、『左傳』に、【經文引用】・【經解】で、

冬、齊人、來りて衞の寶を歸るは（以上【經文引用】）、文姜これを請ふなり（以上【經解】）。

とあって文姜の名を示す。一方、『公羊傳』、『穀梁傳』ではそうした解説はない。

（春秋莊公七―一）に、

七年春、夫人姜氏、齊侯に防に會す。

とあり、（春秋莊公七―五）に、

冬、夫人姜氏、齊侯に穀に會す。

とあって、前者に關しては、『左傳』に【經文換言・説話】・【經解】で、

七年春、文姜、齊侯に防に會するは（以上【經文換言・説話】）、齊の志なり（以上【經解】）。

とある。齊側（襄公か）の意志で會合したという解釋である。また雙方の經文に關して『穀梁傳』には共に、

婦人は會せず。會は正に非ざるなり。

とあり、ここでも「婦人」は「會」するものではない、とする批判を載せる。

莊公八年に齊の襄公が殺害されるためか、以後、莊公十五年まで文姜のことは、『春秋』・『左傳』雙方にみえない。

（春秋莊公一五―二）には、

夏、夫人姜氏、齊に如く。

とある。そして、（春秋莊公一九―四）に、

夫人姜氏、莒に如く。

とあり、（春秋莊公二〇―一）に、

二十年春、王の二月、夫人姜氏、莒に如く。

とあって、夫人姜氏がどこかへ行くという形式の經文のみが續く。なお、『穀梁傳』にはいずれも傳文があり、(春秋莊公一五―二)に對する傳文に、

婦人、既に嫁げば竟を踰えず。竟を踰ゆるは禮に非ざるなり。

とあり、(春秋莊公一九―四)・(春秋莊公二〇―一)に對する傳文に、

婦人、既に嫁げば竟を踰えず。竟を踰ゆるは正に非ざるなり。

とあり、またも、莊公二年の前半部分と同様の趣旨で、既婚婦人は國ざかいを踰えてはならないとするものである。

そして、(春秋莊公二一―三)に、

秋七月戊戌、夫人姜氏、薨ず。

とあり、(春秋莊公二二―二)に、

癸丑、我が小君文姜を葬る。

とあって、文姜の死と葬儀の記事がある。しかし『左傳』に傳文はついておらず、默殺しているかのようである。一方、『穀梁傳』は前者について、

婦人は目《な》いはず。

とあり、婦人は死んだ地名を書かないといい(21)、後者について、

小君は君に非ざるなり。其れ君と曰ふは、何ぞや。其の公に配せらるるを以て、以て小君と言ふべきなり。

とあり、「小君」の語の意味を解説するに止まる。『公羊傳』は後者について、

文姜とは何ぞ。莊公の母なり。

とあり、文姜とは莊公の母であると記すのみである。

なお『左傳』には、（左傳昭公三二―六）、（左傳哀公二四―C）に文姜關係の記事があるが、前者は、季氏の祖たる成季の母として出てくるのみであり、後者も、桓公以後に齊から夫人を迎えたならわしがあるという記述に止まる。以上より明らかなように、『左傳』で、齊の襄公と文姜の「通」に關連して述べられているのは、（左傳桓公一八―一・二）の【說話】記事と（左傳莊公二―四）の【經解】記事だけである。しかも、襄公の死後、死亡・葬儀記事を含めて傳文がなく、無視するかのようである。[22]それに加えて、婚姻時の「非禮」の評價のために、彼女の印象が惡化するようになっている。また文姜を批判しつつも、その矛先は、彼女の愛人である（とされている）齊の襄公にも向けられていることには注意が拂われるべきである。しかし、『公羊傳』は莊公元年以外に詳しい記事はなく、文姜が國外に出てからは、ほとんど何も觸れない。しかしながら魯の莊公に關しては、齊の襄公と文姜の不義の子とし、魯を中傷するかのような記事がある。これはあたかも文姜を庇うかのようである。[23]一方、『穀梁傳』は多くの傳文を付し、その多くは文姜に批判的である。そしてその行爲を、婦人に關する硬直したような規範に照らして一律に價値判斷しているのであって、『左傳』のように說話記事に基づいて、その場に應じて批判しているのではない。從って文姜を批判する點では『左傳』・『穀梁傳』は同じだが、『穀梁傳』の方により女性に對する倫理規範が強く現れているといえる。[24]

なお長沙馬王堆三號漢墓より出土した『春秋事語』[25]第一六章「魯桓公與文姜會齊侯于樂章」には、文姜に關する『左傳』の內容とよく似た說話が記載されている。[26]以下、本文および訓讀文を掲げる。[27]

本文

魯亙公與文羌會齊侯于樂。文羌迵于齊侯、亙公以訾文羌、文羌以告齊侯。齊侯使公子彭（以上第九二行）生載、公薨于車。醫寧曰、吾聞之、賢者死忠以辱尤而百姓愚焉。知者瘇李長[28]〔慮〕（以上第九三行）而身得比焉。今彭生近君、□无盡言、容行阿君、使吾失親戚之、有勒成吾君之過、以（以上第九四行）□二邦之惡。彭生亓不免[29]〔乎〕。禍李屬焉。君以怒遂禍、不畏惡也。親間容、昏生□（以上第九五行）无匿也。幾（及）彭生而能貞之乎。魯若有誅、彭生必爲說。魯人請曰、寡君萊勒〔舊〕（以上第九六行）好、禮成而不反。惡〔于〕諸侯、无所歸惌。齊侯果殺彭生以說魯。（以上第九七行）

訓讀

魯の亙（桓）公、文羌（姜）と齊侯に樂に會す。文羌（姜）、齊侯に迵（通）じ、亙（桓）公、以て文羌（姜）を訾《にく》み[30]、文羌（姜）、以て齊侯に告ぐ。齊侯、公子彭生をして載せしめ、公、車に薨ず。醫寧曰く、「吾之を聞く、賢者は忠に死して以て尤《とが》を辱《すく》（振）へば而ち百姓焉に愚《よ》[31]（寓）る[32]。知（智）者は李（理）を疷《きは》[33]めて長く〔慮〕れば、而ち身、比（庇）ふを得、と。今、彭生は君に近く、□言を盡くすこと无く、容行して君に阿り、吾をして親戚を失はしめ、勒（力）めて吾が君の過ちを成す有（又）りて、以て二邦の惡を□す。彭生、亓れ免かれざらん〔や〕。禍李（理）焉に屬す。君、怒りを以て禍を遂げ、惡しきを畏れざるなり。親、容を間し[34]、昏、□を生じて匿（慝）无きなり。幾（豈）に彭生に〔及〕びて能く之を貞（正）さんや。魯、若し誅《せ》むること有らば、彭生必ず說を爲さん」と。魯人請ひて曰く、「寡君萊（來）りて〔舊〕好に勒〈勤〉め、禮成れども反（返）らざるは、諸侯に惡し。惌（怨）みを歸する所无し」と[35]。齊侯果たして彭生を殺して以て魯に說く。

この說話は、『管子』大匡篇に極めて類似する。參考までに、その該當部分の原文を揭げる。

……魯桓公夫人文姜、齊女也。公將如齊。與夫人皆行。申兪諫曰、不可。女有家、男有室。無相瀆也。謂之有禮。公不聽。遂以文姜會齊侯於濼。文姜通於齊侯。桓公聞、責文姜。文姜告齊侯、齊侯怒。饗公。公子彭生乘魯侯脅之。公薨於車。豎曼曰、賢者死忠以振疑而百姓寓焉。智者究理而長慮、身得免焉。今彭生二於君。無盡言、而諛行以戲我君、使我君失親戚之禮命、又力成吾君之禍、以二國之怨。彭生其得免乎。禍理屬焉。夫君以怒遂禍、不畏惡親聞容。昏生無醜也。豈及彭生而能止之哉。魯若有誅、必以彭生爲說。二月、魯人告齊曰、寡君畏君之威、不敢寧居、來修舊好。禮成而不反、無所歸死。請以彭生除之。齊人爲殺彭生、以謝於魯。……

これらには彭生の處分の理由を述べる部分が付加されているが、その前半部分について、『左傳』と話の筋が酷似している。『春秋事語』の成書年代を考慮すれば、恐らくは戰國後期に文姜私通譚が人口に膾炙していたと思われる。

② 莊公と哀姜――附・叔姜――

莊公二十四年の『春秋』・『左傳』が初出である。（春秋莊公二四―三）に、

夏、公、齊に如き、女を逆ふ。

とあり、（春秋莊公二四―四）に、

秋、公、齊より至る。

とあり、（春秋莊公二四―五）に、

八月丁丑、夫人姜氏入る。戊寅、大夫の宗婦、覿ゆるに幣を用ふ。

とあって、（左傳莊公二四―五）に【經文換言・說話】・【經解】・【說話・會話】で、

秋、哀姜至る。公、宗婦をして覿ゆるに幣を用ひしむ（以上【經文換言・說話】）。禮に非ざるなり（以上【經解】）。禦孫曰く、……（以上【說話・會話】）。

とあり、【經解】で莊公を批判し、續いて【說話・會話】で禦孫の批評が入る。物を贈るには男女の別があるということである。文姜に續いて婚姻時における二度目の「非禮」であるが、文姜の場合とは異なり、齊側を批判している

わけではない。なおこの部分について『公羊傳』に、（春秋荘公二四―三）、（春秋荘公二四―五）の傳文があり、（春秋荘公二四―三）について、

　何を以て書する。親迎は禮なればなり。

とあり、（春秋荘公二四―五）について、

　其れ入と言ふは何ぞ。難ければなり。其れ日を言ふは何ぞ。難ければなり。其の難きこと奈何。夫人僂《はや》しとせら(36)れず、入らしむべからず。公と約する所有りて、然る後に入る。

とあるが、特定個人を批判しているわけではない。また『穀梁傳』には（春秋荘公二四―三）から（春秋荘公二四―五）まで傳文が付いており、（春秋荘公二四―三）について、

　親迎は、恆の事なり。志さず。此れ其の志すは何ぞや。其の齊に親迎するを正とせざればなり。

とあり、（春秋荘公二四―四）について、

　迎ふ者は行くにも見る。舍《やど》るにも見る。先づ至るは、正に非ざるなり。(37)

とあり、（春秋荘公二四―五）について、

　……其れ宗廟を以て受けざるは何ぞや。仇人の子弟を娶り、以て前に舍《お》く(38)を薦む。其の義受くべからざるなり。

とあって、齊なる仇から娶ったことを批判する。

　閔公二年には、閔公弑殺に關連して哀姜・叔姜の兩者の名がみえる。（春秋閔公二―三）に、

　秋八月辛丑、公、薨ず。

とあり、（春秋閔公二―四）に、

　九月、夫人姜氏、邾(39)に孫る。公子慶父、莒に出奔す。

とある。そして（左傳閔公二―三・四）に、これに關連する【說話・地の文】がみえ、哀姜・叔姜に關して、

閔公は哀姜の娣、叔姜の子なり。故に齊人之を立つ。共仲、哀姜に通ず。之を立てんと欲す。閔公の死するや、哀姜、之を與り知る。故に邾に孫る。齊人取りて之を夷に殺し、其の尸を以て歸る。僖公請ひて之を葬る（以上【說話・地の文】）。

とある。閔公は哀姜の娣である叔姜の子だったが、哀姜は公子慶父（共仲）に「通」[40]じて彼を國君に擁立しようとした。ために、公子慶父の死と共に、出身國の齊の手で殺されたという。その後、魯の僖公は、齊に要請して彼女を葬っている。その記事は僖公元年・同二年の經文にみえる。一方、（春秋閔公二―三）に關して『公羊傳』に、

……孰か之を弑する。慶父なり。公子牙を殺し、今將にせんとす。季氏免れず。慶父二君を弑す。……

とあり、閔公弑殺の責任を慶父一人に歸しており、『穀梁傳』には、

……其れ葬を書せざるは、母を討つを以て子を葬らざればなり。

とあり、經文が閔公の葬儀を書かないのは、母を討ち子を葬ることは書かないからと解說する。[41]

そして（春秋僖公一―四）、（春秋僖公一―九）にそれぞれ、

秋七月戊辰、夫人姜氏、夷に薨ず。齊人、以て歸る。

十有二月丁巳、夫人氏の喪、齊より至る。

とあり、（左傳僖公一―九）に【說話・地の文】・【君子】で、

夫人氏の喪、齊より至る（以上【經文引用】）。君子齊人の哀姜を殺すを以て已に甚だしと爲す。女子は人に從ふ者なればなり（以上【君子】）。

とあり、「君子」が齊の哀姜殺害の處置を非難している。以上二つの經文に關して、『公羊傳』にはそれぞれ、

……夫人、夷に薨ずれば、則ち齊人曷爲れぞ以て歸る。桓公、召して縊りて之を殺せばなり。夫人、何を以て姜氏と稱せざる。貶せり。曷爲れぞ貶する。公を弑するに與ればなり。然らば則ち曷爲れぞ弑するに於て貶せざる。貶するは必ず重き者に於てす。其の喪を以て至るより重きは莫し。

とあり、前者で齊の桓公が哀姜を殺したと述べ、後者で哀姜を魯侯の弑殺者として貶めており、『左傳』と逆の判斷を下している。『穀梁傳』にもそれぞれ、

夫人、薨ずるに、地いはざるは、地、故とすればなり。齊人以て歸る、喪を以て歸ると言はざるは、喪を以て歸るに非ざるなり。喪を加へたり。夫人を以て歸るを諱むなり。其れ以て歸り、之を薨ぜしむるなり。

其れ姜を言はざるは、其の二子を殺すを以て之を貶するなり。或ひと曰く、齊桓をして同姓を殺すを諱ましむ、と。

とあり、後者で、莊公の二人の子の殺害者として哀姜を貶めたとするが、「或曰」で、齊の桓公が同姓の哀姜を殺したことを諱んで隱したとする。

更に、（春秋僖公八—三）に、

秋七月、大廟に禘し、用て夫人を致す。

の【經文引用】・【經文換言・說話】・【經解】・【凡例】で『左傳』に、

秋、禘して（以上【經文引用】）哀姜を致す（以上【經文換言・說話】）。禮に非ざるなり（以上【經解】）。凡そ夫人は寢に薨ぜず、廟に殯せず、同に赴せず、姑に祔せざれば、則ち致さざるなり（以上【凡例】）。

とある。祖先祭祀の問題に絡んで、哀姜の位牌を大廟に納めたことを【經解】で「非禮」とし、【凡例】を掲げる。ここで『左傳』は、哀姜が魯の祖先祭祀の秩序から除外されるべきだと判斷していることになる。ここで『公羊傳』

には、

……禘し用て夫人を致すは、禮に非ざるなり。夫人、何を以て姜氏と稱せざる。貶するなり。曷爲れぞ貶する。妾を以て妻と爲すを譏るなり。其れ妾を以て妻と爲すと言ふは奈何。蓋し齊に脅されて媵女の先づ至れる者なり。

とあり、哀姜のこととは關係ない。[42]『穀梁傳』には、

……夫人を言ふは、必ず其の氏姓を以てす。夫人を言ひて氏姓を以てせざるは、夫人に非ざるなり。妾を立つるの辭は、正に非ざるなり。之を夫人とす、我以て之を夫人とせざるべけんや。夫人、卒して之を葬る、我以て之を卒葬といはざるべけんや。一は則ち宗廟を以て之に臨みて、而る後に貶す。一は則ち外の夫人とせざるを以て、正を見す。

とあり、これも哀姜とは關係ない。[43]

以上より、『左傳』は文姜の場合のように、婚姻時の【經解】の「非禮」評價および【說話・會話】の批評、【說話・地の文】による共仲との「通」および閔公弑殺記事によって、哀姜に嚴しい態度をとる。それのみならず、彼女を殺害した齊に對して【君子】で非難しており、【經解】→【說話・地の文】・【說話・會話】→【君子】・【凡例】の三段階で、齊自體に對する攻撃に向けられているとみられる。特に、(左傳僖公八―三)の【經解】・【凡例】の批判は、祖先祭祀から齊の夫人を排除しようとするものであり、[44]『左傳』の齊出身の夫人への態度を象徴しているといえる。『公羊傳』は、哀姜への態度とは關係なく、齊、そして齊の桓公の立場を擁護しているといえる。『穀梁傳』では、哀姜に關しては、他の二傳のような特徴的な記事は認められない。

③　僖公と聲姜

この婚姻關係については、『春秋』に婚姻時の記事がない。初出は、（春秋僖公一一―二）、

夏、公、夫人姜氏と、齊侯に陽穀に會す。

である。これには春秋三傳いずれも傳文がついていない。傳文がついているのは、（春秋僖公一七―三）、

秋、夫人姜氏、齊侯に卞に會す。九月、公、會より至る。

の『左傳』の【經文換言・說話】・【經文引用】・【經解】、

秋、聲姜、公の故を以て（以上【經文換言・說話】）齊侯に卞に會す。九月、公、至る。書して會より至ると曰ふは（以上【經文引用】）、猶諸侯の事有るがごとくし、且つ之を諱むなり（以上【經解】）。

である。『春秋』にはない、齊侯による僖公の抑留を『左傳』が示し、【經文引用】の一種である「書曰」によって事情を解說する。

最後に聲姜の死と葬儀のことが述べられている。まず（春秋文公一六―四）に、

秋八月辛未、夫人姜氏、薨ず。泉臺を毀つ。

とあり、『左傳』に【說話・地の文】・【經文引用】・【經文換言・說話】で、

蛇有り、泉丘より出でて國に入る。先君の數の如し（以上【說話・地の文】）。秋八月辛未（以上【經文引用】）、聲姜、薨ず（以上【經文換言・說話】）。泉臺を毀つ（以上【經文引用】）。

とある。一方、『公羊傳』・『穀梁傳』は「毀泉臺」について述べるだけで、夫人姜氏には觸れない。そして（春秋文公一七―二）に、

夏四月癸亥、我が小君聲姜を葬る。(45)

とあり、『左傳』に【經文引用】・【經解】で、

夏四月癸亥、聲姜を葬る（以上【經文引用】）。齊の難有り。是を以て緩なり（以上【經解】）。

とある。一方、『公羊傳』には、

聖姜とは何ぞ。文公の母なり。

とある。

聲姜に關しては、（左傳僖公一七―三）で、齊侯に僖公が抑留されたことを示す程度で、他は三傳とも特徴的な要素はみられない。

④　文公と出姜

初出は（春秋文公四―二）

夏、婦姜を齊より逆ふ。

およびその『左傳』に【經文引用】・【經解】・【君子】として、

婦姜を齊より逆ふ（以上【經文引用】）。卿行かざるは、禮に非ず（以上【經解】）。君子、是を以て出姜の魯に允とせられざるを知るなり。……（以上【君子】）。

とあるものであり、魯から身分相應の者が迎えに行かなかったため、「非禮」とする。これで聲姜を除いて文姜より

三人連續で、『左傳』における婚姻時の「非禮」である。しかも出姜の場合には、出姜の不幸な結末を預言する君子の評言まで付け加えられている。『公羊傳』には、

其れ之を婦姜を齊より逆ふと謂ふは何ぞ。之を略するなり。高子曰く、大夫に娶るは、之を略するなり、と。

とあり、出姜を齊の大夫の女とする。『穀梁傳』には、

其れ婦姜と曰ふは、其の禮、齊に成るが爲なり。其の逆ふる者は誰ぞや。親ら逆へて婦と稱す、或ひは公か。何ぞ其れ速やかに之を婦といふや。曰く、公なり、と。其の公と言はざるは何ぞや。禮を齊に成すを非《そし》れるなり。曰く、婦は姑有るの辭なり、と。其れ氏を言はざるは何ぞや。之を貶すればなり。何爲れぞ之を貶するや。夫人、貶する有るに與ればなり。

とあり、公が彼女を迎えにいったとして批判する。

そして（春秋文公九―二）、（春秋文公九―五）にそれぞれ、

夫人姜氏、齊に如く。

および

三月、夫人姜氏、齊より至る。

とある。『左傳』に傳文はない。『穀梁傳』では後者に傳文がついており、

卑、尊を以て致すは、文公を病むなり。

とあり、本來記載する必要のない「夫人」が出ているのは、文公を譏るためとする。

最後に（春秋文公一八―七）に、

夫人姜氏、齊に歸る。

とあり、『左傳』に【經文引用】・【經解】・【說話・地の文】・【說話・會話】で、

夫人姜氏、齊に歸るは（以上【經文引用】）、大歸なり（以上【經解】）。將に行かんとし、哭して市を過ぎて曰く（以上【說話・地の文】）、天か。仲、不道を爲し、嫡を殺して庶を立つ、と（以上【說話・會話】）。市人皆哭す。魯人之を哀姜と謂ふ（以上【說話・地の文】）。

とある。文公死後の君位繼承者爭いで、我が子を殺されて齊に歸國することになった結末について、【說話・地の文】・【說話・會話】では哀姜に同情的に描き、更に【說話・會話】では襄仲が「嫡」を殺して「庶」を擁立したことに對する非難がみえ、嫡庶の別を強調する。『穀梁傳』には、

宣公を惡めるなり。……

とあり、君位繼承者の宣公を批判する。[46]

以上より、ここでも『左傳』は、齊の公女との婚姻關係自體に對して、婚姻時の「非禮」や【君子曰】の預言記事によって、否定的見解をとっているように思われる。だが哀姜の運命に關しては、（左傳文公一八―七）の【說話・地の文】・【說話・會話】記事もあって、同情的といえる。これに對して『公羊傳』ではこの婚姻關係はあまり言及されない。そして『穀梁傳』は魯の國君（文公・宣公）に批判的である。

⑤　宣公と穆姜

初出は宣公元年である。（春秋宣公一―二）、（春秋宣公一―三）にそれぞれ、

公子遂、齊に如きて女を逆ふ。

三月、遂、夫人婦姜を以て齊より至る。

とあり、『左傳』に【經文引用】・【經解】でそれぞれ、

元年春、王の正月、公子遂、齊に如きて女を逆ふとは（以上【經文引用】）、君命を尊べばなり（以上【經解】）。三月、遂、夫人婦姜を以て齊より至るとは（以上【經文引用】）、夫人を尊べばなり（以上【經解】）。

とある。『左傳』において傳文が付いているものの中で、婚姻時に【經解】で「非禮」と書されていない初めての事例である。後者に關して『公羊傳』には、

……夫人、何を以て姜氏と稱せざる。貶するなり。曷爲れぞ貶する。喪に娶るを譏るなり。喪に娶る者は公なれば、則ち曷爲れぞ夫人を貶する。內、公を貶するの道無きなり。內、公を貶するの道無ければ、則ち曷爲れぞ夫人を貶する。夫人は公と一體なればなり。其れ婦と稱するは何ぞ。姑有るの辭なり。

とあり、公と夫人を一體のものとし、宣公が喪中に娶ったことにより、その夫人を「姜氏」と稱さず貶したとする。『穀梁傳』にも後者について、

其れ氏を言はざるは、喪、未だ畢へず、故に之を略するなり。其の婦と曰ふは、姑に緣りて之を言ふの辭なり。……

とあり、「婦」と稱する理由を喪中に娶ったためとするものの、貶したという解釋はしていない。

次に（左傳成公九―五）の【經文換言・說話】・【說話・地の文】・【說話・會話】で、

夏、季文子、宋に如き女を致す（以上【經文換言・說話】）。復命す。公、之を享す。韓奕の五章を賦す。穆姜出でて再拜す。曰く（以上【說話・地の文】）、大夫の勤辱、先君を忘れず。以て嗣君に及び、施きて未亡人に及ぶ。先君猶ほ望み有り。敢て大夫の重勤を拜す、と（以上【說話・會話】）。又綠衣の卒章を賦して入る（以上【說話・地の文】）。

とあり、女の伯姫を季文子が送っていったことの返禮を述べるところで出てくる。【説話・會話】で季文子を讃える。そして（左傳成公一一―A）の【説話・地の文】・【説話・會話】で、

聲伯の母、聘せず。穆姜曰く（以上【説話・地の文】）、吾妾を以て姒と爲さず、と（以上【説話・會話】）。聲伯を生みて之を出す（以上【説話・地の文】）。……

とあり、聲伯の母を追放する役割で現れる。【説話・會話】の部分で、妾を義妹にはできないと倫理的根據を提示する。

それから（左傳成公一六―八）には、

……宣伯、穆姜に通じ、季孟を去りて其の室を取らんと欲す。將に行かんとす。穆姜、公を送りて、二子を逐はしむ。公、晉の難を以て告ぐ。曰く（以上【説話・地の文】）、請ふ、反りて命を聽かん、と（以上【説話・會話】）。姜怒る。公子偃、公子鉏、趨きて過ぐ。之を指して曰く（以上【説話・地の文】）、女可かずんば、是れ皆國君なり、と（以上【説話・會話】）。公、壞隤に待ち、宮の儆備を申し、守を設けて後に行く。是を以て後れたり（以上【説話・地の文】）。……

とあり、【説話・地の文】・【説話・會話】で、鄢陵の戰いに成公が遲參した理由が穆姜と宣伯（叔孫僑如）の政治的陰謀にあることをいう。そして【説話・地の文】で、穆姜と宣伯が「通」の關係にあることも述べる。

（春秋襄公九―三）、（春秋襄公九―四）にそれぞれ、

五月辛酉、夫人姜氏、薨ず。

秋八月癸未、我が小君穆姜[47]を葬る。

とあり、穆姜の死と葬儀のことを述べるが、前者に關して『左傳』に【經文換言・説話】・【説話・地の文】・【説話・

會話】で、

穆姜、東宮に薨ず（以上【經文換言・説話】）。始め往きて之を筮す。艮の八に之くに遇ふ。䷳。史曰く（以上【説話・地の文】）、是れ艮の隨に之くと謂ふ。䷐。隨は其れ出づるなり。君必ず速やかに出でよ、と（以上【説話・會話】）。姜曰く（以上【説話・地の文】）、亡し。是れ周易に於ける、隨は元亨利貞、咎無しと曰ふ。元は禮の長なり、亨は嘉の會なり、利は義の和なり、貞は事の幹なり。仁を體するは以て人に長たるに足る、嘉德は以て禮を合するに足る、物を利するは以て義を和するに足る、貞固は以て事に幹たるに足る。然る故に誣ふべからざるなり。是を以て隨と雖も咎無し。今我婦人にして亂に與す。固より下位に在り。有《また》不仁なり。元と謂ふべからず。國家を靖んぜず。亨と謂ふべからず。作して身を害す。利と謂ふべからず。位を棄てて姣す。貞と謂ふべからず。四德有る者、隨と雖も咎無し。我皆之無し。豈隨ならんや。我は則ち惡を取れり。能く咎無からんや。必ず此に死せん。出づるを得ず、と（以上【説話・會話】）。

とある。すなわち、筮を立てたところ、東宮に移されていた穆姜がそこから出ることをすすめられたが、彼女は『周易』の文章を引用し、「婦人」という下位に在る者なのに、成公十六年のような内亂に加擔するという「不仁」を犯したといい、「元亨利貞」の一文字毎に穆姜自らの非を述べ、死が避けられないことを預言した。穆姜に【説話・會話】の形式で反省の辯を語らせている。

なお、（左傳襄公二―三）にも穆姜のことがみえるが、成公夫人の姜氏に關連してくるため、二―一⑥で改めて述べる。

以上より、『左傳』には婚姻時の「非禮」こそないが、聲伯の母を追放したり、宣伯との「通」にみえるように、『左傳』のみに傳文のついている【説話・地の文】・【説話・會話】で登場したり、【説話・會話】の形で、反省の辯を記述したりするなど、穆姜には嚴しい態度をとっている。彼女の死の直前の自己批判を出す【說話・會話】にあたる會話文には、特にそうした『左傳』の態度が窺える。また（左傳襄公二―三）では、姑としての立場を尊重されているようにもみえ、穆姜の自己批判以降は、『左傳』編者の價値體系に對する穆姜の敗北ともみることもできる。つまり、【說話・地の文】を配列することで彼女の批判が行われ、【說話・會話】で彼女の自己批判がなされているとみることができるわけである。この部分に限らないが、【說話・會話】は倫理的な事柄を說いて事實の背景や原因を示すために使われる傾向がある。一方、『公羊傳』・『穀梁傳』は婚姻時に貶した例を出すだけであり、『公羊傳』の批判はむしろ宣公に對してのものであり、直接夫人を非難してはいない。

⑥　成公と姜氏

初出は（春秋成公一四―三）・（春秋成公一四―五）であり、それぞれ、

秋、叔孫僑如、齊に如きて女を逆ふ。

九月、僑如、夫人婦姜氏を以て齊より至る。

とある。『左傳』にはそれぞれ【經文換言・說話】・【經解】、【經文引用】・【經解】・【君子曰】で、

秋、宣伯、齊に如きて女を逆ふ（以上【經文換言・說話】）。族を稱するは君命を尊べばなり（以上【經解】）。

九月、僑如、夫人婦姜氏を以て齊より至る（以上【經文引用】）。族を舍つるは夫人を尊べばなり（以上【經解】）。

故に君子曰く、春秋の稱、微なれども顯、婉にして章を成し、盡くして汙ならず、惡を懲らして善を勸む。聖人に非ずんば誰か能く之を脩めん（以上【君子曰】）。

とあり、この婚姻には好意的である。後者は『穀梁傳』にも傳文があり、

大夫は夫人を以てせず。夫人を以てするは、正に非ざるなり。親迎せざるを刺るなり。……

とあり、大夫たる叔孫僑如が夫人を連れてきたのは「非正」とし、『左傳』とは逆の評價である。

次は死亡・葬儀の記事である。（春秋襄公二―三）、（春秋襄公二―七）にそれぞれ、

夏五月庚寅、夫人姜氏、薨ず。

己丑、我が小君齊姜を葬る。

とあり、『左傳』に（春秋襄公二―三）【經文引用】・【説話・地の文】・【君子曰】で、

夏、齊姜薨ず（以上【經文換言・説話】）。初め、穆姜、美檟を擇ばしめ、以て自ら櫬と頌琴とを爲る。季文子取りて以て葬る（以上【説話・地の文】）。君子曰く、禮に非ざるなり。禮、逆ふ所無し。婦は姑を養ふ者なり。姑を虧きて以て婦を成す。逆、焉より大なるは莫し。詩に曰く、其れ惟れ哲人、之に話言を告ぐれば、徳に順ひて行ふ、と。季孫、是に於て不哲爲り。且つ姜氏は君の妣なり。詩に曰く、酒を爲り醴を爲り、祖妣に烝め畀へ、以て百禮を洽くし、福を降すこと孔だ偕し、と（以上【君子曰】）。

とあり、また（春秋襄公二―七）【説話・地の文】には、

齊侯、諸姜婦をして來たりて葬を送らしむ。萊子を召す。萊子會せず。故に晏弱、東陽に城きて、以て之に偪る（以上【説話・地の文】）。

とある。（左傳襄公二―三）の【君子曰】で嫁・姑の秩序をいう。（春秋襄公二―七）は『公羊傳』にも傳文があり、

齊姜とは何ぞ。齊姜と穆姜と、則ち未だ其の宣夫人爲るか成夫人たるかを知らず。

とあり、齊姜・穆姜は宣公夫人か成公夫人か不明とする。[48]

『春秋』および三傳の記録上は、成公の夫人姜氏（齊姜）は魯侯の最後の齊出身の夫人である。これまで齊出身の

夫人によくみられた否定的な見解は、傳文にはあまりみえない。『穀梁傳』は形式論で、婚姻時に「非正」の評價を下している程度である。ところで『春秋』經文に記載されているのは婚姻時と死亡・葬儀時のみで、最小限の情報量である。姜齊の夫人は、先の穆姜の自己批判以後、魯ないしは『左傳』編者にとって懸念すべき對象ではなくなったということだろうか。また『左傳』に従えば、成公夫人姜氏の死のわずか二年後の襄公四年に同じく成公夫人定姒が死んでいる。敢えていうなら、『左傳』は姜氏の死後に夫人定姒の死を示すことで、姜齊出身者の夫人の斷絕を強調しているといえるかもしれない。『春秋』魯の十二公中、襄公・昭公・定公・哀公の四代を殘しての斷絕であり、彼らの夫人は順に歸・姫・姒姓で、哀公夫人の記載はない。姜齊の血は絕たれたことが示されている。だが斷絕後の夫人の評價は三傳それぞれの立場がある。以上を念頭に置きながら魯侯が齊以外から娶る場合の事例に移ることにする。

二―二　齊以外から娶る場合

次は主として『春秋』記載の魯侯と齊以外の公女との事例を年代順にみていく。

①　武公と薛の公女・孝公と宋の公女

これは『左傳』にしかみられない婚姻關係であるが、重要な意味をもつと考えられるので、ここに掲げておく。（左傳哀公二四―C）【說話・會話】に、魯の國君夫人の事例として、宗人の釁夏が魯の哀公に、

周公と武公とは薛に娶り、孝惠は商に娶り、桓より以下は齊に娶る。此の禮や則ち有り（以上【說話・會話】）。

と述べるのが唯一の記事である。相手の公女の名前が分からないが、齊から代々娶るようになる前には宋（子姓）か

ら、更にその前は薛（任姓）から迎えていたことを示している。

ここで問題となるのは、この記事が『左傳』の最後に近い部分にあることである[49]。つまり、最初から姜齊出身の夫人を娶っていなかったことを提示し、次にみる魯の惠公期、つまり『左傳』の碧頭を飾る説話記事について最後に念を押す形となっている。

② 惠公と宋の孟子・仲子・聲子

（左傳惠公A）【説話・地の文】に、

惠公の元妃は孟子なり。孟子卒す。室に繼ぐに聲子を以てす。隱公を生む。宋の武公、仲子を生む。仲子、生まれて文の其の手に在る有り。魯夫人爲らんと曰ふ。故に仲子、我に歸げり。桓公を生みて惠公薨ず。是を以て隱公立ちて之を奉ず（以上【説話・地の文】）。

とある。つまり惠公の最初の夫人は孟子で、子なくして死に、聲子が「繼室」して隱公を生んだ。一方、宋の武公の女の仲子が惠公に嫁いで夫人となり、桓公を生んだ。ここでは魯の桓公の母である仲子と、孟子・聲子は大きく區分されている。そして最後に隱公の攝位説が出てくる。

（春秋隱公二―八）に、

十有二月乙卯、夫人子氏、薨ず。

とあり、仲子の死を示している。『公羊傳』・『穀梁傳』は「夫人子氏」をそれぞれ別人に解しているが、それでは文意を理解しにくい[50]。

（春秋隱公三―三）に、

夏四月辛卯、君氏、卒す。[51]

とあり、『左傳』に【經文引用】・【經解】で、

夏、君氏卒するは（以上【經文引用】）、聲子なり。諸侯に赴げず、寢に反哭せず、姑に祔せず、故に薨と曰はず。夫人と稱せず、故に葬と言はず、姓を書せず。公の爲めの故に君氏と曰へり（以上【經解】）。

とあり、聲子の死が言及されている。『公羊傳』・『穀梁傳』は「尹氏」を「天子の大夫」とし、魯侯の配偶者とはみなさない。[52]

『左傳』が『春秋』經文のないところに傳を立ててまで惠公の婚姻關係を明示したことには大きな意味があると考えられる。

ここでは、魯の國君と宋の公女との婚姻關係を掲げるが、先に述べたように、『左傳』の最後に近い部分で、魯の國君と薛・宋の公女との關係に言及している。つまり、『左傳』における魯の國君の婚姻關係は、最初に子姓の宋との婚姻關係が示され、中間に姜姓の齊を始めとする各國の公女との婚姻が配列され、最後に齊との婚姻が「禮」になる春秋十二公以前には、薛・宋との婚姻が「禮」であったことが改めて示されているのである。このことは、『左傳』の史料的性格を探る上で重要な問題である。

③　莊公と須句の成風

（左傳僖公二一―A）に【説話・地の文】・【説解】・【説話・會話】で、

任、宿、須句、顓臾は風姓なり。實に大皥と有濟との祀を司り、以て諸夏に服事せり。邾人須句を滅ぼす。須句子來奔するは（以上【説話・地の文】）、成風に因るなり（以上【説解】）。成風、之が爲めに公に言ひて曰く（以上

【説話・地の文】）、明祀を崇び、小寡を保んずるは、周の禮なり。蠻夷、夏を猾るは、周の禍なり。若し須句を封ずれば、是れ暭・濟を崇びて其の祀を脩め、禍を紓《ゆる》くするなり（以上【説話・會話】）。

とあり、成風が風姓の須句の出身であることを示す。そして【説話・會話】では、「周の禮」や「周の禍」に觸れつつ「夏」とされる須句の復國の正當性を説く。

年代は戻るが、（左傳閔公二―D）に、【説話・地の文】で、

成風、成季の繇を聞き、乃ち之に事へて、僖公を屬す。故に成季、之を立つ。

とあり、成風が成季（季友）に「事」えたことがみえる。「通」に類似した關係があったのかもしれず、これが成風に對する批判記事になっている可能性がある。[53]

（春秋文公四―七）には、

冬十有一月壬寅、夫人風氏、薨ず。

とあり、『左傳』に【經文換言・説話】で、

冬、成風、薨ず（以上【經文換言・説話】）。

とある。哀姜が閔公二年に殺されたため、成風が莊公の夫人になった可能性がある。[54]

續いて（春秋文公五―一）、（春秋文公五―二）、（春秋文公五―三）にそれぞれ、

五年春、王の正月、王、榮叔をして含し且つ賵を歸らしむ。

三月辛亥、我が小君成風を葬る。

王、召伯をして來りて葬に會せしむ。

とあり、（左傳文公五―一・三）に【經文引用】・【經文換言・説話】・【經解】で、

五年春、王、榮叔をして含し且つ賵を歸り（以上【經文引用】）、召昭公をして來りて葬に會せしむるは（以上【經文換言・說話】）、禮なり（以上【經解】）。

とある。杜注では、

成風は莊公の妾なり。天子、夫人の禮を以て之に賵し、母は子を以て貴きを明らかにす。故に禮と曰ふ。

といい、成風は僖公の母だから夫人の禮に從ったとし、それが「禮」に合するという解釋である。なお（春秋文公五—一）に關して、『公羊傳』には、

含とは何ぞ。口實なり。其れ含し且つ賵を歸るとは何ぞ。之を兼ねたり。之を兼ねたるは、禮に非ざるなり。

とあって「非禮」とする。『穀梁傳』にも、

含とは一事なり。賵とは一事なり。兼ねて之を歸るは、正に非ざるなり。……

とあり、「含」と「賵」を一度に行ったことを「非正」とし、周王のやり方を批判する。そして（春秋文公五—一）の『公羊傳』に、

成風とは何ぞ。僖公の母なり。

とあり、成風と僖公の關係については『左傳』と一致する。

（春秋文公九—一二）には、

秦人來りて僖公、成風の襚を歸る。

とあり、『左傳』に、【經文引用】・【經解】で、

秦人來りて僖公、成風の襚を歸るは（以上【經文引用】）、禮なり。諸侯相ひ弔賀するや、苟も禮有れば、書するなり。以て舊好を忘るる無からしむ（以上【經解】）。

とある。これも成風關連の事について「禮」とするものである。[55] これに關連して『公羊傳』に、

其れ僖公成風と言ふは何ぞ。之を兼ねたり。之を兼ねたるは、禮に非ざるなり。曷爲れぞ及成風と言はざる。成風尊ければなり。

とあり、「僖公成風」とあわせていうのを「非禮」とする。ここでは成風に對して一定の尊重が行われている。『穀梁傳』には、

秦人、夫人とせざるなり。外の夫人とせざるに即きて正を見す。

とあり、秦人の判斷に従って、妾の成風を夫人としないことが「正」を示したものであるとし、暗に成風を夫人とすることを批判している。ここでは明らかに『左傳』・『公羊傳』・『穀梁傳』の成風に對する態度が異なっている。また『穀梁傳』は成風を夫人とすることを拒否しており、他の二傳と相違する。

以上より、『左傳』は文姜のときとは逆に、『春秋』では記事が缺如している部分にも【説話】の傳を立て、成風の事績を解説する。成風死後の『春秋』の記事に對しては、【經解】が、彼女に對する處置を「禮」とする。特にこれら【經解】は、莊公夫人哀姜の死後の處置に對する判定とは對照的に好意的である。もっとも成季との「事」の記事があるため、必ずしも全面的に好意的とはいえないかもしれない。『公羊傳』は、成風に對して一定の尊重を示すが、成風死後の處置には否定的である。『穀梁傳』は彼女が夫人であることだけは認めない。

④　文公と敬嬴

（左傳文公一八―六）に【説話・地の文】で、

文公の二妃敬嬴、宣公を生む。敬嬴嬖せらる。而して私に襄仲に事ふ（以上【説話・地の文】）。……

とあり、この後、夫人哀姜の二子を襄仲が殺し、敬嬴の子の宣公を魯侯に立てる說話が續く。ここには敬嬴が襄仲に「事」えたことがみえる。これは先に述べたように、成風が成季に「事」えた事例に續く記事である。

（春秋宣公八―四）に、

戊子、夫人嬴氏、薨ず。(56)

とある。この夫人について『左傳』杜注に、

宣公の母なり。

とあり、宣公の母である敬嬴のこととしている。ここは三傳とも傳文がない。

以上の組み合わせは『左傳』にしか記事がなく、襄仲と結託して實子の宣公を擁立するという【說話・地の文】により、良い印象を受けないようにみえるが、『左傳』では特に價値判斷を行っているわけではない。

⑤　成公と定姒

これは死亡・葬儀の記事しかない。（春秋襄公四―三）、（春秋襄公四―五）にそれぞれ、

秋、七月戊子、夫人姒氏、薨ず。

八月辛亥、我が小君定姒を葬る。(57)

とある。前者のみ『左傳』に【經文換言・說話】・【說話・地の文】・【說話・會話】・【君子曰】で、

秋、定姒、薨ず（以上【經文換言・說話】）。廟に殯せず。槻無く、虞せず。（以上【說話・地の文】）……

とあり、以下、匠慶が季文子を批判する言葉（【說話・會話】）と、【君子】によるそれに對する批判がある。

⑥　襄公と胡の齊歸――附・敬歸――

（春秋襄公三一―三）に、

秋、九月癸巳、子野、卒す。

とあり、『左傳』に【說話・地の文】・【經文引用】・【經解】で、

胡の女、敬歸の子、子野を立つ。季氏に次る（以上【說話・地の文】）。秋、九月癸巳、卒す（以上【經文引用】）。毀すればなり（以上【經解】）。

とあり、（左傳襄公三一―C）に【說話・地の文】・【說話・會話】・【君子】で、

敬歸の娣、齊歸の子、公子裯を立つ。穆叔欲せずして曰く（以上【說話・地の文】）、大子死し、母弟有らば則ち之を立て、無くんば則ち長を立て、年鈞しければ賢を擇び、義鈞しければ則ち卜するは、古の道なり。適子に非ずんば何ぞ必ずしも娣の子をせん（以上【說話・會話】）。……

とある。以下、穆叔の反對の言葉が續くが、季武子は昭公を君主に立て、「君子」によって昭公が終わりを全うしないことが預言される。ここでも【說話・會話】が行動の根據づけに利用されている。ここでは君位繼承に關する「古の道」なるものが揭げられている。

次は齊歸の死と葬儀の記事であり、（春秋昭公一一―五）・（春秋昭公一一―九）に、

五月甲申、夫人歸氏、薨ず。

九月己亥、我が小君齊歸を葬る。

とあり、これらの經文に對して（左傳昭公一一―五・六）に【經文換言・說話】・【經文引用】・【經解】で、

五月、齊歸、薨ず（以上【經文換言・說話】）。比蒲に大蒐するは（以上【經文引用】）、禮に非ざるなり（以上【經解】）。

とあり、（左傳昭公一一—九）に【經文引用】・【說話・地の文】・【說話・會話】で、

九月、齊歸を葬る（以上【經文引用】）。公、慼せず。晉士の葬を送りし者、歸りて以て史趙に語る。史趙曰く（以上【說話・地の文】）、必ず魯郊爲らん、と（以上【說話・會話】）。侍者曰く（以上【說話・地の文】）、何の故ぞ、と（以上【說話・會話】）。曰く（以上【說話・地の文】）、歸姓なり。親を思はずして祖歸せざるなり、と（以上【說話・會話】）。叔向曰く（以上【說話・地の文】）、魯の公室、其れ卑しからんや。君大喪有り。國、蒐を廢せず。三年の喪有りて一日の慼無し。國、喪を恤へず。君を忌《おそ》れざるなり。君に慼容無し、親を顧みざるなり。國、君を忌れず、君、親を顧みず。能く卑しきこと無からんや。殆ど其れ國を失はん、と（以上【說話・會話】）。

とある。【說話・會話】で「歸姓」の昭公がやがて國外に出ることを預言する。また『公羊傳』に（春秋昭公一一—九）の傳文があるが、

齊歸とは何ぞ。昭公の母なり。

とあるのみである。

以上より『左傳』では、敬歸や昭公の母である齊歸のことについては特に何も述べないが、（左傳昭公一一—九）【說話・會話】で「歸姓」の昭公がやがて出奔することを預言し、歸姓を貶めている。(58)

⑦　昭公と吳孟子

（春秋哀公一二—二）に、

夏五月甲辰、孟子、卒す。

とあり、『左傳』に【經文換言・說話】・【經解】・【說話・地の文】で、

夏五月、昭夫人孟子、卒す（以上【經文換言・說話】）。昭公呉に娶る。故に姓を書せず。死して赴せず。故に夫人と稱せず。反哭せず。故に小君を葬ると言はず（以上【經解】）。孔子弔に與る。季氏に適く。絻せず。經を放ちて拜す（以上【說話・地の文】）。

とあり、【經解】で昭公が呉より婦人を娶ったことをいい、しかも【說話・地の文】での孔子の批判的な行動も伴っている。(59)『公羊傳』には、

孟子とは何ぞ。昭公の夫人なり。其の孟子と稱するは何ぞ。同姓に娶るを諱めばなり。蓋し呉の女ならん。

とあり、『穀梁傳』に、

孟子とは何ぞや。昭公の夫人なり。其の夫人と言はざるは何ぞ。同姓を取るを諱めばなり。

とあって、『公羊傳』・『穀梁傳』共に同姓を娶ったのを諱んだとし、『公羊傳』は孟子を呉の女だろうとする。呉の孟子に關しては、この組み合わせが同姓不婚のタブーに抵觸することもあり、古くから議論が行われてきた。(60)ここでは『左傳』に關しては、『左傳』記載の後期の魯侯における同姓婚であること、季氏への批判と關係する可能性があることを指摘するに止めておく。

⑧　定公と定姒

死亡・葬儀記事のみで、（春秋定公一五―九）・（春秋定公一五―一三）にそれぞれ、

秋七月壬申、姒氏、卒す。

辛巳、定姒を葬る。

とあり、『左傳』にいずれも【經文引用】・【經解】で、

秋七月壬申、姒氏、卒す（以上【經文引用】）。夫人と稱せざるは、赴せず、且つ祔せざればなり（以上【經解】）。

定姒を葬る（以上【經文引用】）。小君と稱せざるは、喪を成さざればなり（以上【經解】）。

とある。前者の經文について『公羊傳』には、

姒氏とは何ぞ。哀公の母なり。何を以て夫人と稱せざる。哀未だ君たらざればなり。

とあり、『穀梁傳』には、

妾の辭なり。哀公の母なり。

とある。つまり「夫人」の語がないことを、『左傳』は他國に訃告しなかったからだとし、『公羊傳』は哀公がまだ即位していないからだとし、『穀梁傳』は妾だからだとする。後者の經文については、『公羊傳』にも傳文があり、

定姒、何を以て葬を書する。未だ年を踰へざるの君なればなり。子有れば則ち廟あり。廟あれば則ち葬を書す。

とあって、未踰年の君たる哀公の母だから、その葬を書したとする。[61]

『春秋』が定姒を「夫人」・「小君」と記さないことに關して、『左傳』は定姒の葬儀の儀禮に關わることを理由とする。『公羊傳』と『穀梁傳』は、哀公の踰年卽位を強調し、更に『穀梁傳』は定姒を妾とする。

簡潔な記載である經文に對して、『左傳』は齊出身（姜姓）の夫人について、【經解】で經文を判斷・解說し、【說話・地の文】で狀況說明し、【說話・會話】で理由づけし、【君子（曰）】・【凡例】で權威づけにより更に理由を補強していることが分かる。[62] 特に桓公夫人文姜・莊公夫人哀姜・文公夫人出姜の三人は、婚姻時に傳文で「非禮」とされている。またその攻擊は夫である魯の側も對象としている。しかし、こうした傾向は宣公夫人穆姜の自己批判後から弱まっている。『公羊傳』は、齊出身の夫人に好意的もしくは中立であることが多く、姜齊の夫人の血を承けること

を評價しているとも考えられる。『穀梁傳』は文姜を集中的に貶めているようにみえ、『穀梁傳』の文姜に對する評價は、文姜の私通譚が固まってからのものとも考えられる。

不義密通が想像されるもので、「通」と書されている事例は、妻が姜姓の共仲と哀姜・宣伯と穆姜、「事」と書されているのは、妻が姜姓以外の成季と成風・襄仲と敬嬴の組み合わせであり、書き分けに評價の違いが反映しているのかもしれない。(63)

春秋三傳で對照的に評價が分かれているのは成風に關してである。文公五・九年の解釋にみられるように、『左傳』は極めて好意的、『公羊傳』はやや批判的、『穀梁傳』は否定的である。

以上をまとめると次のようになる。

① 『左傳』は魯侯を夫、齊の公女を妻とする婚姻關係に關して、【經解】で經文を判斷・解說し、【說話・地の文】で狀況說明し、【說話・會話】で理由づけし、【君子（曰）】・【凡例】で權威づけにより更に理由を補強し、否定的評價を強く出している。特に【說話・會話】は特定の行動に對する倫理的・思想的な根據づけに利用されている。だが（左傳襄公九―三）における穆姜の自己批判を境に批判が弱まり、また冒頭で子姓の夫人を記し、末尾でもともと姜齊から娶る例はなかったことを示す。このことは『左傳』婚姻記事の構造に關わる問題だと考えられる。

② 『公羊傳』は傳文が少なく、その評價は齊出身の夫人に否定的ではない。

③ 『穀梁傳』は特に文姜に對しては道德的基準を適用し、攻擊的である。

④ 『左傳』の「通」と「事」は同義だが、價値判斷の基準として使い分けられているように思える。

⑤ 須句の成風に對する評價は、『左傳』が好意的、『公羊傳』がある程度尊重しつつ死後の措置を譏り、『穀梁傳』

が夫人であることを否定するように、三傳で態度が分かれる。
次に『春秋』で魯を歸嫁側とする事例についてみていくことにする。

三、『春秋』にみえる魯を歸嫁側とする事例について

宇都木章は『春秋』に現れる魯の公女について特徴を掲げているが、それは、
一、公女の婚姻した國は、魯の周邊の小國だけである。
二、唯一の例外は、宋との婚姻で、その記事は詳細である。
三、僖公九年の伯姫卒、文公時代の子叔姫卒の記事は異例である。
四、他國の貴族に嫁いだ記事は、莊公二十七年の莒慶、僖公二十八年の宋蕩伯姫、宣公五年の齊高固の三例のみである。
ということである。(64)齊の昭公と子叔姫が含まれていないのは、未遂に終わったとしたからだろうが、嫁ぎ先まで到達しているため、ここでは檢討對象に含めることにした。結局、嫁ぎ先となる國は、齊・宋・紀・杞・鄫・郯の六カ國である。

こうしたことから分かるように、魯が娶妻側のときと異なり、公女の送り先にはかなりのばらつきがみられるのが特徴である。

三―一．齊へ嫁ぐ場合

逆の事例の多さに比較して二例と少ない。既に先學によって指摘されているように、魯・齊が母方交叉イトコ婚であることがよくわかる。(65)

①　昭公と子叔姫

（春秋文公一四―一一）に、

冬、單伯、齊に如く。齊人、單伯を執ふ。齊人、子叔姫を執ふ。

とある。そして（左傳文公一四―三）に【說話・地の文】・【經文換言・說話】で、

子叔姫、齊の昭公に妃して、舍を生む。叔姫寵無く、舍威無し。公子商人、驟しば國に施して、多く士を聚む。其の家貲を盡くせば、公有司に貸り、以て之に繼ぐ（以上【說話・地の文】）。夏五月、昭公卒す（以上【經文換言・說話】）。舍位に卽く（以上【說話・地の文】）。

とあり、（左傳文公一四―一一）に【說話・地の文】・【說話・會話】・【經文引用】・【經文換言・說話】で、

襄仲、王に告げしめ、王寵を以て昭姫を齊に求めんと請ふ。曰く（以上【說話・地の文】）、其の子を殺す。焉ぞ其の母を用ひん。請ふ、受けて之を罪せん、と（以上【說話・會話】）。冬、單伯齊に如き（以上【經文引用】）、子叔姫を請ふ（以上【說話・地の文】）。齊人之を執へ、又子叔姫を執ふ（以上【經文換言・說話】）。

とある。齊の君位繼承をめぐる内紛に、恐らくは昭公の夫人であり、舍の母である子叔姫が巻き込まれたことを記し(66)

ている。ここには特に道徳的な判斷はない。

また（春秋文公一四―一一）について『公羊傳』に、

……單伯の罪は何ぞ。道に淫せり。惡にか淫する。子叔姫に淫せり。然らば則ち曷爲れぞ齊人、單伯及び子叔姫を執ふと言はざる。內の辭なればなり。異にするが若く罪を然らしむ。

とあり、『穀梁傳』に、

私の罪なり。單伯、齊に淫す。齊人之を執ふ。齊人子叔姫を執ふ。叔姫も罪を同じくせり。

とある。いずれも單伯が子叔姫に「淫」したことを譏っているとする。

次に（春秋文公一五―一〇）に、

十有二月、齊人、來りて子叔姫を歸す。

とあり、『左傳』に【經文引用】・【經解】で、

齊人、來りて子叔姫を歸すは（以上【經文引用】）、王の故なり（以上【經解】）。

とある。王命によって子叔姫は魯に歸され、事件が落着したのである。ここで『公羊傳』に、

其れ來を言ふは何ぞ。之を閔めばなり。此れ罪有り。何ぞ閔む。父母の子に於ける、罪有りと雖も、猶ほ其の罪に服するを欲せざるがごとし。

とあり、『穀梁傳』に、

其れ子叔姫と曰ふは、之を貴べばなり。其れ來歸と言うは何ぞや。父母の子に於ける、罪有りと雖も、猶ほ其の免れんことを欲すればなり。

とある。（春秋文公一四―一一）に對する解釋の延長線上にあるといえる。

以上、『左傳』は齊の內紛に言及することにより、少し齊に嚴しいといえ、『公羊傳』・『穀梁傳』は單伯と子叔姬の姦通を示し、子叔姬を譏っている。

② 高固と叔姬

嫁ぐ相手は國君ではないが、『春秋』に記載がみえる事例である。（春秋宣公五―三）、（春秋宣公五―五）にそれぞれ、

秋九月、齊の高固、來りて叔姬を逆ふ。(67)

冬、齊の高固、子叔姬と來る。

とあり、（左傳宣公五―三）に【經文引用】・【經解】で、

秋九月、齊の高固、來りて女を逆ふるは（以上【經文引用】）、自ら爲にするなり（以上【經解】）。故に書して叔姬を逆ふ（以上【經文引用】）、卿自ら逆ふるなり（以上【經解】）。

とあり、（左傳宣公五―五）に【經文引用】・【經解】で、

冬、來るは（以上【經文引用】）、馬を反すなり（以上【經解】）。

とある。共に特に批評を加えることはない。前者は『穀梁傳』にも傳文があり、

諸侯の子を大夫に嫁がしむるに、大夫を主とし以て之に與ふ。來とは內に接するなり。其の內に接するを正とせず、故に夫婦の稱を與へず。

とある。後者に關しては『公羊傳』に、

何ぞ高固の來るを言ふ。叔姬の來るを言ひて、高固の來るを言はざれば、則ち不可なり。子公羊子曰く、其れ諸

れ其の雙雙として倶に至るを爲す者か、と。

とあり、『穀梁傳』に、

及とは、吾が子叔姫とするなり。使と爲りて來るは、歸るを得しめざるの意なり。

とある。

以上、わずかな事例なので斷定的なことはいえないが、いずれも特に批評らしきものを加えていない。

三―二、宋へ嫁ぐ場合

これは三例あるが、うち二例は母方交叉イトコ婚として記事が重なるため、項目を二つとする。

①　蕩氏との母方交叉イトコ婚

（春秋僖公二五―三）に、

宋の蕩伯姫、來りて婦を逆ふ。

とある。『左傳』には傳文がない。『公羊傳』に、

宋の蕩伯姫とは何ぞ。蕩氏の母なり。其れ來りて婦を逆ふと言ふは何ぞ。兄弟の辭なり。其れ婦と稱するは何ぞ。姑有るの辭なり。

とあり、『穀梁傳』に、

婦人既に嫁げば竟を踰えず。宋の蕩伯姫來りて婦を逆ふ、正に非ざるなり。其の婦と曰ふは、何ぞや。姑に縁り

て之を言ふの辭なり。

とある。『公羊傳』は、蕩伯姫がその子の妻を迎えにきた事實を解說する。『穀梁傳』は、そのために蕩伯姫が竟を踰えたことを批判する。

② 共公と共姫

この宋共姫（伯姫）は、『公羊傳』・『穀梁傳』で婦人の鑑として絕贊されている人物である。（春秋成公八―四）、（春秋成公八―五）にそれぞれ、

宋公、華元をして來聘せしむ。

夏、宋公、公孫壽をして來りて幣を納れしむ。

とあり、（左傳成公八―四・五）に【經文換言・說話】・【經解】(68)で、

宋の華元、來聘するは（以上【經文引用】）、共姫に聘するなり（以上【經解】）。夏、宋の公孫壽、來りて幣を納れしむるは（以上【經文引用】）、禮なり（以上【經解】）。

とある。宋の公孫壽の行爲を「禮」に合するとしており、この婚姻に關係する行爲に對する肯定的評價である。（春秋成公八―五）については『公羊傳』にも傳文があり、

幣を納るるは書せず。此れ何を以て書する。伯姫を錄するなり。

とある。納幣なのに記錄したのは、伯姫のことを記錄するからとする。（春秋成公九―四）に、

二月、伯姫、宋に歸ぐ。

とあり、『左傳』に【經文引用】で、

　二月、伯姫、宋に歸ぐ（以上【經文引用】）。

とある。經文と同文である。

（左傳襄公二六―六）の【說話・地の文】には「共姫」の名がみえ、杜注に、

　共姫は宋の伯姫なり。
　平公は共姫の子なり。

とある。

（春秋襄公三〇―三）に、

　五月甲午、宋、災あり。宋の伯姫[69]、卒す。

とあり、『左傳』に【說話・地の文】・【經文引用】・【經解】・【君子】で、

　宋の大廟に叫ぶ或り。譆譆出出と曰ふ。鳥、亳社に鳴く。譆譆と曰ふが如し（以上【說話・地の文】）。甲午、宋、大災あり。宋の伯姫、卒す（以上【經文引用】）。姆を待てばなり（以上【經解】）。君子宋の共姫を謂ふ、女にして婦ならず。女は人を待つ者なり。婦は義にて事をするなり（以上【君子】）。

とある。「君子」が共姫の行動を批判している。これに對して『穀梁傳』には、

　……（火災における伯姫の行動に關する說話記事が續く。）婦人は貞を以て行を爲す者なり。伯姫の婦道盡くせり。其の事を詳かにし、伯姫を賢とするなり。

とある。『左傳』とは逆に婦道を盡くしたと共姫を讃えている。[70]

（春秋襄公三〇―五）に、

秋七月、叔弓、宋に如き、宋の共姬を葬る。[71]

とあり、『左傳』に【經文引用】・【經解】で

秋七月、叔弓、宋に如くは（以上【經文引用】）、共姬を葬るなり（以上【經解】）。

とある。『公羊傳』には、

外の夫人は葬を書せず、此れ何を以て書する。之を隱すなり。何ぞ隱す。宋に災あり、伯姬卒す。其れ謚を稱するは何ぞ。賢なればなり。……

とあり、共姬を「賢」とする。『穀梁傳』には、

外の夫人は葬を書せず、此れ其れ葬と言ふは何ぞや。吾が女なればなり。災に卒す、故に隱して之を葬るなり。

とある。

以上、宋共姬の大火災における態度について、『左傳』の【君子曰】と他の二傳は正反對の立場をとっているということができる。[72]列國に嫁ぐ場合、『左傳』は少なくとも肯定的評價はしないようにみえる。

三―三　魯の周邊の小國へ嫁ぐ場合

ここでは、魯の公女が魯の周邊の小國（紀・杞・鄫・郯・莒）へ嫁ぐ事例についてみていこう。なお紀は姜姓、杞は姒姓、鄫は姒姓もしくは姬姓、郯は己姓もしくは嬴姓である。[73]

①　紀　―伯姬―

（春秋隱公二―五）に、

九月、紀の裂繻(74)、來りて女を逆ふ。

とあり、『左傳』に【經文引用】・【經解】で、

九月、紀の裂繻、來りて女を逆ふるは（以上【經文引用】）、卿、君の爲に逆ふるなり（以上【經解】）。

とある。ここでは特に價値判斷を下していない。『公羊傳』には、

……外に女を逆ふるは書せず、此れ何を以て書する。譏る。何ぞ譏る。始め親迎せざるを譏るなり。……

とあり、『穀梁傳』には、

女を逆ふるは、親らするなり。大夫を使はすは正に非ざるなり。……

とある。この二傳はいずれも紀の國君が親迎せず、大夫の裂繻が魯の公女を迎えにきたことを批判する。

そして、（春秋莊公四―二）、（春秋莊公四―五）に、

三月、紀の伯姬、卒す。

六月乙丑、齊侯、紀の伯姬を葬る。

とあり、『左傳』に傳文はない。『公羊傳』には後者について、

外の夫人は葬を書せず。此れ何を以て書する。これを隱すなり。何ぞ隱す。其の國亡びたり、徒に齊に葬らる。此れ復讎なり、曷爲れぞ之を葬る。其の滅ぼすべきを滅ぼし、其の葬るべきを葬る。……

とある。『穀梁傳』には、兩方の經文に傳文があり、（春秋莊公四―二）について、

外の夫人は卒とせず。此れ其れ卒と言ふは何ぞや。吾が女なればなり。諸侯に適けば、則ち尊きこと同じ、吾が之が爲に變ずるを以て、之を卒とするなり。

とあり、（春秋莊公四―五）について、

　外の夫人は葬を書せず。此れ其れ葬を書するは何ぞや。吾が女なればなり。國を失へり、故に隱して之を葬る。

とある。本來記載するべきではない、嫁いだ女の死亡記事を載せる理由について、『公羊傳』が齊の紀に對する復讐の事情を強調するのに對し、(75)『穀梁傳』は紀の伯姫が魯の出身者であることを示す。

以上、婚姻時において『左傳』は婚姻自體には批判を加えないのに對し、『公羊傳』・『穀梁傳』は婚姻そのものを批判している。また、この後の三―三②を含めて、この婚姻關係が紀の滅亡に關連づけて議論されている。

②　紀　―叔姫―

これに關しては『左傳』に全く傳文がない。

（春秋隱公七―一）に、

　七年春、王の三月、紀の叔姫、紀に歸ぐ。

とある。『穀梁傳』に、

　其れ逆と言はざるは何ぞや。逆ふるの道微かにして、道ふに足ること無し。

とある。

（春秋莊公一二―一）に、

　十有二年春、王の三月、紀の叔姫、酅に歸る。(76)

とある。『公羊傳』に、

　其の酅に歸ぐと言ふは何ぞ。之を隱すなり。何ぞ隱す。其の國亡びたり。徒に叔に歸がしむるなり。

とあり、何休注に、
　叔とは、紀季なり。
とあって、紀侯の弟に嫁いだとする。(77)『穀梁傳』には、
　國にして歸ると曰ふは、此れ邑なればなり。其の歸ると曰ふは何ぞや。吾が女なればなり。國を失ひ、其の所を得たるを喜ぶ、故に歸ると曰ふなり。
とある。いずれも紀の滅亡に觸れている。
(春秋莊公二九―四)に、
　冬十有二月、紀の叔姫、卒す。
とある。これについては三傳とも傳文がない。
(春秋莊公三〇―四)に、
　八月癸亥、紀の叔姫を葬る。
とある。『公羊傳』に、
　外の夫人は葬を書せず。此れ何を以て書する。之を隱すなり。何ぞ隱す。其の國亡びたり。徒に叔を葬るのみ。
とあって、(春秋莊公一二―一)の時と同樣の解說である。『穀梁傳』には、
　卒に日いはずして、葬に日いふは、紀の亡ぶを閔むなり。
とあり、紀の滅亡を哀れむとする。
　以上、紀の滅亡が問題とされている。『公羊傳』が姜姓の紀の滅亡を隱す記述をしているところが興味深い。これは『左傳』が全く觸れないこととは對照的である。

③　杞　―成公と伯姫およびその子―

（春秋莊公二五―四）に、

伯姫、杞に歸ぐ。

とある。『左傳』に傳文はない。『穀梁傳』に、

其れ逆と言はざるは何ぞや。之を逆ふるに微と道ふ、道ふに足ること無し。

とあり、三―三②の（春秋隱公七―一）の傳文と同文である。

（春秋莊公二七―一）、（春秋莊公二七―四）にそれぞれ、

二十有七年春、公、杞の伯姫に洮に會す。

冬、杞の伯姫、來る。

とあり、『左傳』に（春秋莊公二七―一）について【經文換言・說話】・【經文引用】・【經解】で、

二十七年（以上【經文換言・說話】）春、公、杞の伯姫に洮に會するは（以上【經文引用】）、事に非ざるなり。天子、義を展るに非ざれば巡狩せず、諸侯、民事に非ざれば擧せず、卿、君命に非ざれば境を越えず[78]（以上【經解】）。

とあり、（春秋莊公二七―四）について【經文引用】・【經解】・【凡例】で、

冬、杞の伯姫、來るは（以上【經文引用】）、歸寧なり（以上【經解】）。凡そ諸侯の女、歸寧するを來と曰ひ、出づるを來歸と曰ひ、夫人歸寧するを某に如くと曰ひ、出づるを某に歸ると曰ふ（以上【凡例】）。

とある。杞の伯姫が魯にやって來たのは、國家の大事ではない「歸寧」にあたると解說する。女の歸鄉について【經解】や【凡例】で說明している。『公羊傳』には（春秋莊公二七―四）に傳文があり、

其れ來と言ふは何ぞ。直に來るを來と曰ひ、大ひに歸るを來歸と曰ふ。

とあり、（春秋莊公二七—一）の洮から直接やってきたとする。

（春秋僖公五—二）に、

杞の伯姬、來りて、其の子を朝せしむ。

とある。『左傳』に傳文はない。『公羊傳』に、

其れ來りて其の子を朝せしむと言ふは何ぞ。內辭なり。其の子と倶に來りて朝するなり。

とあり、『穀梁傳』に、

婦人既に嫁げば、竟を踰えず。竟を踰ゆるは正に非ざるなり。諸侯相見ゆるを朝と曰ふ。伯姬、其の子を朝せしむる志を爲す。伯姬、其の子を朝せしむる志を爲せば、則ち是れ杞伯、失夫の道なり。諸侯相見ゆるを朝と曰ひ、人父の道を待つを以て人の子を待つは、正に非ざるなり。故に曰く、杞の伯姬、來りて其の子を朝せしむ、と。參《みつ》ながら譏るなり。

とある。『公羊傳』は字句の解説をするだけだが、『穀梁傳』は一旦嫁いだ女が國ざかいを踰えることを批判し、その子が「朝」すれば、杞伯が夫としての道を失うことになり、父の杞伯がすべき「朝」を子がしたのも正しくないとして、それぞれ譏っている。

（春秋僖公九—三）に、

秋七月乙酉、伯姬、卒す。

とある。『左傳』に傳文はない。『公羊傳』に、

此れ未だ人に適かず、何ぞ以て卒いふ。許嫁せり。婦人、許嫁すれば、字して之に笄し、死すれば則ち成人の喪

　　を以て之を治む。

とあり、『穀梁傳』もほぼ同じ傳文である。この二傳は、ここの伯姫を僖公二年までにでてくる伯姫とは別人と解釋しているようである。[79]

以上、『左傳』が伯姫の歸寧に【經解】や【凡例】を付し、特に問題とすべきことはないように述べるのが興味を引く。これは伯姫があくまでも魯に歸屬することを示しているかもしれない。

④　杞　―伯姫およびその子―

この婚姻關係が現れるのは一カ所だけである。(春秋僖公九―三)の伯姫が杞の伯姫とすれば、ここの伯姫は三―三③の伯姫とは別人になる。別人ならこの二人の伯姫で母方交叉イトコ婚となる。

(春秋僖公三一―五)に、

　　冬、杞の伯姫、來りて婦を求む。

とある。『左傳』に傳文はない。『公羊傳』に、

　　其れ來りて婦を求むは何ぞ。兄弟の辭なり。其れ婦と稱するは何ぞ。姑有るの辭なり。

とあり、姑となるべき伯姫が子の配偶者を求めにやってきたことを解説する。『穀梁傳』には、

　　正に非ざるなり。

とのみあり、その理由は書かれていないが、(春秋僖公五―二)の傳文と同様のものと推測される。

⑤　杞　―桓公と叔姫　その一―

この婚姻關係が現れるのは一カ所だけである。（春秋文公一二―二）、（春秋文公一二―三）に、

杞伯、來朝す。

二月庚子、子叔姫、卒す。

とあり、兩者あわせて『左傳』に【經文換言・說話】・【經解】・【說話・地の文】で、

杞の桓公、來朝するは（以上【經文換言・說話】）、始めて公に朝するなり（以上【經解】）。且つ叔姫を絶ちて婚を絶つ無きを請ふ。公、之を許す（以上【說話・地の文】）。二月、叔姫、卒す（以上【經文換言・說話】）。杞と言はざるは、絶えたればなり。叔姫と書すは、女に非ざるを言ふなり（以上【經解】）。

とある。杞桓公が魯の叔姫を離縁し、かつ杞・魯の婚姻關係の繼續を求めた狀況を述べる。（春秋文公一二―三）に關して『公羊傳』には、

此れ未だ人に適かず、何を以て卒いふ。許嫁せり。婦人許嫁すれば、字して之に笄し、死すれば則ち成人の喪を以て之を治む。(80) 其の子と稱するは何ぞ。貴ければなり。其の貴きこといかん。母弟なり。

とあり、前半部分は三―三③の（春秋僖公九―三）の傳文と同樣、叔姫はいいなずけだったとする。『穀梁傳』には、

其れ子叔姫と曰ふは、貴ければなり。公の母姊妹なり。其の一傳に曰く、許嫁して以て之を卒とするなり。男子、二十にして冠し、冠して丈夫に列し、三十にして娶る。女子、十五にして許嫁し、二十にして嫁ぐ、と。

とあり、異說として『公羊傳』と同樣の解釋を掲げる。

⑥　杞　―桓公と叔姬　その二―

（春秋成公四―三）に、

　杞伯、來朝す。

とあり、『左傳』に【經文引用】・【經解】として、

　杞伯、來朝す（以上【經文引用】）。叔姬を歸さんが故なり（以上【經解】）。

とある。

　そして（春秋成公五―一）に、

　五年春、王の正月、杞の叔姬、來歸す。

とある。[81]『左傳』に傳文はない。『穀梁傳』に、

　婦人の義、嫁を歸と曰ひ、反るを來歸と曰ふ。

とあり、字句の解說である。

（春秋成公八―八）に、

　冬十月癸卯、杞の叔姬、卒す。

とあり、『左傳』に【經文引用】・【經解】で、

　冬、杞の叔姬、卒す（以上【經文引用】）。杞より來歸す。故に書す（以上【經解】）。

とある。

（春秋成公九―一）に、

九年春、王の正月、杞伯、來りて叔姫の喪を逆へ、以て歸る。

とあり、『左傳』に【經文換言・說話】・【經解】で、

九年春、杞の桓公、來りて叔姫の喪を逆ふは（以上【經文換言・說話】）、之を請へるなり（以上【經解】）。杞の叔姫、卒すとは（以上【經文引用】）、杞の爲めの故なり（以上【經解】）。(82) 叔姫を逆ふとは（以上【經文引用】）、我爲ればなり（以上【經解】）。

とある。『公羊傳』には、

杞伯、曷爲れぞ來りて叔姫の喪を逆へ、以て歸る。內の辭なればなり。脅して之を歸すなり。

とあり、『穀梁傳』には、

傳に曰く、夫、出妻の喪を逆ふること無くして之を爲せり、と。

とある。『左傳』は叔姫が杞より歸された事情を述べるだけだが、『公羊傳』は魯が杞を脅して叔姫の喪を歸らせたことを記し、『穀梁傳』は夫婦の倫理の觀點から必要のないことをしたと判斷する。

⑦　鄫　―鄫子と季姫―

（春秋僖公一四―二）に、(83)

夏六月、季姫、鄫子と防に遇ひ、鄫子をして來朝せしむ。

とあり、『左傳』に【說話・地の文】・【說解】・【經文引用】で、

鄫の季姫、來寧す。公、怒りて之を止む（以上【說話・地の文】）。鄫子の朝せざるを以てなり（以上【說解】）。夏、防に遇ひて、來朝せしむ（以上【經文引用】）。

と、事件の起こった理由を【説解】で解説する。『公羊傳』には、

鄫子曷爲れぞ季姫をして來朝せしむる。內の辭なればなり。來朝せしむるに非ず、來りて己を請はしむるなり。

とあり、鄫子は季姫から魯に來るように要請されたとあって、季姫に責任があるとするような表現である。『穀梁傳』には、

遇とは、同じく謀るなり。來朝とは、來りて己を請ふなり。朝に使と言はず、使と言ふは正に非ざるなり。以て繒子を病むなり。

とあり、鄫子と季姫が共謀關係にあるとする。(84)

（春秋僖公一五―八）に、

季姫、鄫に歸る。

とある。これには三傳とも傳文はない。

（春秋僖公一六―三）に、

夏四月丙申、鄫の季姫、卒す。

とある。これも三傳とも傳文はない。

以上、『左傳』は責任が季姫になく鄫子にあるとする解釋を行い、『公羊傳』は季姫に責任があるとするような表現を用いており、『穀梁傳』は鄫子と季姫のいずれをも批判する。

⑧　郯　―伯姫―

（春秋宣公一六―三）に、

秋、郯の伯姫、來歸す。

とあり、『左傳』に【經文引用】・【經解】で、

秋、郯の伯姫、來歸す（以上【經文引用】）。出づるなり（以上【經解】）。

とある。伯姫が離縁されたことを示している。

⑨　莒　―莒慶と叔姫―

（春秋莊公二七―五）に、

莒の慶、來りて叔姫を逆ふ。

とあり、『左傳』に傳文はないが、杜注に、

慶は、莒の大夫なり。叔姫は、莊公の女なり。卿、自らの爲めに逆へば、則ち字を稱す。例は宣五年に在り。

とあり、二―一②莊公二十四年の事例のように、莒の大夫の慶が自分で妻を迎えにきたとする。『公羊傳』には、

莒の慶とは何ぞ。莒の大夫なり。莒に大夫無し、此れ何を以て書する。譏るなり。何ぞ譏る。大夫、竟を踰えて女を逆ふるは、禮に非ざるなり。

とあり、『穀梁傳』には、

諸侯の子《むすめ》を大夫に嫁がしむるは、大夫を主とし以て之に與ふ。來るとは、内に接するなり。其の内に接するを正とせず、故に夫婦の稱を與へざるなり。

とある。『公羊傳』・『穀梁傳』は、莒の大夫の慶が自分の妻を迎えにきたとする解釋であり、『左傳』杜注もこれに従っているとみられる。そして『公羊傳』は大夫の慶が竟を踰えたことを譏り、『穀梁傳』は、所謂「内魯說」(85)に

よってこの婚姻を「非正」とする。

『左傳』は魯を娶妻側とする事例に比べて、筆鋒が鈍いという印象を受けることから、魯を娶妻側とするときとは明らかに婚姻評價の態度が異なる。齊や宋といった大國に嫁ぐ場合は批判的であり、周邊の小國に嫁ぐ場合はやや評價が甘い。特に公女が何らかの形で魯に歸る場合は、他の二傳とは異なり、しばしばこれを庇うかのような判斷を下す。『公羊傳』は齊が娶妻側の場合、魯の公女に批判的な評價を行う。『穀梁傳』は婚姻時に批判的であり、評價に倫理道德色が目立つ。

四．その他の『春秋』にみえる婚姻事例について

魯の關連しない婚姻事例が四例だけ『春秋』にみえるが、全て周と姜姓の國に關係するものである。ここではそれらの婚姻について檢討する。

四―一．周の公女

二例あるが、いずれも齊とのものである。

① 齊の襄公と王姬

（春秋莊公一―三）、（春秋莊公一―四）、（春秋莊公一―七）にそれぞれ、

夏、單伯、王姬を送る。(86)
秋、王姬の館を外に築く。
王姬、齊に歸ぐ。

とあり、（春秋莊公一―四）に關して『左傳』に、【經文引用】・【經解】で、
秋、王姬の館を外に築く（以上【經文引用】）。外に爲《お》いてするは禮なり（以上【經解】）。

とあり、【經解】で、王姬の宿舍を城外に築いたことを「禮」に合するとする。『公羊傳』にはそれぞれの經文に對應して、（公羊莊公一―三）

……之を逆ふとは何ぞ。我をして之に主たらしむればなり。曷爲れぞ我をして之に主たらしむ。天子、女を諸侯に嫁するに、必ず諸侯の同姓なる者をして之に主たらしむ。諸侯、女を大夫に嫁するに、必ず大夫の同姓なる者をして之を主らしむ。

（公羊莊公一―四）

何を以て書する。譏るなり。何ぞ譏る。之を築くは禮なり。外に于てするは禮に非ざるなり。外に于てする、何を以てか禮に非ざる。外に築くは、禮に非ざるなり。其れ之に築くは何を以て禮に非ざる。王姬に主たる者、必ず之が爲に改築す。王姬に主たる者、則ち曷爲れぞ必ず之が爲に改築する。路寢に於てすれば則ち可ならず。小寢なれば則ち嫌ふ。群公子の舍なれば、則ち以て卑し。其の道、必ず之が爲に改築する者なり。

（公羊莊公一―七）

何を以て書する。我、之を主ればなり。

とある。（公羊莊公一―三）は、魯を婚姻を主る者として主婚者に關する凡例を掲げ、（公羊莊公一―四）は、『左傳』

の解釋とは逆に「非禮」とし、（公羊莊公一—七）は、魯の主婚者としてあるべき立場を示す。『穀梁傳』にもそれぞれについて傳文があり、（穀梁莊公一—三）

……其の義、京師に受くべからざるは何ぞ。曰く、君躬《みづか》ら齊に弑せられ、之をして婚姻を主らしめ、齊と禮を爲す、其の義固より受くべからざるなり、と。

（穀梁莊公一—四）

築は禮なり。外に于てするは禮に非ざるなり。築の禮爲るは何ぞ。王姫に主たる者、必ず公門より出づ。廟に於てすれば則ち已に尊く、寢に於てすれば則ち已に卑し。之が爲めに築くは節なり。之を外に築くは、之を正に變ずるなり。之を外に築くは、之を正に變ずと爲すとは何ぞや。[87] 仇讎の人は、婚姻を接する所以に非ざるなり。衰麻は、弁冕に接する所以に非ざるなり。其れ齊侯の來りて逆ふと言はざるは何ぞや。齊侯をして吾と禮を爲すを得しめざればなり。

（穀梁莊公一—七）

之が中（主）爲る者、之を歸がしむるなり。

とある。（穀梁莊公一—三）は、前年に魯の桓公が齊で殺されたことを強調し、（穀梁莊公一—四）は齊が魯にとって仇敵であることを述べ、（穀梁莊公一—七）は魯が主婚者であることをいう。

（春秋莊公二—二）に、

秋七月、齊の王姫、卒す。

とある。『左傳』に傳文はない。『公羊傳』に、

外の夫人は卒いはず。此れ何を以て卒いふ。録するなり。曷爲れぞ録する。我、之に主たればなり。

とあり、『穀梁傳』に、

　之が主爲る者、之を卒とするなり。

とある。いずれも魯が婚姻を主ったので王姫の死亡記事を載せたとする。

以上、『穀梁傳』が魯・齊の仇敵關係を強調するのに對し、『公羊傳』はそのことには觸れない。また婚姻時に『公羊傳』が魯に批判的であるのに對して、『左傳』は【經解】で魯の行爲を「禮」に合するとし、『公羊傳』と對立している。

② 齊の桓公と共姫

（春秋荘公一一―四）に、

　冬、王姫、齊に歸ぐ。

とあり、『左傳』に【經文換言・說話】で、

　冬、齊侯來りて共姫を逆ふ[88]（以上【經文換言・說話】）。

とある。『公羊傳』には、

　何を以て書する。我を過ぐればなり。

とあり、『穀梁傳』には、

　其れ志《しる》すは、我を過ぐればなり。

とある。『公羊傳』・『穀梁傳』は王姫が魯を通過したことを記す。

四―二　王　后

二例あり、紀と齊であって、いずれも姜姓である。

① 周の桓王と紀の季姜

祭公來り、遂に王后を紀に逆ふ。

（春秋桓公八―六）に、

とあり、『左傳』に【經文引用】・【經解】で、

祭公來り、遂に王后を紀に逆ふは（以上【經文引用】）、禮なり（以上【經解】）。

とあり、【經解】でこの婚姻手續きを「禮」に合すると認める。『公羊傳』には、

……何を以て使を稱せざる。婚禮は主人を稱せざればなり。遂とは何ぞ。生事なり。大夫は遂事無し、此れ其れ遂と言うは何ぞ。使ひを我に成せばなり。其れ使ひを我に成すはいかん。我をして媒と爲さしむるは可なれば、則ち因りて用て是に往きて逆ふ。女、其の國に在りては女と稱す。此れ其れ王后と稱するは何ぞ。王者は外無し、其の辭成れり。

とあり、『穀梁傳』には、

其れ使と言はざるは何ぞや。其の宗廟の大事を以て卽ち我に謀るを正しとせず、故に使を與へざるなり。遂とは事を繼ぐの辭なり。其れ遂に王后を逆ふと曰ふ、故に之を略せり。或ひと曰く、天子は外無し、王、之に命ずれ

ば則ち成る、と。

とあって、二傳共に「使」の字のないことを問題として解說する。

（春秋桓公九―一）に、

九年春、紀の季姜、京師に歸ぐ。

とあり、『左傳』に【經文引用】・【凡例】で、

九年春、紀の季姜、京師に歸ぐ（以上【經文引用】）。凡そ、諸侯の女の行く、唯だ王后のみ書す（以上【凡例】）。

とある。(89)『公羊傳』には、

其れ辭成れば、則ち其れ紀の季姜と稱するは何ぞ。我より紀と言ふは、父母の子に於ける、天王の后爲りと雖も、猶ほ吾が季姜と言ふがごとし。……

とあり、『穀梁傳』には、

之が中爲る者、之を歸がしむるなり。

とある。

以上、『左傳』は【凡例】で諸侯の女の婚姻について、王后のみ記載することを述べている。『公羊傳』・『穀梁傳』は、周王にとっては理念的に「外」が存在しないことを主張している。このような發想は『左傳』にはない。(90)

② 周の靈王と齊の王后

（春秋襄公一五―二）に、

劉夏、王后を齊に逆ふ。

とあり、『左傳』に【説話・地の文】・【經文引用】・【經解】で、

官師、單靖公に從ひて（以上【説話・地の文】）、王后を齊に逆ふ（以上【經文引用】）。卿、行かざるは禮に非ざるなり（以上【經解】）。

とある。【經解】で卿でない者が王后を迎えにいったのを「非禮」とする。『公羊傳』には、

……外に女を逆ふは書せず、此れ何を以て書する。我を過ぐればなり。

とあり、『穀梁傳』には、

我を過ぎたり、故に之を志すなり。

とあって、いずれも魯を通過したから『春秋』に書したとする。

また、（左傳襄公一二―A）には、【説話・地の文】・【説話・會話】(91)で、

靈王、后を齊に求む。齊侯、晏桓子に對を問ふ。桓子、對へて曰く（以上【説話・地の文】）、先王の禮辭に之有り。天子、后を諸侯に求むれば、諸侯、對へて曰く、夫婦生みし所の若而人、妾婦の子、若而人、と。女無くして姊妹及び姑姊妹有らば、則ち曰く、先守某公の遺女、若而人、と（以上【説話・會話】）。齊侯、婚を許す。王、陰里をして之を結ばしむ（以上【説話・地の文】）。

とあり、晏桓子が齊の靈公に、周王が求婚してきた際の回答方法を解説する内容である。この【説話・會話】は、周との婚姻に關する「禮」について述べている。

四―二①と同樣に『左傳』は、王后の婚姻に關する慣例を【説話・會話】の形式で竝べている。そして『公羊傳』・『穀梁傳』の解説は、四―二①の（左傳桓公九―一）の【凡例】に反している。

データ數は少ないが、本節の檢討からいえることは、『春秋』所見の周に關する婚姻四例は、全て姜姓が關わって

おり、その中三例が齊である。周王の女が嫁ぐのは二例しかないが、その相手は齊だけである。『左傳』が魯の立場を重んじ、齊の公女に厳しいのとは反對に、『公羊傳』は姫姓の女に厳しい。『穀梁傳』の立場は『公羊傳』にやや近いが、その内容にやや倫理性が強い。

五．媵について

ここでは媵について検討する。加藤常賢は本來の媵たる同姓媵をソロレート婚としており、元の制度が崩れてから意味の異なる媵が現れたと考えている。(92)『春秋』及び三傳記載の媵は、(春秋莊公一九—三)・(左傳僖公五—八)の男性媵、(公羊僖公八—三)・(左傳襄公二三—六)の『春秋』に記載のない媵、そして(春秋成公八—一〇)・(春秋成公九—六)・(春秋成公一〇—四)の宋共姫(伯姫)に對する衞・晉・齊の媵である。結局『春秋』に記載されている、加藤常賢がいうような本來の意味の媵は、宋共姫に關する事例のみということになる。

(春秋莊公一九—三)に、

秋、公子結、陳人の婦に鄄に媵し、遂に齊侯・宋公と盟す。

とあり、『公羊傳』に、

媵とは何ぞ。諸侯は一に九女を聘すれば、則ち二國往きて之を媵し、姪娣を以て從ふ。姪とは何ぞ。兄の子なり。娣とは何ぞ。弟なり。諸侯壹に九女を聘し、諸侯再び娶らず。媵は書せず、此れ何を以て書する。其れ遂事有ると爲して書すればなり。……

とあり、『穀梁傳』に、

媵は淺事なり。志さず、此れ其れ志すは何ぞや。盟を要するを辟くればなり。何を以て其れ盟を要するを辟くるを見る。媵は禮の輕き者なり。盟は國の重なり。……

とある。魯の公子結が陳女に「媵」したことについて、『公羊傳』は一娶九女説を議論し、『穀梁傳』は媵を「淺事」として輕視する。

（春秋僖公五―八）に、

冬、晉人、虞公を執ふ。

とあり、『左傳』に【説話・地の文】で、

……冬、七月丙子朔、晉、虢を滅す。虢公醜、京師に奔る。師、還り、虞に館し、遂に虞を襲ひて之を滅す。虞公と其の大夫井伯とを執へ、以て秦穆姫に媵し、而して虞の祀を脩め、且つ其の職貢を王に歸す（以上【説話・地の文】）。……

とある。虞公とその大夫井伯が秦穆姫の媵となったことを記す。これも男性媵である。

（春秋僖公八―三）に關しては二―一②で既に述べたのでそちらを參照されたい。

（春秋襄公二三―六）に、

晉の欒盈、復た晉に入り、曲沃に入る。

とあり、『左傳』に【説話・地の文】で、

晉將に女を吳に嫁がしめんとし、齊侯、析歸父をして之に媵せしめ、以て欒盈及び其の士を載せ、諸を曲沃に納る（以上【説話・地の文】）。……

とある。齊侯が晉女の男性媵として析歸父をあてがったのである。

最後に宋共姫に關する媵である。（春秋成公八―一〇）に、

　衞人、來りて媵す。

とあり、『左傳』に【經文換言・説話】・【經解】・【凡例】で、

　衞人、來りて共姫に媵す（以上【經文換言・説話】）。禮なり（以上【經解】）。凡そ、諸侯、女を嫁がしむれば、同姓之に媵し、異姓なれば否せず（以上【凡例】）。

とあり、『公羊傳』に、

　媵は書せず、此れ何を以て書する。伯姫を錄すればなり。

とあり、『穀梁傳』に、

　媵は淺事なり。志さず、此れ其れ志すは何ぞや。以て伯姫の其の所を得ず、故に其の事を盡くすなり。

とある。『左傳』は肯定的評價であり、『公羊傳』は伯姫を記錄するために本來は書かない媵を記錄したとし、『穀梁傳』は媵を「淺事」とする。

（春秋成公九―六）に、

　晉人、來りて媵す。

とあり、『左傳』に【經文引用】・【經解】で、

　晉人、來りて媵す（以上【經文引用】）。禮なり（以上【經解】）。

とあり、『公羊傳』・『穀梁傳』はいずれも（春秋成公八―一〇）の傳文と同じであり、評價も同樣である。

（春秋成公一〇―四）に、

齊人、來り媵す。

とあり、『左傳』に傳文はない。『公羊傳』には、

媵は書せず、此れ何を以て書する。伯姬を錄すればなり。三國來り媵するは禮に非ざるなり。曷爲れぞ皆伯姬の辭を錄するを以て之を言ふ。婦人は衆多を以て侈と爲せばなり。

とあり、衞・晉・齊の三國が媵したことに對して、媵した者の多さの點から批判しており、異姓媵を批判する『左傳』とは批判する理由が異なる。

宋共姬への媵に關して、加藤常賢說を參考としつつ考えてみると、『左傳』は【經解】で衞・晉の同姓媵を禮に合するとして肯定するが、齊の異姓媵に對しては傳文がなく沈默している。だが（左傳成公八—一〇）【凡例】で異姓媵を否定していることから、間接的にこれを批判しているといえる。また『左傳』所見の男性媵は二例とも【說話・地の文】であり、（春秋襄公二三—六八）は齊の異姓男性媵である。結局、媵に關しても齊に對する批判に利用されている。『公羊傳』は（春秋莊公一九—三）の傳文にみえる

諸侯は一に九女を聘す。

という一娶九女說によって同姓異姓を問題としていない。[93]（春秋成公一〇—四）の齊の異姓媵を媵女の總數が多いと批判はするものの、齊への個別の批判ではない。加藤は觸れないが、『穀梁傳』は（春秋成公八—一〇）・（春秋成公九—六八）の傳文で

媵は淺事なり。

とし、輕視する姿勢をみせる。[94] 女性の倫理から判斷する『穀梁傳』の立場がここでも窺える。

『春秋』が婦人の鑑である宋共姬に對する齊女の媵を記載したり、『公羊傳』が齊女の異姓媵を容認するかのように

みえることから、『春秋』・『公羊傳』は齊に對して寛容だといえる。こうした傾向は、『春秋』と三傳から窺えた婚姻評價の方向性とも合致する。

六、『春秋』三傳婚姻記事それぞれの傾向について

これまでの檢討を通して、『春秋』三傳に關して一定の傾向が窺えた。それは次の通りである。

（一）『左傳』において、最初の頃の、魯の國君と齊の公女の婚姻に關する評價は、嚴しいものが多い。逆に魯の國君と齊以外の公女の婚姻では、全體的に評價が甘くなっている。また魯の公女が嫁ぐ場合は、齊侯に嫁ぐ場合を除いて、おおむね筆鋒が鈍っている。

（二）『左傳』の內容分類について。【經文引用】で『春秋』經文を示し、【經解】で解釋・評價を入れ、【說話】で狀況を敍述し、その中一部の【說話・會話】で理由づけを行い、【君子曰】・【君子】・【凡例】で評價と根據づけを行う。

（三）【經文引用】（【經文換言・說話】を含む）・【經解】（小倉分類の（Ⅰ））は字句が『春秋』經文に直接對應しており、事實を敍述したり、それに對して簡單な判斷を下すのみであって、成立が比較的早期のものと考えられる。【說話】の大部分（小倉分類の（Ⅰ））も事實を敍述しており、成立が【經文引用】・【經解】に準ずる可能性がある。【君子曰】・【君子】・【凡例】（小倉分類の（Ⅲ））は、內容が思想的により複雜であることから考えて成立が遲く、小倉芳彥がいうように成書時の付加部分と考えられる。【說話・會話】の一部（小倉分類の（Ⅱ））には、家族制度關係への言及があり、男女の性別役割の強調や女性が政治に介入することへの拒否など、いわゆる

「男尊女卑」的な思想がみられ、【說話・會話】の一部の成立はやや遲れる可能性がある。婚姻に關しては、【說話・會話】で政治的權威の正當化に直結すると考えられる倫理・思想的意義付けを行っており、『左傳』編纂期の婚姻に關する思想を理解する際に有力な手掛かりとなる。

（三）配列することに意義があるものと、それに加えて意味內容に意義があるものとが存在する。前者は主に【經文引用】・【經文換言・說話】・【經解】・【說話】、後者は主に【說話・會話】の一部・【說解】・【君子曰】・【君子】・【凡例】に相當すると考えられる。また『春秋』經文のないところに傳文が插入されていたり、經文は存在するが傳文のない部分が連續するようなことでも判斷の違いを示していると思われる。書かないことも見解を表明する手段の一つになる。

（四）しかし、宣公夫人穆姜の自己批判のころから、『左傳』の魯侯夫人に對する否定的な見解が弱まる。それは、『左傳』婚姻記事の構造と大きな關係をもつことが想定される。

（五）『公羊傳』は、魯の國君と齊の公女の婚姻に關して否定的なことをほとんど記さない。特に、魯の桓公と文姜の婚姻に關して、他の二傳との評價の違いが際だつ。

（六）『穀梁傳』には、魯の國君と齊の公女の婚姻の夫側と、それ以外のパターンの婚姻の妻側に嚴しい傾向がある。また文姜を特に激しく攻擊する。女性關係の倫理規範を論ずることが目立つが、このことから、『穀梁傳』の成書が他の二傳より遲れる可能性がでてくる。

（七）『左傳』において、「通」・「事」（動詞）は男女關係について同一のことを表す。これらは、その用いられる對象の評價と關係がある可能性がある。

（八）周との婚姻に關して、概して『左傳』は魯に好意的で齊に嚴しいが、『公羊傳』はその逆である。

（九）　媵に關しても、『左傳』は齊に對して批判的であり、『春秋』・『公羊傳』は齊に好意的であり、『穀梁傳』は婦人の倫理規範の觀點から議論する傾向が窺える。

『左傳』について、その研究史は既に注の部分等で述べた。小倉芳彥の內容分類が、『左傳』研究史上畫期的なものであったが、それは三類型しかない粗いものであり、『左傳』を分析するにはなお改善の餘地のあるものであった。[95]だから本節では、より細かい九類型の內容分類を用いたわけであるが、結果的に、小倉分類が成書年代の層を構成していたことが明らかになった。

次に『公羊傳』については、武內義雄が、公羊春秋は孟子の學が齊に傳えられ齊の地方的色彩を加味せられて發達したものであろうとするように、[96]齊との關係が議論されてきた。山田琢は第一次的な資料（經文を直接解釋する傳文）と第二次的な資料（經師、傳義の補釋、「或曰」、說話のような付加部分）からなったとした。[97]それを受けて、日原利國は、（1）「基幹となる經文」と、（2）「（1）に付加された部分」からなり、言語學的に、齊の影響がみられることを主張した。[98]また佐川修は、齊の鄒衍一派によって傳えられた孟子の春秋學を『鄒氏春秋』とし、鄒衍一派の思想に影響されて別に傳えられた孟子の春秋學を『公羊傳』の源流とする。[99]平勢隆郎は曆法などをもとに、『左傳』に先行する田齊威王期とした。[100]各說のいうように、『公羊傳』が戰國中期の田齊に遡る要素を含むということは、本節の檢討結果とは矛盾しない。

『穀梁傳』については、陳澧が『穀梁傳』は『公羊傳』の後に成書されたとした。[101]崔適、張西堂、錢玄同らは漢代僞作說を唱えた。[102]これらを承けて武內義雄は、穀梁は公羊の學を治めた人が荀子の影響を受けて改作したものであろうとした。[103]重澤俊郞は、『穀梁傳』を今文學の系統に屬すとし、前漢昭帝・宣帝期に、武帝期への反動として、法家的な色彩の強い公羊學派に對抗し、儒家的立場からその非儒家的政治に原理を提供しようとしたとした。[104]山口義男は、

『穀梁傳』が文字の異同については、意外に『左傳』と共通するものが多いことから、公羊家に寄生する形で發生したが、『公羊傳』の路線を修正しようとして『左傳』に接近し、それを取り入れたとした。[105] 山田琢は、『穀梁傳』の成立が前漢の『公羊傳』成立後、すなわち、景帝・武帝以後になるとした。[106] 近年では野間文史が、『穀梁傳』には『公羊傳』に對抗する意圖をもつと考えられる傳文が多數見いだされることなどから、成書時期を『公羊傳』成立後とする。[107]『穀梁傳』の成書については、大まかにいって前漢の『公羊傳』より後ということが現在定説となっている。これらに對し、平勢隆郎は『穀梁傳』を早くとも韓の稱王以後の中山國、かつ『左傳』より後の成書としている。[108] 本節での検討結果は、『公羊傳』より後の成書とする通説とは矛盾しない。

最後に、『春秋』に關しては、『孟子』滕文公下篇に「孔子懼れて春秋を作る。」とあることから、前近代以來孔子の作であることが通説となっていた。これに對し、本田成之は、『國語』晉語・楚語の春秋學習説話、『左傳』昭公二年に晉の韓宣子が魯に來て太史氏所藏の魯の春秋を見た記事などがあることや、『春秋』以外の『春秋』やそれに類似する書が傳世文獻にみえることなどから、『春秋』孔子著作説を否定した。[109] そして、今日の『春秋』は魯の三桓の中のある記録を掌る者の手になった魯の『春秋』の一種ではないかとした。[110] 渡邊卓は、『孟子』滕文公下篇の「孔子懼作春秋」の「作」を「おこす」と訓じ、[111] 孔子の著作とされていたことに異議を唱え、『春秋』自體は孔子以前から存在していたものとした。[112] また平勢隆郎は曆法と踰年稱元法の検討を基礎とし、系統的・體系的に紀年を整理して年代矛盾の解消作業を進め、『春秋』・『公羊傳』は、魏惠成王の正統化のために編纂されたとする『竹書紀年』に對抗する目的で、戰國中期の齊で『左傳』にやや先行して成書されたとした。[113] また、近年出土した郭店楚簡『六德』には詩・書・禮・樂・易・春秋のように、「六經」が記載されており、郭店楚簡の年代を前三〇〇年前後とする多數説に從えば、戰國中期には他の五つの經とあわせて『春秋』が存在したことになる。[113] 本節での検討結果からは、『春秋』

婚姻記事は、姜齊出身の夫人を多數配列していることからいえば、『公羊傳』に沿った部分があるといえる。

結　語

『春秋』三傳それぞれにおいては、記載された婚姻關係に對する態度、そして婚姻關係を表現する方法において、著しい差異がみられた。このことの原因として、文獻の地域性、つまりそれぞれの成書國の違いを反映していると想定することも可能である。ここにおいて『左傳』の內容分類が、家族史關係部分の分析方法としても有效性をもつことが確認された。

『公羊傳』は婚姻によって母方で姫姓の血を承ける姜齊の正統觀を表しており、これに對して『左傳』は姜齊を否定していると解釋可能である。『穀梁傳』は『左傳』と同じく齊に批判的であるが、批判がいわゆる婦人の在り方を問題にしての批判が目につく。その內容からみて上記二傳より成書時期が遲れることが想定される。

『左傳』について婚姻の觀點からいえば、惠公の配偶者は「子」姓であり、哀公は越（姒姓、夏の子孫）から娶ることに失敗したまま『左傳』は終わっている。中間においてはとりわけ姜齊配偶者への批判が特徵的である。哀公の婚姻成立の記事を記さないままで結末を迎えるが、婚姻關係の構築に失敗した越は、諸夏の外にあるとはいえ、夏と同姓の姒姓である。これらの事實提示は、齊が正統とは無緣であることを示すための『左傳』の構造と考えることができる。

本論で檢討した限りでは、『左傳』は魯の公女が小國に嫁ぐ場合を除き、婚姻事例について積極的に好意的評價を行うことはなかった。妻を嫁がせることに意味がある可能性が想定される。また、『左傳』には『春秋』所見の婚姻以外に、大量の婚姻事例がみられる。そういう事例でも、本節で確認された構造が認められるか検證作業が必要である。この點については、關聯する材料をまとめなおし、次節で改めて論じたい。

注

(1) かつて疑古派が一世を風靡した反動からか、近年の中國大陸では傳世文獻の内容について、かなりの程度信頼を置く傾向が強まっている。我が國でも高木智見「春秋時代の神・人共同體について」(『中國―社會と文化』五、一九九〇年六月)一五四頁のように、『左傳』の内容を春秋時代の社會狀況を反映したものする見解が存在する。

(2) 山田統「左傳所見の通婚關係を中心として見たる宗周姓制度」(『漢學會雜誌』五―一～九―二、一九三七年三月～一九四一年九月、『山田統著作集』四(明治書院、一九八二年四月)所收)、山田統「周代封建制度と血族聚團制」(『社會經濟史學』一七―二、一九五一年五月、『山田統著作集』四(前掲書)所收)。

(3) 江頭廣『姓考――周代の家族制度――』(風間書房、一九七〇年四月)。

(4) Thatcher, Melvin P., *Marriages of the Ruling Elite in the Spring and Autumn Period.* Rubie S. Watson & Patricia Buckley Ebrey, ed. *Marriage and Inequality in Chinese Society.* Berkley and Los Angeles: University of California Press, 1991.

(5) 齋藤道子「春秋時代の婚姻――その時代的特質を求めて――」(『東海大學文明研究所紀要』一二、一九九二年三月)八五頁。

(6) 田上泰昭「春秋左氏傳における歷史敍述の性質――魯公十八夫人をめぐって――」(『日本中國學會報』二五、一九七三年十月)、田上泰昭「春秋左氏傳における說話成熟の原型――十三魯公女記事をめぐって――」(『日本中國學會報』三一、一九七九年十月)。

(7) トーテミズムに關する問題については、池田末利『中國古代宗教史研究――制度と思想――』(増訂再版、東海大學出版會、一九八九年八月)一〇五頁注(31)參照。トーテミズム理論によって、山田統が姓に基づく周代社會を説明しようとしたり、松本信廣「支那古姓とトーテミズム」（『史學』一、一九二二年十月、『同』二、一九二三年一月）や李玄伯『中國古代社會新研』（開明書局、一九四九年三月）が姓をトーテムと同一視したように、姓とトーテムを結びつける理論は一世を風靡した。しかしこれに對して池田末利「古代中國に於けるトテミズムの問題」（『宗教研究』一七〇、一九六一年十二月）、林巳奈夫「殷周時代の圖象記號」（『東方學報』京都三九、一九六八年三月）や馬雍「中國姓氏制度的沿革」（『中國文化研究集刊』二、復旦大學出版社、一九八五年二月）㈤のように、中國古代におけるトーテムの實在性そのものに對する疑問が示されている。

（8）谷田孝之『中國古代家族制度論考』（東海大學出版會、一九八九年十月）第二部「婚姻制」「伯仲叔季と結婚階級」は、江頭廣の四分組織モデルを批判する。

（9）齋藤道子前掲注（5）論文。

（10）劉逢祿『左氏春秋考證』二卷（『皇清經解』一千二百九十四〜五卷）、康有爲『新學僞經考』（萬木草堂、一八八八年）。『左傳』の著者が左丘明であることを疑った唐・宋以後の學者については、錢穆『先秦諸子繫年』（增訂版、香港大學出版社、一九五六年六月）六七「呉起傳左氏春秋攷」が述べている。

（11）飯嶋忠夫『支那曆法起源考』（岡書院、一九三〇年一月）、津田左右吉『左傳の思想史的研究』（東洋文庫論叢二二、一九三五年九月）など。

（12）『左傳』前漢末僞作說に反對する主な說は次の通りである。劉光漢「讀左箚記」（『國粹學報』一・三・四・八・一一・一三・一八・二〇・二三、一九〇五年二月〜一九〇六年九月）・章炳麟『春秋左氏讀敍錄』一卷（『章氏叢書』、浙江圖書館、1917〜19年）は孔子の弟子左丘明の作とする。Karlgren, Bernhard. *On the Authenticity and Nature of the Tso-Chuan*. Göteborg: Göteborg Högskolas årsskrift 32-3, 1926.（邦譯、小野忍譯『左傳眞僞考――附支那古典籍の眞僞について――』、文求堂書店、一九三九年七月）は文法上の視點から戰國時代の成書とする。衞聚賢『古史研究』第一集（商務印書館、一九三一年十一月）「左傳的研究」は子夏の作とする。淺野裕一「『春秋』の成立時期――平勢說の再検討――」（『中國研究集刊』二九、二〇〇一年十二月）は郭店楚簡の年代から成書年代の遡上を推測し、戰國前期とする。本田成之『支那經學史論』（弘文堂、一九二七年十一月）、九二頁は、『春秋』は孔子の遺志であって、その著作は孔子以後孟子以前七十子の何人かによるとする。鎌田正『左傳の成立とその展開』（大修館書店、一九六三年三月）は戰國中期魏の史官左氏某の成書とする。新城新造『東洋天文學史研究』（弘文堂、一九二八年九月）、平勢隆郎『左傳の史料批判的研究』（東京大學東洋文化研究所、汲古書院、一九九八年十二月）は年代矛盾の整理や天文曆法の觀點等から戰國中期韓の成書とする。『左傳』成書を吳起一派と結びつける說も古くからあり、錢穆「吳起傳左氏春秋攷」（前掲注（10）書）は姚鼐らの說を引いて、吳起・吳期父子と楚威王の太傅である鐸椒により成書・傳授されたとする。童書業『春秋左傳研究』（上海人民出版社、一九八〇年十月）は戰國前期の吳起一派によるものと推測する。吉本道雅「左傳成書考」（『立命館東洋史學』二五、二〇〇二年七月）は戰國中期の前三七八年から前三六五／三六四年にかけて、楚の吳起・吳期父子により成立し、前三三〇年までに鐸椒により部分的に附加されたとする。板野長八「左傳の作成」（上）・（下）（『史學研究』一二七、一二八、一九七五年六月、九月、板野長八『儒教成立史の研究』（岩波書店、一九九五年七月）所收）は、戰國末の成書とする。なお近年では「疑古」批判の影響もあってか、潘萬木『『左傳』敍述模式論』（華中師範大學出版社、二〇〇四年九月）四二頁のように、春秋末から春秋戰國の間において左丘明が成書したとする見解もみられる。

（13）　小倉芳彥「ぼくの左傳研究とアジア・フォード問題」（『歷史評論』一九六三―五、一九六三年五月）、小倉芳彥『中國古代政治思想研究――左傳研究ノート――』（青木書店、一九七〇年三月）。

（14）　春秋三傳の比較研究には、山田琢『春秋學の研究』（明德出版社、一九八七年十二月）所收の諸論考、近藤則之「春秋學の起源について――三傳の『春秋』觀の檢討を通じて――」（『佐賀大學教育學部研究論文集』三七―一（Ⅰ）、一九八九年八月）、田村和親「伯姬に對する『三傳』の評價」（『二松學舍大學東洋學研究所集刊』二七、一九九七年三月）などがある。

（15）　この書名と數字の組み合わせは、小倉芳彥譯『春秋左氏傳』（岩波文庫、岩波書店、一九八八年十一月～一九八九年五月）の說話ごとの番號をもとにした、平勢隆郎前掲注（12）書「附　春秋左氏傳の內容分類」の番號である。『春秋』・『左傳』の訓讀は基本的に、この小倉芳彥譯『春秋左氏傳』および竹添光鴻『左氏會箋』（富山房漢文大系）を、『公羊傳』・『穀梁傳』は長澤規矩也編『和刻本經書集成』第二輯（汲古書院、一九七五年十二月）を參考にし、一部修正を加えた。

（16）　重澤俊郞「穀梁傳の思想と漢の社會」（『支那學』一〇―二、一九四〇年十一月）三三～三四頁は、「正」は單に道德的であるだけではなく、合法の觀念を含むとし、「禮」とは異なる次元の思想を含んだものとしてみているようである。

（17）【經文換言・說話】は【說話】を利用している可能性が濃厚であり、廣義の【說話】に入るともいえる。平勢隆郎前揭注（12）書四八六頁參照。

（18）山田琢前揭注（14）書七「公羊・穀梁二傳の倫理思想について」は、『穀梁傳』が「父と子」を主軸として倫理を考える立場から、婦人の地位を規定しようとしているとする。

（19）『公羊傳』・『穀梁傳』は、「享」を「饗」に作る。

（20）『公羊傳』・『穀梁傳』は、「俘」を「寶」に作る。

（21）范寧集解に、

鄭嗣曰く、佛目とは、其の地を言ふを目せざるを謂ふ、と。

とある。

（22）『左傳』の立場としては、桓公夫人として認めていないとも考えられる。

（23）山田琢前揭注（14）書十一「魯國についての記述法からみた春秋三傳の立場」は、『公羊傳』には、魯に對する特殊な親近感があるとし、それを內魯說と呼んでいる。（春秋桓公一八―一）に關してもそれを適用しているが、ここはやはり魯への親近感というよりは、姜齊の出の文姜への親近感というべきだろう。藤川正數「春秋左氏傳における家族主義的倫理思想」（『池田末利博士古稀記念　東洋學論集』、池田末利博士古稀記念事業會、一九八〇年九月）はこの「通」事件について、『公羊傳』を齊侯に同情的とする。

（24）山田琢前揭注（14）書七「公羊・穀梁二傳の倫理思想について」は、『公羊傳』は母と子の關係を主軸とし、『穀梁傳』は父と子の關係を主軸として倫理を考える立場から、婦人の地位を規定するとする。氏はこの違いを時間的な理由によると考えるが、地域的な要因を考慮してもよいと思われる。

（25）『春秋事語』の詳しい研究史と史料的性格については、野間文史『馬王堆出土文獻譯注叢書　春秋事語』（東方書店、二〇〇七年二月）「解題」・「參考文獻目錄」參照。ここでは簡單に主要な先行研究を紹介しておく。張政烺「『春秋事語』解題」

『文物』一九七七―一、一九七七年一月、湖南省博物館『馬王堆漢墓研究』（湖南人民出版社、一九八一年八月）所收）は、『春秋』などに備えるため、教師によって書かれた程度の低い兒童用の讀本とする。徐仁甫「馬王堆漢墓帛書『春秋事語』和『左傳』的事・語對比研究――談『左傳』的成書時代和作者――」（『社會科學戰線』一九七八―四、一九七八年十二月）はその所謂疑古的立場から、『左傳』僞作のもとになった可能性を示唆する。高橋均「春秋事語と戰國策士」（『中國文化』四一、一九八三年六月）は、戰國時代の從横家の流れを引く「戰國策士」によって編纂されたとする。近藤則之「戰國より漢初に至る春秋說話傳承の一側面――讀馬王堆漢墓帛書『春秋事語』――」（『中國哲學論集』（九州大學中國哲學研究會）一〇、一九八四年十月）は、起源的には『左傳』や『國語』と同一だが、それらとは別個の獨立した學統によって傳承され、成書されたものとする。李學勤「『春秋事語』與『左傳』的傳流」（『古籍整理研究學刊』一九八九―四、一九八九年、李學勤『簡帛佚籍與學術史』、文化叢書一三二、時報文化出版企業有限公司、一九九四年十二月所收）は、『左傳』學の正統な作品とする。吉本道雅「春秋事語考」（『泉屋博古館紀要』六、一九九〇年一月）は、『春秋事語』（前三世紀の第二四半期あたり）・『管子』大匡篇・『呂氏春秋』の順の成書とする。向井哲夫「『春秋事語』と『經法』等四篇」（『東方學』八四、一九九二年七月）は、儒家系統であることを否定し、漢初黃老思想の資料とする。野間文史前揭書「解題」一二頁は、成書について、先行研究を總合すれば、少なくとも始皇帝以前に著作され、漢の高祖の初年までに楚の地で抄寫されたとする。以上から明らかなように、『春秋事語』が二千字余りしかないこともあって、史料的性格に關する學說はいくつかに分かれている。ところで『春秋事語』は『國語』と同內容の說話を含むが、『左傳』と『國語』の文法上の類似に關しては既にBernhard Karlgren前揭注（12）論文が論じており、內容比較から『國語』が『左傳』（主に說話部分）に先行することに關しては鎌田正前揭注（12）書二〇〇頁が述べている。

（26）馬王堆漢墓帛書整理小組「馬王堆漢墓出土帛書『春秋事語』釋文」（『文物』一九七七―一、一九七七年一月）にあるように、『管子』大匡篇に類似の記述がある。

（27）馬王堆漢墓帛書整理小組「春秋事語釋文註釋」（『馬王堆漢墓帛書（參）』、文物出版社、一九七八年七月）による。「□」は缺字、「〔　〕」は缺字の推測、「〈　〉」は錯字による修正、「（漢字）」は假借字を表す。なお、訓讀しにくい個所については、

『管子』大臣篇の類似の説話の訓みや、野間文史前掲注（25）書九〇～九一頁を參考にしている。
（28）一字の缺字であるが、『管子』大臣篇に「智者究理長慮」とあるのにより、「慮」を補う。「馬王堆漢墓出土帛書『春秋事語』釋文」（前掲注（26））、「春秋事語釋文註釋」（前掲注（27））も同じく補う。
（29）馬王堆漢墓帛書整理小組『馬王堆漢墓帛書（參）』（文物出版社、一九七八年七月）は「其」に作る。その寫眞版では明らかに「亓」であり、不適當。
（30）『管子』形勢篇
　　訾食する者は肥體ならず。
の注に、
　　訾は惡なり。
とあり、鄭良樹「『春秋事語』校釋」（鄭良樹『竹簡帛書論文集』中華書局、一九八二年一月）もこれに從う。
（31）『管子』大臣篇は、「辱尤」を「振疑」に作る。
（32）『管子』大臣篇は、「愚」を「寓」に作る。
（33）『管子』大臣篇は、「痼李」を「究理」に作る。
（34）通行本『管子』では、「昏」と「生」の間に讀點を入れている。文脈により、野間文史前掲注（25）書九〇、九四～九五頁に從い、「容」と「昏」の間に讀點を入れておく。
（35）小倉芳彥の分類はこの種の說話の分析に有用であり、この部分は氏の述べるところの段落末尾の總括に當たると考えられる。
（36）何休注に、
　　僂は、疾なり。
とある。
（37）何休注に、

諸は、之なり。言ふこころは、夫人の車に乗るを瞻望す。

とある。

(38) 何休注に、

舍は、置なり。

とある。

(39) 『公羊傳』・『穀梁傳』は、「郲」を「郲婁」に作る。

(40) 「通」に關しては、江頭廣前掲注（3）書第三章第一節は、その事例がいずれも叔嫂の關係であることから、レヴィレート婚にあたるとみている。

(41) 馬王堆帛書『春秋事語』魯荘公有疾章に、魯荘公の死後の後繼者争いがみえるが、哀姜の話はない。

(42) 何休注に、

……僖公、本楚の女を聘して嫡と爲し、齊の女を媵と爲す。齊、先づ其の女を致し、僖公を脅かして用て嫡爲らしむ。……

とあり、楚の夫人がいるのに、齊の脅しで齊の媵を夫人としたと解釋している。

(43) 范寧集解に、

夫人は、成風なり。左氏、以て哀姜と爲す。

とあり、夫人を成風とする。

(44) ここの凡例から推測すると、齊で死んだ文姜も哀姜と同様ということになる。なお婚姻は、現世で執り行う者だけではなく、祖先も同時に行われるものであるという齋藤道子前掲注（5）論文八二～八三頁の説を考慮すれば、凡例の內容は常識的なものであるとも考えられる。

(45) 『公羊傳』は、「聲姜」を「聖姜」に作る。

(46) 馬王堆帛書『春秋事語』魯文公卒章にも、東門襄仲が嫡を殺したことが見える。

(47)『公羊傳』は、「穆」を「繆」に作る。

(48) 何休注は年齢順に死ぬものとして、

齊姜とは、宣公夫人なり。九年の穆姜とは、成公夫人なり。

とし、『左傳』とは逆である。何休注には特に根據がないので、ここはひとまず『左傳』に從っておく。

(49) 旣遂の魯に關する婚姻記事としては、これが最後である。(左傳哀公二四―D) には、哀公と越の大子適郢との未遂に終わった婚姻がある。

(50)『公羊傳』には、

夫人子氏とは何ぞ。隱公の母なり。……

とあり、隱公の母(聲子)とするが、『穀梁傳』には、

……夫人とは、隱の妻なり。……

とあって隱公の妻とする。『左傳』杜注には、

桓、未だ君爲らず。仲子、應に夫人と稱すべからず。

とあって桓公の母(仲子)とし、楊伯峻『春秋左傳注(修訂本)』(中華書局、一九九〇年五月)もこれに從う。しかし(春秋隱公三―三)・(左傳隱公三―三)に聲子の死亡記事があり、楊伯峻のいうように、「薨」は諸侯およびその妻か母の場合に限られるので『公羊傳』は不適當。また、『穀梁傳』も可能性がなくはないが、仲子より可能性は低い。よってここは杜注に從っておく。

(51)『公羊傳』・『穀梁傳』は、「君」を「尹」に作る。

(52)「尹」と「君」について。董同龢『上古音韻表稿』(第三版、中央研究院歴史語言研究所單刊甲種之二一、一九七五年十一月)によると、「尹」・「君」は共に文部に屬し、通假の關係にある。

(53) 小倉芳彥前揭注(15)書の上巻一五九頁の魯の公室系圖では、成季と成風の間に婚姻關係を設定している。兩者の名前の一字目が同じ「成」であることや、成季が莊公の弟で、成風との婚姻はレヴィレート婚にあたることを考えれば、あながち

可能性のないことではないが、それ以上の根據がないため、ここは判斷を回避しておく。

(54) もっとも成風が夫人と記されているのは、『春秋』の彼女に對する態度を反映したものとも考えられる。しかし夫人の死後、妾が夫人に立てられる事例が（左傳僖公四―A）の晉獻公夫人の驪姫、そして前の夫人が死亡したか不明だが、そのように想定できそうな（左傳襄公二六―六）の宋平公夫人の棄などにみえるため（もっとも、いずれも彼女らの配偶者の存命中に夫人となっている。）、本文の推測の通りだとすると、國君の死後に「夫人」の位に卽くことができたことになる。そもそも「夫人」の語が『左傳』でいかなる意味をもつのか興味あることだが、ここはその事實を指摘するに止めておく。なお『左傳』の見解に從えば、成公夫人姜氏の死の二年後に同じく夫人定姒の死亡記事があり、姜氏の死後は婚姻記事がないため、妾からその身分になったのか不明だが、定姒が夫人に立てられたことになる。

(55) ここは秦人の行爲について「禮」としたものである。

(56) 『公羊傳』・『穀梁傳』は「嬴」を「熊」に作る。

(57) 『公羊傳』は「姒」を「弋」に作る。

(58) 楊希枚「論先秦所謂姓及其相關問題」（『中國史研究』一九八四―三、一九八四年八月、『先秦文化史論集』（中國社會科學出版社、一九九五年八月）所收）は、ここで昭公が「歸姓」と呼ばれていることから、先秦の「姓族」が母系で姓を世襲したとする。

(59) ここでの孔子の批判は季氏に對してのものとも解釋できる。

(60) 江頭廣前掲注（3）書第二章第四節「吳孟子の問題」に、先行研究とその論點がまとめられている。

(61) 君主の在位年による年號に關しては、平勢隆郎『中國古代紀年の研究――天文と曆の檢討から――』（東京大學東洋文化研究所、汲古書院、一九九六年三月）一五八～一五九頁の踰年稱元法に關する解說で述べられている。

(62) 鎌田正前掲注（12）書二八八～二九九頁は、『左傳』が齊の桓公を批判しつつ、その覇業をなさしめた管仲を稱揚し、また晉の文公に對する批判もあるものの、尊王と德敎は讃えているとする。こうしたことからも、桓公につらなる姜齊の女に『左傳』が冷淡であることは當然だといえる。

(63)「通」に關しては、江頭廣前掲注（3）書一三八～一三九頁、『春秋』所載のこれらの事例が、「弟が「嫂」及び「兄の地位財産」を相續或は非相續せんとしたといふ內容」であることから、レヴィレート婚とする。但し『左傳』所載の事例には、宣伯と齊の頃公夫人聲孟子のような例外もある。
(64) 宇都木章「『春秋』にみえる魯の公女」(『中國古代史研究』第六、研文出版、一九八九年十一月)。
(65) 江頭廣前掲注（3）書本論第三章。
(66) 杜注に、
　叔姫は魯の女、齊侯舍の母なり。夫人と稱せざるは魯錄の父母の辭に自ればなり。
とあり、本來は夫人であるとする。
(67)『公羊傳』・『穀梁傳』は「子叔姫」に作る。
(68) 小倉芳彥前掲注（15）書に從い、『左傳』では對應する經文を一つにまとめた。しかし兩者は意味上でも分離しているように思える。番號に對應させて分割してもよいかもしれないが、ここは平勢隆郎前掲注（12）書の內容分類に從っておく。
(69)『公羊傳』・『穀梁傳』には「宋」の字がない。
(70) このときの伯姫の行動に關して、田村和親前掲注（14）論文は、婦人としての義を守って燒死したのではなく、未だ至らざるの母を氣遣い、これを救出するために火の中に引き返したとする。この說話に對する評價は、氏の考える事實に從った原『公羊傳』から、歪曲された評價の『公羊傳』、更に『穀梁傳』へと受け繼がれた。その一方で歪曲された評價に基づき、その行動を愚行とする『左傳』の位置づけがあるとする。いずれにせよ、『公羊傳』の評價に『左傳』が對立した見解を述べていることになる。
(71)『公羊傳』・『穀梁傳』には「宋」の字がない。
(72) 野間文史『春秋學――公羊傳と穀梁傳――』(研文選書八三、研文出版、二〇〇一年十月) 一五四～一五五頁では、『公羊傳』が『左傳』とは對照的に、宋の火災における伯姫の行動を賢として讚えており、あらかじめ『春秋』經文の上で、媵の記事を含め、伯姫を貞女の鑑と見なして特別に重んじて記錄していると解說している。

(73) 顧棟高『春秋大事表』巻十一「春秋列國姓氏表」による。鄶に關しては、陳槃『春秋大事表列國爵姓及存滅表譔異』（三訂本、中央研究院歷史語言研究所專刊之五十二、一九六八年六月）八二「鄶—姬姓鄶附—」が靑銅器銘文により、姬姓の鄶の存在も示している。湖北省隨縣曾侯乙墓の「曾」や曾姬無卹壺の「曾姬」の姓を議論する際にこのことが問題となった。なお莒の慶は公族であるか不明だが、莒の姓は己である。

(74) 『公羊傳』・『穀梁傳』は「紀裂繻」を「紀履緰」に作る。

(75) 日原利國『春秋公羊傳の研究』（創文社、一九七六年三月）二、二「復讐の是認」で、齊の襄公による紀の滅國などをとりあげ、『公羊傳』が任俠を贊美し、復讐を強調することを述べている。野間文史前揭注（72）書一六一〜一六七頁では、そのことに關連して（春秋莊公四—五）の『公羊傳』を揭げる。

(76) 小倉芳彥前揭注（15）書の讀みに從い、「かえる」と讀んでおく。

(77) 宇都木章前揭注（64）論文は、『公羊傳』の記述が本當なら、この後も齊の附庸として社稷を保っていた可能性を述べる。しかしここでは、そのような解釋を生んでしまうような『春秋』や『公羊傳』の筆法に注目すべきである。

(78) 「天子……」以下は【凡例】の形式に似る。

(79) 楊伯峻前揭注（50）書。

(80) （春秋僖公九—三）の『公羊傳』と同じである。

(81) この後も「杞叔姬」と呼ばれ續けるが、宇都木章前揭注（64）論文は魯・杞關係の新たな局面を示すものであろうとする。

(82) この部分は、（左傳成公八—八）の【經文引用】・【經解】としてもよいかもしれないが、ここは平勢隆郎前揭注（12）書に從っておく。

(83) 『穀梁傳』は「鄫」を「繒」に作る。以後同じ。

(84) 宇都木章「春秋左傳に見える鄫國」（『靑山史學』八、一九八四年十一月）は、ここと（春秋一五—八）で、婚前の女子が防まで出かけていって鄫子を連れてくることに疑問を呈し、「歸」を「かえる」と訓ずる誤りを犯しているとし、『春秋』に忠實であろうとする『公羊傳』に信をおいている。そして魯・鄫兩國が同盟を求めて婚姻を行ったが、魯はかなり鄫を蔑視していたとしている。宇都木の解釋の前半部分に關しては、そのような解釋をする『左傳』の立場を考慮すべきであると思われる。後半部分に關しては、女を送る魯は、『春秋』では邾に對して上位にあることになる。

(85) 山田琢前掲注（14）書十一「魯國についての記述法からみた春秋三傳の立場」。

(86)『公羊傳』・『穀梁傳』は「送」を「逆」に作る。

(87) 原文「變之爲正何也」。兪樾が「爲變之正何也」とするに從う。

(88) 杜注には「齊の桓公なり」とある。この傳文は經文と對應しない、別の説話の可能性がある。それは經・傳雙方の文に共通部分がほとんどなく、女の名も異なるからである。そうでなければ「共姫」とすることで、「王」の部分を曖昧にしたのかもしれない。時期が同じ冬で、姫姓の女を齊が迎えているから、とりあえずここでは對應關係にあると考えておく。

(89) ここで【凡例】の述べることは、『春秋』經文では實際にその通りである。

(90) このことは、春秋三傳の中國ないし夏と夷狄に對する觀念に關係することである。平勢隆郎『よみがえる文字と呪術の帝國――古代殷周王朝の素顔――』（中公新書一五九三、中央公論新社、二〇〇一年六月）一七一～一七七頁參照。加藤常賢「春秋學に於ける王」（『日本諸學振興委員會研究報告』特輯第二篇（哲學）、一九四一年九月、同『中國古代文化の研究』（二松學舍大學出版部、一九八〇年八月）所收）は、『公羊傳』を主として「王思想」なる理念について述べている。野間文史前掲注（72）書一〇九～一一〇頁は、『公羊傳』の魯を「內」とし他を「外」とする世界觀について述べながら、『公羊傳』における「魯―諸夏―夷狄」という三段階の書法を見出している。また『公羊傳』の「內魯說」に關しては、山田琢前掲注（14）書十一「魯國についての記述法からみた春秋三傳の立場」參照。

(91) 晏桓子の言葉は【凡例】に似た內容だが、形式上區別して考える。

(92) 加藤常賢『支那古代家族制度研究』（岩波書店、一九四〇年九月）附錄「媵考」。

(93) 加藤常賢前掲注（92）書附錄「媵考」六四九頁。

(94) 栗原圭介『古代中國婚姻制の禮理念と形態』（東方書店、一九八二年二月）三七六～三七七頁。

(95)『左傳』の內容分類に關する先行研究について少し整理しておく。楊向奎「論左傳之性質及其與國語之關係」（國立北平研究院史學集刊編輯委員會編『史學集刊』二、一九三六年十月）上篇「論左傳之性質」は、『左傳』の内容を「解經」・「凡例」・「君子曰」に分類するが、【説話】にあたるものを項目に入れていない。山田琢前掲注（14）論文『春秋學の研究』（明德出版社、一九八七年十二月）十一「魯國についての記述法からみた春秋三傳の立場」は、【説話】にあたる「説話體傳文」と【經解】・【君子曰】にあたる「説經體傳文」の二つに分け、近藤則之「左傳の説經について」（『中國哲學論集』（九州大學中國哲學研究會）五、一九七九年十月）もこれに從って『左傳』を分析しているが、【經解】と【君子曰】にあたる部分を合わせて一くくりにしている部分に問題がある。張素卿『敍事與解釋――『左傳』經解研究――』（書林出版、一九九八年四月）第一章は「論説經義」と「敍事解經」に分け、前者を「書法義例」と「評論（「君子曰」、「仲尼曰」、「（非）禮也」等）」に分け、更にその前者を「凡例」と「書法諸稱（「（不）書」、「（不）稱」）」に分類する。楊向奎の分類を發展させたものといえよう。この分類法が史料批判研究會のそれに最も近く、中でも「敍事解經」は平勢隆郎前掲注（12）書の分類する【説話】に近い。但し「（非）禮也」と【君子曰】を「評論」として同一範疇に入れたことについては疑問が殘る。

(96) 武内義雄「孟子と春秋」（『支那學』四―二、一九二七年三月、『武内義雄全集』二（角川書店、一九七八年六月）所收）四二頁。公羊傳に關する研究史については濱久雄『公羊學の成立とその展開』（國書刊行會、一九九二年六月）六七～七〇頁も參照。

(97) 山田琢前掲注（14）書六「公羊傳の成立について」。

(98) 日原利國前掲注（75）書『春秋公羊傳の研究』（創文社、一九七六年三月）一、二「公羊傳の成立と傳文の特異性」。なお、『四庫全書總目』巻二十六、春秋類、春秋公羊傳注疏下に、「疑ふらくは姜姓の假託爲り」とあるように、『公羊傳』と姜姓との密接な關係は前近代から議論されていたのである。

(99) 佐川修『春秋學論考』（東方書店、一九八三年十月）（Ⅱ）第一章㈢「齊學と『公羊傳』」。また、野間文史前掲注（72）書『春秋學――公羊傳と穀梁傳――』（研文選書八三、研文出版、二〇〇一年十月）一七五頁は、傳義の發生自體は戰國時代末期にまで遡るとする。

(100) 平勢隆郎前掲注（61）書一七六～一八〇頁、平勢隆郎前掲注（12）書一一～一六、一七二、一八八頁。

(101) 陳澧『東塾讀書記』卷十。
(102) 崔適『春秋復始』(北京大學出版部、一九一八年)、張西堂『穀梁眞僞攷』(和記印書館、一九三一年八月)、錢玄同「重論經今古文學問題」(『古史辨』第五册、樸社、一九三五年一月)は、『穀梁傳』を古文學に屬するものとし、劉歆が『公羊傳』を攻撃し、『左傳』を擁護するために立てたとする。なお、周何『春秋穀梁傳傳授源流考――兼論張西堂穀梁眞僞考――』(國立編譯館、臺北、二〇〇二年七月)は、『穀梁傳』に關する漢代以後の學說史を述べつつ、張西堂說に反對している。
(103) 武內義雄前揭注(96)論文四六頁。
(104) 重澤俊郎前揭注(16)論文。
(105) 山口義男「春秋穀梁傳の成立」(『廣嶋大學文學部紀要』二、一九五二年三月)。
(106) 山田琢前揭注(14)書九「穀梁傳の成立について」。
(107) 野間文史前揭注(72)書。
(108) 平勢隆郎前揭注(12)書一七一～一七三、一八八、一九二頁。
(109) 本田成之「春秋經成立に就きての一考察」(『支那學』五―三、一九二九年十月)。
(110) 渡邊卓『古代中國思想の研究――〈孔子傳の形成〉と儒墨集團の思想と行動――』(創文社、一九七三年三月)二九二～二九八頁。
(111) 渡邊卓前揭注(110)書は、「孔子春秋制作說」について議論を展開し、『荀子』によって成立したとし、佐川修前揭注(99)書などはこれを否定する。また鄭良樹「「孔子作『春秋』」說的形成」(彭林主編『中國經學』第一輯(廣西師範大學出版社、二〇〇五年十一月))は、『春秋』の孔子制作說の形成において、司馬遷が大きな役割を果たしたことを述べるが、本論の趣旨から外れるため、議論の存在を指摘するにとどめておく。なお、その先行研究に關しては近藤則之「孔子『春秋』制作說の成立について」(『中國哲學論集』(九州大學中國哲學研究會)一七、一九九一年十月)が簡潔に紹介している。
(112) 平勢隆郎前揭注(61)書一七六～一八〇頁、平勢隆郎前揭注(12)書一一～一六、一七二、一八八頁。『竹書紀年』については、王國維『古本竹書紀年輯校』一卷、王國維『今本竹書紀年疏證』一卷、范祥洋『古本竹書紀年輯校訂補』(新知識出版

社、一九五六年七月）、方詩銘・王修齡『古本竹書紀年輯證』（上海古籍出版社、一九八一年二月）といった復元作業が行われてきた。だが山田統「竹書紀年と六國魏表」（『中國古代史研究』、吉川弘文館、一九六〇年十一月、『山田統著作集』一（明治書院、一九八一年十一月）所收）、「竹書紀年の後代性」（『國學院雜誌』六一―一一、一九六〇年十一月、『山田統著作集』一（明治書院、一九八一年十一月）所收）のように『竹書紀年』を僞書とする考えもある。

(113) 荊門市博物館『郭店楚墓竹簡』（文物出版社、一九九八年五月）。郭店村一號楚墓の年代を巡る議論については、池田知久『郭店楚簡研究』（東京大學中國思想文化學研究室、一九九九年十一月）五〜一一頁、王葆玹「試論郭店楚簡各篇的撰作時代及其背景――兼論郭店及包山楚墓的時代問題――」（『中國哲學』編輯部・國際儒聯學術委員會編『郭店楚簡研究　中國哲學第二〇輯』、遼寧教育出版社、一九九九年一月）三六七〜三六八頁參照。前二九二年、前三二三年、前三〇三年、前三一六年、前二八四年など諸説あるが、だいたいにおいて下葬年代を前三〇〇年前後（戰國中期の終わり頃）に置く多數說、及びそれより年代を引き下げて戰國後期に置く複數の少數說に大きく分かれているといえる。荊門市博物館前掲書前言は「戰國中期偏晚」とし、崔仁義「荊門楚墓出土的竹簡『老子』初探」（『荊門社會科學』一九九七―五、一九九七年五月）は前三〇〇年頃とし、池田知久「郭店楚簡『五行』の研究」（東京大學郭店楚簡研究會編『郭店楚簡の思想史的研究』二、東京大學文學部中國思想文化學研究室、一九九九年十二月）は前二七八年近くまで下るとし、王葆玹「試論郭店楚簡的抄寫時間與『莊子』的撰作時代――兼論郭店與包山楚墓的時代問題――」（『哲學研究』一九九九―四、一九九九年四月）は前二七八〜前二六五年とする。年代を前三〇〇年前後に置く根據は、崔仁義前掲論文によれば、郭店楚墓は楚の貴族の墓であり、それは秦の白起が郢を陷落させて當該楚墓の周邊一帶を占領する前二七八年以前でなければならず、また出土した銅鏡の型式が包山二號墓（前三一六年）に類似するというものである。それより年代を引き下げる說は、主に思想編年を根據とする。池田知久「郭店楚簡『五行』の研究」（前掲書）は、郭店楚簡『窮達以時』に『荀子』の所謂「天人之分」に由來する文章がみえ、その意味內容から、荀子の後繼者により成書されたとされる『荀子』宥坐篇にいくらか先んじて成書されたとする。また、同「郭店楚簡『窮達以時』の研究」（池田知久監修『郭店楚簡の思想史的研究』三、東京大學文學部中國思想文化學研究室、二〇〇〇年一月）一五〇〜一五一頁にも同樣の見解が述べられている。更に同「郭店楚簡『老子』諸章の上段・中段・下段

――『老子』のテキスト形成史の中で――」（『中國哲學研究』一八（池田知久教授退官記念特集）、二〇〇三年二月）は、郭店楚簡『老子』三本の成書年代あるいは抄寫年代の下限を戰國末期、前二六五年～前二五五年より少し後までに置く。これらに對し、廖名春「論六經幷稱的時代兼及疑古說的方法論問題」（『孔子研究』二〇〇〇―一、二〇〇〇年一月）五五～五八頁は、池田・王兩說を墓制・文字の觀點から批判して前三〇〇年前後說を再確認する。新井儀平「郭店楚墓竹簡の書法と字形についての考察」（池田知久監修、大東文化大學郭店楚簡研究班編『郭店楚簡の研究』㈠、大東文化大學大學院事務室、一九九九年八月）は包山楚簡の文字との共通性、非常に古い字形の混入や戰國時代の特色である裝飾的な文字の存在を指摘する。また、中國考古學の丹羽崇史の話によると、拔郢以後に楚式の墓葬がないとは斷言できず、考古編年によっても、年代を確定的に斷定することは不可能とのことである。文獻考證が精密でありかつ成書年代の安易な遡上に愼重な池田說の態度には學ぶべき點も多いが、現段階では、考古編年を根據とする前三〇〇年前後說の方に分があるかと思われる。なお、『六德』における六經の竝び順は、『莊子』天運・天下篇と同じであり、『禮記』經解篇や劉歆『七略』六藝篇等とは異なる。

「左傳婚姻表」

凡　例

（一）『左傳』に出現し、かつ夫側・妻側の出自が共に特定できる組み合わせを掲げた。

（二）左傳婚姻表の「小倉番號」は、小倉芳彦譯『春秋左氏傳』（岩波文庫、岩波書店、一九八八年十一月〜一九八九年五月）をもとにし、平勢隆郎『左傳の史料批判的研究』（東京大學東洋文化研究所、汲古書院、一九九八年十二月）「附　春秋左氏傳の内容分類」が若干の修正を加えた番號である。

（三）「婿姓」・「嫁姓」で、説が分かれるものについては、その數だけ記した。

（四）同一の「婚番」數字は同一の婚姻を示す。

［左傳婚姻表から外した例について］

〈未遂の事件〉

（一）（左傳莊公二八―三）楚の令尹子元、文王夫人息嬀を誘惑する。

（二）（左傳文公一六―六）宋襄公夫人王姬・孔子鮑（文公）の「通」。

（三）（左傳成公二―A）楚莊王および公子側（子反）と夏姬。（→（左傳襄公二六―F））

（四）（左傳哀公二四―D）魯哀公と越大子適郢の女。

〈神話・傳説〉

（一）（左傳昭公二八―A）樂正の后夔と有仍氏の女の玄妻、伯封を生む。

（二）（左傳哀公一―A）夏后相と后緡（有仍氏）の子、少康。少康、有虞の虞思（姚姓）の二女と婚姻。

〈その他〉

（一）（左傳閔公二―D）成風、成季（季友）に「事」える（本文では議論されている）。

（二）（左傳哀公九—C）宋・鄭は甥舅關係（爻辭の判定）。
（三）それ以外は夫または妻の出自が特定できないものである。

婚番	西暦	小倉番號	婿國名	婿姓	婿身分	婿名	嫁國名	嫁姓	嫁身分	嫁名	子女
1	723	（左傳惠A）	魯	姫	國君	惠公	宋	子	公女	孟子	なし
1	471	（左傳哀24—C）	魯			惠公	宋			孟子	
2	723	（左傳惠A）	魯	姫	國君	惠公	宋	子	公女	聲子	隱公
3	723	（左傳惠A）	魯	姫	國君	惠公	宋	子	公女	仲子	桓公
4	722	（左傳隱1—3）	鄭	姫	國君	武公	申	姜	公女	武姜	莊公・共叔
5	721	（左傳隱2—2）	莒	己	國君	莒子	向	姜・子・祁	公女	向姜	なし
6	721	（春秋・左傳隱2—5）	紀	姜	國君		魯	姫	公女	伯姫	
6	690	（春秋莊4—2）	紀		國君		魯			伯姫	
6	690	（春秋莊4—5）	紀		國君		魯			伯姫	
7	720	（左傳隱3—B）	衞	姫	國君	莊公	齊	姜	公女	莊姜	なし
8	720	（左傳隱3—B）	衞	姫	國君	莊公	陳	嬀	公女	厲嬀	孝伯
9	720	（左傳隱3—B）	衞	姫	國君	莊公	陳	嬀	公女	戴嬀	桓公
10	720	（左傳隱3—B）	衞	姫	國君	莊公					公子州吁
11	716	（春秋隱7—1）	紀	姜	國君		魯	姫	公女	叔姫	
11	682	（春秋莊12—1）	紀		國君		魯			叔姫	
11	665	（春秋莊29—4）	紀		國君		魯			叔姫	
11	664	（春秋莊30—4）	紀		國君		魯			叔姫	

12	716	（左傳隱7—B）	鄭	姫	公子	公子忽	陳	嬀	公女	嬀氏	
12	715	（左傳隱8—B）	鄭			公子忽	陳			嬀氏	
13	710	（左傳桓2—A）	晉	姫	國君	穆侯	齊	姜	公女	姜氏	文侯・桓叔
14	709	（春秋・左傳桓3—5・6・7）	魯	姫	國君	桓公	齊	姜	公女	文姜	莊公・公子友
14	706	（左傳桓6—5）	魯			桓公	齊			文姜	
14	694	（春秋・左傳桓18—1・2）	魯			桓公	齊			文姜	
14	693	（左傳莊1—1）	魯			桓公	齊			文姜	
14	693	（春秋・左傳莊1—2）	魯			桓公	齊			文姜	
14	692	（春秋・左傳莊2—4）	魯			桓公	齊			文姜	
14	689	（春秋莊5—2）	魯			桓公	齊			文姜	
14	688	（左傳莊6—5）	魯			桓公	齊			文姜	
14	687	（春秋・左傳莊7—1）	魯			桓公	齊			文姜	
14	679	（春秋莊15—2）	魯			桓公	齊			文姜	
14	675	（春秋莊19—4）	魯			桓公	齊			文姜	
14	674	（春秋莊20—1）	魯			桓公	齊			文姜	
14	673	（春秋莊21—3）	魯			桓公	齊			文姜	
14	672	（春秋莊22—2）	魯			桓公	齊			文姜	
14	510	（左傳昭32—6）	魯			桓公	齊			文姜	
14	471	（左傳哀24—C）	魯			桓公	齊			文姜	

15	709	(左傳桓3—B)	芮	姫・姜	國君	芮伯		姜		芮姜	芮伯萬
16	704	(春秋・左傳桓8—6)	周	姫	國君	桓王	紀	姜	公女	季姜	
16	703	(春秋・左傳桓9—1)	周			桓王	紀			季姜	
17	701	(左傳桓11—2・4)	鄭	姫	國君	莊公	鄧	曼	公女	鄧曼	昭公
18	701	(左傳桓11—2・4)	鄭	姫	國君	莊公	宋	姞	雍氏	雍姞	厲公
19	697	(左傳桓15—4・5)	鄭		雍氏	雍糾	鄭	姫	祭氏	雍姫	
20	696	(左傳桓16—5)	衞	姫	國君	莊公	夷	姜	公女	夷姜	
21	696	(左傳桓16—5)	衞	姫	國君	宣公	夷	姜	公女	夷姜	急子・黔牟・昭伯
22	696	(左傳桓16—5)	衞	姫	國君	宣公	齊	姜	公女	宣姜	壽・惠公
23	696	(左傳桓16—5)	衞	姫	公子	急子	齊	姜	公女	宣姜	
24	694	(左傳桓18—1・2)	齊	姜	國君	襄公	齊	姜	公女	文姜	
25	693	(春秋・左傳桓1—4)	齊			襄公	周			王姫	
25	711	(春秋桓1—7)	齊			襄公	周			王姫	
25	710	(春秋桓2—3)	齊			襄公	周			王姫	
25	693	(春秋莊1—3)	齊	姜	國君	襄公	周	姫	公女	王姫	
26	699	(左傳桓13—A)	楚	芈	國君	武王	鄧	曼	公女	鄧曼	文王
26	690	(左傳莊4—A)	楚			武王	鄧			鄧曼	
26	690	(左傳莊4—A)	楚			武王	鄧			鄧曼	
26	688	(左傳莊6—A)	楚			武王	鄧			鄧曼	

27	686	(左傳莊8—5)	齊	姜	國君	襄公	齊		連氏	連稱の従妹	
28	684	(左傳莊10—5)	蔡	姫	國君	哀侯	陳	嬀	公女		
29	684	(左傳莊10—5)	息	嬀	國君	息侯	陳	嬀	公女	息嬀	
30	683	(春秋・左傳莊11—4)	齊	姜	國君	桓公	周	姫	公女	共姫	なし
30	643	(左傳僖17—4)	齊			桓公	周			共姫	
31	680	(左傳莊14—3)	楚	芈	國君	文王	陳	嬀	公女	息嬀	堵敖・成王
31	680	(左傳莊14—3)	楚			文王	陳			息嬀	
31	666	(左傳莊28—3)	楚			文王	陳			息嬀	
32	676	(左傳莊18—B)	周	姫	國君	惠王	陳	嬀	公女	陳嬀	襄王・王子帯
33	675	(左傳莊19—B)	周	姫	國君	莊王				王姚	王子頽
34	672	(左傳莊22—3)	陳	嬀	公子	敬仲	陳		懿氏		
35	672	(左傳莊22—3)	陳	嬀	國君	桓公	蔡	姫	公女		厲公
35	548	(左傳襄25—9)	陳			桓公	蔡				
36	670	(春秋・左傳莊24—5)	魯	姫	國君	莊公	齊	姜	公女	哀姜	なし
36	660	(春秋・左傳緡閔2—3・4)	魯			莊公	齊			哀姜	
36	659	(春秋・左傳僖1—9)	魯			莊公	齊			哀姜	
36	658	(春秋僖2—2)	魯			莊公	齊			哀姜	
36	652	(春秋・左傳僖8—3)	魯			莊公	齊			哀姜	
37	669	(春秋莊25—4)	杞	姒	國君	成公	魯	姫	公女	伯姫	子

37	667	(春秋・左傳莊27—1)	杞			成公	魯			伯姬	
37	667	(春秋・左傳莊27—4)	杞			成公	魯			伯姬	
37	655	(春秋僖5—2)	杞			成公	魯			伯姬	
37	651	(春秋僖9—3)	杞			成公	魯			伯姬	
38	667	(春秋莊27—5)	莒	己	國君		魯	姬	公女	叔姬	
39	666	(左傳莊28—A)	晉	姬	國君	獻公	賈	姬	公女		なし
40	666	(左傳莊28—A)	晉	姬	國君	武公	齊	姜	公女	齊姜	
41	666	(左傳莊28—A)	晉	姬	國君	獻公	齊	姜	公女	齊姜	秦穆夫人・大子申生
42	666	(左傳莊28—A)	晉	姬	國君	獻公	大戎	姬	公女	大戎狐姬	文公
42	529	(左傳昭13—3)	晉			獻公	大戎			大戎狐姬	
43	666	(左傳莊28—A)	晉	姬	國君	獻公	小戎	子・允	公女	小戎子	惠公
44	666	(左傳莊28—A)	晉	姬	國君	獻公	驪戎	姬	公女	驪姬	奚齊
45	666	(左傳莊28—A)	晉	姬	國君	獻公	驪戎	姬	公女	驪姬の娣	卓子
46	662	(左傳莊32—3・4・5)	魯	姬	國君	莊公	魯	任	黨氏	孟任	子般・女公子
47	660	(左傳閔2—3・4)	魯	姬	國君	莊公	齊	姜	公女	叔姜	閔公
48	660	(左傳閔2—6)	衞	姬	公子	昭伯	齊	姜	公女	宣姜	齊子・戴公・文公・宋桓・許穆夫人
49	660	(左傳閔2—6)	齊	姜	國君	僖公	衞	姬	公子女	齊子	桓公
49	529	(左傳昭13—3)	齊			僖公	衞			衞姬	

50	660	(左傳閔2—6)	宋	子	國君	桓公	衞	姫	公子女	宋桓夫人	
51	660	(左傳閔2—6)	許	姜	國君	穆公	衞	姫	公子女	許穆夫人	
52	657	(左傳僖3—A)	齊	姜	國君	桓公	蔡	姫	公女	蔡姫	なし
52	643	(左傳僖17—4)	齊			桓公	蔡			蔡姫	
53	655	(左傳僖5—8)	秦	嬴	國君	穆公	晉	姫	公女	穆姫	康公・弘・簡璧
53	645	(左傳僖15—12a)	秦			穆公	晉			穆姫	
53	578	(左傳成13—3)	秦			穆公	晉			穆姫	
54	649	(春秋僖11—2)	魯	姫	國君	僖公	齊	姜	公女	聲姜	文公
54	643	(春秋・左傳僖17—3)	魯			僖公	齊			聲姜	
54	611	(春秋・左傳文16—4)	魯			僖公	齊			聲姜	
54	610	(春秋・左傳文17—2)	魯			僖公	齊			聲姜	
55	646	(春秋・左傳僖14—2)	鄫	姒・姫	國君	鄫子	魯	姫	公女	季姫	
55	645	(春秋僖15—8)	鄫			鄫子	魯			季姫	
55	644	(春秋僖16—3)	鄫			鄫子	魯			季姫	
56	645	(左傳僖15—12a)	晉	姫	大子	申生	賈	姫	公女	賈君	
57	645	(左傳僖15—12a)	晉	姫	國君	惠公	賈	姫	公女	賈君	
58	643	(左傳僖17—A)	晉	姫	國君	惠公	梁	嬴	公女	梁嬴	懐公・妾
59	643	(左傳僖17—A)	晉	姫	國君	懐公	秦	嬴	公女	懐嬴	
59	638	(左傳僖22—B)	晉			懐公	秦			懐嬴	
60	643	(左傳僖17—4)	齊	姜	國君	桓公	徐	嬴	公女	徐嬴	なし

61	643	(左傳僖17—4)	齊	姜	國君	桓公	衛	姫	公女	長衛姫	武孟
62	643	(左傳僖17—4)	齊	姜	國君	桓公	衛	姫	公女	少衛姫	惠公
63	643	(左傳僖17—4)	齊	姜	國君	桓公	鄭	姫	公女	鄭姫	孝公
64	643	(左傳僖17—4)	齊	姜	國君	桓公	葛	嬴	公女	葛嬴	昭公
65	643	(左傳僖17—4)	齊	姜	國君	桓公	密	姫	公女	密姫	懿公
66	643	(左傳僖17—4)	齊	姜	國君	桓公	宋	子	華氏	宋華子	公子雍
67	660	(左傳閔2—D)	魯			莊公	須句			成風	
67	639	(左傳僖21—A)	魯	姫	國君	莊公	須句	風	公女	成風	僖公
67	623	(春秋・左傳文4—7)	魯			莊公	須句			成風	
67	622	(春秋・左傳文5—1・3)	魯			莊公	須句			成風	
67	622	(春秋文5—2)	魯			莊公	須句			成風	
67	618	(春秋・左傳文9—12)	魯			莊公	須句			成風	
68	638	(左傳僖22—D)	鄭	姫	國君	文公	楚	羋	公女	羋氏	
69	638	(左傳僖22—D)	鄭	姫	國君	文公	齊	姜	公女	姜氏	
70	638	(左傳僖22—D)	楚	羋	國君	成王	鄭	姫	公女	姫	
71	638	(左傳僖22—D)	楚	羋	國君	成王	鄭	姫	公女	姫	
72	637	(左傳僖23—B)	晉	姫	公子	重耳	廧咎如	隗	公女	季隗	伯儵・叔劉
73	637	(左傳僖23—B)	晉	姫	公子	重耳	齊	姜	公女	姜氏	
74	637	(左傳僖23—B)	晉	姫	公子	重耳	秦	嬴	公女	懷嬴	公子樂
74	621	(左傳文6—4)	晉			文公	秦			懷嬴	

75	637	(左傳僖23—B)	晉	姬	公子	重耳	秦	嬴	公女		
76	637	(左傳僖23—B)	晉	姬	公子	重耳	秦	嬴	公女		
77	637	(左傳僖23—B)	晉	姬	公子	重耳	秦	嬴	公女		
78	637	(左傳僖23—B)	晉	姬	公子	重耳	秦	嬴	公女		
79	637	(左傳僖23—B)	晉	嬴	趙氏	趙成子	廧咎如	隗	公女	叔隗	趙宣子
80	636	(左傳僖24—A)	晉	姬	國君	文公	秦	嬴	公女	文嬴	
80	627	(左傳僖33—A)	晉			文公	秦			文嬴	
81	636	(左傳僖24—A)	晉	嬴	趙氏	趙成子	晉	姬	公女	趙姬	同・括・嬰齊
81	607	(左傳宣2—A)	晉		趙氏	趙成子	晉			君姬氏	
82	636	(左傳僖24—2)	周	姬	國君	襄王	狄		公女	狄后	
83	636	(左傳僖24—2)	周	姬	王子	王子帶	狄		公女	狄后	
84	635	(春秋僖25—3)	宋	子	蕩氏		魯	姬	公女	蕩伯姬	子
85	635	(春秋僖25—3)	宋	子	蕩氏	蕩伯姬の子	魯	姬	公女		
86	629	(春秋僖31—5)	杞	姒	公子	伯姬の子	魯	姬			
87	627	(左傳僖33—B)	鄭	姬	國君	文公	蘇	己	公女	文夫人	子瑕・子繇彌
87	606	(左傳宣3—7)	鄭			文公	蘇			文夫人	
88	626	(左傳文1—10)	江	嬴・羋・姬	國君		楚	羋	公女	江羋	
89	623	(春秋・左傳文4—2)	魯	姬	國君	文公	齊	姜	公女	出姜	惡・視

89	618	（左傳文9－2）	魯			文公	齊			出姜	
89	618	（左傳文9－5）	魯			文公	齊			出姜	
89	609	（左傳文18－7）	魯			文公	齊			哀姜	
90	621	（左傳文6－2）	魯	姬	季孫氏	季文子	陳				
91	621	（左傳文6－4）	晉	姬	國君	文公	杜	祁	公女	杜祁	公子雍
92	621	（左傳文6－4）	晉	姬	國君	文公	偪	姞	公女	偪姞	襄公
93	620	（左傳文7－5）	晉	姬	國君	襄公		嬴	公女	穆嬴	靈公
94	620	（左傳文7－8）	魯	姬	公孫	穆伯	莒	己	公女	戴己	文伯
95	620	（左傳文7－8）	魯	姬	公孫	穆伯	莒	己	公女	聲己	惠叔
96	620	（左傳文7－8）	魯	姬	公孫	穆伯	莒	己	公女	己氏	子（2人）
96	619	（左傳文8－5）	魯		公孫	穆伯	莒			己氏	
96	613	（左傳文14－8）	魯		公孫	穆伯	莒			己氏	
96	612	（左傳文15－4）	魯		公孫	穆伯	莒			己氏	
97	620	（左傳文7－8）	魯	姬	公子	襄仲	莒	己	公女	己氏	
98	619	（左傳文8－7）	宋	子	國君	襄公	周	姬	公女	王姬	
98	611	（左傳文16－6）	宋			襄公	周			王姬	
99	615	（春秋・左傳文12－2・3）	杞	姒	國君	桓公	魯	姬	公女	叔姬	
100	615	（左傳文12－7）	晉	嬴	趙氏	趙穿	晉	姬	公女		
101	613	（左傳文14－3）	齊	姜	國君	昭公	魯	姬	公女	子叔姬	舍
101	613	（春秋・左傳文14－11）	齊			昭公	魯			子叔姬	

101	612	(春秋・左傳文15―10)	齊			昭公	魯			子叔姫	
102	613	(左傳文14―7a)	邾	曹	國君	文公	齊	姜	公女	齊姜	定公
103	613	(左傳文14―7a)	邾	曹	國君	文公	晉	姫	公女	晉姫	捷菑
104	609	(左傳文18―3)	齊	姜	國君	懿公	齊		閻氏	閻職の妻	
105	609	(左傳文18―6)	魯	姫	國君	文公		嬴	公女	敬嬴	宣公・叔肸
105	601	(春秋宣8―4)	魯			文公				敬嬴	
105	592	(左傳宣17―8)	魯			文公				敬嬴	宣公・叔肸
106	608	(春秋・左傳宣1―2・3)	魯	姫	國君	宣公	齊	姜	公女	穆姜	成公・共姫
106	582	(左傳成9―5)	魯			宣公	齊			穆姜	
106	580	(左傳成11―A)	魯			宣公	齊			穆姜	
106	575	(左傳成16―8)	魯			宣公	齊			穆姜	
106	564	(春秋・左傳襄9―3)	魯			宣公	齊			穆姜	
106	564	(春秋襄9―4)	魯			宣公	齊			穆姜	
106	550	(左傳襄23―9・10)	魯			宣公	齊			穆姜	
107	606	(左傳宣3―7)	鄭	姫	公子	鄭子	陳	嬀	公女	陳嬀	
108	606	(左傳宣3―7)	鄭	姫	國君	文公	南燕	姞	公女	燕姞	穆公
109	606	(左傳宣3―7)	鄭	姫	國君	文公	陳	嬀	公女	陳嬀	子華・子臧
110	606	(左傳宣3―7)	鄭	姫	國君	文公	江	嬴	公女		公子士
111	605	(左傳宣4―A)	楚	羋	國君	若敖	䢵	嬴・妘	公女		鬬伯比
112	605	(左傳宣4―A)	楚	羋	若敖氏	鬬伯比	䢵	嬴・妘	公女	䢵子の女	子文

113	604	(春秋・左傳宣5—3・5)	齊	姜	高氏	高固	魯	姬	公女	叔姬	
114	603	(左傳宣6—A)	周	姬	國君	定王	齊	姜	公女	王后	
114	603	(左傳宣6—C)	周			定王	齊			王后	
114	589	(左傳成2—C)	周			定王	齊			王后	
115	600	(左傳宣9—11)	陳	嬀	夏氏	夏御叔	鄭	姬	公女	夏姬	夏徵舒
115	599	(左傳宣10—8)	陳		夏氏	夏御叔	鄭			夏姬	夏徵舒
116	600	(左傳宣9—11)	陳	嬀	國君	靈公	鄭	姬	公女	夏姬	
117	600	(左傳宣9—11)	陳	嬀	孔氏	孔寧	鄭	姬	公女	夏姬	
118	600	(左傳宣9—11)	陳		儀氏	儀行父	鄭	姬	公女	夏姬	
119	594	(左傳宣15—3)	潞	隗・妘・姜・姬	國君	潞子嬰兒	晉	姬	公女	伯姬	
120	593	(春秋・左傳宣16—3)	郯	己・嬴	國君		魯	姬	公女	伯姬	
121	592	(左傳宣17—6)	齊	姜	國君	惠公	蕭	子	公女	蕭同叔子	頃公
121	589	(左傳成2—4・7)	齊			惠公	蕭			蕭同叔子	
122	589	(左傳成2—A)	楚	羋	屈氏	申公巫臣	鄭	姬	公女	夏姬	叔向の妻
122	584	(左傳成7—7)	楚		屈氏	申公巫臣	鄭			夏姬	
122	547	(左傳襄26—F)	楚		屈氏	申公巫臣	鄭			夏姬	

122	514	(左傳昭28－A)	楚		屈氏	申公巫臣	鄭			夏姬	
123	589	(左傳成2－A)	楚	羋		連尹襄老	鄭	姬	公女	夏姬	
124	589	(左傳成2－A)	楚	羋		黑要	鄭	姬	公女	夏姬	
125	587	(左傳成4－3)	杞	姒	國君	桓公	魯	姬	公女	叔姬	
125	586	(春秋成5－1)	杞			桓公	魯			叔姬	
125	583	(春秋・左傳成8－8)	杞			桓公	魯			叔姬	
125	582	(春秋・左傳成9－1)	杞			桓公	魯			叔姬	
126	587	(左傳成4－A)	晉	嬴	趙氏	趙嬰齊	晉	姬	公女	趙莊姬	
126	586	(左傳成5－A)	晉		趙氏	趙嬰齊	晉			趙莊姬	
126	583	(左傳成8－6)	晉		趙氏	趙嬰齊	晉			趙莊姬	
127	586	(左傳成5－3)	晉	姬	國君	景公	齊	姜	公女		
128	583	(春秋・左傳成8－3)	魯	姬	公孫	聲伯	莒				
129	583	(春秋・左傳成8－4・5)	宋	子	國君	共公	魯	姬	公女	共姬	平公
129	582	(春秋・左傳成9－4)	宋			共公	魯			伯姬	
129	582	(春秋・左傳成9－5)	宋			共公	魯			伯姬	
129	547	(左傳襄26－6)	宋			共公	魯			共姬	
129	543	(春秋・左傳襄30－3)	宋			共公	魯			伯姬	
129	543	(春秋・左傳襄30－5)	宋			共公	魯			共姬	

130	583	（春秋・左傳成8—10）	宋	子	國君	共公	衛	姫	公女		
131	583	（左傳成8—6）	晉	嬴	趙氏	趙莊子	晉	姫	公女	趙莊姫	趙文子
131	574	（左傳成17—13）	晉		趙氏	趙莊子	晉			孟姫	
132	582	（春秋・左傳成9—6）	宋	子	國君	共公	晉	姫	公女		
133	581	（春秋成10—4）	宋	子	國君	共公	齊	姜	公女		
134	580	（左傳成11—A）	魯	姫	公子	叔肸				聲伯の母	聲伯
135	580	（左傳成11—A）	齊	姫	管氏	管于奚				聲伯の母	子・女
136	580	（左傳成11—A）	魯	姫	施氏	施孝叔	魯			聲伯の異父妹	
137	580	（左傳成11—A）	晉	姫	郤氏	郤犫	魯			聲伯の異父妹	子（2人）
138	578	（左傳成13—3）									
139	577	（左傳成14—6）	衛	姫	國君	定公		姜	公女	定姜	
140	577	（左傳成14—6）	衛	姫	國君	定公		姒	公女	敬姒	獻公・子鮮
140	547	（左傳襄26—1）	衛			定公				敬姒	
141	577	（春秋・左傳成14—3・5）	魯	姫	國君	成公	齊	姜	公女	姜氏	
141	571	（春秋・左傳襄2—3）	魯			成公	齊			姜氏	
142	575	（左傳成16—8）	魯	姫	叔孫氏	宣伯	齊	姜	公女	穆姜	
143	575	（左傳成16—D）	齊	姜	國君	頃公	宋	子	公女	聲孟子	靈公
144	575	（左傳成16—D）	魯	姫	叔孫氏	宣伯	宋	子	公女	聲孟子	

145	574	（左傳成17—5）	齊	姜	慶氏	慶克	宋	子	公女	聲孟子	
146	573	（左傳成18—7）	杞	姒			晉	姫			
147	569	（春秋・左傳襄4—3）	魯	姫	國君	成公		姒	公女	定姒	襄公
147	569	（左傳襄4—5）	魯			成公				定姒	
148	564	（左傳襄9—7）	楚	羋	國君	莊王			公女	楚莊夫人	共王
149	561	（左傳襄12—A）	周	姫	國君	靈王	齊	姜	公女	王后	
149	558	（春秋・左傳襄15—2）	周			靈王	齊			王后	
150	558	（左傳襄15—D）	鄭		堵氏	堵狗	晉	祁	范氏	女	
151	554	（左傳襄19—A）	晉		中行氏	中行獻子	鄭	姫		女	中行穆子
152	554	（左傳襄19—8）	齊	姜	國君	靈公	魯	姫	顏氏	顏懿姫	なし
153	554	（左傳襄19—8）	齊	姜	國君	靈公	魯	姫	鬷氏	鬷聲姫	莊公
154	554	（左傳襄19—8）	齊	姜	國君	靈公		子		仲子	牙
155	554	（左傳襄19—8）	齊	姜	國君	靈公		子		戎子	
156	554	（左傳襄19—12）	鄭	姫	國君	穆公	宋	子	公女	宋子	子然・子孔
157	554	（左傳襄19—12）	鄭	姫	國君	穆公		嬀		圭嬀	士子孔
158	552	（左傳襄21—2）	邾		庶氏	庶其	魯	姫	公女	公の伯母	
159	552	（左傳襄21—4）	晉	姫	欒氏	欒桓子	晉	祁	范氏	欒祁	欒懷子
160	552	（左傳襄21—4）	晉		州氏	州賓	晉	祁	范氏	欒祁	
161	551	（左傳襄22—E）	鄭	姫	游氏	子明					なし
162	550	（左傳襄23—2）	晉	姫	國君	悼公	杞	姒	公女	晉悼夫人	平公

162	544	(左傳襄29―5)	晉			悼公	杞			晉悼夫人	
162	543	(左傳襄30―B)	晉			悼公	杞			晉悼夫人	
163	550	(左傳襄23―6)	呉	姫			晉	姫	公女		
164	550	(左傳襄23―6)	呉	姫			齊	姜	公女		
165	550	(左傳襄23―9・10)	魯	姫	臧孫氏	臧宣叔	鑄	任			賈・爲
166	550	(左傳襄23―9・10)	魯	姫	臧孫氏	臧宣叔	鑄	任		上の姪	臧武仲
167	548	(左傳襄25―2)	齊		棠氏	棠公	齊	姜	東郭氏	棠姜	棠無咎
167	546	(左傳襄27―D)	齊		棠氏	棠公	齊		東郭氏	東郭姜	棠無咎
168	548	(左傳襄25―2)	齊	姜	崔氏	崔武子	齊	姜	東郭氏	棠姜	明
168	546	(左傳襄27―D)	齊		崔氏	崔杼	齊		東郭氏	東郭姜	明
169	548	(左傳襄25―2)	齊	姜	國君	莊公	齊	姜	東郭氏	棠姜	
170	548	(左傳襄25―2)	齊	姜	國君	靈公	魯	姫	叔孫氏	穆孟姫	景公
170	532	(左傳昭10―2)	齊			靈公	魯		叔孫氏	穆孟姫	
171	548	(左傳襄25―9)	陳	嬀	國君	胡公	周	姫	公女	大姫	
172	547	(左傳襄26―6)	宋	子	國君	平公	宋		芮氏	棄	
173	547	(左傳襄26―F)	楚		伍氏	伍擧	楚	羋	王子女	申公子牟の女	
174	547	(左傳襄26―G)	晉	姫	國君	平公	衞	姫	公女	衞姫	
175	545	(左傳襄28―6)	齊	姜	盧蒲氏	盧蒲癸	齊	姜	慶氏	盧蒲姜	
176	543	(左傳襄30―2)	蔡	姫	大子	般	楚	羋	公女		
177	543	(左傳襄30―2)	蔡	姫	國君	景侯	楚	羋	公女		

178	542	(左傳襄31—3)	魯	姬	國君	襄公	胡	歸	公女	敬歸	子野
178	542	(左傳襄31—C)	魯			襄公	胡			敬歸	
179	542	(左傳襄31—C)	魯	姬	國君	襄公	胡	歸	公女	齊歸	昭公
179	531	(春秋・左傳昭11—5・6)	魯			襄公	胡			齊歸	
179	531	(春秋・左傳昭11—9)	魯			襄公	胡			齊歸	昭公
180	542	(左傳襄31—6)	莒	己	國君	犂比公	齊	姜			去疾
181	542	(左傳襄31—6)	莒	己	國君	犂比公	吳	姬			展輿
182	541	(左傳昭1—2)	楚	羋	公子	公子圍	鄭	姬	公孫女	公孫段氏の女	
183	541	(左傳昭1—E)	鄭	姬	公孫	公孫楚	鄭		徐吾氏	徐吾犯の妹	
184	541	(左傳昭1—G)	周	姬	國君	武王	齊	姜	公女	邑姜	唐叔虞
184	532	(左傳昭10—A)	周			武王	齊			邑姜	唐叔
185	547	(左傳襄26—G)	晉			平公	衞			衞姬	
185	541	(左傳昭1—G)	晉	姬	國君	平公		姬		姬	
186	541	(左傳昭1—G)	晉	姬	國君	平公		姬		姬	
187	541	(左傳昭1—G)	晉	姬	國君	平公		姬		姬	
188	541	(左傳昭1—G)	晉	姬	國君	平公		姬		姬	
189	540	(左傳昭2—A)	晉	姬	國君	平公	齊	姜	公女	少姜	なし
189	540	(左傳昭2—4)	晉			平公	齊			少姜	

189	539	(左傳昭3－B)	晉			平公	齊			少姜	
189	539	(左傳昭3－E)	晉			平公	齊			少姜	
190	539	(左傳昭3－E)	晉	姫	國君	平公	齊	姜	公孫女	公孫蠆の女	
191	538	(左傳昭4－A)	楚	羋	國君	靈王	晉	姫	公女		
191	537	(左傳昭5－A)	楚			靈王	晉				
192	538	(左傳昭4－2)	徐	嬴	國君		吳				徐子
193	538	(左傳昭4－5)	魯	姫	叔孫氏	叔孫穆子	魯			庚宗の婦人	豎牛
194	538	(左傳昭4－5)	魯	姫	叔孫氏	叔孫穆子	齊	姜	國氏	國姜	孟丙・仲壬
195	538	(左傳昭4－5)	齊	姜	公孫	公孫明	齊	姜	國氏	國姜	
196	537	(左傳昭5－B)	鄭	姫	罕氏	罕虎	齊	姜	公孫女	公孫蠆の女	
197	535	(左傳昭7－1)	齊	姜	國君	景公	北燕	姫	公女	燕姫	子
197	490	(左傳哀5－4)	齊			景公	北燕			燕姫	子
198	535	(左傳昭7－8)	衞	姫	國君	襄公		姜	公女	姜氏	なし
198	522	(左傳昭20－3)	衞			襄公				宣姜	
199	535	(左傳昭7－8)	衞	姫	國君	襄公				婤姶	孟縶・靈公
200	534	(左傳昭8－1・2・4・5)	陳	嬀	國君	哀公	鄭	姫	公女	鄭姫	悼大子偃師

201	534	(左傳昭8—1・2・4・5)	陳	嬀	國君	哀公				二妃	公子留
202	534	(左傳昭8—1・2・4・5)	陳	嬀	國君	哀公				下妃	公子勝
203	533	(左傳昭9—B)	晉		知氏	知悼子	齊				なし
204	531	(左傳昭11—7)	魯	姫	仲孫氏	孟僖子				薳氏	
205	531	(左傳昭11—7)	魯	姫	仲孫氏	孟僖子	魯			泉丘の人の女	孟懿子・南宮敬叔
206	531	(左傳昭11—7)	魯	姫	仲孫氏	孟僖子	魯			泉丘の女の友	なし
207	529	(左傳昭13—3)	楚	芈	國君	共王	巴	姫	公女	巴姫	
208	528	(左傳昭14—D)	晉	姫	羊舌氏	叔魚	晉			雍子の女	
209	527	(左傳昭15—A・B)	周	姫	國君	景王			公女	王穆后	王大子壽
210	524	(左傳昭18—3)	鄅	妘	國君	鄅子	宋	子	向氏	向戌の女	女
210	523	(左傳昭19—1)	鄅			鄅子	宋		向氏	鄅夫人	
211	523	(左傳昭19—B)	楚	芈	國君	平王	楚			郹陽封人の女	大子建
211	519	(左傳昭23—A)	楚			平王	楚				大子建
212	523	(左傳昭19—B)	楚	芈	國君	平王	秦	嬴	公女	嬴氏	昭王
212	522	(左傳昭20—B)	楚			平王	秦			嬴氏	
212	516	(左傳昭26—6)	楚			平王	秦			嬴氏	昭王
213	523	(左傳昭19—B)	楚	芈	大子	大子建	秦	嬴	公女	嬴氏	なし

214	523	(左傳昭19―E)	鄭	姫	駟氏	駟偃	晉		大夫		絲
215	522	(左傳昭20―3)	衞	姫	公子	公子朝		姜	公女	宣姜	
215	535	(左傳昭7―8)	衞		公子	公子朝				宣姜	
216	517	(左傳昭25―1)	小邾	曹	國君		魯	姫	季孫氏	季公若の姊	宋元夫人
217	517	(左傳昭25―1)	宋	子	國君	元公	小邾	曹	公女	宋元夫人	季平子の妻
217	478	(左傳哀17―H)	宋			元公	小邾			宋元夫人	景公
217	472	(左傳哀23―A)	宋			元公	小邾	曹		景曹	景公
218	517	(左傳昭25―1)	魯	姫	季孫氏	季平子	宋	子	公女	季平子の妻	
219	517	(左傳昭25―5)	魯	姫	季孫氏	季公鳥	齊	姒	鮑氏	季姒	子
220	517	(左傳昭25―5)	魯		食料官	檀	齊	姒	鮑氏	季姒	
221	517	(左傳昭25―5)	魯		秦氏	秦遄	魯	姫	季孫氏	秦姫	
222	515	(左傳昭27―7)	齊	姜	國君	景公	魯	姫	公子女	重	
223	514	(左傳昭28―A)	鄭	姫	國君	穆公		子?		姚子	夏姫
224	514	(左傳昭28―A)	晉	姫	羊舌氏	叔向	楚	羋	屈氏	叔向の妻	伯石
225	506	(左傳定4―15)	楚		鍾氏	鍾建	楚			季羋畀我	
225	505	(左傳定5―D)	楚		鍾氏	鍾建	楚	羋	公女	季羋畀我	
226	504	(左傳定6―2)	周	姫	國君	文王		姒	公女	大姒	周公旦・康叔
227	497	(左傳定13―5・6・7)	晉	嬴	邯鄲氏	邯鄲勝	晉		中行氏	中行文子の姊	邯鄲午

228	497	（左傳定13—5・6・7）	晉		中行氏	荀寅の子	晉	祁	范氏	范昭子の女	
229	497	（左傳定13—A）	衞	姫	國君	靈公	宋	子	公女	南子	
229	496	（左傳定14—9）	衞			靈公	宋			南子	
229	479	（左傳哀16—A）	衞			靈公	宋			南子	
230	495	（春秋・左傳定15—9・13）	魯	姫	國君	定公		姒	公女	定姒	
231	492	（左傳哀3—A）	周		劉氏		晉	祁	范氏	（逆?）	
232	492	（左傳哀3—6）	魯	姫	季孫氏	季桓子		子?		南孺子	子
233	490	（左傳哀5—4）	齊	姜	國君	景公		姒		鬻姒	荼
234	489	（左傳哀6—6）	楚	芈	國君	昭王	越	姒	公女	越王句踐の女	惠王
235	489	（左傳哀6—7）	齊	嬀	陳氏	陳僖子				子士の母	子士
236	489	（左傳哀6—7）	齊	姜	國君	景公	胡	姫	公女	胡姫	
236	487	（左傳哀8—A）	齊			景公	胡			胡姫	
237	487	（左傳哀8—3）	齊	姜	公子	公子陽生	魯	姫	季孫氏	季姫	
238	487	（左傳哀8—3）	魯	姫	季孫氏	季魴侯	魯	姫	季孫氏	季姫	
239	485	（左傳哀10—1）	邾	曹	國君		齊	姜	公女		隱公
240	484	（左傳哀11—6）	衞		大叔氏	大叔悼子	宋	子	公子女	子朝の女	

241	484	（左傳哀11—6）	衛		大叔氏	大叔悼子	宋	子	公子女	子朝の女の娣	
242	484	（左傳哀11—6）	衛		大叔氏	大叔悼子	衛	姞	孔氏	孔姞	
243	484	（左傳哀11—6）	衛		大叔氏	大叔悼子	衛			外州の女	
244	484	（左傳哀11—6）	衛		夏丁氏		衛		大叔氏	悼子の女	夏戊
245	484	（左傳哀11—6）	衛		大叔氏	大叔僖子	衛	姞	孔氏	孔姞	
246	484	（左傳哀11—6）	衛		大叔氏	大叔懿子	晉	姫	公子女	公子愁の女	大叔悼子
247	483	（春秋・左傳哀12—2）	魯	姫	國君	昭公	吳	姫	公女	孟子	
248	480	（左傳哀15—C）	衛	姞	孔氏	孔文子	衛	姫	公女	孔伯姫	孔悝
249	480	（左傳哀15—C）	衛		孔氏の豎	渾良夫	衛	姫	公女	孔伯姫	
248	479	（左傳哀16—B）	衛		孔子	孔文子	衛			伯姫	孔悝
250	478	（左傳哀17—F）	衛	姫	國君	莊公		姜		呂姜	
251	471	（左傳哀24—C）	周	姫	王子	周公旦	薛	任	公女		
252	471	（左傳哀24—C）	魯	姫	國君	武公	薛	任	公女		
253	471	（左傳哀24—C）	魯	姫	國君	孝公	宋	子	公女		
254	470	（左傳哀25—A）	衛	姫	國君	出公	衛		夏丁氏	夏戊の女	大子
254	469	（左傳哀26—A）	衛			出公	衛		夏丁氏	夫人	大子

第二節　先秦時代の婚姻に關する一考察
――戰國王權の正統性に關連して――

序

先秦時代に存在したとされる家族制度の一形態「周代宗法制」に關する研究は長い歴史と傳統を有する。前近代では北宋の張載『經學理窟』宗法篇に、既に「宗子法」に關する議論がみえる。その後清朝に入ると宗法研究は進展をみせ、經學的な研究の基礎はここに形成された。近代に入ると西洋の學問體系が流入し、從來の宗法研究の殼を打ち破るものが現れてきた。加藤常賢はその白眉といえよう。加藤は人類學的手法を導入し、姓―血族的氏族制の社會から氏―領土的氏族制の社會へ移行するとし、西周時代になると、大宗―宗族的家制および小宗―宗族的血族制の發達した「宗制度」へ移行するとした。加藤の研究は、精緻ではあるが古典籍の祖述の枠內にとどまっていた宗法研究に對し、衝撃を與えるものだった。それ以後の研究はいかなる立場に立つにせよ、この業績を出發點とせねばならなくなった。(1)

先秦家族史に關する研究は、『左傳』や三禮のような經書を多く據り所としていた。しかし、そうした根據となる史料について、系統だった批判的檢討が加えられることはなかった。しかし、この傾向に疑念を抱く研究者も存在した。宇都木章は一九六〇年代の段階で既に文獻史料の後代性およびそれによる作爲を指摘し、「宗法制」の理想的性格を論じた。尾形勇は「姓」の比定に政治的・擬制的な要素を見出した。齋藤道子は楚王系譜に現れる父子繼承に楚の「意圖」を見てとった。(2) 尾形勇の政治性に關する指摘は傾聽に値する。ただ、これらの研究中、『左傳』も積極的に活用したのは齋藤道子のみである。しかも對象國は楚のみである。また、そのような作爲性がいかなるメカニズムのもとに形成されたのかという問題については、今後の課題として殘されている。

また、「宗法制」の大きな特徴として、父系による嫡長子繼承が擧げられる。(3) しかし近年、工藤元男や山田勝芳による湖北省雲夢睡虎地秦墓竹簡の法律規定に關する研究から、先秦時代に母系ないし母方の血統に一定程度の重要性が存在したことが確認された。(4) このことにより、「宗法制」の成立時期確定の次元に止まらぬ、先秦家族制度研究の見直しが行われるべきだと思われる。

そこで本節では、「宗法制」の根據の一つとされることの多い『左傳』を中心に据え、折に觸れてその他の史料にも論及しつつ議論を進める。その際に、本章第一節でも利用した『左傳』の內容分類による分析方法を導入する。(5) その分析方法によって、『左傳』にみえる列國の家族關係記事から窺える『左傳』の構造を分析する。更に婚姻・系譜關係と密接な關わりをもつ祖先祭祀の問題を採り上げる。これらの構造や問題の背景を考慮し、傳世文獻・出土史料にみられる婚姻の特質を明らかにしていく。

一．諸侯系圖よりみた『左傳』の婚姻像

宇都木章は先秦諸侯系譜を檢討し、西周期の相續が宗法封建相續の型にはまっていることを確認した。それを春秋・戰國の頃より盛んになった宗法的禮論のなせるわざと考え、「宗法制」を春秋期以降に確立されてきた禮論とし

た。(6)齋藤道子は血縁的連續性を表す『史記』楚世家の楚王系譜が、中原諸國をモデルとした楚の意圖を反映したものとする。(7)これらは史料の作爲性を主張するものである。しかし、そのことがいかなる力學で出現したか、當該時代においていかなる意味をもったかについては、明確な答えを與えていない。そこで前節では『春秋』經文記載の婚姻記事を三傳それぞれについて検討したのである。その上で更に、『左傳』に關しては、魯の國君と齊の公女の婚姻において批判的な記事がしばしばみられるが、年代が降るとその傾向に變化がみられること、魯の公女が周邊の小國に出嫁する場合は好意的な評價が多いこと、說話の會話文の一部や君子の評言に家族關係の倫理的な見解がみえ、後代性が強いことを明らかにした。本節では、まず『左傳』に現れる諸侯の婚姻關係を含めた系圖を作成し、君位繼承における婚姻の關わり方を通して『左傳』の婚姻記事を検討する。『左傳』において重要な位置を占める姬姓の魯・晉・周と姜姓の齊を中心に扱う。(8)その作業から前節で明らかとなった傾向に通ずるような、何らかの構造がみられないか確認する。

一―一・魯

『春秋』記載の婚姻において、『左傳』は魯が娶妻側、特にその前半においては否定的であることが多い。一方、魯が出嫁側の場合、齊の昭公と子叔姬、魯伯姬の燒死の事例以外はほとんど何も評價がない。こうしたことから前節では、『左傳』は魯と齊の婚姻に關して、他の婚姻關係に比べ否定的な立場をとっているのではないかと考えた。

『春秋』には六人の姜齊出身の魯侯夫人が登場する。それは桓公夫人文姜・莊公夫人哀姜（叔姜）・僖公夫人聲姜・文公夫人哀姜（出姜）・宣公夫人穆姜・成公夫人齊姜である。まず、桓公夫人文姜は魯莊公および成季を初めとする三桓の祖の母である。桓公十八年の魯の桓公暗殺は、『左傳』桓公十八年に彼女が兄弟である齊の襄公と「通」じたことが直接の原因とされている。莊公夫人哀姜の子の閔公は、即位後間もない閔公二年に弑され、彼女も閔公二年に齊において兄弟である齊の桓公に殺害されている。そして閔公の次に魯侯位に即いたのは、莊公の妾である成風の子、僖公である。『左傳』閔公二年に、成風は成季に「事」え、その支援によって子の僖公を次の魯侯として即位させている。

須句（風姓）の成風は、妾から魯侯夫人に成り上がり、後に魯國の國政を掌握する三桓の祖として、『左傳』の中で重要な位置を占めている。ところがその成風は『穀梁傳』文公九年では、秦人から夫人ではないとされている。(9) 成風の出自については、（左傳僖公二一—A）に「服事諸夏」とあって、大皞の子孫とされる。中原の諸侯とは系統が異なるとされており、風姓の須句出身で、このときの成風の願いによって、（左傳僖公二二—一）で、僖公が邾を攻撃して、追われていた須句子を復歸させている。

（系圖①）

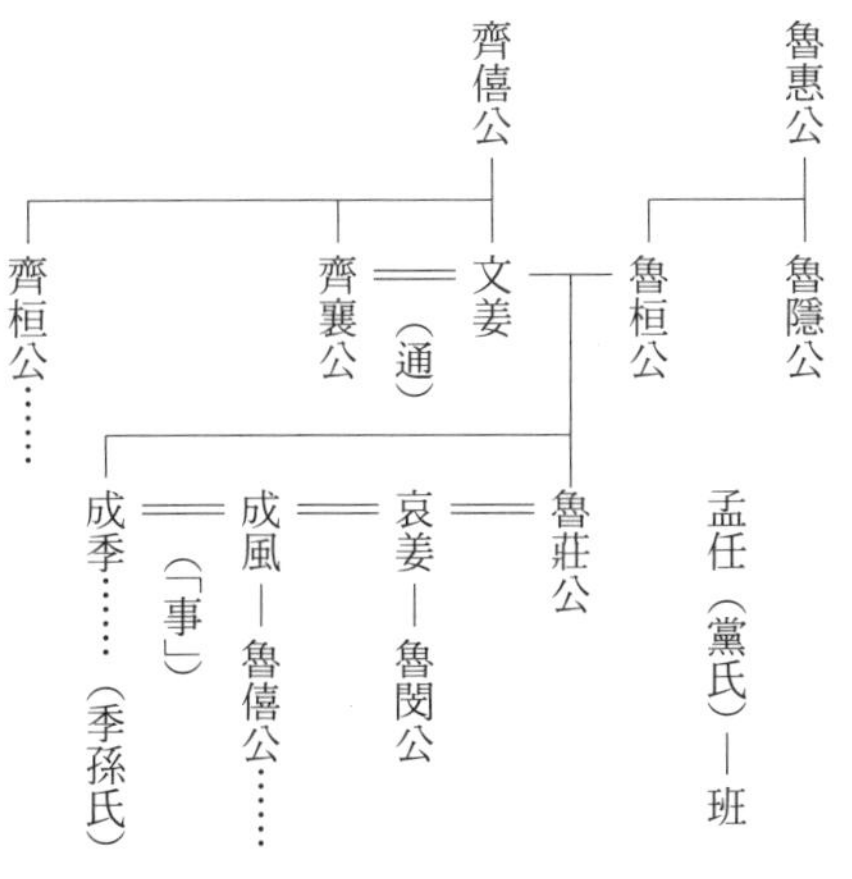

以上をもとにして、『左傳』による系圖を上に圖示する（系圖①）。

系圖はやや複雑だが、以下のことが分かる。

① 魯の桓公は、兄である隱公の弑殺によって即位する。

② 魯の桓公夫人文姜は魯の莊公の母であり、莊公は齊（姜姓）の血を引いている。

③ 文姜は兄弟である齊の襄公に「通」じる。

④ 魯の莊公の夫人哀姜の子、閔公は即位後間もなく暗殺され、當

初「夫人」ではなく、「諸夏」の姓でもない出身である成風の子、僖公が立ち、その子孫は續く。

⑤　成風は莊公の弟、成季に「事」え、僖公と共にその支援を受ける。

⑥　成季の子孫は續き、やがて魯の國政を掌握する。

これらのことから、魯侯は僖公以後も、姜姓の齊の公女との婚姻を繼續するが、途中で風姓の成風による斷絶がある。つまり、「諸夏」ではないものの血を、母方から受け繼いでいるのである。(10)また性的な關係があるかどうか不明だが、三桓の筆頭の季氏にも、母方で風姓との關わりがみられる。そして「通」のあった齊の襄公の子孫は絶え、國君の兄弟として卽位する者は、その國君を弑する。(11)

『左傳』には、兄を繼いで弟が卽位する事例がよくみられる。これを『公羊傳』では「一生一及」と呼んでいる。(12)だが君位繼承に絡んで兄殺しがしばしばみられるため、君位繼承の制度が實際にこのような特殊な兄弟繼承であったかを疑問視し、制度としての「一生一及」は存在せず、父子繼承が通例であったとする説が、特に中國大陸を中心に有力である。(13)

確かに、その意味では兄弟繼承ではないようにみえる。だが、これらの議論の根據となっている記事は、いずれも價値評價に關わっている説話の會話文であって、その思想の後代性が議論される部分であり、(14)そのまま利用することには愼重であらねばならない。むしろ『左傳』編纂者による一系の父子繼承の否定ではあるまいか。ここでは兄弟繼承・父子繼承のいずれが事實として存在したかが問題ではないと考えられる。むしろ『左傳』編纂者による一系の父子繼承の否定ではあるまいか。歴代の魯侯および魯侯候補者についてみると、隱公・班・閔公・惡・視・子野・昭公はいずれも不自然・不正常な死を遂げており、その後その弟が卽位している。(15)これを、兄弟繼承から父子繼承への過渡期とみることも不可能ではない。(16)だがここでは『左傳』において、魯の公室が嫡長子繼承によっているように描かれていないことに注意が拂われるべきだと思われる。そして『左傳』

（系圖②）

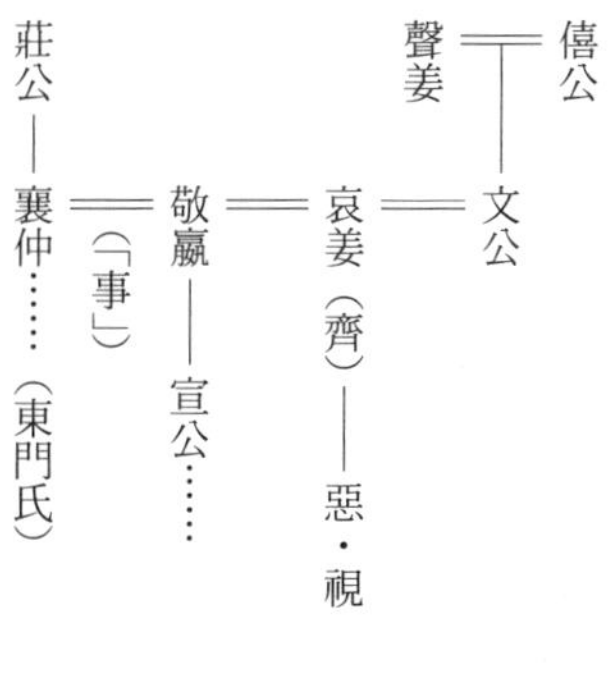

（系圖③）

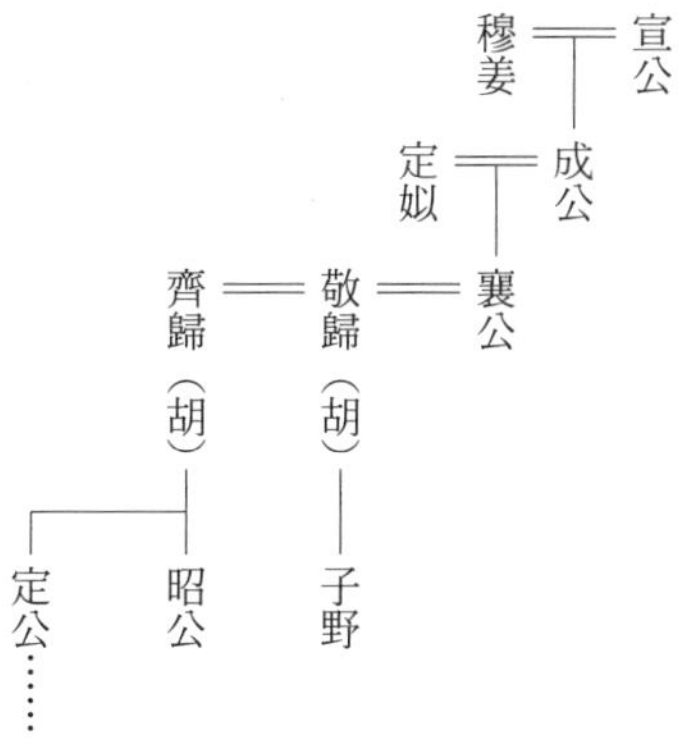

がこのような史實を殊更に掲げ、一定の意圖をもって編纂したものと考えた方が合理的な史料解釋といえるのではなかろうか。

そのように考えてみると、文公と哀姜・敬嬴の關係も、文姜のときと同様の構造になっていることがわかる。ここでも『左傳』に基づいた系圖を掲げる（系圖②）。

哀姜の齊での親族關係が不明確だが、敬嬴が魯の莊公の子で東門氏の祖である襄仲に「私事」し、襄仲が哀姜の子（惡・視）を殺し、敬嬴の子である宣公を即位させている。姜姓以外の國君の配偶者が同姓の有力者と「事」の關係になり、姜齊の夫人の子を殺して我が子を魯侯に即位させる點は、莊公死後の文姜・成風・成季・僖公の關係に非常に似ている。しかも、宣公の父方の祖母は齊の公女の聲姜であり、姜齊の血を受けている。文姜の事例との違いは、『左傳』宣公十八年に東門氏が三桓によって失脚させられることだけである[17]。

それでは、その後の世代の系圖も掲げる（系圖③）。

宣公夫人穆姜の場合は、夫の宣公の死後、その子成公が無事に公位を繼いでいる。しかし、『左傳』成公十六年に穆姜が三桓の宣伯（叔孫僑如）に「通」じて、他の三桓の季文子・孟獻子を排除しようとして成公に壓力をかけ、あわよくば魯侯を廢立しようとする事件が起きている。これは結局未遂に終わるが、『左傳』襄公九年にこの事件に對する穆姜自身の反省の言葉が語られている。

成公夫人齊姜も穆姜の時と同様、夫の成公の死後、その子襄公が無事に公位を繼いでいる。だが『左傳』襄公二年の彼女の葬儀の際に、穆姜を恨んでいた季文子が、穆姜用の柩等を利用したため、君子から「非禮」という評價を下されている。

その後の世代については、襄公の妾である敬歸も、彼女の娣である襄公夫人齊歸も胡の出身であり、齊歸はもともと夫人ではなかった。襄公死後、季武子が昭公擁立に關與するが、特にその母と關係をもっているようには記載されていない。昭公夫人吳孟子・定公夫人定姒も姜姓ではない。昭公が亡命先で死亡すると、季平子が昭公の弟の定公を卽位させている。襄公以後は、『春秋』に記載される姜齊出身の魯侯夫人がなくなる。すなわち、これで魯侯の母方から姜齊の血が排除されたことになる。

以上より、魯と齊の公女の婚姻は、

① 魯侯夫人（文姜）と「通」の關係にある姜齊の襄公の力により、魯侯（桓公）が殺され、その子（莊公）が卽位する。後の魯侯と魯國の國政を掌握する三桓は、その殺された魯侯の子孫である。

② 魯侯（莊公）の暗殺後、魯侯の配偶者（成風）と「事」の關係にある同姓の有力者の力により、姜齊の夫人（哀姜）の血を受けた魯侯（閔公）が殺され、姜齊とは別の血を受けた公子（僖公）が卽位する。

③ 魯侯（僖公）の死後、姜齊の夫人（聲姜）の子（文公）が順當に公位を繼ぐ。ただし、夫人の實家の齊が魯に侵攻したために、夫人の葬儀が遲れている。

④ 魯侯（文公）の死後、魯侯の配偶者（敬嬴）と「事」の關係にある同姓の有力者（襄仲）の力により、姜齊の夫人（哀姜（出姜））の血を受けた魯侯候補（惡・視）が殺され、姜齊とは別の血を受けた公子（宣公）が卽位

する。

⑤　魯侯（宣公）の死後、姜齊の夫人（穆姜）の子（成公）が順當に公位を繼ぐ。ただし、その夫人が季孫氏・仲孫氏を排除しようとして、もう一人の三桓である叔孫氏と「通」じてその魯侯に壓力をかけ、あわよくば廢立しようとする事件が起こり、後にその夫人はその事件を反省する。

⑥　魯侯（成公）の死後、姜齊の夫人（齊姜）の子（襄公）が順當に公位を繼ぐ。ただし、その夫人の葬儀は「非禮」である。

という六段階に分けることができる。魯と齊の公室が代々母方交叉イトコ婚を行っているとはいえ、魯の君位繼承は必ずしも穩便に行われたわけではなく、襄公以後は兩者の婚姻關係が消滅することが分かる。ここで大事なのは、同姓の有力者との間に交わされる「事」・「通」という關係が、どの公子を魯侯に即位させるか決定する上で大きな意味をもっており、これらの言葉から連想される不義密通とはいささか異なる部分があることである。(18)姬姓である魯侯とその配偶者の間に姬姓の有力者（特に三桓）が介在する構造になっているといえる。そして母方で姜齊の血を引く魯侯・公子が排除されていくことにより、魯と姜齊との血緣關係が薄くなっていく。(19)また單にそれだけではなく、姜齊の要素が入っていることもまた確かであるから、それを取り込んで魯の國君として再生させるという意味もあるだろう。そして、この姬姓魯侯と姜齊夫人の間に執政者が介在する構造になっている。(20)

この構成は整ったものであり、『左傳』の編纂者が意圖的に『左傳』の原史料を整理したと考えてもおかしくはない。(21)

一—二・晉

この國は『左傳』では記事の中心の一つであるため、多くの婚姻關係記事がある。これも複雑であるから、これから議論する部分の系圖を、主に『左傳』により掲げる（系圖④）。

初期に登場する國君の夫人に姜姓の者が存在することは、魯の場合と同樣である。嬴姓の秦との婚姻も相當數存在するが[22]、姜姓との婚姻が多く、他姓・他國との婚姻は一時的である[23]。穆侯と姜氏、獻公と齊姜、文公と姜氏、平公と少姜・子尾の女であり、いずれも齊の出身である。穆侯と姜氏の子は、文侯と曲沃桓叔であり、弟の桓叔の子孫は、二代後の武公で晉侯の位を、兄である文侯の子孫から奪う[24]。そして、獻公と齊姜の子は大子申生と穆姫であり、中生は所謂「驪姫の亂」で自殺するが、その兄弟が次々に君位につき、覇者となる文公（母は大戎狐姫で、同姓婚）の即位となる。また文公の流浪中に、齊で姜氏と結ばれるが、出國とともに別れ、後を繼ぐのは偪姞の子の襄公である。平公は齊から少姜を迎えるが、彼女はすぐに死去し、齊の公女がソロレート婚で嫁ごうとするが、齊侯と同姓の有力者である子尾の女とすり替えられて嫁いでくる。なお、平公には「四姫」なる寵妃がいたというが、次代の昭公との關係はよく分からない。だが、ここで魯昭公と晉平公という、春秋後期の國君が共に同姓婚を行っている記述が『左傳』にあり、互いに對應しているようにみえることは興味深い。また、戎・狄との婚姻も多いが、その婚姻は、先學の指摘するように姫姓たる晉への同化を表している可能性がある[25]。

（系圖④）

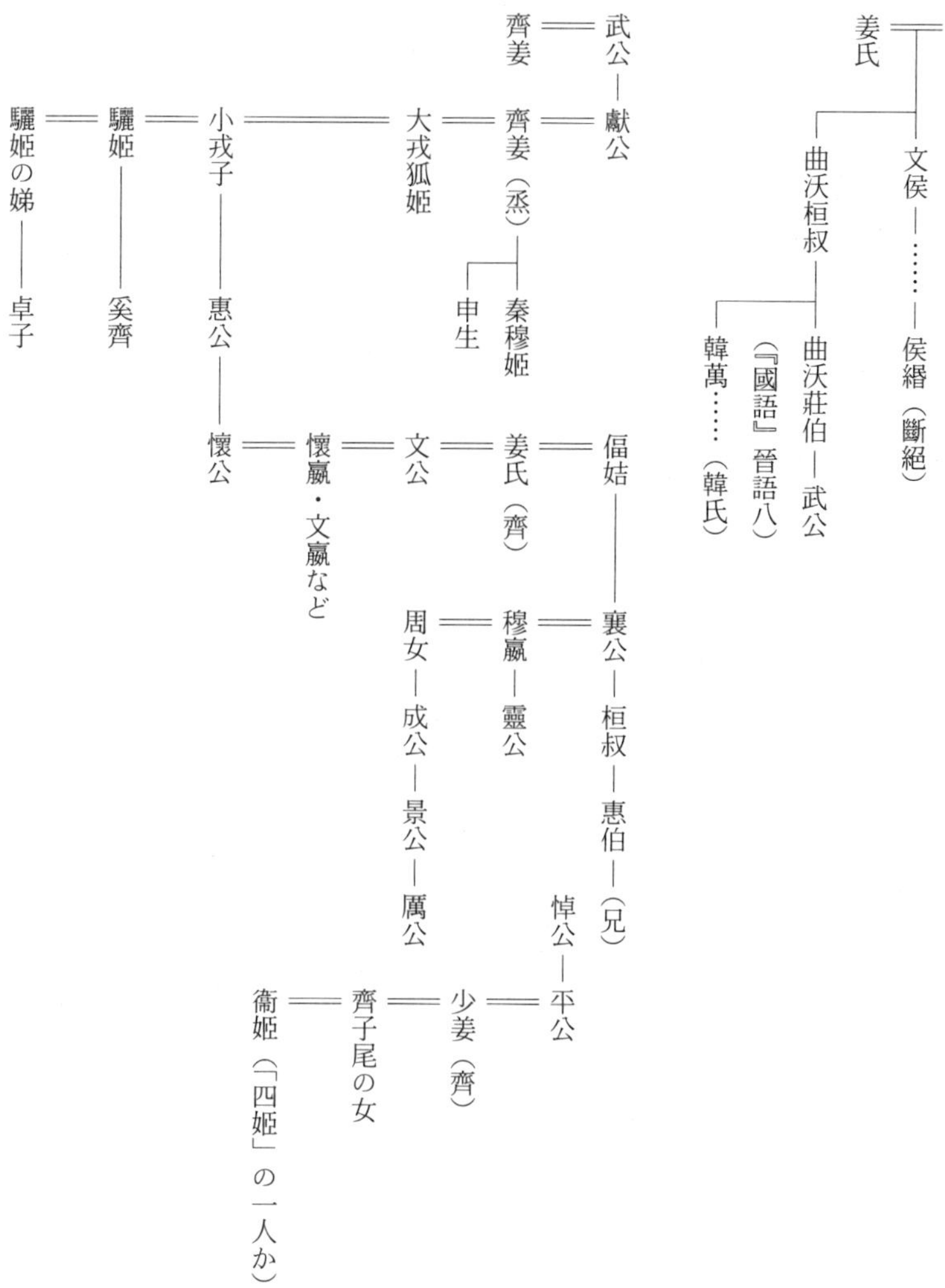
穆侯
姜氏
文侯
……
侯緡（斷絶）
曲沃桓叔
曲沃莊伯
武公
（『國語』晉語八）
韓萬……（韓氏）
武公
齊姜
獻公
齊姜（烝）
大戎狐姬
小戎子
驪姫
驪姫の娣
秦穆姫
申生
惠公
奚齊
卓子
偪姞
姜氏（齊）
文公
懷嬴・文嬴など
懷公
襄公
穆嬴
周女
桓叔
靈公
成公
惠伯
景公
（兄）
厲公
悼公
平公
少姜（齊）
齊子尾の女
衞姫（「四姫」の一人か）

以上より、晉でも魯の場合と同様に、姜齊の色を薄める傾向があることが分かる。しかも穆侯と姜氏の事例以外は、血統が斷絶しているため、魯の場合よりもその程度が甚だしいといえる。つまり、姜姓の女性との婚姻は子孫が斷絶することになる。

一―三．周

『春秋』では姜姓との婚姻しか記載されていないが、『左傳』ではそれ以外の婚姻事例もある。(26) ただ、魯や晉の場合とは異なり、母が誰かはっきりと記載されていないものが多い。紀の季姜や齊の王后に關しては、子の存在さえ不明確である。また、王姚と莊王の子は王子穨、惠后と惠王の子は大叔帶、王穆后（出自不明）と景王の子は大子壽であり、いずれも正當な王位に卽いてはいない。

極めて重要であるはずの周王の母方の系譜が不明瞭なのは不可解であり、何らかの理由があると考えられるが、そのことについては後述する。

一―四．鄭・衞

鄭・衞について簡單に觸れる。鄭は戰國時代に韓の都が置かれた地であり、韓との關係が深いところである。姜姓の夫人との婚姻は二例ある。武公と申の武姜、文公と齊の姜氏である。前者の二子の莊公と共（大）叔段が鄭の君位を爭い、莊公が勝利する。しかし後者には子がなく、姜姓の夫人の血筋は絶える。衞は『左傳』では少なからぬ分量の記事がある。婚姻記事も豊富であり、姜姓の夫人とのものが多い。後の年代についてみると、莊公と莊姜、襄公と宣姜には子がなく、定公と定姜、莊公蒯聵（先の莊公とは別人）と呂姜は子の記載がない。子の記載のあるのは、それぞれ複數の夫をもった夷姜と宣姜（襄公夫人とは別人）である。夷姜は子の急子とともに非業の死を遂げている。宣姜と急子の孫にあたる懿公の代に一旦衞は滅亡している。

つまり、ここでも姜姓の女性との婚姻は、子孫が續かないことになる。

一―五．齊

姫姓以外で最も婚姻事例の豊富な齊に關して檢討する。まず、主要部分の公室系圖を掲げる（系圖⑤）。姫姓との婚姻が多く、魯の「一生一及」のように兄弟で君位を繼承しているが、それは全て暴力を伴ったものである。その中で子孫に君位を傳える者の母は、姫姓であることが多く[27]、姫姓以外の母は、「通」の記載のように、否定的評價と理解できる記述が多い[28]。母方で代々姫姓の血を繼承していることを示しつつ、齊侯には嚴しい記述をする傾向がある[29]。

以上、『左傳』における代表的な姫姓國の婚姻と君位繼承のパターンが類似していることが明らかになった。それらはいずれも、春秋時代初期に姜姓の配偶者、多くは夫人が現れるが、その子孫の間で、兄弟繼承とも解釋できる形で君位の簒奪が行われる。その中から新たな國君が出現するが、その婚姻では次第に姜姓の者が減少し、姜姓の母の子が君位を繼ぐことも少なくなっていく。また、魯侯・姜齊の夫人・執政者の三極構造の中で、姜齊の血統が希薄化され、姫姓の中にその血統の要素が吸收されていくと解釋可能である。

（系圖⑤）

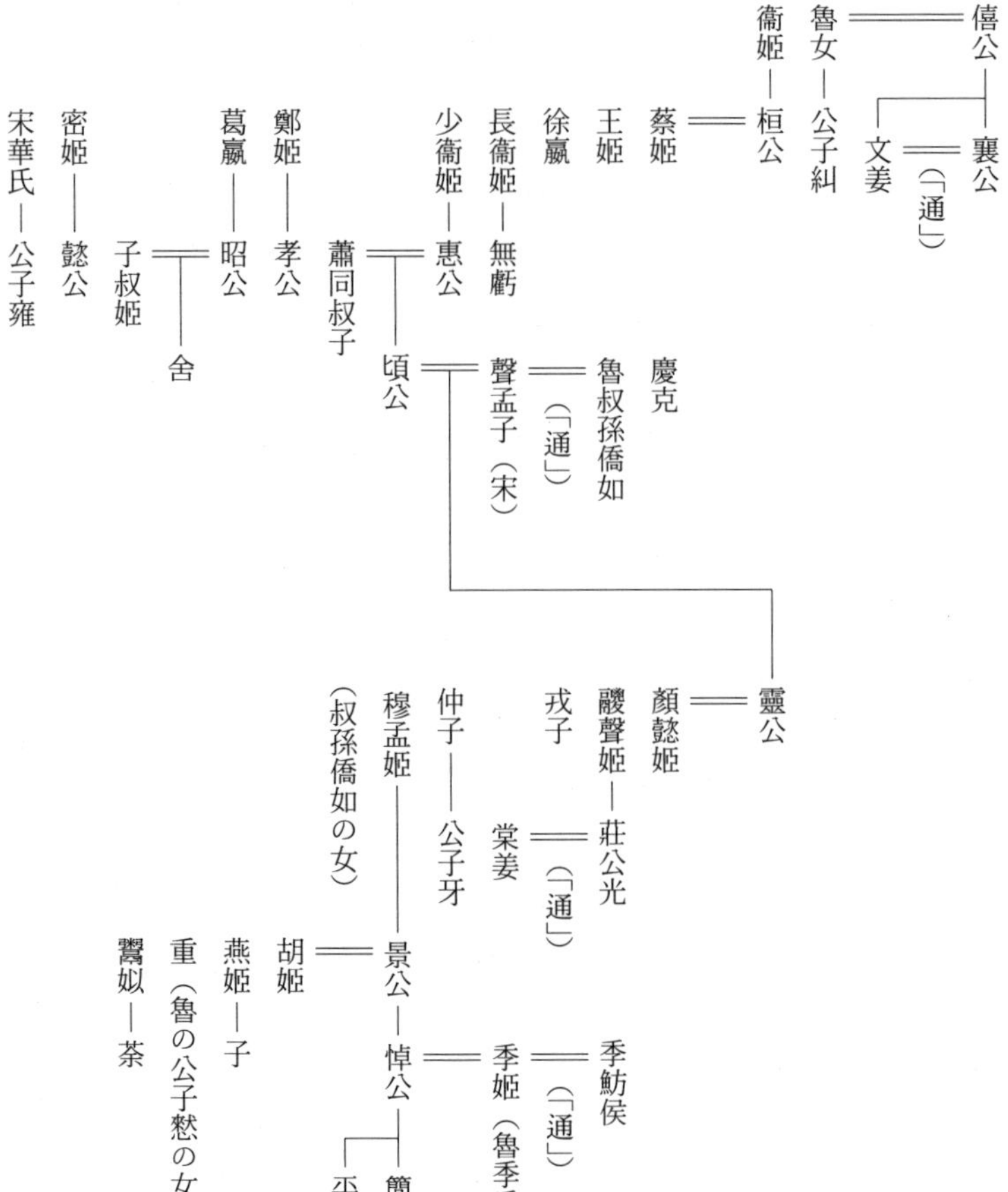
莊公
僖公
魯女
衞姫
襄公
（「通」）
文姜
公子糾
桓公
蔡姫
王姫
徐嬴
長衞姫
少衞姫
鄭姫
葛嬴
密姫
宋華氏
無虧
惠公
孝公
昭公
懿公
公子雍
蕭同叔子
子叔姫
舍
頃公
聲孟子（宋）
（「通」）
魯叔孫僑如
慶克
靈公
顏懿姫
鬷聲姫
戎子
仲子
穆孟姫
（叔孫僑如の女）
莊公光
（「通」）
棠姜
公子牙
景公
胡姫
燕姫
子
重（魯の公子慭の女）
鬻姒
荼
悼公
季姫（魯季氏）
（「通」）
季魴侯
簡公
平公

ところで、『左傳』が齊桓公（姜姓）に嚴しく、晉文公（姫姓）に好意的であることは、既に鎌田正が指摘している。[30] 山田琢は『公羊傳』の齊桓公について、或る一人についての論議でこれほど委細をつくした例は他の人物にないと述べ、桓公が重大視されていることを指摘した。[31] その一方で、晉文はその功績の內容が詳かでないと述べている。[32]
以上の指摘はここでの検討によって更に明らかになったと思われる。

一―六、晉・魯・齊の世族

『左傳』の説話記事において、晉・魯・齊の有力な世族は出現頻度が高く、非常に重要な位置を占めている。そこでこれらについても系譜をみていくことにしよう。韓氏の祖は曲沃桓叔の子で莊伯の弟、韓萬である。[33] 韓萬以後、『左傳』には婚姻記事がなく、父子繼承を行っているかのように記事が配列されている。唯一の例外である（左傳襄公七―A）の記事は、韓氏が君主を補佐する世族であることを示しており、[34] 韓氏の宗主繼承において重要な記事となっている。姫姓國の國君においては、弟による兄の殺害を通じて繼承がなされる場合が多かったが、韓宣子の繼承にあたっては「好仁」という理由で、兄から讓りを受け、弟の子孫が父子繼承を行っている。それは（左傳襄公七―A）の説話にみえ、二年後の（左傳襄公九―A）の説話會話文中で言及されている。その直前の（左傳襄公九―三）に魯宣公夫人穆姜が女子の身で魯侯位に干渉したことに關する説話會話文がある。[35]

同じく三晉の一つである魏の婚姻記事については、魏では魏武子と嬖妾（出自不明）の一例のみだが、趙では趙文子の出現前まで多くの婚姻記事が存在する。內容分類では、會話文を含む「説話」にあたり、魏武子が「無子」である嬖妾に殉死を命ずる。魏武子は晉の文公の腹心で畢萬の孫であり、魏という氏が『左傳』に記載されるのは彼が最初である。また姓は韓と同様に姫姓であるが、[36]韓氏のように晉の公室を祖としておらず、畢公高の子孫である畢萬の子孫ということになっている。

『史記』趙世家で嬴姓とされる趙氏では、趙姫（文公の女）と趙成子の子は、趙莊姫のときの動亂で皆殺しにされ、宗主の地位を繼いでいくのは叔隗（廧咎如の出身）の子、趙宣子の子孫である。その子、趙莊子は趙莊姫を娶るが、彼女は趙嬰齊に「通」じ、趙氏の一時的滅亡の原因となる。そして彼女の子、趙文子が趙氏を復興させる。ここで趙文子の母は「惡女」とも見做され得るが、そのことによって彼の血は劣化し、衰えてゆくと解釋することも可能である。

こうしたことからみて、韓・魏氏の婚姻關係の記載が『左傳』にないのは、編集段階で意圖的にこれを隱したという可能性を提起することができる。そのことによって韓・魏氏の血統が劣化していないことを暗に示しているといえる。韓氏には君主の補佐役であることを示す說話も付屬している。先に周王の母方の出自が明示されていないことを指摘したが、その理由もこうしたことを理解してはじめて說明可能になる。「王」は婚姻關係を顯示することはしないのである。婚姻が記された者は後繼者がなくなるか衰える。婚姻記事が對象を貶めるために利用されている。

次に、晉の六卿に類似する存在として、魯の三桓について検討してみよう。

孟（仲孫）氏においては既に述べたように、慶父と文姜の「通」に始まり、その子、公孫敖は莒の己氏と驅け落ち同樣に出奔し、莒の女の子である文伯（戴己の子）と惠叔（聲己の子）から文伯の子、孟獻子へと後を繼いで行く。その後庶子の孟孝伯が立つが、その子の孟僖子が、正室の蔿氏がありながら泉丘の女とその「僚」と婚姻を行う。このように孟氏には不謹愼ともとれる行爲が多く、決して好意的に描かれているようにはみえない。孟僖子の二子、孟懿子と南宮敬叔が孔子の弟子になる說話記事がある。[37]

叔孫氏には、戴伯と牟の女、穆子と齊の國氏の國姜のような事例があるが、後者には齊の公孫明に妻を奪われる説話が付いている。宣伯は穆姜・聲孟子と「通」じ、穆子は庚宗の婦人と情交し、その直後に國姜を娶って二子が生まれるが、『左傳』は、その二子を庚宗の婦人の子であるかのように仄めかしているようである。その後で穆子は、その子の豎牛のために命を落としている。やはり「あるべき形」の婚姻から外れており、『左傳』では貶められていると考えられる。

季（季孫）氏には、季文子と陳の女、季武子と子のない嫡妻、季公鳥（季悼子の弟）と齊の鮑氏（姒姓）、季平子と宋元夫人の女、季桓子と南孺子の婚姻がある。姜姓との婚姻がないのが特徴である。宗主の繼承は基本的に父子繼承となっているが、一族の季魴侯と季姬の「通」がある。

ところで、やがて齊の君位に卽いて王號を稱する陳氏について、『左傳』では婚姻關係が一切記錄されていない。また、その祖先が陳の公室に連なることは、（左傳莊公二二―三）で示されている。その限りでは陳氏に對して肯定的態度を示しているようにみえ、出自が外國であることを除けば、晉の韓・魏氏と對應關係にあるといえる。韓・魏と田齊は戰國時代にはしばしば對抗關係をなす。だが晉と異なり、姜齊に對して『左傳』は批判的であるから、建前上、姜齊の正當な繼承者である田齊も、結果的にその對象として貶められていると考えられる。

魯と晉はそれぞれ『春秋』と『左傳』における姬姓の主役として對應關係にあり、二重構造を形成しているといえる。これにそれぞれの國の世族である韓・魏氏と陳氏の對應關係が入り込み、三重の構造をなしているといえる。すなわち、魯侯と晉侯、三桓と晉の韓魏趙の三氏、そしてその中の韓・魏氏と齊の陳氏は對應關係にある。これを『左傳』の婚姻記事における「形」ということができる。

これまでの檢討により、『左傳』の婚姻記事においては、母方の血統がかなりの程度意味をもっていたことが分かる。婚姻關係を明示することにより、その關係が記された血統を貶めるように、婚姻記事全體が構造的に配列されていることが想定できる。次に『左傳』における婚姻評價について考察し、婚姻記事の構造的配列との關連性を検討する。

二、『左傳』における婚姻評價

『左傳』には大量の婚姻記事が現れるが、それらに對する評價は否定的なものが相當數存在する。趙氏は趙荘姫の讒言で一旦滅んだように、女性の政治介入によって重要人物が殺されたり、一族が滅んだり、國外に出奔したりするような事例は『左傳』には數多い(38)。

これを女子の地位の低さの表れとする考え方がある(39)。しかし、ここにはそれ以外の意味はないであろうか。先に述べたように、晉の韓氏について、『左傳』は婚姻記事をほとんど掲載しないことにより、韓氏の血統が劣化していないことを示しているとも考えられる。魏氏にしても婚姻記事は出自不明で子のない嬖妾との一例しかなく、韓氏の場合と同様の意味と考えられる。『左傳』編纂者にそうせしめるような、母方の血統に關する何らかの理念が戰國時代に存在したことが想定できる。先秦時代において女性が政治の場で一定の發言權をもつことは先學も述べており、時として母權制の根據ともされた(40)。また政治の場における女性の發言權ではなく、子と母の兄弟との援助關係を重視する見解もある(41)。母權制は往々にしてバッハオーフェンのいうような原始母權制に繋げられるが、そのようなものが中國古代に存在したこと自體が疑問視されている(42)。從って、解釋としては子と母の兄弟との援助關係とみることがより妥當であると考えられ、それが慣習として先秦時代に存在した可能性がある。ここに『左傳』婚姻記事の構造を解く鍵の一つがある。

婚姻に對する價値評價に直接言及する部分が『左傳』には何カ所かあり、いずれも說話の會話文である。それは、①（左傳僖公一五―A）の秦穆公・晉の伯姬、②（左傳僖公二三―B）の晉の公子重耳の兩親（獻公・大戎狐姬）の同姓婚、③（左傳宣公三―七）の姬姓・姞姓の婚姻、④（左傳成公二―A）の鄭の夏姬と楚莊王および公子側（子反）、⑤（左傳襄公二五―二）の崔杼・東郭姜の同姓婚、⑥（左傳襄公二八―六）の盧蒲癸・盧蒲姜の同姓婚、⑦（左傳昭公一―G）の晉平公の「四姬」、⑧（左傳昭公二五―一）の季平子・宋元公夫人の女、⑨（左傳昭公二八―A）の羊舌肸（叔向）・夏姬の女、⑩（左傳哀公九―C）の宋・鄭の甥舅關係、⑪（左傳哀公二四―C）の魯侯夫人の出身の「禮」について、以上、十一例でいずれも說話の會話文である。この中、①・④・⑤・⑦・⑨は否定的判斷を下しており、それに續く事件もそれを裏付けている。また、それらの中、⑥・⑨以外は女の側が姬姓であり、⑨も母方で姬姓の血を引き、否定的見解の根據として夏姬の女であることが擧げられている。以上の五つの婚姻以外は、特に否定的な判定をその場で下しているわけではない。そこで表面上否定的とは確認できない②・③・⑥・⑧・⑩の婚姻事例についてみてみよう。(43)

② 晉の公子重耳は後の霸者文公であり、『左傳』が晉や姬姓の側に立つ傾向が強いことから、(44) 同姓不婚にもかかわらず肯定的評價を下すのは當然といえる。

③ 鄭の石癸が

石癸曰く、吾聞く姬姞耦すれば、其の子孫必ず蕃し、と。姞は吉人なり、后稷の元妃なり。今公子蘭は姞の甥なり。天或ひは之を啓かば、必ず將に君と爲らん。其の後必ず蕃らん。先づ之を納るれば、以て寵を亢《おほ》ふべし、と。

と述べ、南燕出身の燕姞の子である穆公蘭の擁立を薦める。また（左傳文公六—四）の趙宣子（趙盾）の會話文中に、晉文公と偪姞の子が襄公であることがみえる。これらは確かに子孫が續いて行く。なお、（左傳哀公一五—C）には姞姓の孔文子と姬姓の伯姬の組み合わせがみえるが、その子孔悝は（左傳哀公一六—C）で宋に出奔する。これは夫と妻の姓が逆の組み合わせである場合は結果が異なることを示している。

⑥　同姓不婚を氣にとめない盧蒲癸は、（左傳襄公二五—二）に晉に出奔し、その記事の存在する（左傳襄公二八—六）に齊に戻る。記述自體は肯定とも否定ともいえない。

⑧　宋元公夫人は季公若の姊で小邾夫人の女であり、曹姓である。季公若は季平子との婚姻に反對するが、宋の樂祁は嫁がせる。なお、季公若は（左傳昭公二五—五）の三桓への反亂の中心人物の一人である。

⑩　陽虎が鄭を救援して宋を攻擊する是非を筮した際の、泰卦六五の爻辭に關する解釋である。鄭に宋女が嫁ぐことが吉だとする。

これらの中、肯定的評價とは必ずしもいえない⑥以外は夫側が姬姓である。これは妻側が姬姓のときに否定的評價を與えるのと對照的である。明らかに內容が肯定的なのは②・③・⑧・⑩である。その中、⑩以外は姬姓の男性と小國の女性とのものであり、彼女らの姓も小國にしかみえないものである。(45) ⑩については、鄭は戰國韓の別名であり、かつその都ともなった所である。また宋は殷（商）の末裔である。

ところで、婚姻關係は血統、つまり系譜と強い關係にあるが、子孫の側から系譜關係を確認する儀禮として重要なものに、祖先祭祀がある。これはいわば祖先の婚姻・家族關係を明らかにするものである。そこでこれまでに明らかにした現象の意味を更に追求すべく、祖先祭祀の觀點より考察を加えてみよう。

三、女性祖先の祭祀について

ここでは祖先神の婚姻、つまり祖先祭祀の問題について考察する。特に女性祖先の祭祀に焦點を當てる。

高木智見によると、少なくとも春秋時代までは、祖先神というのは子孫に對して超越的な立場にあったのではなく、子孫がいなければ餓死してしまう存在であり、祖先神と現世の子孫との關係は、相互依存の關係にあるものであった。(46) 齋藤道子は、祖先は現世の人間と同じ時間システムのなかで文字どおり生きている自由な存在であったとする。(47) だから祖先祭祀の問題は婚姻研究にとり重要である。高木が『左傳』のような先秦文獻を春秋時代の事實をそのまま反映しているかのように解釋しているように思われる部分については、本節のこれまでの議論の流れからいっても疑問を感じるが、高木說は基本的に先秦時代の祖先神の觀念をよく表しているといえる。

さて、女性祖先のもつ意味は、かつては中國古代が何時までが母系社會で何時からが父系社會かというような發展段階論の枠組みで論ぜられたことがあった。その中で、姓字が女の名にしか現れないことから、それなりの役割と重要性を母方がもっていたことは想定されていた。(48) また、『荀子』の禮論篇まで「齊衰」があって「斬衰」がみえないことから、それが少なくとも戰國以前にはなかったとする說があり、(49) それが確かなら、戰國期における母およびその血統の重要性は、後代よりも大きいことになる。(50)

ところで、湖北省の雲夢睡虎地秦墓竹簡『法律答問』には、母方の血統の重要性を示す規定がある。ここにその訓讀文を掲げる。

眞臣邦君公に罪有りて、耐罪以上に致《いた》るも、贖せしむ。可（何）をか眞と謂ふや。臣邦の父母の產子、及び它邦

に産《うま》れたるものを而《すなは》ち是れ眞と謂ふ。可（何）をか夏子と謂ふや。臣邦の父・秦母の謂なり。(51)

工藤元男によると、「秦父」と「秦母」(52)の子は「夏子」(53)であるが、「臣邦父」(54)と「秦母」の子も「夏子」であるというように、母が「故秦」の者でありさえすれば、子は完全な秦國人となるのである。これにより、恵文王の巴に対する公主降嫁政策は、巴の支配層の中から代々「夏子」を生み出すことになったのである。(55)

更に山田勝芳は、「睡虎地秦簡の法規定段階では母權が強い、つまり母系的側面の濃厚な殘存がみられた」とし、父權・父の原理へ移行する過渡期にあったとする。(56)

このことから先秦時代に相當存在した、婚姻時に嫁ぐ女が持參する媵器の重要性を理解することができる。赤塚忠によれば、媵器が西周王朝の衰退期に出現したことは、政略結婚が盛んになり、舊來の同姓の結合とは異なった連合關係を作り出して、新たな權力の把握增強に力める者が少なくなかったことを物語っており、更に、婚媾との會宴を銘文中に記するのは、このころから始まり、春秋時代に顯著になるという。(57)齋藤道子は、媵器が祖先の靈の依り代・象徵であり、婚姻當事者の祖先の結合を意味するものだったとする。(58)以上の見解は妥當なものといえるが、更にいえば、女の側の祖先神が男のところに入り込むことで、そこを出嫁側の場と化せしめる觀念があったのだろう。すなわち祖先と子孫の雙方の世界で、婚姻によって出嫁側は娶妻側に自らの要素を注入でき、自らの一部とすることができたのである。

また、女性の祖先を掲げる金文を鑄込んだ青銅器もあり、陳昭容や曹兆蘭によってそのような青銅器の研究が進められている。(59)

また、包山楚簡「卜筮祭禱記錄」にも、「夫人」、「親母」といった女性の祭祀對象がある。(60)池澤優はこのような近親の祭祀對象の擴大現象を、「春秋戰國の社會變動の中で宗族という枠組みが弛緩し、祖先崇拜を行なう單位が宗族から小さな家庭集團に移行していくと、祖先崇拜の集團統合の機能が薄れ、その分、近親死者の記念に重點が置かれるようになったのではないか」と述べ、[61]「宗族」の矮小化と親族祭祀對象の擴大が連動していると考えている。戰國時代における楚の世族（昭氏）の祭祀では女性祖先の出自を表示していないことが分かる。從って女性祖先の祭祀には地域差があり、その重要度も異なることが想定される。[62]

以上のように戰國時代においても母方の血統は、自らの血、祖先神の半分を占めるものとして、いまだ重要な意味を殘していた地域があったと考えられる。[63]青銅器銘文に通常みられるような使用法だと、自己の血統を誇示する働きが出てくるが、このことを逆用すれば自己の對立者の血統を貶めることが可能になる。それを利用したのが『左傳』ということになる。

先程現れた現象もそれにより理解できる。姫姓の男性と小國の女性の事例については、女性の出自に危險性がなく、むしろ「一―二」で述べたように、婚姻により姫姓の側に從屬せしめることができると考えられる。鄭・宋の事例では、宋の女との婚姻によって、鄭が宋の子孫である殷の血を繼承することを讚えている。鄭は戰國時代に韓が都を置く所であるが、鄭は母方で子姓の殷、父方で韓・魏兩氏と同じ姫姓の周の血統を繼承することになる。しかし、この（左傳哀公九―C）の記事は、韓・魏兩氏の婚姻關係を明示するものではないことに注意されねばならない。『左傳』としては、あくまでも列國が自己の權威を正統化する際に、婚姻關係を利用することを牽制しているのである。[64]『左傳』が女性の政治介入に否定的なことが多いのもその文脈で讀みとれる。魯の穆姜の自己批判とほぼ同時期に韓宣子への讓位があるのは、婚姻關係を利用した權力奪取竝びにその君主權力正統化を否定しているとも考えられる。かくて婚姻關係によらず、賢人の承認を受けた者が「王」たるべき資格を有することになる。[65]その上で鄭と宋の女の婚姻は「吉」なのである。

『公羊傳』の婚姻記事は、魯侯夫人への評價が『左傳』とは對照的である。[66] 姜齊が周公の直系子孫である姫姓の魯の血を、母方で引くことを根據として『左傳』と對抗關係にあるとする假說を立てることができる。それは『左傳』の婚姻記事の「形」に對する、『公羊傳』の婚姻記事における「形」である。『公羊傳』を編纂した姜姓を稱揚する集團と、『左傳』を編纂した姫姓を稱揚する集團が、相互に血統の正統性を主張していた狀況を想定できる。[67] 中國は政治の國であり、それが婚姻・家族制度の面にも現れることは既に先學の指摘するところである。[68] 以上の檢討によってそのことも再確認された。

結　語

『春秋』には魯侯の婚姻が頻出するが、それに對して『左傳』には晉侯をはじめとする姫姓諸國の婚姻が配列される。そこでは特に姜齊が攻擊されつつも、他の婚姻についても、例えば子孫が斷絕するような否定的記述が組み込まれる。そして魯の三桓、晉の趙氏や齊の陳氏のような列國の世族についても否定的記述を織り込まれる。陳氏に關しては韓・魏氏と同樣、婚姻記事はないが、間接的に貶められる形になっていると考えられる。その一方で韓・魏氏自身の婚姻には一切觸れられず、あたかも父子繼承であるかのような宗主の配列が行われている。そして韓氏には、韓無忌から弟である韓宣子への「禪讓」ともいうべき繼承がみられる。

その背景には『春秋』や『公羊傳』を利用し、周公の子孫であり姫姓國たる魯との婚姻關係を誇示し、正當化しようとする集團が存在したことが可能性として考えられる。『左傳』はその婚姻記事のより、そうした集團に對抗したと考えられる。陳氏の子孫は戰國時代に入ると姜姓の國君にとってかわり、戰國中期に王號を稱する。『公羊傳』に齊の影響が見られることは諸家の指摘するところであり、このこととの關連性が窺われる。晉の韓・魏・趙氏は春秋末に晉を三分割し、自立して諸侯と認められ、戰國中期になると相前後して王號を稱する。こうした政治的な動きが『公羊傳』・『左傳』の成立と關わりをもつのではないかと想定することも可能である。

本節では『左傳』の婚姻記事が、『左傳』が韓・魏といった、晉の姫姓世族を稱揚する「形」の一環として機能したことを論じる結果になった。そして『公羊傳』を編纂した集團と『左傳』を編纂した集團が、相互に血統の正統性を主張していた圖式を想定することができる。そのような主張を背景として、『左傳』・『公羊傳』の婚姻記事が配列されていると考えられる。そうした集團として考え得るのは、『左傳』の場合は、恐らくは研究者の多くが主張する戰國中期、その時代の韓または魏の國家權力ないしそれを支持・奉仕する集團であり、『公羊傳』の場合は田齊のそれであることが最も合理的である。もっとも、だからといって、そうした集團が『左傳』・『公羊傳』を通行本の形に最終的に編纂したということは、『左傳』の場合、その可能性が高いと思われるが、本節の檢討だけでは斷定することはできない。あくまでも婚姻記事の部分がそうなっているといえるだけである。

本章では傳世文獻である『春秋』三傳の婚姻記事を取り扱った。その婚姻記事の背後には春秋時代以來の血統をもつ晉や齊の世族があることが想定され、このことはそういう世族における系譜の意識に繋がる。系譜關係の史料には、傳世文獻の他、金文のような出土史料がある。これらの史料にも本章で議論した「形」に關わる事象がみられる可能性が想定される。本章で認められた問題を推し進めて考察するため、次章では出土・傳世文獻の系譜關係史料を檢討していくことにする。

注

（1）加藤常賢『支那古代家族制度研究』（岩波書店、一九四〇年九月）上編。飯尾秀幸「中國古代の家族研究をめぐる諸問題」（『歴史評論』四二八、一九八五年十二月）七四～七五頁は、氏族共同體の結合原理を、血緣關係のみならず非血緣者をも含んだ地域的血族制の存在を氏族共同體の歴史的展開過程で捉えたものとして高く評價する。

（2）宇都木章「宗族制と邑制」（『古代史講座』六、學生社、一九六二年十二月）、宇都木章「西周諸侯系圖試論」（『中國古代史研究』第二、吉川弘文館、一九六五年五月）。尾形勇「中國の姓氏」（『東アジア世界における日本古代史講座』一〇（東アジアにおける社會と習俗）、學生社、一九八三年十二月）、齋藤道子「春秋楚國の王と世族――その系譜關係をめぐって――」（『日中文化研究』一〇、勉誠社、一九九六年八月）。

（3）王國維「殷周制度論」（『觀堂集林』巻十）に「立子立嫡之制」とあるが同じ意味である。

（4）工藤元男『睡虎地秦簡よりみた秦代の國家と社會』（創文社、一九九八年二月）一〇〇～一一三頁、山田勝芳「中國古代の「家」と均分相續」（『東北アジア研究』二、一九九八年三月）二四七～二五六頁。

（5）『左傳』の分類番號および内容分類は、平勢隆郎『左傳の史料批判的研究』（東京大學東洋文化研究所、汲古書院、一九九八年十二月）「附　春秋左氏傳の内容分類」を利用する。

（6）宇都木章「西周諸侯系圖試論」（前掲注（2））。

（7）齋藤道子前掲注（2）論文。

（8）個々の婚姻の出典に關しては一々注記しない。第一章第一節「左傳婚姻表」參照。

（9）第一章第一節二―二③。

（10）中生勝美「漢族の民俗生殖觀とイトコ婚」（『史苑』五二―二、一九九二年三月）七三～八一頁は、中國の婚姻において、骨（父方）と血・肉（母方）の流れが重視されているとする。

（11）本節で使用する「兄」や「弟」は、現代使用されるような意味での親族稱謂ではなく、テキスト中の親族關係を示す上での、あくまでも便宜的なものである。

（12）『公羊傳』莊公三十二年に、

……牙、我に謂ひて曰く、魯は一生一及なり、君已に之を知れり。慶父や存せり。……

とある。また、これと同じ説話で、『史記』魯周公世家に、

叔牙曰く、一繼一及は、魯の常なり。……

とあり、「一繼一及」となっている。

（13）繼承に關しては、魯の「一生一及」と楚の末子繼承がしばしば言及される。「一生一及」については、鈴木隆一「一生一及の相續法」（『東方學報』京都三三、一九六三年三月）八四頁、一〇七～一〇八頁は、「一生一及」を「宗法」とは異なる兄弟相續に基づくものとし、兄と弟の二班に分かれ、世代ごとに兩班から一人の相續者を出すような構成をもつ族制に基づくものとした。同「同姓不婚に就いて」（『支那學』一〇、一九四二年四月）一七～二三頁は、魯の國君が「伯叔」型・「仲季」型によって交互に卽位すると指摘した。江頭廣『姓考――周代の家族制度――』（風間書房、一九七〇年四月）第五章第二節「一生一及」・第三節「周代の相續」は鈴木説を發展させて伯仲叔季を「結婚階級」名とし、伯季集團と仲叔集團が交互に位につく制度を周代の各國の繼承事例に適用した。しかしこれは谷田孝之『中國古代家族制度論考』（東海大學出版會、一九八九年十月）一八三～二二七頁「伯仲叔季と結婚階級」によって否定されている。末子繼承については、文崇一『楚文化研究』（中央研究院民族學研究所專刊之十二、一九六七年）九〇～九四頁は、それに合わないものが『史記』の楚の系譜に多いことから疑問を示した。楊升南「是幼子繼承制、還是長子繼承制？」（『中國史研究』一九八二―一、一九八二年三月）は、商代や周代の例を擧げて末子繼承制を否定した。續いて、何浩・張君「試論楚國的君位繼承制」（『中國史研究』一九八四―四、一九八四年十一月）は、楚の王位繼承の法則とされる（左傳昭公一三―三）の叔向が韓宣子に答えた「芈姓に亂有れば、必ず季實に立つ」は、楚の常なり」を例に擧げて、その末子相續を否定し、父子相續を主張する。張正明『楚史』（湖北教育出版社、一九九五年七月）六六頁は、「亂」のない時は、「伯」・「長」が立つと考えた。錢杭『周代宗法制度史研究』（學林出版社、一九九一年八月）第五章は、魯の上層部の「一繼一及」や楚の末子相續制の存在をいずれも否定し、東周期は原則として嫡長子繼承によることを述べた。しかし王恩田「再論西周的一建一及制」（『大陸雜誌』八四―三、一九九二年三月）は西周時

代に「一建一及」が存在したと主張し、齋藤道子「楚の王位繼承法と靈王・平王期」（『史學』五七―一、一九八七年五月）は、楊升南らの説に疑問を呈し、楚の王位繼承が「子への繼承」にほぼ固まるのは平王期以後とする。なお婚姻グループについては、張光直「商王廟號新考」（『中央研究院民族學研究所集刊』一五、一九六三年、『中國青銅時代』（香港中文大學出版社、一九八二年）所收）が、殷王の廟號の十干名を王の組（婚姻グループ）に對應するものとし、それが周の昭穆制や宗法制度に影響しているとする。ただ、これらの論爭はおおむね史料の表面上の解釋問題に終始しているところがある。齋藤道子前掲注（2）論文八六～八七頁は、楚の系圖に對する意圖を考慮する必要性を述べる。傾聽に値する意見と思われる。

（14）小倉芳彥「ぼくの左傳研究とアジア・フォード問題」（『歴史評論』一九六三―五、一九六三年五月）の分類の（Ⅱ）「筋の展開に插入されている演說的な部分」にあたる。

（15）惡・視は文公夫人哀姜の子で、宣公の兄弟。以上は殺された者である（左傳文公一八―六）。子野は胡の敬歸の子で、昭公の兄弟（左傳襄公三一―三）。彼は襄公の死の直後に死んでいる。昭公は齊歸の子で、定公の兄弟であり（左傳襄公三一―C）、出奔して國外で死んでいる。

（16）鈴木隆一「一生一及の相續法」（前揭注（13））一〇九～一一〇頁は、魯莊公の時期に舊慣たる兄弟相續を變えようとした氣運が生じたが、その舊慣は完全には消滅しなかったとする。なお、宇都木章「西周諸侯系圖試論」（『中國古代史研究』第二、吉川弘文館、一九六五年五月）二二三頁は諸侯系圖の後代性を示す。

（17）季氏と東門氏は對立關係にある。

（18）宇野精一「春秋時代の道德意識について」（『大東文化研究所東洋學術論叢』二、一九五八年十月）は、「通」を單なる不義密通ではなく、古代中國の風俗慣習の一種とみている。谷田孝之前揭注（4）書一三一～一四〇頁は、『左傳』にみられる例を擧げ、春秋時代には、なお族員の干與權が殘存していたことを述べる。ここでは、その權利において、「事」・「通」という關係が意味をもっていたことを確認した。

（19）先に揭げた②、③の場合、倒される者と倒す者における姜齊の血の要素は同じである。ただ、より夫人の地位から遠い者の子であり、そして、姜齊の血を受けた「正當」な國君を倒すことによって、理念的に姜齊の要素を希薄化していくことになると考えられる。

(20) こうした構造の類例としては、上野千鶴子「異人・まれびと・外來王――または「野生の權力理論――」」（『現代思想』一九八四―四、一九八四年四月）參照。スサノヲ神話を例として、客（スサノヲ）・主（國津神夫婦）・精靈（オロチ）の三極構造が主の女の贈與を通じて「支配の正統性」を辨證し、外部者のスサノヲが內部者化するさまを示す。『左傳』の場合、女を外部から受け入れる形となり、精靈ならぬ執政者との「通」や「事」によって新君主の即位が媒介されていることになる。

(21) 無論、『左傳』の婚姻記事が捏造であるという意味ではない。編纂者が入手しえた史料を取捨選擇しつつ配列した可能性があるということである。

(22) （左傳成公一三―三）。なお、秦との婚姻も、懷嬴は懷公・文公に嫁ぐが、子孫は殺されるなどして續かず、文公と偪姞の子である襄公が繼ぐ。襄公と穆嬴の子である靈公は弑され、『史記』晉世家では、周女の子とされる成公が後を繼ぐ。

(23) 田中柚美子「晉と戎狄――獻公の婚姻關係を中心として――」（『國學院雜誌』七六―三、一九七五年三月）二四～二六頁。

(24) （左傳桓公二―A）。

(25) 田中柚美子前掲注(23)論文三五頁は、この婚姻を通じて戎や狄の一部が晉に同化し、その勢力圏に取り込まれたことを述べる。また徐復觀『兩漢思想史』（增訂版、臺灣學生書局、一九七六年六月）「中國姓氏的演變與社會形式的形成」十一「姓氏在對異族同化中的力量」は、漢代以後の議論も組み込まれているが、姓氏を異族に名乘らせることが、その異族の漢化につながることを述べる。漢代以後の議論ということでいえば、高津純也「春秋公羊傳何休注の「中國」と「夷狄」について――公羊傳文との比較から――」（『史料批判研究』七、汲古書院、東京、二〇〇六年十二月）が、春秋三傳相互と注釋類の華夷概念を區別する必要があることを指摘している。それに加えて、以下で論じていくように、婚姻において女を受け取る側が與える側に取り込まれるという發想、そして制度があったことがこうした現象の背景にある。

(26) 『春秋』にみられる周の婚姻については、第一章第一節四參照。

(27) 桓公は衞姬、惠公は少衞姬、景公は穆孟姬である。もっとも斷絶する者の母も姬姓である。

(28) 蕭同叔子に關する（左傳宣公一七―六）の說話、聲孟子の慶克（左傳成公一七―五）・叔孫僑如（左傳成公一六―D）との

「通」。
(29)『左傳』婚姻記事配列が齊に嚴しいことに關しては、第一章第一節で述べた。
(30)鎌田正『左傳の成立とその展開』(大修館書店、一九六三年三月)二八八～二九九頁。
(31)山田琢『春秋學の研究』(明德出版社、一九八七年十二月)四一八頁。
(32)山田琢前掲注(31)書四三五頁。
(33)『國語』晉語八。
(34)韓穆子の弟である韓宣子は(左傳襄公七―A)で、父の韓獻子の引退に伴い、「好仁」という理由で韓穆子に讓られて卿に立つ。
(35)この穆姜の自己批判記事以後、『左傳』の姜齊出身夫人への扱いが軟化する。ここは『左傳』婚姻記事における轉回點といえる。第一章第一節二―一⑤參照。
(36)『左傳』には魏氏が姬姓という記載はない。畢公高の子孫で周と同姓としているのは『史記』魏世家である。そして『左傳』は韓氏の出自を明示しないが、『國語』晉語八に韓宣子が曲沃桓叔の子孫であることを示す文がある。假に『左傳』が三晉地域で編纂されたなら、韓・魏・趙氏、また他國の君主の出自は、まさに自明のことであり、疑問を差し挾む餘地はなく(してはならないという考え方もあり得よう)、敢えて記載しないことは充分あり得る。なお(左傳僖公二四―二)の說話會話文では別系統の韓を「武之穆」としており、姬姓であることが示されている。
(37)小倉芳彥『中國古代政治思想研究――左傳研究ノート――』(青木書店、一九七〇年三月)Ⅲ―二「陽虎と公山不狃」三〇四～三〇五頁は、『左傳』が陽虎との對比において、孟懿子の立場で敍述を進めているにちがいないとする。
(38)(左傳隱公一―三)の鄭莊公・共叔段の爭い、(左傳桓公三―B)の芮伯萬の追放、(左傳桓公一五―四・五)の鄭厲公の出奔など。
(39)江頭廣『古代中國の民俗と日本』(雄山閣、一九九二年二月)一〇七～一〇九頁は女子の地位の低さの例を擧げる。
(40)郭沫若『中國古代社會研究』(第三版、增訂、上海聯合書店、一九三〇年五月)九～一二頁、二七〇～二七五頁。かつては

「母系」と「母權」が混同されることがしばしばあったが、兩者は別個の概念であり、かつこれらの概念規定自體に問題があるとされる。先秦史においてそれに觸れたのは江頭廣前掲注（13）書一九三～一九四頁である。氏はウェスタマークの説を引用し、それらが別個のものであることを述べている。

(41) 江頭廣前掲注（13）書本論第四章第二節。

(42) 人類は原始にあっては母權制であったという考えは、周知のようにBachofen, Johann Jakob. *Das Mutterrecht : eine Untersuchung über die Gynaikokratie der alten Welt nach ihrer religiösen und rechtlichen Natur.* Stuttgart, 1861. に始まる。これを承けてモルガンやエンゲルスのような進化主義者が發展させたが、今日では一般にこうした十九世紀の理論を全く修正せずに現實の諸事象に適用することには無理があるとされる。

(43) ⑪については、第一章第一節二—二①參照。

(44) 鎌田正前掲注（30）書二八八～二九九頁では、『左傳』は齊桓に嚴しく、晉文に甘いと述べる。

(45) 顧棟高『春秋大事表』卷十一「春秋列國姓氏表」による。

(46) 高木智見「夢にみる春秋時代の祖先神——祖先觀念の研究(二)——」（『名古屋大學東洋史研究報告』一四、一九八九年十二月）、高木智見「春秋時代の神・人共同體について」（『中國—社會と文化』五、一九九〇年六月）、高木智見『先秦の社會と思想』（中國學藝叢書一一、創文社、二〇〇一年十二月）一五一～一五二頁。

(47) 齋藤道子「祖先と時間——宗廟・祭器に込められた春秋時代の時間觀念——」（『東海大學文學部紀要』七七、二〇〇二年十一月）。

(48) 「姓」に關しては、孫本『說文解字』に、

　　姓は人の生ずる所なり。古の神聖は母天を感じて子を生む。故に天子と稱す。女に从ひ生に从ふ、生も亦た聲なり。春秋傳に曰く、天子生に因りて以て姓を賜ふ。

とあるのが最も古い解釋である。段注本でも、

　　姓人所生也。古之神聖人、母感天而生子。故稱天子、因生以爲姓。从女生、生亦聲。春秋傳曰、天子因生以賜生。

とあって、孫本とほぼ同文である。この「春秋傳」は（左傳隱公八―九）の衆仲による說話會話文の拔粹である。陳東原『中國婦女生活史』（商務印書館、一九三七年五月）二二頁は姓の起源を「母系時代」に求める。陳顧遠『中國婚姻史』（商務印書館、一九三六年十一月）二一～二五頁は、女子の名に姓があるかどうかを、殷周をそれぞれ母系・父系社會に分類する基準の一つとしている。また、郭沫若前掲注（40）論文は、Morgan, Lewis Henry. *Ancient Society or Researches in the Lines of Human Progress from Savagery through Barbarism to Civilization.* New York: Henry Holt, 1877.、Engels, Friedrich. *Der Ursprung der Familie, des Privateigenthums und des Staats : Im Anschluss an Lewis H. Morgan's Forschungen.* 1891. をもとに、殷代までをプナルア婚を行い、母權中心で母系制の氏族社會としている。だが郭沫若『十批判書』（改版、新文藝出版社、一九五一年八月）では、殷周を一括して奴隷制社會とする說に變更されている。一方で清水盛光『支那家族の構造』（岩波書店、一九四二年六月）一七頁、四三頁のように母系制說を否定する說も多い。なお今日では、Leach, Edmund Ronald. *Rethinking Anthropology.* London:1961. のように、ある社會の出自システムが父系・母系・雙系のいずれであるかを問うこと自體をナンセンスとする考え方が有力である。本節も戰國中期に母系社會の殘滓を見出そうとするものではない。

（49）郭明昆『中國の家族制及び言語の研究』（東方學會、一九六二年九月）六頁。また、越智重明『戰國秦漢史研究』三（中國書店、一九九七年八月）第四篇第二章「九族と三族」八二頁は、『孟子』滕文公上篇でも同様とする。

（50）楊希枚「論先秦所謂姓及其相關問題」（『中國史研究』一九八四―三、一九八四年八月、『先秦文化史論集』（中國社會科學出版社、一九九五年八月）所收）一七六頁は、（左傳昭一一―九）の會話文で魯昭公が母の姓で呼ばれていることから、先秦の「姓族」が「母系姓族」であることの根據とする。既に述べたように說話の會話文は成立が戰國時代のものを含む。從ってこれは戰國時代に母の血統が重視されていたことを反映したものと考えることが可能である。なお太田有子「古代中國における夫婦合葬墓」（『史學』四九―四、一九八〇年三月）一五三頁によると、夫婦合葬墓が一般に浸透するのは戰國晩期から前漢であり、家族制度や夫婦觀の變化が大きく關わっているという。そうであるなら、本文で述べるような動きは墓葬より少し先行していることになる。

(51) 睡虎地秦墓竹簡整理小組『睡虎地秦墓竹簡』（文物出版社、一九七八年十一月）二二七頁。訓讀は、工藤元男前揭注（4）書によった。

(52) 工藤元男前揭注（4）書一〇三頁は、「秦母」を故秦（固有の秦土）出身の母のこととし、「秦父」もこれに準ずると考えている。

(53) 工藤元男前揭注（4）書一〇四頁は、「夏子」を身分上完全な秦國人のこととする。

(54) 工藤元男前揭注（4）書一〇二頁は、「臣邦」を秦の一定支配下にある國のこととし、同書一〇六頁ではそれを屬邦・附庸に區分する。

(55) 工藤元男前揭注（4）書一一一頁。

(56) 山田勝芳前揭注（4）論文二四九頁。山田說は示唆に富んだものではあるが、母權と母系の概念が區別されずに用いられているようにみえる部分にはいささか問題がある。

(57) 赤塚忠『中國古代文化史』（赤塚忠著作集第一卷、研文社、一九八八年七月）三〇三〜三〇六頁。

(58) 齋藤道子「春秋時代の婚姻——その時代的特質を求めて——」（『東海大學文明研究所紀要』一二、一九九二年三月）八二〜八三頁。

(59) 陳昭容「周代婦女在祭祀中的地位——青銅器銘文中的性別・身分與角色研究（之一）——」（『淸華學報』三一—四、二〇〇一年十二月）、曹兆蘭『金文與殷周女性文化』（北京大學出版社、北京、二〇〇四年七月）。

(60) 池澤優「祭られる神と祭られぬ神——戰國時代の楚の「卜筮祭禱記錄」竹簡に見る靈的存在の構造に關する覺書」（『中國出土資料研究』創刊號、一九九七年三月）表二。

(61) 池澤優前揭注（60）論文三一〜三二頁、同『「孝」思想の宗教學的研究——古代中國における祖先崇拜の思想的發展——』（東京大學出版會、二〇〇二年一月）一三八頁。

(62) しかし、宋公文・張君『楚國風俗志』（湖北教育出版社、一九九五年七月）十「巫覡篇」によると、祭祀者としての「巫覡」となる女性は多かった。同書三八一頁では、齊・楚で女の巫が盛んだったことを述べる。

（63）繰り返しになるが、ここでは、中國史を遡ればやがて母系社會に至るといいたいわけではない。池澤優前揭注（61）書三五～三六頁は、キーシングを引用しつつ、出自理念は父系（agnatic）、母系（uterine）、雙系（cognatic, 性別は問わない）の三種類しかなく、個々の社會のなかでは大抵三種類の出自理念全てが併存しているのであり、様々な割合で共存している出自理念が組み合わされることにより、その社會獨自の親族集團が構成されることになると述べる。つまり、ここでみられるように非父系で祖先を遡ること自體は、通文化的・通時代的な現象である。伊藤道治『中國古代王朝の形成――出土資料を中心とする殷周史の研究』（創文社、一九七五年三月）第一部第三章第一節では、男系の祖先を中心に祭祀が行われる西周時代に比べて、先妣に對する甲骨卜辭が多いことから、殷代には男系の王系が重要視されてはいたが、女性の祖先がかなり大きく扱われていたことには間違いないとみている。本文に揭げた例から分かるように、周代でも母方の祖先がある程度の意味をもっている場合があったと思われる。また、謝維揚『周代家庭形態』（中國社會科學出版社、一九九〇年六月）一九～二一頁は、文獻史料や青銅器銘文に女性祖先の祭祀があり、それは父方男性親族の配偶者にしか及ばないが、男性祖先の祭祀は直系・傍系全面の親族に渡ることから、周代の出自を「不對稱雙親系世系」に分類した。女性祖先の祭祀が父方男性親族の配偶者にしか及ばないという指摘は當時の婚姻の性格を考える上で重要である。ところで、松丸道雄「西周青銅器中の諸侯製作器について――周金文研究・序章その二――」（松丸道雄編『西周青銅器とその國家』、東京大學出版會、一九八〇年六月）一八二頁によると、西周時代には、王―諸侯間の秩序理念たる血緣觀念が、諸侯以下には及んでいなかったという。假にそうだとすれば、東周期にその觀念が少なくとも卿大夫レベルまで下り、春秋末から戰國初期には既に存在したことになる。また加藤常賢前揭（1）注書五五～五六頁は錢大昕『十駕齋養新錄』卷十二を引いて、戰國時代に姓の氏化が起こったとするが、戰國中期には姓の政治的利用が存在したといえる。

（64）新出の秦公鐘・鎛には秦公と王姬が秦の祖先に對する構圖が表されている。その器の作器年代は概ね春秋期とされるが、秦公が周の公女である王姬を祖先祭祀に參加させることが秦の君主權の確立と密接な關係にあることは確かだろう。

（65）戰國中期以後の王や皇帝の繼承が血緣のみによらず、王德の具有の確認が必要であることに關しては、平勢隆郎前揭注（5）書第一章第一節參照。なお、（左傳僖公一―九）「君子以齊人之殺哀姜也爲已甚矣。女子從人者也」の意味も單なる男尊女卑思想というよりは、女子の夫への從屬性を示して實家との斷絶を強調するためのものだろう。

（66）日原利國『春秋公羊傳の研究』（創文社、一九七六年三月）一―二「公羊傳の成立と傳文の特異性」。

（67）平勢隆郎『中國古代紀年の研究―天文と曆の檢討から――』（東京大學東洋文化研究所、汲古書院、一九九六年三月）一七六～一八二、二〇七～二一二頁は、紀年矛盾の整理作業等により、『春秋』・『公羊傳』を戰國中期の田齊威王期、『左傳』を『春秋』・『公羊傳』に對抗した「預言書」として戰國中期の韓の成書としている。文獻の成書年代・地域について認識の異なる部分があり、本節でいう婚姻記事の「形」と、平勢のいう『左傳』の「形」とは必ずしも重ならない。

（68）Chang, Kwang-chih(張光直). *Art, Myth, and Ritual : The Path to Political Authority in Ancient China.* Cambridge: Harvard University Press, Mass., 1983.、邦譯、伊藤清司・森雅子・市瀬智紀譯『古代中國社會――美術・神話・祭祀――』（東方書店、東京、一九九四年一月）邦譯一一頁は、政治が今も昔も中國の決定的な要素であるとする。

第二章　先秦時代系譜關係史料の檢討

第一節　『春秋』所見の女性名に關する試論
――出土史料との比較を交えながら――

序

先秦時代の人名に關する議論としてしばしば引用されるものに、『通志』氏族略の

三代の前、姓氏分かれて二と爲る。男子は氏を稱し、婦人は姓を稱す。

がある。この言葉の背景には、體系化された古の人名に關する制度が念頭にある。しかし、同時にこれが觀念的なものであり、當時の實體とは乖離があることは周知の事實である。周代における女性名の原則に關しては、おおよそ『通志』氏族略の述べる通りであるが、先秦時代の人名の詳細については不明な點が多い。傳世文獻には多くの女性名が現れるが、統一的な規則の存在は現在のところ不明瞭である。一方、出土史料の人名については、通常は傳世文獻の人名に關する知識を參考にして判斷される。そのため傳世文獻の認識に誤りがあれば、出土史料に對する判斷に惡影響を及ぼすことになる。出土史料にみえる女性名の出自について見解が分かれることが多いのも、傳世文獻の女性名について不明瞭な點が多いためである(1)。

本書第一章においては、『左傳』の内容分類を利用して(2)、『左傳』の婚姻・家族關係記事について検討した。その方法論の妥當性が檢證されるとともに、『左傳』に晉の姫姓世族を稱揚する家族關係記事の「形」が存在することを明

らかにした。

本節では『左傳』の女性名についても、『左傳』の内容分類を用いて分析し、『左傳』の家族關係記事の「形」がみられないか考察を進めていきたい。出土史料の人名判定の材料の一つである、『春秋』・『左傳』所見の女性名に對し、『左傳』の内容分類を利用した分析を行い、その形式を比較検討する。それにより、それぞれに特徴的な形式や共通の形式を探り出す。そしてそれが『春秋』・『左傳』の成書といかなる關わりがあるかを追求する。この作業を通して、未だ定説らしい定説のない先秦時代における人名制度の議論に一石を投ずることができれば幸いと考える。

一．先秦時代の女性名に關する問題

先秦時代の女性名は重要な問題であるにもかかわらず、總合的に議論したものはさほど多くない。これは女性名が一見無秩序かつ様々な形式で史料上に現れることと關係があろう。そうした状況下で、江頭廣は、文獻史料の檢討結果を踏まえた上で、金文の女性名について以下の通り分類した。

（A）嫁國と出自姓を記すもの。
（B）嫁國と字と出自姓を記すもの。
（C）夫の名と出自姓を記すもの。
（D）出自國と出自姓を記すもの。
（E）字と出自姓を記すもの。

そして、『公羊傳』哀公十二年何休注引逸禮婦人は姓を繫げて國を繫げず。

の記事に反し、『左傳』や金文に「繫國」の例もあることを指摘した。[3] 傳世文獻記載の規則と出土史料の實態に乖離があることを示したものである。王育成は金文銘にみえる女性名について『左傳』を參考にしつつ分類し、出身國で作られた器では「夫家國名＋姓」、夫家では「出身國名＋姓」という法則性がみられるとした。[4] この假說は興味あるものだが、果たして全ての金文銘について該當するだろうか。盛冬鈴は西周靑銅器銘文の女性名を形式別に分類し、「父家の氏＋父家の姓」、「夫家の氏＋父家の姓」があり、更にこれに國や氏の名、排行名、身分を示す稱號が付加されたものが存在するとした。[5] そして、李學勤は、傳世・出土史料にみえる女性名を、以下のように更に詳しく分類した。[6]

①「氏＋姓」
　これは「母氏＋姓」・「夫氏＋姓」に分かれる。この他、金文には「母氏＋夫氏＋姓」がある。また、氏と姓の間に排行名を挾んだり、最後に名または字が付加されたものもある。
②「排行名＋姓（＋名または字）」
　①から氏を省略したものである。
③「姓＋名」
　金文にみえる。傳世文獻にも「姜嫄」のような例が僅かに存在する。
④「姓」のみ
　先行する人名を承けた省略形である。「姜氏」のように「氏」の付加されたものが『左傳』などにみえる。
⑤語頭に「大」・「小」・「長」・「少」のような複數の同姓女子を區別する語が付加されたもの

⑥語頭に美稱「子」が付加されたもの
⑦「夫人」のような身分を示す稱號が付加されたもの
　傳世文獻のみにみえる。
⑧語頭が「婦」のもの
⑨謚のあるもの(7)
　夫と同じ場合と異なる場合とがある。
⑩日名のあるもの
　甲骨金文にみえる。

その他、楊寛は「字」との關連で金文を檢討し、女性名は國名、氏名もしくは排行名・姓・「字」・「某母（某女）」の表示部分に分かれるとし、省略なしの場合の外、排行名の省略・「母」字の省略・排行名の省略および官名の表示・排行名と姓の省略・排行名と姓の表示の六類型に分類した。(8)石岩は、

（一）　稱姓
（二）　氏＋姓
（三）　氏＋氏＋姓
（四）　私名

の四類型に大別し、㈠を姓・姓＋私名・姓＋氏（非姓氏の氏）・婦＋姓・謚＋姓・王または公＋姓・婦＋姓＋氏（非姓氏の氏）・排行＋姓・排行＋姓＋私名・排行＋氏・謚＋排行＋姓に、㈡を氏＋姓・氏＋姓＋私名・氏＋氏（非姓氏の氏）＋婦＋排行＋姓・氏＋謚＋姓・氏＋排行＋姓・氏＋排行＋姓＋私名に細分した。(9)

以上のように、先秦時代の女性名の分類が大雜把だと例外が多くなり、分類は無意味なものになる。そうはいっても分類を細かくすれば複雜化し、女性名の實態を把握しにくくなる。女性名は、文獻史料記載の規範には必ずしも則らず、樣々な類型に分かれているという認識に止まっているのが現狀である。そのような狀況下で、傳世文獻と出土史料を區別することなく女性名を分類することは、いたずらに混亂を招くのみであると思われる。第一章では『春秋』の婚姻記事配列から、姜齊を正統とする政治性の存在を想定した。婚姻記事には女性名がしばしば含まれる。『春秋』の女性名を檢討の對象に据えれば、そこに何らかの傾向性が見出されることが期待される。本節では檢討對象を『春秋』所見の女性名に絞り、その女性名における類型をもとにして、同時代史料である出土史料にみえる女性名の類型を參照しながら檢討を進めていくことにする。

二、『春秋』所見の女性名について

『春秋』に現れる女性名は、四種類に分類できる。魯侯夫人・魯の公女・周の王后・周の王女である。これらの人物と名稱が一對一對應しているとは限らず、同一人物が複數の名稱で呼ばれることも多い。『春秋』・『左傳』で呼稱が異なることもある。ここでは女性名をいくつかの形式に分け、『左傳』の內容分類により、名稱に偏りがないか檢討する。

その作業に先立って、『春秋』の他の二傳である『公羊傳』・『穀梁傳』について一言しておく。これらは『左傳』の內容分類でいえば、【經文引用】・【經解】に相當するものが大半を占める。そのため、『春秋』に現れた固有名詞を省略することがしばしばあるとはいえ、女性名に關しても『春秋』の用例と重なる。

それでは魯侯の配偶者、魯の公女、周の公女・王后の順に検討していこう。

二―一．魯侯の配偶者（括弧内は配偶者）

①仲子（魯恵公）

・仲子（恵公A【説話・地の文】）

・夫人子氏（隠公二―八【經文】[10]）

②聲子（魯恵公）

・聲子（恵公A【説話・地の文】、隠公三―三【經解】）

・君氏（隠公三―三【經文】・【經文引用】・【經解】[11]）

③文姜（魯桓公）

・姜氏（桓公三―六【經文】・【經文引用】、桓公一八―一・二【經文換言・説話】、荘公一―二【經解】）

・夫人姜氏（桓公三―六【經文】、桓公一八―一【經文】、荘公二―四【經文】・【經文換言・説話】、荘公四―一【經文】、荘公五―二【經文】、荘公七―一【經文】、荘公七―五【經文】、荘公一五―二【經文】、荘公一九―四【經文】、荘公二〇―一【經文】、荘公二一―三【經文】）

・文姜（桓公六―五【説話・地の文】、桓公一八―一・二【經文換言・説話】、荘公一―一【經解】、荘公六―五【經解】、荘公七―一【經文換言・説話】、昭公三二―六【説話・會話】）

・夫人（荘公一―二【經文】・【經文引用】）

・小君文姜（莊公二二—二【經文】）

④哀姜（魯莊公）

・夫人姜氏（莊公二四—五【經文】、閔公二—四【經文】、僖公一—四【經文】）

・哀姜（莊公二四—五【經文換言・說話】、閔公二—三・四【說話・地の文】、僖公一—九【君子】、僖公八—三【經文換言・說話】）

・夫人氏（僖公一—九【經文】・【經文引用】）

・夫人（僖公八—三【經文】）

⑤成風（魯莊公）

・成風（閔公二—D【說話・地の文】、僖公二一—A【說解】・【說話・地の文】、文公四—七【經文換言・說話】、文公九—一二【經文】・【經文引用】）

・夫人風氏（文公四—七【經文】）

・小君成風（文公五—二【經文】）

⑥聲姜（魯僖公）

・夫人姜氏（僖公一一—二【經文】、僖公一七—三【經文】、文公一六—四【經文】）

・聲姜（僖公一七—三【經文換言・說話】、文公一六—四【經文換言・說話】）

・小君聲姜（文公一七—二【經文】・【經文引用】）

⑦出姜（魯文公）

・婦姜（文公四—二【經文】・【經文引用】）

・出姜（文公四―二【君子】）
・夫人姜氏（文公九―二【經文】、文公九―五【經文】、文公一八―七【經文】・【經文引用】）
・哀姜（文公一八―七【説話・地の文】）

⑧敬嬴（魯文公）
・敬嬴（文公一八―六【説話・地の文】）
・夫人嬴氏（宣公八―四【經文】）

⑨穆姜（魯宣公）
・夫人婦姜（宣公一―三【經文】・【經文引用】）
・穆姜（成公九―五【説話・地の文】、成公一一―A【説話・地の文】、成公一六―八【説話・地の文】、襄公二―三【説話・地の文】、襄公九―三【經文換言・説話】）
・姜（成公一六―八【説話・地の文】、襄公九―三【説話・地の文】）
・夫人姜氏（襄公九―三【經文】）
・小君穆姜（襄公九―四【經文】）

⑩姜氏（魯成公）
・夫人婦姜氏（成公一四―五【經文】・【經文換言・説話】）
・夫人姜氏（襄公二―三【經文】）
・齊姜（襄公二―三【經文換言・説話】）
・姜氏（襄公二―三【君子曰】）

⑪定姒（魯成公）
・夫人姒氏（襄公四―三【經文】）
・小君定姒（襄公四―五【經文】）
・定姒（襄公四―三【經文換言・說話】）
・小君（襄公四―三【說話・會話】）

⑫齊歸（魯襄公）
・齊歸（襄公三一―C【說話・地の文】、昭公一一―五・六【經文換言・說話】、昭公一一―九【經文換言・說話】）
・夫人歸氏（昭公一一―五【經文】）
・小君齊歸（昭公一一―九【經文】）

⑬吳孟子（魯昭公）
・孟子（哀公一二―二【經文】）
・昭夫人孟子（哀公一二―二【經文換言・說話】）

⑭定姒（魯定公）
・姒氏（定公一五―九【經文】・【經文引用】）
・定姒（定公一五―一三【經文】・【經文引用】）

「夫人＋姓＋氏」の形式は（左傳莊公二一―四）【經文換言・說話】の「夫人姜氏」（魯桓公夫人）、（左傳文公一八―七）【經文引用】の「夫人姜氏」（魯文公夫人）以外は全て『春秋』經文にみえる。その例外については、女性名の部分に限り、經文と同一形式である。從って、この形式は『春秋』經文を特徵づけるものといえる。この形式で稱されないのは、②・⑬・⑭である。しかし、⑬の吳孟子は「昭夫人孟子」と呼ばれている。從って「夫人」を冠しないのは②・⑭ということになる。②は殷の子孫である子姓で桓公の母であり、⑭は夏の子孫である姒姓である。夏・殷の子孫に「夫人」が冠されていない。また②は『左傳』で最初の魯侯の配偶者、⑭は『春秋』で最後の魯侯の配偶者である。なお『公羊傳』は（春秋隱公二―八）の「夫人子氏」を隱公の母、すなわち聲子としている。

なお類似の表現として、（春秋僖公一―九）【經文】・【經文引用】の「夫人氏」（魯莊公夫人）、（春秋宣公一―三）【經文】・【經文引用】の「夫人婦姜」（魯宣公夫人）、（成公一四―五）【經文】・【經文換言・說話】の「夫人婦姜氏」（魯成公夫人）、（春秋哀公一二―二）【經文換言・說話】の「昭夫人孟子」がある。內容分類の點からいえば、「夫人＋姓＋氏」形式の場合と同樣である。

「小君＋諡號風稱號＋姓」(12)の形式も、（左傳文公一七―二）【經文引用】の「小君聲姜」（魯僖公夫人）以外は『春秋』經文にみえる。これも例外は經文と同一形式であり、『春秋』經文を特徵づける表現といえる。これは①・②・④・⑦・⑧・⑩・⑬・⑭にはみえない。

「諡號風稱號＋姓」の形式は、【經文換言・說話】・【經解】・【說話・地の文】・【說話・會話】・【君子】・【說解】にみえ、これは基本的に『春秋』經文にみえない表現である。例外は（春秋文公九―一二）【經文】・【經文引用】の「成風」（魯莊公夫人）、（春秋文公四―二）【經文】・【經文引用】の「婦姜」（魯文公夫人）、（春秋哀公一二―二）【經文】の「孟子」（魯昭公夫人）である。『左傳』に顯著にみられる表現ではあるが、『春秋』經文や【經文引用】にもみえるものである。

『左傳』にしばしば現れる「國名＋姓」の形式はわずか一例しかなく、（左傳襄公二―三）【經文換言・說話】の「齊姜」（魯成公夫人）のみである。これが『春秋』經文「夫人姜氏」の言い換えであることから、これはまさに『左傳』に特徴的な表現といえる。

「姓＋氏」の形式は、（春秋桓公三—六）【經文】・【經文引用】、（左傳桓公一八—一・二）【經文換言・說話】、（左傳莊公一—二）【經解】の「姜氏」（魯桓公夫人）、（左傳襄公二—三）【君子曰】の「姜氏」（魯成公夫人）、（春秋定公一五—九）【經文】・【經文引用】の「姒氏」（魯定公夫人）である。【經文】・【經文引用】・【經文換言・說話】・【經解】・【君子曰】にみえる。『春秋』・『左傳』共に使用される表現である。

ここで、『春秋』の「夫人＋姓＋氏」と『左傳』の「謚號風稱號＋姓」は對になっているようにみえる。③〜⑨・⑪・⑫がそれである。⑩は『左傳』に「齊姜」の表現がみえるが、他の例の「謚號風稱號＋姓」にあたる役割があると考えられる。⑭は「定姒」が【經文】・【經文引用】にのみみえる。これは葬儀の記事であり、通常は先頭に付くはずの「小君」が省略されたものと考えられる。

二—二．魯の公女（括弧内は配偶者）

①子叔姬（齊昭公）

・子叔姬（文公一四—一一【經文】・【經文換言・地の文】・【經文換言・說話】、文公一五—一〇【經文】・【經文引用】）

②叔姬（齊高固）

・叔姬（宣公五—三【經文】・【經文引用】、宣公五—五【經文】）

③蕩伯姬（宋蕩氏）

・宋蕩伯姬（僖公二五―三【經文】）
④共姬（宋共公）
・共姬（成公八―四・五【經解】、襄公二六―六【說話・地の文】、襄公三〇―五【經解】）
・伯姬（成公九―四【經文】・【經文引用】）
・宋伯姬（襄公三〇―三【經文】・【經文引用】）
・宋共姬（襄公三〇―五【經文】）
⑤紀伯姬
・紀伯姬（莊公四―二【經文】、莊公四―五【經文】）
⑥紀叔姬
・紀叔姬（隱公七―一【經文】、莊公一二―一【經文】、莊公二九―四【經文】、莊公三〇―四【經文】）
⑦伯姬（杞成公）
・伯姬（莊公二五―四【經文】、僖公九―三【經文】(13)）
・杞伯姬（莊公二七―一【經文】・【經文引用】、莊公二七―四【經文】・【經文引用】、僖公五―二【經文】）
⑧杞伯姬
・杞伯姬（僖公三一―五【經文】）
⑨叔姬（杞桓公）
・子叔姬（文公一二―三【經文】）
・叔姬（文公一二―二・三【經文換言・說話】・【經解】）

⑩杞叔姫（杞桓公）

・叔姫（成公四—三【經解】、成公九—一【經文】・【經文換言・説話】）

・杞叔姫（成公五—一【經文】、成公八—八【經文】・【經文引用】、成公九—一【經文引用】）

⑪季姫（鄫子）

・季姫（僖公一四—二【經文】、僖公一五—八【經文】）

・鄫季姫（僖公一四—二【説話・地の文】、僖公一六—三【經文】）

⑫郯伯姫

・郯伯姫（宣公一六—三【經文】・【經文引用】）

⑬叔姫（莒慶）

・叔姫（莊公二七—五【經文】）

「排行名＋姓」の形式は、②の叔姫、（春秋莊公二五—四）、（春秋僖公九—三）の⑦の伯姫、（左傳文公一二—二・三）【經文換言・説話】・【經解】の⑨の叔姫、（左傳成公四—三）【經解】、（春秋成公九—一）【經文】・【經文換言・説話】の⑩の叔姫、（春秋僖公一四—二）、（春秋僖公一五—八）の⑪の季姫、⑬の叔姫である。これらは【經文】・【經文引用】・【經文換言・説話】・【經解】にみえる。

「謚號風稱號＋姓」の形式は、（左傳成公八—四・五）【經解】、（左傳襄公二六—六）【説話・地の文】、（左傳襄公三〇—五）【經解】の④の共姫である。【經解】・【説話・地の文】にみえる。魯侯夫人の検討とあわせ、『左傳』のみの表現ということがわかる。

「國名＋謚號風稱號＋姓」の形式は、（春秋襄公三〇—五）の宋共姫のみである。「謚號風稱號＋姓」の前に國名が付加されたものが『春秋』に存在することは、『春秋』編纂者の無知故に「謚號風稱號＋姓」の形式が用いられなかったのではないことを暗示する。

「子＋排行名＋姓」の形式は、①の子叔姫、（春秋文公一二―三）の⑨の子叔姫である。【經文】・【經文引用】・【經文換言・說話】・【說話・地の文】にみえる。『春秋』・『左傳』いずれにも用いられている。

その他は「國名（邑・氏名を含む）＋排行名＋姓」の形式である。【經文】・【經文引用】・【說話・地の文】にみえる。【說話・地の文】には一ヶ所しか存在しない。

魯の公女は魯侯の配偶者の場合と異なり、內容分類による呼稱の偏りがほとんどみられない。しかし、④の共姫のみ『左傳』で「謚號風稱號＋姓」の形式が使用され、『春秋』の用例とは異なる。ここで、共姫は、『春秋』傳の魯の公女の中では目立って倫理的な意味付與をされている。[14]『左傳』が共姫に特別な意味を認めていると考えられる。

二―三、周の王女・王后（括弧內は配偶者）

①王姫（齊襄公）
・王姫（莊公一―三【經文】、莊公一―四【經文】・【經文引用】）
・齊王姫（莊公二―三【經文】）

②王姫（齊桓公）[15]
・王姫（莊公一一―四【經文】）
・共姫（莊公一一―四【經文換言・說話】）

③紀季姜（周桓王）

・王后（桓公八―六【經文】・【經文引用】）

・紀季姜（桓公九―一【經文】・【經文引用】）

④王后（周靈王）

・王后（襄公一五―二【經文】・【經文引用】）

「王后」の形式は【經文】・【經文引用】にみえる。

「王＋姓」の形式は【經文】・【經文引用】にみえる。

「國名＋王＋姓」の形式は【經文】にみえる。

「謚號風稱號＋姓」の形式は【經文換言・說話】にみえる。

「國名＋排行名＋姓」の形式は【經文】・【經文引用】にみえる。

ここでは②の王姫のみ『左傳』では「謚號風稱號＋姓」の形式が用いられ、『春秋』の呼稱と異なる。彼女が齊の襄公、桓公のいずれの夫人か定かではない。しかし、齊侯夫人、特に杜注が桓公夫人と推測するような高い地位にある女性名について、呼稱の使い分けをしたのは何らかの意味をもたせようとしたものかもしれない。

以上、まとめると次のようになる。

①「姓＋氏」のグループ

「夫人＋姓＋氏」…【經文】・【經文引用】・【經文換言・說話】

「姓＋氏」…【經文】・【經文引用】・【經文換言・說話】・【經解】・【君子曰】

②「謚號風稱號＋姓」のグループ

「小君＋謚號風稱號＋姓」…【經文】・【經文引用】
「國名＋謚號風稱號＋姓」…【經文】
「謚號風稱號＋姓」…【經文換言・説話】・【經解】・【説話・地の文】・【説話・會話】・【君子】・【説解】

③「國名＋姓」のグループ
「國名＋姓」…【經文換言・説話】

④「排行名＋姓」のグループ
「排行名＋姓」…【經文】・【經文引用】・【經文換言・説話】・【經解】
「子＋排行名＋姓」…【經文】・【經文引用】・【經文換言・説話】・【説話・地の文】
「國名＋排行名＋姓」…【經文】・【經文引用】・【説話・地の文】

⑤その他（「王」が付加されるグループ）
「王后」…【經文】・【經文引用】
「王＋姓」…【經文】・【經文引用】
「國名＋王＋姓」…【經文】

①・②について。「姓＋氏」に「夫人」が付加されたり、「謚號風稱號＋姓」に「小君」や「國名」が付加されたりしたものは『春秋』および『左傳』の經文引用部分にのみみえる。これは『春秋』がそれぞれ「夫人」・「小君」・「國名」を付加して意味付けを行ったとも考えられる。これに對して、『左傳』は別の個所で「姓＋氏」や「謚號風稱號＋姓」を掲げ、その意味付けを否定したとも考えられる。

③は金文にはしばしば現れるが、『春秋』にはみえない。意圖的に採用されなかった表現とも考えられる。

④については、かつて鈴木隆一が人名の伯仲叔季に注目し、江頭廣がそれを受けて排行名を結婚階級として議論した。[16]伯仲叔季が結婚階級であることの當否はともかく、『春秋』經文から『左傳』說話まで廣くみえることから、『春秋』・『左傳』雙方に跨る表現といえる。

⑤は『春秋』および『左傳』の經文引用部分にしかみえない。なお、(春秋襄公一五―二)の「王后」のみ姓を付さない名稱である。彼女は齊の公女であり、『春秋』が他の女性との差別化を意圖した可能性がある。これに對し、『左傳』は當該個所の【經解】で「王后」の婚姻記事を「非禮」とし、「王后」を貶める形で『春秋』に對抗しているとも考えられる。

『春秋』にみえない「姓＋氏」の女性名形式は周知のように金文にみえるが、「夫人＋姓＋氏」や「小君＋諡號風稱號＋姓」の形式は金文にはみえない。金文にみえない形式に關しては、『春秋』編纂者がその形式に特別な意味をもたせるために、取捨選擇・作爲して記載した可能性が殘る。また一方で『春秋』の「夫人＋姓＋氏」・「小君＋諡號風稱號＋姓」を別の表現、特に「諡號風稱號＋姓」の形式に置換することによって、『左傳』は事實の提示という形で批判していると考えることも可能である。[17]

春秋三傳の家族關係記事は、『公羊傳』と對抗關係にあり、晉の姬姓世族の稱揚につながる「形」となるよう配列されているとする假說を第一章で論じた。そこでは、田齊に先行接續する姜齊出身の魯侯夫人に對し、『左傳』は批判的な傾向をもつことがみられた。『左傳』が「夫人＋姓＋氏」・「小君＋諡號風稱號＋姓」を經文引用部分以外で用いないことは、第一章の檢討結果に適合する。

ここで一つの假說を提示し得る。『春秋』の編纂時において、女性名には種々の形式があることが知られていた。それに對し、『春秋』編纂者は特定の呼稱を採用した。それは『春秋』記載の女性に對する評價と連動していた。ところが『左傳』の編纂にあたって、その編纂者は『春秋』の見解に異を唱えるため、ことさらに『春秋』とは異なる呼稱を採用した。そのような状況において、『春秋』・『左傳』の編纂者が「夫人」・「小君」の表現に着目したのである。

　この假説を裏付けるため、次に金文に現れる女性名について檢討する。その際、先述した「夫人」や謚號風稱號のような表現に着眼點を置くことにする。

三　金文銘所見の女性名

　金文は出土史料という性質上、そのデータに偏りがでることが避けられない。しかし、文獻史料の表現と金文のそれを比較し、文獻史料の表現が同時代のものであるか判斷する參考にはなるであろう。ここでは金文に現れる女性名を先程の分類に沿って檢討する。もし先程までに現れた表現が金文に現れない場合、その文獻史料において形成された表現である可能性が發生することになる。以下に幾つかの例を掲げる。[18]

　まずは「姓＋氏」である。「姜氏」（蔡殷　八・四三四〇）、「婦氏」・「君氏」（琱生殷　一八・四二九二）、「始（姒）氏」（鄧伯氏鼎　五・二六四三）、「嬴氏」（鑄叔簠　五・二五六八）などの例が存在する。他に類似のものとして、「皇氏孟姫」（齊侯盤二　一六・一〇一二三）がある。

　次に「君」である。「君」[19]（邾公釯鐘　一・一〇二）、「鼄（邾）君」[20]（邾君鐘　一・五〇）などの例が存在する。「夫人」・「甫（夫）人」の語がみえるものについては、「女夫人」（鄧公殷　七・四〇五五）、「宋君夫人」（宋君夫人鼎　四・二三五八）、「聖趄之夫人曾姫無卹」（曾姫無卹壺　一五・九七一〇、一五・九七一一）、「黄甫（夫）人」（宋公緐鼎（鼎蓋）五・二五六七、一六・一〇三五五）など、多數存在する。また、「夫人」の代わりに「元配」の語を用いた「元配季姜」（陳逆簠　九・四六二九、九・四六三〇）のような例も存在する。しかし、『春秋』經文や『左傳』の經文引用部分に頻出する形式である「夫人＋姓＋氏」は、金文にはみられない。

「謚號風稱號＋姓」については、「惠姬」（伯嘉父𣪘　六・三六七九）、「叀（惠）姬」（伯嘉父𣪘　六・三六八〇、蔡姞𣪘　八・四一九八）、「成姬」（伯多父作成姬盨　九・四四一九）、「平姬」（拍敦　九・四六四四）。また「皇妣聖姜」・「皇妣又成惠姜」（緐鎛　一・二七一）・「成姬多母」（伯多父𣪘　九・四四一九）のように、他の單語が付加されたものも存在する。[21]

「國名＋姓」については、「尹姞[22]」（尹姞鼎　三・七五四、三・七五五）、「楊姞」（楊姞壺[23]）のような例が存在する。

以上をまとめると次のようになる。

①「姓＋氏」のグループ

「姓＋氏」は存在するが、「夫人＋姓＋氏」はみえない。

②「謚號風稱號＋姓」のグループ

多數存在するが、「小君＋謚號風稱號＋姓」はみえない。そもそも「小君」という表現が金文では一般的でない。

③「國名＋姓」のグループ

多數存在する。

④「排行名＋姓」のグループ

多數存在する。齊侯盤二の「皇氏孟姬」や陳逆簠の「元配季姜」は「排行名＋姓」の一形態と考えられる。また「井（邢）孟姬」（仲生父鬲　三・七二九）、「毛中（仲）姬」（善夫旅伯鼎　五・二六一九）のように、その前に國名が付加されたものもある。「子仲姜」（綸鎛　一・二七一）のように、その前に「子」が付加されたものもある。

⑤その他（「王」が付加される前掲のグループ）

「王」が付加される東周期の金文には、「王姫」（新出秦公鎛・鐘　一・二六二―九）などがある。

「夫人＋姓＋氏」、「小君＋謚號風稱號＋姓」は金文にみえない。その理由としては、それらの表現を含む金文史料が實在したが未だ出土していないだけである、實在したが何らかの理由から金文では使用されなかった、それらの表現が實在せず『春秋』・『左傳』成書の際に考案されて使用されたといったことが考えられる。それらの表現は、『春秋』記事の中心である魯の國君夫人を示すものであることから、前二者の可能性がなお殘る。だが第一章の檢討により『左傳』家族關係記事の配列に一つの「形」があることが明らかになったことから、この現象は『左傳』の「形」に關わり、最後の可能性が高いと考えられる。とにかく『春秋』・『左傳』においては、魯侯夫人に對しては特別な呼稱を用いることによって、特別な位置づけが行われていると考えられる。

一方、「夫人＋姓＋氏」、「小君＋謚號風稱號＋姓」以外の女性名形式は金文にもみられるものである。つまり、『春秋』・『左傳』にみえる女性名は、魯侯夫人に關わる部分を除けば、春秋時代以前のこととして議論可能である。

既に述べたように、金文に現れない『春秋』の女性名形式について、「夫人＋姓＋氏」、「小君＋謚號風稱號＋姓」は魯侯夫人を指すものであり、魯侯の系譜と關係する表現である。『春秋』は魯の年代記の形式をとっていることと、『左傳』ではこの表現は經文引用部分のみにみられることから考えれば、魯侯夫人に特別な表現を用いていることと、『春秋』・『左傳』家族關係記事の「形」との密接な關連性が想定できる。(24) 他方、金文と共通する女性名形式は、『春秋』および『左傳』に多數みられる。『春秋』・『左傳』では西周・春秋以來の女性名形式が、『春秋』・『左傳』における正統を表すために用いられているのではないかと想定される。今後は特に出土史料の女性名について議論する場合、以上のことを念頭に置く必要があろう。

このことは女性祖先の祭祀とも關係をもつ。謝維揚は、周代における女性祖先の祭祀は男性祖先の配偶者に止まることを指摘している。(25) 謝維揚の述べる現象は、第一章で指摘したように、傳世文獻の婚姻記事に女性を記録する形で利用された。そこから女性名の使い分けにも應用されたと考えることもできよう。

結語

『春秋』所見の女性名形式には、「夫人＋姓＋氏」、「小君＋謚號風稱號＋姓」のように金文にみえないものが存在する。『春秋』においては、そうした金文にない女性名形式に對して特別な意味付與が行われ、實際には傳世文獻の編纂まで存在しなかった女性名形式が、あたかも春秋以前に存在したかのように整理された可能性がある。他方、それ以外の『春秋』所見の女性名形式は金文にもみられるものであり、『春秋』・『左傳』は、基本的に女性名に關しては西周・春秋以來の表現を利用していることが分かる。

このことは、『春秋』や『左傳』の編纂者が、西周・春秋以來の女性名に關する知識を踏まえた上で、春秋時代の國君の女性配偶者の名稱に對する何らかの意味付與を行っていたことを意味する。女性配偶者は我が子である國君や諸公子の母として血統の尊卑に關わる。『春秋』・『左傳』におけるこうした意味付與は、第一章の檢討結果を踏まえると、君主權力の正統性に關連するものである可能性が高い。

傳世文獻は出土史料の女性名の判斷基準として利用されることが多いが、出土史料の女性名に對しても、『左傳』

家族關係記事にみられたような「形」の背後にある何らかの政治性を考慮に入れた檢討が必要と考えられる。金文には祖先祭祀を通して婚姻關係を明示するものがみられ、それは女性と君主權力の關係を分析する史料として利用可能である。そこで次節では東周時代の金文にみえる女性をとりあげて、祖先祭祀の視點から東周時代の君主權力の問題について考察を進めていくこととする。

注

(1) 例えば、湖北省隨縣曾侯乙墓の曾姬無卹壺の銘文「曾姬」の出自に關する議論がそれだろう。曾が姬姓か否かという段階から學說が分かれている。金文所見の人名を整理したものに、吳其昌『金文世族譜』(中央研究院歷史語言研究所專刊一二、一九三六年四月)があるが、これに種々誤りがあることは、先學により指摘されてきた。ところで、先秦時代の女子に字が存在したかを巡る問題がある。王國維「女字說」(『觀堂集林』卷三、一九二一年)、江頭廣『姓考——周代の家族制度——』(風間書房、一九七〇年四月)三七七頁や楊寬『西周史』(臺灣商務印書館、一九九九年四月)四一三~四一四、七四一~七四七頁はその存在を主張する。しかし、本節では人名を名・字などに區別せず、一括して扱うことにする。

(2) 內容分類は平勢隆郎『左傳の史料批判的研究』(東京大學東洋文化研究所、汲古書院、一九九八年十二月)「附　春秋左氏傳の內容分類」に從う。なお本節では原則として、『春秋』經文は【經文】、『左傳』說話の地の文は【說話・地の文】、同じく說話の會話文は【說話・會話】と表記する。

(3) 江頭廣前揭注(1)書四一六~四一八頁。

(4) 王育成「從兩周金文探討婦名「稱國」規律——兼談湖北隨縣曾國姓——」(『江漢考古』一九八二—一、一九八二年九月)。

(5) 盛冬鈴「西周銅器銘文中的人名及其對斷代的意義」(『文史』一七、一九八三年六月)二八~三一頁。

(6) 李學勤「先秦人名的幾個問題」(『歷史研究』一九九一—五、一九九一年十月)一一〇~一一一頁。なお、本分野の研究として他に李仲操「兩周金文中的婦女稱謂」(『古文字研究』一八、一九九二年八月)、曹定雲「周代金文中女子稱謂類型研究」

（『考古』一九九九—六、一九九九年六月）などがある。

（7）出土史料における謚號らしきものが、實際に全てそうであるかについては議論がある。王國維「遹敦跋」（『觀堂集林』十八巻、一九二一年）は謚號の開始を西周の共王・懿王以後とし、それ以前を生號とする。汪受寛『謚法研究』（上海古籍出版社、一九九五年六月）は、謚號の開始について、周公旦説・西周以前説・西周中期説・戰國説などを掲げ、自らは西周孝王期説を唱えている。平勢隆郎『中國古代紀年の研究——天文と暦の検討から——』（東京大學東洋文化研究所、汲古書院、一九九六年三月）一七八～一九二頁は、謚號の開始時期を未詳としながら、戰國中期に列國が王號を稱するにあたって、その正統性を支えるために用いられたことを示す。齋藤道子「春秋時代の「諸侯位」について——『春秋』の表記を手掛かりに——」（『東海大學紀要（文學部）』八一、二〇〇四年九月）は、春秋時代の中國に謚號を共通コードとする世界が存在したと考えている。また、松丸道雄「河南鹿邑縣長子口墓をめぐる諸問題——古文獻と考古學との邂逅——」（『中國考古學』四、二〇〇四年十一月）二三三頁は、後代の文獻である意圖をもって、西周厲王の謚號が悪い意味をもった文字に書き換えられた可能性を述べている。

（8）楊寛前掲注（1）書七四三～七四四頁。

（9）石岩「周代金文女子稱謂研究」（『文物春秋』二〇〇四—三、二〇〇四年六月）。

（10）『公羊傳』は隱公の母、聲子とする。童書業『春秋左傳研究』（上海人民出版社、一九八〇年十月）二五六頁は『左傳』に從い、仲子のこととする。

（11）『公羊傳』・『穀梁傳』は「君子」を「尹氏」に作り、これを「天子之大夫」とし、女性と見做さない。

（12）春秋時代以前の謚號使用については、郭沫若「謚法之起源」（『金文叢攷』、文求堂、一九三二年八月）のようにこれを否定する考えもあるため、ここでは、平勢隆郎『新編史記東周年表——中國古代紀年の研究序章——』（東京大學東洋文化研究所、東京大學出版會、一九九五年三月）一五頁のように、謚號・生號の類を一括して謚號風稱號と呼ぶことにする。

（13）楊伯峻『春秋左傳注（修訂本）』（中華書局、一九九二年五月）は、『公羊傳』・『穀梁傳』が別人と解釋しているとする。

（14）『公羊傳』・『穀梁傳』は婦人の鑑として絶賛するが、『左傳』では批判的態度がみられることが指摘されている。このことに關する議論については第一章第一節參照。

(15)『左傳』莊公十一年杜注による。

(16)鈴木隆一「同姓不婚に就いて」(『支那學』一〇、一九四二年四月)一七頁は、『春秋』の魯の公女は、季姫を除き、全て伯姫と叔姫であることに着目する。江頭廣前掲注(1)書二九六頁は、『禮記』曲禮上篇

女子許嫁すれば、笄して字す。

の「字」を、伯仲叔季を表明するものとする。伯仲叔季結婚階級説に對しては、谷田孝之『中國古代家族制度論考』(東海大學出版會、一九八九年十月)一八三～二一八頁の批判がある。

(17)このことに關しては、平勢隆郎前掲注(2)書一〇〇～一〇一頁は、『左傳』が『春秋』に對する「いやみ」として事實を羅列することを述べている。

(18)金文の出典は原則として『集成』による。

(19)『通釋』は文公の元妃齊姜とする。

(20)『通釋』は郛公夫人の稱とする。

(21)作器者が同名の伯多父盨については、陝西周原考古隊「陝西扶風縣雲塘・莊伯二號西周銅器窖藏」(『文物』一九七八―一一、一九七八年十一月)は西周後期の器とする。伯多父段も同様の可能性がある。鞈鎛の場合は、謚號風稱號が第三字目以降であるが、伯多父段の場合、謚號風稱號は第一字目にある。こうした場合、金文で第一字目にあるのは氏または國名である。從って、この「成」も氏または國名である可能性がある。ここではこの器を検討から除外しておく。

(22)『斷代』は、穆公の妻で「生稱」とする。『通釋』は生稱説を疑問とし、おそらく公姞鼎の公姞であり、尹氏に嫁している姞姓の夫人であろうとする。

(23)山西省考古研究所・北京大學考古系「天馬――曲村遺址北趙晉侯墓地第四次發掘――」(『文物』一九九四―八、一九九四年八月)。「君氏」を『綴遺』七・二六は媵妾の稱とし、『積微』一五一は皇妣とし、『通釋』三八―二一三は皇考皇母の意とする。いずれにせよ「子」や國名とは關係ない。

(24) 先述したように『春秋』に現れる女性は魯侯と周王の親族に限定されている。そのこと自體、正統觀と密接な關わりがあるといえる。

(25) 謝維揚『周代家庭形態』(中國社會科學出版社、一九九〇年六月) 一九～二三頁。但し、氏が周代を「不對稱雙親系世系」としつつ、母系制から父系制への發展段階論で出自の變遷を捉え、周代を父權・父系制へ向かう過渡期と位置づける部分については從えない。

第二節　列國金文にみえる祖先祭祀と女性

序

從來、祖先祭祀は家族制度の根幹であると考えられてきた。(1)先秦時代において青銅器は祖先祭祀に密接に關わるものである。林巳奈夫によれば、墓中に葬られた人間は、生前に使用した祭器を、死後も地下の世界で子孫と共に永遠に使用する。(2)これは、青銅器銘文の內容は子孫末代までをも拘束することを意味する。このことを支配被支配關係と繫げて議論したのが松丸道雄である。松丸は、西周時代の王室作銘器は、王と諸侯との間の君臣關係の形成と維持を目的としたものであるとし、更に一部の青銅器を、周王が諸侯に命じて製作させたものと考え、西周時代において、王―諸侯間のみならず、諸侯―臣の間にも、青銅彝器製作を契機として、支配被支配が貫徹していくとし、青銅器を周の支配秩序形成機能をもつものとして捉えた。(3)

これまで金文にみられる人名については、系譜の復元作業に典型的にみられるように、人名比定を基礎として氏族集團の構造を解明することが最大の課題とされていた。しかし、女性名は一貫した規則が確認しにくいため、その出自について研究者間で見解が分かれることが多い。(4)出自を決める際に根據とされるのは、多くの場合、傳世文獻から組み立てられた系譜であり、特に東周期のものは『左傳』に依據することが多い。(5)

『左傳』の豐富な家族關係記事のどの部分が春秋時代の實態を表すものとして利用可能かということは、未解決の課題として殘されている。金文銘にみられる女性の中には、婚姻關係や系譜を示すものがあり、それを傳世文獻の家族關係記事と比較檢討することによって、傳世文獻の家族關係記事の特に時代性を明らかにすることができると考えられる。青銅器銘文は松丸道雄のいうように支配秩序の形成と密接な關係をもつものであり、傳世文獻も同樣にそうした秩序と關連性を有する可能性が想定される。(6)

基本的に青銅器銘文にみられる女性は、その文中において祀られる對象か祀る主體のいずれかになる。このような器は西周・東周期を通じてみられる。祀られる對象の場合は、祖先の婚姻關係を、祀る主體の場合は作器時のそれを示すことが多い。この場合、傳世文獻である『左傳』の婚姻記事に類似した役割を果たすことが可能性として考えられる。

女性祖先を祀ること自體は殷代に遡る。(7)傳世文獻からは、周代においては「宗子」といわれる男性族長が祭祀を主っていたことが窺われるが、(8)金文銘からは、西周時代には女性も男性と共に祭主としての役割を果たしていたことが分かる。(9)しかしながら、殷・周の祭祀される女性は全て王公の配偶者であることから分かるように、先秦時代の祖先祭祀は、基本的に父系中心とする考えが有力であった。(10)しかし、新出の出土史料によって、母方の要素が重視される場合があることが指摘されている。(11)

列國金文において、女性祖先を祀る銘文は現在のところ、齊の器に多くみられる。一方、女性が銘文中で祀る側として祭主のような役割を果たしている東周期の銘文には、新出の秦公鐘・鎛などがある。これらの銘文については、秦公㲃や叔夷鎛・鐘を春秋期の器とした上で、これらの銘文內容を春秋時代の卿大夫層の勢力擴大・國君權力の低下と關連づけた晁福林のように、(12)祖先祭祀と政治情勢の變化を結びつける研究がある。この種の檢討では、從來の傳世文獻理解に基づき、青銅器を春秋期に編年している。他方、王權正統觀に密接に關わる「復古」が齊・秦において行われたとする議論もある。[13] また、『左傳』における婚姻記事を檢討した結果からすれば、『左傳』が成書された時點で整理された材料があり、この材料の中に世族の婚姻關係の記載が見られたのであった。つまり『左傳』に先行して、この種の世族の婚姻關係に關する記事がまとめられたということになり、『左傳』說話材料の利用の繼續性を想定することができる。

本節は前節の議論を受け繼ぎ、『左傳』の材料とされた婚姻記事のような傳承がいかなる形で成立したのかを探ろうとするものである。そのため、同時代史料として列國金文をいくつか採り上げて、そこにみられる女性の在り方の違いに焦點を當てて檢討する。そして、金文銘に存在する婚姻や系譜關係の表現と、『左傳』などの傳世文獻にみられる表現との異同をみていくことになる。特に『左傳』では列國の國君や世族に關する婚姻・系譜關係記事が豐富であり、第一章ではこうした記事に對する評價に編纂者の置かれた政治性をみてとったのであった。就中晉や齊の世族に關する婚姻關係記事は重要な意味をもっていたから、ここでは金文についても世族關係の銘文を檢討對象とする。[14] そうした器は、女性の系譜關係がある程度判明し、かつ作器年代が春秋中期以降に確定できるものである必要がある。この種の檢討に使用し得る金文銘は、秦と齊に多くみられる。そこで本節では、これら兩國の幾つかの金文銘を採り上げて、初步的な檢討を行うことにする。[15]

一・女性祖先と正統觀——齊の事例について——

祭祀對象として女性祖先がみえる列國金文には、叔夷鎛・鐘[16]、𩍐鎛[17]、洹子孟姜壺[18]、陳逆簠[19]、陳侯午敦[20]、蔡姞𣪘[21]、鄘侯少子𣪘[22]、叔皮父𣪘[23]、邿遣𣪘[24]などがある。ここでは東周期のそうした金文の中、人物關係を特定する材料の豐富なものとして、叔夷（尸）鎛・鐘、綸鎛、洹子孟姜壺、陳逆簠、陳侯午敦をとりあげる。そして、それらの銘文の女性祖先と關係する個所について本文と訓讀を掲げ、その後で各々の内容について檢討を加える。

一―一．東周期の齊諸器について

①　叔夷（尸）鎛・鐘

［本文］

隹王五月、辰在戊寅。……

尸典其先舊及其高祖。虡成唐、又敢才帝所。尃受天命、劀伐夏后、敱氒靈師。伊小臣隹補、咸有九州、處禹之堵。

不顯穆公之孫、其配襄公之妣而鹹公之女。雩生叔尸。是辟于齊矦之所。……又共于箔武霝公之所。(25) 箔武霝公、

……用享于其皇祖皇妣皇母皇考、用旂眉壽霝命難老。……

［訓讀］

隹（唯）れ王の五月、辰は戊寅に在り。……

尸、其の先舊と其の高祖に典らむとす。虡（虩）虡（虩）たる成唐（湯）、敢（嚴）として帝所に才（在）る又（有）り。尃《おほ》いに天命を受け、夏后を劀（刪）伐し、氒（厥）の靈師（師）を敱（敗）る。伊小臣隹（唯）れ補（輔）け、九州を咸有し、禹（禹）の堵に處る。

不（丕）顯なる穆公の孫、其の配は襄公の妣にして鹹公の女なり。雩《ここ》に叔尸を生む。是れ齊矦（侯）の所に辟《つか》ふ。

……箔（桓）武なる霝（靈）公の所に共（供）する又（有）り。箔（桓）武なる霝（靈）公……用て其の皇祖皇妣・皇母皇考に享し、用て眉壽・霝（靈）命の老い難からむことを旂（祈）る。……

皇且・皇妣・皇母・皇考が祭祀對象であり、男女の祖先を祀っている。本器は既に散逸しており、『博古』二二・五に載せる圖は『考古』七・九の秦公鎛の圖の誤入であり、[26]秦公毀と關連付けて、銘文内容から人名・作器年代が議論されてきた。『古籀』上・六は穆公を宋穆公、叔夷をその子孫で齊に仕えた者とし、褱（畢）公・成公を姬姓の國名として母方の出自をいうとし、齊靈公末の作器とした。『大系』二〇三は褱公を齊褱公、成公を秦成公として、齊褱公の妹と秦成公の間の女が宋に嫁いだものを叔夷の母とし、齊靈公十六年の作器とした。『古文審』八・一六は「褱」を「畏」と釋して「畏公」を齊威公とし、「畏公之妣」を母方で齊桓公に連なることを示すとした。『積微』叔夷鐘再跋は褱公を宋褱公、成公を杞成公として、宋・杞の交叉イトコ婚を想定し、叔夷は杞成公と宋褱公の姉妹の間の女の子とした。『通釋』四―二一五は穆公を宋穆公、褱公を宋褱公、桓武靈公を齊靈公とし、叔尸を宋穆公の子孫とし、春秋後期の器とした。そして異母兄弟間の婚姻によって父母雙方から宋室の血統を承けており、それを誇っているようであるとした。平勢隆郎は、「不顯穆公之孫、其配褱公之妣而䶒公之女」について、殷の子孫たる宋國の君主穆公、あの輝かしき穆公の子孫は、妻が（某國）𩰫（「褱」の字の隸定）公の一族であり、できた子が、某國の䶒公に嫁いで娘ができた。その娘から生まれたのが叔尸であると解し、桓武靈公を田齊桓公とし、叔尸を田侯因脊（田齊威宣王）とし、母系としては殷の子孫たる宋の血を引いていることを示しているとした。そして「隹王五月、辰在戊寅」の銘文に合う暦日が前三五〇年にあることから、本器を戰國中期の器として從來より作器年代を大幅に引き下げた。[27]

平勢說以外は『左傳』・『史記』の示す系譜記事に據りつつ人名比定を行い、春秋時代の作器とする點で共通する。

金文における親族名は類別稱呼法によるため、それらの比定は極めて困難である[28]。いずれも傳世文獻に適合させるような解釋を行っているが、母方の出自を示しているとする點についてはいずれの説も共通する。そしていずれの説も、襄公の一族の娘が䳟公に嫁いでできた娘が叔夷の母であるとする部分は同じである。平勢説は、母系で遡って宋・殷の直系祖先を記していると想定し、平勢による暦の議論と整合性をもたせているが[29]、ここは母系というよりは非父系ないし母方といった方が正確である[30]。いずれの説に従うにせよ、先秦時代に母方の血統が場合によっては利用されたことを示している銘文であることには違いなく、本器では母方の祖先が示されている、つまり祖先の婚姻關係が明示されていることになる。

② 𬙊鎛

［本文］

隹王五月初吉丁亥、齊辟𩍜叔之孫適中之子𬙊乍子中姜寶鎛、用旛矦氏永命萬年。𬙊保其身、皇且聖叔皇妣聖姜用享用孝于皇且又成惠叔皇妣又成惠姜皇考適中皇母、……𩍜叔又成、𬙊于齊邦、……

［訓讀］

隹（唯）れ王の五月初吉丁亥、齊の辟𩍜（鮑）[31]叔の孫、適中（仲）の子𬙊、子中（仲）姜の寶鎛を乍（作）り、用て矦（侯）氏の永命萬年ならむことを旛（祈）る。𬙊、其の身を保（保）ち、皇且（祖）聖叔・皇妣聖姜は、皇且（祖）又成惠叔・皇妣又成惠姜・皇考適中（仲）・皇母に用て享し用て孝し、……𩍜（鮑）叔又成、齊邦に𬙊（勞）あり、……

皇且聖叔・皇妣聖姜・皇且又成惠叔・皇妣又成惠姜・皇考適仲・皇母が祭祀對象である。齊の世族、鮑氏の記載があり、男性と女性、雙方の祖先名が、三代に亙って書かれている。鮑叔を齊桓公の時の鮑叔牙とするのは諸家共通するが、それ以下の人名の比定については諸説ある。『積微』𩫖鎛跋は鮑叔・又成惠叔を鮑叔牙、聖叔を『國語』齊語にみえるその父の鮑敬叔とした。『通釋』四―二二六は𩫖を『左傳』成公十七年にみえる鮑莊子（鮑牽）、銘文中の「兄弟」を鮑莊子・鮑文子（鮑國）、遭仲皇母を子中姜とした。人名比定で説が分かれるが、年代は春秋中期とされる。本器の女性祖先の姓は、二人が姜姓だが、もう一人は不明である。鮑氏は姜齊の公室とは異姓だから、姜姓との婚姻關係によって、自らが母方で代々姜姓の血を引くことを示していると思われる[32]。

③　洹子孟姜壺

［本文[33]］

齊侯女𤳹聿喪其毀。齊侯命大子乘遽來句宗白、聽命于天子。曰、……齊侯拜嘉命。……齊侯既濟洹子孟姜喪。……用御天子之事。洹子孟姜用气嘉命、用旂眉壽。萬年無彊、御爾事。

［訓讀］

齊侯（侯）の女𤳹（雷）、聿に其の毀（舅）を喪ふ。齊侯（侯）、大子に命じて、乘遽して來りて宗白（伯）に句げ、命を天子に聽かしむ。曰く、……齊侯（侯）嘉命を拜せり。……齊侯（侯）既に洹（桓）子孟姜の喪を濟ふ。……用て天子の事に御ひむ。洹（桓）子孟姜、用て嘉命を气（乞）め、用て眉壽を旂（祈）る。萬年無彊にして、爾の事に御へむ。

ほぼ同銘のものが二器あり、その銘文が一部異なることもあって、「洹子」を陳桓子とする點を除けば、本器に關する議論は錯綜している。作器年代については、『大系』二一二は「齊侯」を齊景公とし、作器年代を前五四五年以後とする。『通釋』四—二一七は前五四〇年前後とする。このように、齊景公時の作器とするのが通説である。「洹子」と「孟姜」との婚姻關係、及び齊侯がその二人の喪を執り行っていることから、銘文は、婚姻關係と祭祀を通して陳氏と齊侯との結合を示していることになっている。

④　陳逆簠

[本文]

隹王正月初吉丁亥、少子陳逆曰、余陳趄裔孫。余寅事齊矦、憲卹宗家。擇氒吉金、台乍氒元配季姜之祥器。……

台享台孝于大宗皇祖皇妣皇考皇母、乍求永命。眉壽萬年。子子孫孫羕保用。

[訓讀]

隹（唯）れ王の正月初吉丁亥、少子陳逆曰く、余は陳趄（桓）の裔孫なり。余、齊矦（侯）に寅（夤）事し、宗家を憲（懽）卹す。氒（厥）の吉金を擇びて、台（以）て氒（厥）の元配季姜の祥器を乍（作）る。……大宗の皇祖皇妣皇考皇母に台（以）て享し台（以）て孝し、永命を乍（祚）求す。眉壽萬年ならむことを。子子孫孫、羕（永）く保用せよ。

「大宗」の皇且・皇妣・皇考・皇母が祭祀對象である。陳逆の名は、『左傳』哀公十一年、同十四年にみえ、陳（田）氏の有力な族員である。このことから、本器の作器年代は『左傳』記事と關連づけて議論され、桓子を陳桓子（陳無宇）のこととし、作器年代は春秋末期、陳氏の權力確立期とされてきた。『積古』巻七は作器年を魯哀公二十年（前四七五年）とするが、『通釋』四—二一八aは季姜を娶ったときの祥器とし、「寅事齊侯」とあることから齊簡公弑逆以前、齊悼公四年（前四八五年）とする。この銘文は、齊侯と同姓である姜姓との婚姻關係を示している。

⑤　陳侯午敦

［本文］

隹十又亖年、塦矦午台群者矦獻金、乍皇妣孝大妃祭器鐏錞。台烝台嘗、保又齊邦、永世毋忘。

［訓讀］

隹（唯）れ十又亖（四）年、塦（陳）矦（侯）午、群者（諸）矦（侯）の獻金を台（以）て、皇妣孝大妃の祭器鐏錞（敦）を乍（作）る。台（以）て烝し台（以）て嘗し、齊邦を保又（有）し、永世忘《や》むこと毋からむ。

陳侯午は、田齊桓公とされる。「十又四年」は前三六一年とされるが、[34] 平勢隆郎の年表によれば一年ずれて、戰國中期、田齊桓公の十四年（前三六二年）となる。[35] 祭祀對象は、「皇妣孝大妃」と、妃（己）姓で、姜姓ではなく、太公和の妃とされる。[36] 白川靜は皇妣のみ名が記されているところが珍しいとする。[37] 本器は妃（己）姓の女性祖先のみを祭祀對象としている。己姓は莒の姓ともされ、傳說上の帝王である少皞（昊）の後といわれる姓である。[38]

一―二、齊における「傳統」利用

先に扱った器は、地域的には、齊とその近邊が中心である。青銅器の出土には偶然性があるものの、齊でこの種の器が多く出土していることには、それ相應の意味があると思われる。

齊の金文銘には、祭主としての女性はみえないが、齊では漢代に至るまで、祭祀において、祭主として女性が一定の役割を果たしていたとされる。[39] 史料にみえる女性の役割の大きさから齊を母系社會とする說もあるほどである。[40] 但し本節で扱った金文銘においては、齊の女性は祭主としての地位は與えられていない。
女性祖先を文字史料上において祭祀對象とすることは、甲骨文にみえるように殷代より存在したが、松丸道雄は、西周時代には、祭主としてにせよ祭祀對象としてにせよ、金文における血縁觀念が諸侯とそれ以下の秩序理念に影響を及ぼすことはなかったとする。(41) 池澤優は、李裕民のいうような祖先祭祀としての「孝」(42)が、西周時代には大規模なリニッジ集團(43)およびその權威への服從を表し得たが、出自集團が崩壞過程にあった春秋期には、直系の親族關係の中でのみ働くとし、祖先祭祀が族結合中心から君臣關係へ移行したとする。(44) このことは、東周期に、齊を中心とする一部の地域で、なおかつ女性が祖先として、諸侯とそれ以下の秩序理念として利用されるようになったことと關係があろう。

一般に、①叔夷鎛・②𦅫鎛・③洹子孟姜壺・④陳逆簠は春秋中期から末期にかけての器、⑤陳侯午敦は戰國中期の器とされてきた。しかし、平勢隆郎は、先述したように①叔夷鎛・鐘の銘文の紀年を前三五〇年に配列するなど、從來春秋期に編年されてきた器について、年代を戰國中期に下げている。(45)

①〜⑤を通説に從えば、①叔夷鎛・鐘は春秋期の齊、②𦅫鎛は春秋中期の齊、③洹子孟姜壺は春秋後期の齊、④陳逆簠は、『左傳』の陳逆關係の記事が前四八〇年前後にあるため春秋末期の齊の作器となる。⑤陳侯午敦の銘文の紀年は前三六一年（平勢年表によると前三六二年）とされる。(45) 通説に從えば、春秋時代の齊において祭祀對象として女性を銘文に鑄込むことが行われていたが、戰國中期、田齊の成立期に田氏が自らの權威正當化のため、陳侯午敦の作器においてその「傳統」的慣習を利用したことになる。このことは、春秋から戰國に至る齊の世族が、齊における血縁觀念の「傳統」に則って自己の權威確立を目指していたことを示している。そして、③洹子孟姜壺・④陳逆簠に姜姓の女性祖先がみえ、それより年代が下る①叔夷鎛・鐘や⑤陳侯午敦に姜姓以外の女性祖先がみえる。このことより、

陳氏の權威の正統性の根據として、金文銘においては、姜齊の權威が必要だった段階から、その必要がなくなった段階へ推移した可能性を推測できる。一方、②鈉鎛は齊の鮑氏の作器とされ、姜姓の女性祖先を示している。これは田氏との競合上製作された可能性もでてくる。平勢説に従うなら、おおむね作器年代が戰國中期まで下り、この種の青銅器が戰國中期の田齊で盛んに製作されたことになる。いずれの説に従うかは、本節で扱った材料だけでは判別し難いところである。しかし、いずれにせよ、以下のことはいい得るであろう。

ここでとりあげた金文にみられるような、婚姻關係を示すことにより自己の權威づけを行う方式は、『春秋』經文及びその三傳にみられたことであった。第一章の檢討結果によれば、『春秋』は、姜齊と魯・周との婚姻關係を明示する「形」により、その婚姻關係を重視しており、『公羊傳』にもその「形」が認められた。これに對し、『左傳』は、姜齊の婚姻關係を批判するような「形」に配列し、姜齊を貶めたのである。

婚姻關係を金文銘に示すこと自體は、西周期に遡及し得る、先秦時代に一般的な現象である。このことは、婚姻關係を明示することが通時代的であるという印象を與える。だが第一章で述べたように、『左傳』などの婚姻・家族關係を示すあり方の畫期性は、それぞれは單なる事實でしかない婚姻・系譜記事が、特定の政治勢力を稱揚する「形」を構成するように配列されるところあるのである。これを血緣原理による君主權力正統觀といってもよいであろう。そうすると①・⑤は、『春秋』成書と關連付けて議論され得ることになる。①は、父方・母方でそれぞれ高貴な血を引く者が姜姓の齊侯を補佐すること、⑤は母方で少皞の血を引くことを示す。夏よりも遡る血統を示すことによって、陳氏などを稱揚するような意味付與がなされたと考えることができる。(46) つまり、特定の血統を稱揚するような血統觀が春秋戰國時代の齊で利用されたのである。

このような血緣觀念について、太田幸男は、田氏は、族的集團の崩壞期にあっても、なお強固な血緣組織を維持し續けていたとし、田齊の家父長權下に組織した王權の限界を論ずる。(47) また、江村治樹は、器物銘文に田氏の關與が目立つことから、田氏一族の勢力が強力に殘存したことを想定し、田齊の集權化の進展に疑問を呈する。(48) そこでは問題となる血緣關係が、中央集權化を阻害する要因として議論されている譯である。

二、祀る側としての女性——新出秦公鐘・鎛より——

ここでは、女性が祀る側となっている金文銘を検討する。この形式は、西周から春秋初期にみられ、その多くは媵器である。しかし、本節では媵器を検討對象から外しているので、ここでは春秋中期以降に編年される代表的な器である、新出の秦公鐘・鎛を検討することにする。(49) 以下に必要部分の銘文と訓讀を掲げる。

[本文]

秦公曰、我先且受天令、商宅受或。剌剌卲文公靜公憲公、不㒸于上、卲合皇天、㠯虩事䜌方。公及王姬曰、余小子、余夙夕、虔敬朕祀、㠯受多福。……秦公[其凡]畯紷才立、雁受大命、眉壽無彊、匍有亖方。[其凡]康寶。

[訓讀]

秦公曰く、我が先且（祖）、天令（命）を受（授）けられ、宅を商（賞）せられて或（國）を受けられたり。剌（烈）剌（烈）たる卲（昭）文公・靜公・憲公、上に㒸（墜）さずして、皇天に卲（昭）合し、㠯（以）て䜌（蠻）方を虩事せしむ。公と王姬と曰く、余小子なるも、余夙夕して、朕が祀を虔敬し、㠯（以）て多福を受けられむ。……秦公[其凡]（其）れ畯《なが》く紷《とど》まりて立（位）に才（在）り、大命を雁（膺）受し、眉壽無彊（疆）にして、亖（四）方を匍有せむことを。[其凡]（其）れ康く寶とせよ。

本器は秦公殷・鐘の作器年代と關連づけて議論されてきた。秦公殷は、器形が西周後期とされるものに類似しながらも、[50]「十又二公」の如き銘文内容から春秋末期とされてきた。報告書は新出秦公鐘・鎛を秦武公時の作とする。[51]李零は秦公殷を共公期、新出秦公鐘・鎛を武公期とする。[52]赤塚忠は秦公殷を穆公期とした上で、宣公・成公期とする。[53]林巳奈夫もこれらを春秋末に編年する。[54]平勢隆郎は「下國」を天下、「十又二公」を『春秋』に絡めて議論し、新出秦公鐘・鎛と共に戰國中期の器として作器年代を引き下げている。[55]

新出秦公鐘・鎛は、文公・靜公・憲公三代を祀り、秦公・王姫を祭主とする。[56]史料からは、秦には巫が多數存在していたことが窺える。[57]雲夢睡虎地秦墓竹簡「法律荅問」によれば、秦の勢力圈内に居住している人物の屬する身分上の範疇は、母親の身分によるように、[58]秦では母方の血統を重視する慣習があったとされる。[59]妻が祖先祭祀に參加することは中國史全般にみられる現象であるが、宗法の確立期とされる時期に關しては若干の例外はあるものの、そのような事例はみられないとされる。[60]

豐田久は、西周時代において、「王」の嫡妻は、宗廟の祭主として、支配の公的權威の源泉である「上帝」に通じており、そこに「王」を代行する彼女自身の公的權威があったとする。[61]これに從えば、本器は西周時代の婚姻夫婦で行われた祭祀形式に適合することになる。[62]この點についてのみいえば、銘文は西周期の形式に則っている。

金文銘で婚姻關係を明示することは西周期に遡り得る「傳統」だが、「王＋姓」形式の女性名は、金文にも多くみられる。[63]この形式の女性名は『春秋』經文及び『左傳』の經文引用部分にもみられ、西周時代以來の傳統に則ったものである。[64]更に、周との婚姻關係を示すものであるため、同じく周との婚姻關係を示す記事のある『春秋』・『左傳』との關わりが想定される。また、この「王＋姓」形式の女性名は、通常春秋前期の成立とされる『詩』召南何彼襛矣にもみえる。[65]新出秦公鐘・鎛に關する通說からいえば、西周以來の格式に則って春秋時代の秦公の權威づけのために利用されたことになる。平勢説はこれまでの青銅器編年の常識から隔たること遠く、それを支持する研究者は少ないようである。とはいえ、年代矛盾の體系的整理を基礎にして、戰國時代における複數の正統を論ずる平勢の議論を素通りしてしまうのもいかがなものかと思われる。そこで平勢説と通説とを比較對照しながら、しばらく本器の銘文を検討していくことにしよう。

通説に従えば、本器の銘文は西周期以來の「傳統」的形式がもとになっているわけであるが、春秋末期にその「傳統」が利用されたと考えられる。銘文によれば、姫姓の周王の女たる「王姫」を娶り、秦・周の婚姻關係を示すことにより、「秦公」に「四方の匍有」[66]者としての資格を與えて權威の正當化を行っていると解釋できる。しかも、「法律答問」の規定に従えば、秦公と王姫の繼承者は母方で周の血を引く者ということになり、「秦公」の子孫は周王を繼承することになる。[67]平勢説に従えば、秦の稱王に絡む戰國中期において、このような「傳統」が利用され、通説の場合と同様の原理により、秦の君主は周王を繼承する。これは戰國中期において周の繼承を意識した秦惠文君の稱王を想起させる。[68]いずれにせよ、婚姻關係を示すことによって、秦の國君が母方の血統から周王を繼承する圖式を表すことができる。

本器の銘文製作者は、このような「傳統」を秦の公權ないし王權を正當化する目的で利用した可能性がでてくる。[69]このような利用は、通説に従えば春秋末期の他の諸侯に對抗する意味をもち、平勢説に従えば先に稱王した田齊や魏に對抗する意味をもつ。[70]既に述べたように、齊では過去の婚姻關係が君主權力の正統性確保に利用されたのであった。これとは異なり、秦は周との現時點での婚姻關係を示したのである。このように春秋から戰國にかけて列國は、自己の君主權力を正當化するために婚姻關係を利用していったことが考えられる。

こうしたことから、新出秦公鐘・鎛に祭祀對象として女性が現れる理由も推測できる。傳世の秦公鎛・𣪘[71]には、

「皇且（祖）」・「十又（有）二公」とあるが、女性祖先の名はみえない。他の出土史料では、秦公段同様に年代について古來議論されてきた詛楚文も[72]「絆以婚姻」と記すだけで、楚王の名のみを記す。秦は他の稱王國との對抗上、過去の婚姻關係を克服して周との新たな婚姻關係の構築を誇示しようとしたことになるかもしれない。[73]秦は嬴姓であるが、嬴姓國は東方に多くみえることから、その系統について疑念がもたれてきた。[74]この銘文は、そうした出自の不確かさを解消する目的ももっていた可能性がある。これらのことは平勢說・通說いずれに從っても理解可能である。

ところで秦においては中原諸國とは異なり、封邑をもつ卿大夫層が存在しないと考えられてきた。[75]しかし、最大の根據である『史記』秦本紀は秦を利用し、周の繼承國として秦を位置付けるものである。[76]從って、戰國時代より前の時代から、既に秦の君主權力が強力だった印象を與えるように、史料が整理されていると考えてもよいのではないだろうか。[77]その意味では、本器にも戰國中期以降に秦が理想とする、いわば法家的な社會形態の理念が反映されていると解釋することは可能である。秦は前三五九年以降、二次に渡る商鞅變法を行い、「法古」・「循禮」を排斥して「復古」を否定し、中央集權化を行ったと從來理解されてきた。[78]だがその一方で古い字體を用いたり、[79]西周期の器形に類似した青銅器を製作するなど、「傳統」に則った部分がある。惠文君の稱王は商鞅變法後であり、戰國中期以降にも秦が血緣原理を王權正當化に利用したことが、可能性として殘るわけである。[80]

三．君主權力による「姓」の再利用

東周期の齊では、その國君や大夫が金文において、父方で虞舜（嬀姓）、母方で少皞（己姓）・殷（子姓）の血を引くことを示した。ここでは女性祖先を祭祀對象とする西周期の「傳統」的慣習が利用された。一方、秦は天命を授けられた父系祖先を祭祀する場で、その子孫たる「秦公」と、周（姫姓）の出身である「王姫」が共同の祭主となり、子孫が周の血統を引くことを示した。ここでは西周期の夫婦が共同で祭主となる形式、及び「王姫」との婚姻關係を示して自己の權威の正當化を圖る「傳統」が利用された。このことから齊・秦は、金文銘製作において、異なる形式でありながら、血緣原理に基づく自己の正當性を顯示していたことが想定できる。既に述べたように、このことは、『春秋』・『左傳』の婚姻に關する說話配列の「形」と共通性をもつものである。だから家族關係銘文を含む靑銅器を編年する際にも、後の時代における文章表現の再利用の可能性について注意する必要がある。

それらの史料では、「姓」を明示することが君主權力正統性の根據となっている。加藤常賢は、「姓」を血族的氏族制、「氏」を領土的氏族制に基づくものとし(81)、徐復觀は、「姓」を血統關係を表す符號、「氏」を政權を表す符號とした(82)。これらは「姓」を血緣原理、「氏」を非血緣原理に基づくと考えるものである。以上を承け、尾形勇は周王朝の成立によって「姓」體制が整序され、「姓」は姬姓の周室を中心に同姓・異姓の區分によって諸國間を秩序づけ、「氏」は各國內で諸氏族・分族間を秩序づけるという機能があるとし、周王朝で實際に「姓」を比定する場合における、政治的・擬制的な要素の存在を想定した(83)。これは「姓」にも血緣原理以外の要素の介在を想定するものである。これまでの論證過程からもこうした考えは首肯できるものである。そうした「姓」の政治的・擬制的な部分を利用することは春秋時代より前から存在したであろうが、そうした利用の「傳統」を踏まえて、春秋後期から戰國中期にかけての下克上から稱王に向かう時代に、齊の田氏や晉の韓・魏・趙氏のような世族から王にまで上昇した勢力や、秦のような中原外の勢力が、實社會で既に意味を喪失していたとされる「姓」(84)に、新たに君主權力の正當化を目的とした意味付與を行い利用したと考えられる。

田齊・三晉は、それらの地域の國君であった姜齊・晉の公室を春秋末から戰國前期にかけて繼承し、戰國中期には王號を稱するまでになった。姜齊・晉の公室の「姓」は、それぞれ姜姓・姬姓であり、楚を除けば戰國中期より以前には唯一の王であった周のそれは姬姓である。これらの王室・公室の權威は戰國時代に入っても大きなものであり、これらの出自を示す「姓」の權威も同樣であったことが想定される。(85)世族から上昇した田氏は「成り上がり者」であるが故に、權威ある出自の女性との婚姻關係を誇示する必要があったと考えられる。他方、新出の秦公鐘・鎛に女性祖先名が記されていないことは、秦公室が新興層ではないことと關係する可能性がある。新出の秦公鐘・鎛では、秦と中原の周王室との現在の婚姻關係を重視する施策が採用されたのである。『左傳』の記事からは、春秋末期の晉・齊・周の國君が、權力も權威も喪失していく印象を受ける。しかし、現實には權力はなくとも舊い族的秩序に基づく權威は大きなものだったと考えられる。從って、國君を凌ぐような實力をもつ世族は、その權威に注意を拂い、自らの權威の確立のために利用した。(86)かくて春秋末から戰國中期にかけて、王權正當化を目的として、春秋時代以前に機能していたとされる「姓」の再解釋・再利用が行われたのであろう。從って、戰國中期に稱王が行われた地域、つまり秦漢統一帝國を構成する地域において、こうした權威の背景である春秋時代の婚姻に關係する慣習や傳承そのものについての共通認識が存在したと考えてよいであろう。つまり、正統觀に關わる部分を除去することさえできれば、それら慣習や傳承は、春秋時代に遡って議論し得ることになる。(87)

結　語

本節では、女性のみえる列國金文銘の中、王權正統觀をまとめるにあたり有力な材料として利用された、世族の婚姻・系譜關係記事の一部について檢討を加えた。

東周期の齊の金文銘には、少數ながら西周金文の如く、祭祀對象として女性祖先を祀るものがある。齊の田（陳）氏がこのような血縁觀念の強い齊の「傳統」的風俗慣習を利用し、女性祖先を祭祀對象として過去の婚姻關係を表すことにより、夏の禹を遡る少皞の血統であることを示し、宗主權を正當化した。一方、秦では女性が祀る側として夫と共に祖先に對する形式である新出の秦公鐘・鎛が作られた。妻との婚姻關係を示すことにより、子孫を權威づけすることは西周期以來の「傳統」に位置づけ得るものである。その作器年代については、春秋から戰國まで學說が對立しているが、その內容は秦惠文君の稱王に繫げて解釋することもできるように、西周以來の「傳統」を利用しつつ集權化が行われた狀況に關連づけたものとして議論可能なものである。以上は、齊・秦それぞれの歷史的地理的特殊性を反映した君主權力正統性による婚姻關係の呈示という、舊時代の族的秩序を背景とした「傳統」の利用である。本文で利用した青銅器には叔尸鎛や新出の秦公鐘・鎛のように、通說上は作器年代が春秋期であるものの、戰國中期に下げる新說も存在するものがある。本節では新說でも上述の議論を說明可能としたものの、婚姻・系譜關係記事のみを用いてそれぞれの青銅器の年代を確定するには證據不足であり、通說とは異なる見解を是とすることはできなかった。

ただ、こうした「傳統」利用のあり方は『左傳』の成書材料のあり方と共通性をもつ。『左傳』の編纂作業にあたっては、既に實社會では實用性が低くなるか失われていたとされている「姓」が君主權正統性の根據として利用され、それに見合う新たな價値が付與されたのである。春秋後期から戰國中期にかけて、田齊・秦以外の列國でも、國によっては下克上が起こり、やがて稱王することになったが、それらの國々もそれぞれの君主權力の正統をかざして對抗しつつ、自己の正統に都合のよい形で婚姻觀念の體系化を行ったことが想定される。そうしたことの背景には、その時期の列國において、婚姻に關する傳承や慣習についての共通の認識が存在したことが考えられる。また家族關係靑銅器の編年についても、その文章表現に再利用の可能性があることに配慮する必要があることも示す結果となった。

また傳世・出土史料の婚姻に關する傳承や慣習自體は、少なくとも春秋時代に遡れるものであり、その材料を檢討した結果、正統觀に關わる部分を丁寧に除去する作業を進めることで、戰國時代より以前に遡って婚姻の具體相を追求できることが分かった。『左傳』成書の材料のうち、婚姻記事については、春秋時代に遡って議論し得ることを傍證するものである。

本節で觸れた血緣原理による君主權力の正統性は、君位繼承と密接な關わりをもつ。『左傳』にはその史料が豐富にある。そこで次節では、『左傳』に關してこれまでに得られた知見を考慮しながら、『左傳』における繼承について檢討することにする。

注

（1）桑原隲藏「支那古代の祭祀に就き」（『史學雜誌』七―一一、一八九六年十一月、『同』七―一二、一八九六年十二月、『桑原隲藏全集』第一卷（岩波書店、一九六八年二月）所收）。小島祐馬『古代支那硏究』（弘文堂、一九四三年三月、のち『古代中國硏究』（筑摩書房、一九六八年十一月））二九頁。

（2）林巳奈夫「殷周時代における死者の祭祀」（『東洋史硏究』五五―三、一九九六年十二月）一六～一八頁。なお、平勢隆郎『『史記』二二〇〇年の虛實』（講談社、二〇〇〇年一月）一五一頁、平勢隆郎『よみがえる文字と呪術の帝國――古代殷周王朝の素顏――』（中公新書一五九三、中央公論新社、二〇〇一年六月）三〇～三一頁は、祭祀する人々は祭器を用いて飲み食いし、それを受けて被葬者の靈は埋葬された器で飲み食いすると述べている。

（3）松丸道雄「西周靑銅器製作の背景――周金文硏究・序章――」（松丸道雄編『西周靑銅器とその國家』、東京大學出版會、

一九八〇年六月）一一六〜一一八頁、松丸道雄「西周青銅器中の諸侯製作器について――周金文研究・序章その二――」（同）一八一〜一八二頁。

（4）例えば、女性名に關する初期の研究である王育成「從兩周金文探討婦名「稱國」規律――兼談湖北隨縣曾國姓――」（『江漢考古』一九八二―一、一九八二年九月）は、出土史料中の人名確定を課題とした。

（5）その代表は、吳其昌『金文世族譜』（中央研究院歷史語言研究所專刊之十二、一九三六年四月）である。しかし、伊藤道治『中國古代王朝の形成――出土資料を中心とする殷周史の研究――』（創文社、一九七五年三月）第二部第一章注（7）のように、その人名整理に疑いを差し挾む研究者も存在する。

（6）出土史料中の女性名の議論に傳世文獻を利用する場合については、本章第一節で、正統觀に關わる表現に注意を拂うべきことを既に論じている。例えば比較的新しいものとして曹定雲「周代金文中女子稱謂類型研究」（『考古』一九九九―六、一九九九年六月）の女性名に關する研究があるが、分析の方法自體は王育成以來のものを踏襲している。

（7）陳夢家『殷墟卜辭綜述』（考古學專刊甲種二、科學出版社、一九五六年七月）第一一章第五節。

（8）楊寬『西周史』（臺灣商務印書館、一九九九年四月）四二〇頁。

（9）豐田久「西周金文に見える「家」について――婦人の婚姻そして祖先神、領地や軍事など――」（論集編集委員會編『論集中國古代の文字と文化』、汲古書院、一九九九年八月）一四六頁。

（10）丁山「宗法考源」（『中央研究院歷史語言研究所集刊』四―四、一九三四年）、胡厚宣「殷代婚姻家族宗法生育制度考」（『甲骨學商史論叢』初集、齊魯國學研究所、一九四四年三月）、楊寬「西周春秋的宗法制度和貴族組織」（前掲注（8））等。

（11）工藤元男『睡虎地秦簡よりみた秦代の國家と社會』（創文社、一九九八年二月）一〇〇〜一一三頁、山田勝芳「中國古代の「家」と均分相續」（『東北アジア研究』二、一九九八年三月）二四七〜二五六頁。

（12）晁福林「試論春秋時期的祖先崇拜」（『陝西師大學報』（哲學社會科學版）一九九五―二、一九九五年六月）。女性祖先の祭祀については、かつて郭沫若「釋祖妣」（『甲骨文字研究』、增訂版、人民出版社、一九五二年、『郭沫若全集考古編』第一卷（科學出版社、一九八二年九月）所收）三三頁のように、原始母權制の現れとする考えが存在したが、現在ではほとんど支持されていない。他に、謝維揚「周代的世系問題及其在中國歷史上的影響」（『吉林大學社會科學學報』一九八五—四、一九八五年七月）八六頁のように、周代金文にみえる女性祖先祭祀の事例より、周代を非對稱な雙親世系よりなっているとする出自研究がある。

(13) 平勢隆郎『中國古代紀年の研究——天文と暦の検討から——』（東京大學東洋文化研究所、汲古書院、一九九六年三月）二三〇頁。そのような「復古」は、「傳統」の利用の一つのあり方ではある。

(14) 女性名の現れる器の中で、壓倒的多數を占める所謂媵器については短銘のものが多く、また曾姫無卹壺（一五・九七一〇、一五・九七一一。以後、出典は『集成』による）のように、器によっては議論が錯綜している。よって、別に專論する機會を得た上で一括して議論すべきものと考え、ここでは検討對象から外すことにする。また當然、宗婦諸器等、西周期に編年される器は検討對象から外れることになる。

(15) 網羅的な金文銘の検討は今後の課題である。その意味で、本節は現段階における作業假説を提示することになる。

(16) 鐘は一・二七二—八、鎛は一・二八五。本文と訓讀は鐘銘による。訓讀は內容解釋に相違がなければ大體『通釋』によった。

(17) 一・二七一。

(18) 一五・九七二九、一五・九七三〇。

(19) 九・四六二九、九・四六三〇。

(20) 九・四六四六、九・四六四七。

(21) 八・四一九八。

(22) 八・四一五二。

(23) 七・四〇九〇。

(24) 七・四〇四〇。

(25) この部分、鎛は「又共（供）于公所」に作る。

(26)『通釋』四―二二五。叔夷鐘も『博古』に器影があるが誤入とされていない。

(27) 平勢隆郎『左傳の史料批判的研究』（東京大學東洋文化研究所、汲古書院、一九九八年一二月）二〇二〜二〇五頁。のちに、平勢隆郎『『春秋』と『左傳』――戰國の史書が語る「史實」、「正統」、國家領域觀――』（中央公論新社、二〇〇三年二月）六三〜六五頁において解釋が修正されている。

(28) 池澤優『「孝」思想の宗教學的研究――古代中國における祖先崇拜の思想的發展――』（東京大學出版會、二〇〇二年一月）六六頁。

(29)『古籀』上・一五。母系で祖先を遡ることは、これまでの常識からは考えにくいことである。後に「王姫」に關する部分でも觸れるが、叔段（八・四一三二、八・四一三三）における「王姜」等の銘文にみえるように、西周時代には周王の配偶者が一定の政治權力を行使する場合があった。それと同時に、その配偶者の氏族が相應の力を振るったと考えられる。こうした現象について、池澤優前掲注（28）書一四四頁は戰國時代出土史料の卜筮祭禱記録から、西周・春秋時代において父系の直系祖先により象徴されていた父系出自集團の統合と權威という側面が弱まったため、金文においてはあまり目立たなかった面である雙系の近親親族死者との感情的紐帶とその慰靈が表面化してきたと解釋している。なお基礎的な知識ではあるものの、今なお一部で混亂がみられるので付言しておくと、一般に母系制は女性が權力を行使する制度ではなく、むしろ母の兄弟が子に對して權力を行使する制度である。江守五夫『母權と父權――婚姻にみる女性の地位――』（弘文堂、一九七三年九月）參照。春秋戰國時代において、母系で血筋を遡ることが行われていた可能性を認めることはできない。ここは非父系で遡ったというべきである。

(30) 叔尸鎛の場合、父方の祖先名も示している。

(31)『積微』鞷鞥鎛跋は次のように述べる。『說文解字』革部では「鞄」は「包」の聲、銘文の「鞷」は「陶」の聲である。「陶」は「匋」の聲、「匋」は「勹」の聲で、古音では「勹」・「包」は同じであること、金文に「寶」（「缶」の聲）を假借して「匋」に作るものがあり、古音では「缶」・「包」は同音であること、『說文解字』言部では「匋」を旁とする字に、旁を「包」にも作る字がみられることから、「陶」・「包」は古音で同音である。『春秋』經傳は假に鮑魚の「鮑」を用いたのであり、假するとする。

(32)『周禮』が鮑魚の「鮑」を柔革工の「鞄」または「鞷」に假借しているようなものであるとする。また王輝『古文字通假釋例』(藝文印書館、一九九三年四月)二四九頁は、楊樹達説などを引用しつつ、「鞷」・「鮑」が共に竝母幽部、雙聲疊韻で通假するとする。

(33)「皇母」とのみ書かれている者は姜姓以外の出身で、意圖的に姓の部分が隱された可能性を考えることも可能である。

(34)ここは一五・九七三〇の銘文による。

(35)通釋三八―二一八。

(36)平勢隆郎『新編史記東周年表――中國古代紀年の研究序章――』(東京大學東洋文化研究所、東京大學出版會、一九九五年三月)表Ⅱ「新六國年表」。

(37)『擴古』三一一・七。

(38)『通釋』四―二一八d。

(39)王國維「女字説」(『觀堂集林』卷三)注は、金文では「己」が「妃」に作られることを指摘する。莒は『國語』鄭語では曹姓、『史記』秦本紀では嬴姓であるが、『世本』に「莒、己姓」とあり、『左傳』文公七年に魯の穆伯が莒で娶った妻であり、文伯・惠伯それぞれの母でもある女性として、「戴己」・「聲己」姉妹の名がみえる。陳槃『春秋大事表列國爵姓及存滅表譔異』(三訂本、中央研究院歷史語言研究所專刊之五十二、一九六八年六月)一三七〜一三八頁は、春秋の莒は己姓であったが、その滅亡後に封建されたとき、改姓して己・嬴・曹姓に分かれたのではないかとする。そして『左傳』昭公十七年に郯子が魯に來朝した記事の杜注に「少皞金天氏、黃帝之子、己姓之祖也」とあり、郯が己姓であり、少皞(昊)氏の子孫とされている。また陳槃前揭書二九五頁は溫も己姓とする。

(39)『漢書』地理志に、

始め桓公の兄襄公淫亂にして、姑姉妹嫁がず、是に於て令して國中の民家の長女をして嫁するを得ざらしむ。名づけて巫見と曰ひ、家の主祠爲らしむ。嫁ぐ者其家に利あらず、民今に至るまで以て俗と爲す。痛いかな、道民の道、愼まざるべけんや。

とあり、『公羊傳』哀公六年何休注に、
　齊の俗、婦人は祭事を首とす。
とある。ただ、この現象は齊のみのものとは限らなかったようである。赤塚忠「古代における歌舞の詩の系譜」（『日本中國學會報』三、一九五二年三月、『詩經研究』（赤塚忠著作集第五巻、研文社、一九八六年三月）所收）は、女子も祭儀に從事していたことが『詩』に現れることを指摘する。

(40) 曾謇『中國古代社會』（食貨出版社、一九三四年十一月）七七〜八四頁。ただ先にも觸れたように、一般に母系制は女性が權力を行使する制度ではない。江守五夫前掲注（29）書參照。

(41) 松丸道雄「西周青銅器中の諸侯製作器について――周金文研究・序章その二――」（前掲注（3））一八二頁。

(42) 李裕民「殷周金文的「孝」與孔丘「孝道」的反動本質」（『考古學報』一九七四―二、一九七四年二月）。

(43) リニッジ集團とは、楊希枚「「姓」字古義析證」（『國立中央研究院歴史語言研究所集刊』二三、一九五二年七月、『先秦文化史論集』（中國社會科學出版社、一九九五年八月）所收）のいうような「姓族」に相當すると考えられる。

(44) 池澤優「西周春秋時代の「孝」と祖先祭祀について――「孝」の宗教學・その一――」（『筑波大學地域研究』一〇、一九九二年一月）一〇二頁、同樣のことは、同前掲注（28）書一〇三頁でも述べられている。

(45) 平勢隆郎前掲注（27）書二〇二〜二〇五頁。これらの青銅器を戰國中期に編年するのは、常識的には考え難いことであるが、平勢説によれば、通常は春秋期に編年される②・③・④も同樣の可能性が出てくる。②鎛鎛については、林巳奈夫『春秋戰國時代青銅器の研究・殷周青銅器綜覽三』（吉川弘文館、一九八九年一月）は戰國ＩＡに編年する。④陳逆簠については、先祖が「陳桓」と記されているが、平勢隆郎前掲注（6）書一二八〜一三〇頁は、「桓」は戰國中期の田齊で成書された『春秋』において特別な意味をもつ諡號風稱號とする。

(46) 平勢隆郎前掲注（35）書三七〜四〇頁は、戰國中期において、「夏」が稱王（稱夏王）及びそれと關係する暦法（夏正）との絡みで特別な意味をもったことを述べ、同書三三頁は、燕易王の諡號が湯王に關連する可能性を指摘する。平勢隆郎前掲注（27）書一八〜二二頁は、田齊が夏正を採用したとする。また同書一三〜一四頁は、『春秋』は、齊の威宣王を武→文→成の繼承の「形」により周武王・宣王になぞらえているとする。金文銘・『春秋』併せて、田齊は少皞・夏・殷・周の正統を承けることになる。

(47) 太田幸男「齊の田氏について・その二——田齊の成立——」(『中國古代史研究』第四、雄山閣、一九七四年三月) 二七六頁。また餘敦康「論管仲學派」(『中國哲學』二、三聯書店、一九八〇年三月) は、禮を重んずる儒家や法を重んずる法家に對して、管仲學派は禮・法を共に取り入れたとする。金谷治『管子の研究』(岩波書店、一九八七年七月) 三六一～三六四頁は餘說を是とし、その初めが戰國中期に遡る『管子』は秦の政治思想と嚴しく對立したとする。いずれも田齊を集權的な秦と對照的と考える點で共通する。

(48) 江村治樹「戰國出土文字資料概述」(林巳奈夫編『戰國時代出土文物の研究』、京都大學人文科學研究所、一九八五年三月) 四四三頁。もっとも、それらの青銅器が田齊王權正當化のために製作されていたとすれば、青銅器製作への田氏關與自體は必ずしも田齊の集權化を阻害したことを意味しないかもしれない。

(49) 一・二六二—六 (鐘)、一・二六七—九 (鎛)。春秋初期に編年される器では、晉姜鼎 (五・二八二六) が「晉姜曰」として「某曰」の形式をとり、「文侯」を祀る形になっている。但し、晉姜自身の婚姻關係は示されていない。なお、晉姜鼎は既に逸しており、原拓も失われているため、その眞僞さえ不明である。また、夫婦が共同で作器者となる器に、鄭鄧伯叔嫞鼎 (五・二五三六)、鄧伯氏鼎 (五・二六四三) があり、いずれも春秋初期に編年される。新出秦公鐘・鎛は以上の銘文形式を繼承し、利用していると考えられる。

(50) 『通釋』一九九。

(51) 寶鷄市博物館　盧連成・寶鷄縣文化館　楊滿倉「陝西寶鷄縣太公廟村發現秦公鐘・秦公鎛」(『文物』一九七八—一一、一九七八年十一月)。

(52) 李零「春秋秦器試探——新出秦公鐘・鎛銘與過去著錄秦公鐘・殷銘的對讀——」(『考古』一九七九—六、一九七九年六月)。

(53) 赤塚忠『中國古代文化史』(赤塚忠著作集第一卷、研文社、一九八八年七月) 五一三頁。

(54) 林巳奈夫前揭注 (45) 書は春秋ⅡBに編年する。

（55）平勢隆郎前掲注（13）書二二九～二三〇頁。なお、高津純也「「夏」字の「中華」的用法について――「華夷思想」の原初的形態に關する序論――」（論集編集委員會編『論集中國古代の文字と文化』、汲古書院、一九九九年八月）二七七～二八〇頁は當該器に關する研究史を整理した上で平勢説を評價する。

（56）寶鷄市博物館　盧連成・寶鷄縣文化館　楊滿倉「陝西寶鷄縣太公廟村發現秦公鐘・秦公鎛」（『文物』一九七八―一一、一九七八年十一月）は、王姫を周王室から秦武公に嫁いだ者とする。

（57）呂靜「秦の『詛楚文』についての再検討」（『中國出土資料研究』二、一九九八年三月）八七～八八頁。

（58）工藤元男前掲注（11）書一〇四頁。

（59）先秦時代における母方の血統の重視については、第一章第二節で述べた。好竝隆司『秦漢帝國史研究』（未來社、一九七八年三月）六三頁は、戎狄の風のある秦は上代蒙古と同様に婦人の社會的地位が高かったとする。

（60）越智重明『戰國秦漢史研究』三（中國書店、一九九七年八月）二四二頁は、白川靜『字統』（平凡社、一九八四年八月）「婦」の項目を引用しつつこのことを述べる。また、豊田久前掲注（9）論文一四七頁は、婦人關係の器が主に西周時代前半に出てきて後半に少なくなり、男性中心・行政官僚的で君臣關係を確認する官吏任命の冊命型式金文が盛んにみえるようになるとする。

（61）豊田久前掲注（9）論文一四六～一四七頁。

（62）赤塚忠前掲註（53）書五一一頁に、「それにしても、王姫を表示しているのは、その祭事を掌る主婦であり、とくに、王姫といえば、周王家から來嫁した尊貴な身分であることに因るのは明らかであるが、そのうえに、主婦がなお神事に重要な地位を占めている風が強く殘っているのであると思う」とある。

（63）「王姫」以外の「王＋姓」形式の女性名として、西周金文には「王姜」（叔𣪘（八・四一三二、八・四一三三）・作冊睘卣（一〇・五四〇七）・作冊矢令𣪘（令𣪘）（八・四三〇〇、八・四三〇一））、「王始（姒）」（班𣪘（八・四三四一））、「王姞」（𤸰侯𣪘（七・三九二八―三九三〇））、「王妃」（蘇公𣪘（六・三七三九））、「王嬀」（陳侯𣪘（七・三八一五））などがみえる。これらを男性とする見解もあるが、女性と解するのが一般的である。なお、他に「周姫」（伯𨛭父鼎（五・二五九七））のように「國（または族）名＋姓」形式で女性名を表すこともある。
(64) 平勢隆郎前掲注（27）書一六二頁。
(65) 白川靜『詩經研究——通論篇——』（朋友書店、一九八一年十月、原本、油印本、一九六〇年六月）九三頁は、「平王之孫、齊侯之子」の句よりこの篇の成立時期を推定する。
(66) 豊田久「周王朝の君主權の構造について——「天命の膺受」者を中心に——」（松丸道雄編『西周靑銅器とその國家』、東京大學出版會、一九八〇年六月）四一八～四二九頁は、これが武王を示し、文王の「上下の匍有」と對になって周王朝の成立を説くものだったとする。
(67) 工藤元男前掲注（11）書一一一頁は、秦が征服地の異民族を、客身分たる「眞」から完全な秦人たる「夏子」として編入する上で、この規定が重要な役割を果たしたことを想定する。本器ではそれが逆用されたことになる。
(68) 平勢隆郎前掲注（35）書三六頁は、秦惠文王が周より「文武の胙」を賜與されたこと、秦王が文（惠文王）→武（悼武王）→成（昭襄王）の「形」で周の文武を承けることを指摘する。
(69) 黃曉芬「秦の墓制とその起源」（『史林』七四—六、一九九一年十一月）一三三頁は、墓制の側面から、春秋から戰國にかけて秦の獨自性が弱まり、ついには失われたとする。このことが金文銘における「傳統」利用に一定の影響を與えたかもしれない。
(70) 平勢隆郎前掲注（35）書によれば、田齊は前三三八年、魏は前三三四年、秦は前三二五年に稱王している。
(71) 一・二七〇（鎛）、八・四三一五（𣪘）。
(72) 郭沫若『石鼓文研究・詛楚文考釋』（中國社會科學院考古研究所考古學專刊甲種一一號、科學出版社、一九八二年九月）は懷王期とする。陳偉「『詛楚文』時代新證」（『江漢考古』一九八八—三、一九八八年）は秦惠文王期とする。平勢隆郎前掲注（35）書三八頁は、陳偉說とは「十八世」の秦國君名の比定、及び「嗣王」の時期が異なるが、「熊相」を威王熊商（前三三六年死亡）とし、年代を前三二五年の秦惠文君稱王前とする。
(73) 田靜・史黨社「論秦人對天或上帝的崇拜」（『中國史研究』一九九六—三、一九九六年八月）一四二頁は、秦における自然神崇拜が上帝・祖先崇拜に比して突出しているとする。現在目睹し得る秦器に女性祖先がみえないことと何らかの關係があるかもしれないが、今はそのことを指摘するに止める。

(74) 秦人の來源諸說については、太田幸男「秦の政治と國家」（『歷史學研究』增刊號「世界史認識における國家（續）」、一九八八年十月）參照。また佐藤長「秦王朝の系統について」（『鷹陵史學』一四、一九八八年十月）二六頁は、秦の嬴姓を擬制的なものとする。

(75) 林劍鳴『秦史稿』（上海人民出版社、一九八一年二月）八〇～八二頁は、秦の國君の子弟・王族・貴戚に分封を實施した事實がないとする。太田幸男前揭注（74）論文七一～七二頁は、人民間の階級または階層分化の未發達を示すとする。

(76) 藤田勝久『史記戰國史料の研究』（東京大學出版會、一九九七年十一月）二六四～二六五頁。

(77) 柴田昇「戰國史研究の視角——諸子百家と戰國時代の「國」をめぐって——」（『名古屋大學東洋史研究報告』一八、一九九四年三月）一二九頁は秦と東方六國の共通性を指摘する。

(78) 楊寬『戰國史——1997增訂版——』（臺灣商務印書館、一九九七年十月）二〇四頁。

(79) 裘錫圭「殷周古代文字における正體と俗體」（東方書店編『シンポジウム中國古文字と殷周文化——甲骨文・金文をめぐって——』、東方書店、一九八九年三月）一一五～一二〇頁は、秦の文字は六國文字と比較して傳統的な字體を殘しつつ發展したとする。

(80) 戰國秦から統一秦にかけての連續性に關しては、鶴間和幸「中華の形成と東方世界」（『岩波講座世界歷史』三、岩波書店、一九九八年一月）參照。また、王桂枝・竇連榮「秦代宗教之歷程」（『寧夏社會科學』一九九三—六、一九九三年十一月）は、發展史觀の觀點からみた上で、秦の宗教を「復歸」的と捉えている。平勢說に據るなら、秦は自己の王權正統觀に都合の良いように、春秋以前に遡及し得る「傳統」を利用しつつ、戰國中期に血緣原理による價値體系を再構築したことになる。

(81) 加藤常賢『支那古代家族制度研究』（岩波書店、一九四〇年九月）上編第一章・第二章。

(82) 徐復觀『兩漢思想史』（增訂版、臺灣學生書局、一九七六年六月）三「姓義探源」。

(83) 尾形勇「中國の姓氏」（『東アジア世界における日本古代史講座』一〇（東アジアにおける社會と習俗）、學生社、一九八三年十二月)、同「「吹律定姓」初探——中國古代姓氏制に關する一考察——」(『西嶋定生博士還曆記念　東アジア史における國家と農民』、山川出版社、一九八四年十一月)。

(84) 加藤常賢前揭注(81)書五五〜五六頁は、戰國時代に姓が氏化したとする。

(85) 平勢隆郎前揭注(35)書卷頭寫眞は、驫氏編鐘第一器の銘文から、韓魏趙がいわゆる正式の諸侯となった後にも晉公の權威が保たれていたことを述べている。ただ、この編鐘の年代も平勢獨自の編年による。

(86) 尾形勇・平勢隆郎『世界の歷史二——中華文明の誕生——』(中央公論社、一九九八年五月)一六〇〜一六一頁。また、平勢隆郎前揭注(13)書二〇七〜二〇八頁は、稱王の正統性が血緣・非血緣原理雙方により保證されることを述べる。

(87) 池澤優「西周金文の祖先祭祀における祭祀對象——陝西省強家村・莊白村銅器群の例——」(論集編集委員會編『論集中國古代の文字と文化』、汲古書院、一九九九年八月)一七二頁、同前揭注(28)書八〇〜八一頁は、『禮記』喪服小記・大傳や『左傳』といった傳世文獻の族組織に關する記載が、西周期の族制をある程度反映しているとする。

第三節　『左傳』にみえる繼承について

序

所謂「周代宗法制」は長子繼承を柱とすることから分かるように、繼承の問題は中國古代の家族制と密接な關連を有し、中國古代史研究において非常に重要な意味をもつものである。その繼承については、先秦時代には魯などの「一生一及」や楚の末子繼承のように、各地に各様の繼承制度[1]があったと考えられてきた（以後「舊說」と記す）。ところが一九八〇年代以降、中國大陸ではこうした考えを否定し、父系による長子繼承のみが制度としては唯一存在したとする說（以後「新說」と記す）が支配的となった[2]。今日の中國大陸では舊說は勢いを失い、新說が定說となっているといってよいだろう。事實、新說にはそれ相應の說得力があり、中國大陸の學說主流となっているのも故なしとしない。

しかしながら、新說にはなお檢討を要する部分があるように思われる。それは、この問題を議論する際に必ず引用される先秦時代の重要史料、特に『春秋』三傳の史料的性格によるものである。

第一章で傳世文獻所見の婚姻記事を檢討したが、その記事配列が婚姻記事に對する毀譽褒貶によって特定世族を稱揚する一つの「形」をなしているのではないかと考えた。婚姻記事には多くの場合、それにより出生した子孫や、彼らの父祖など、血緣關係にある人物の記事が付隨する。このように繼承は傳世文獻の家族關係記事と深い關係を有する。新説ではこうした史料が編纂されたときにかかるであろう歪みを考慮に入れておらず、それ故、秦漢時代以降は明らかに繼承の理想型となる父系嫡長子繼承を、安易に遡及させているのではないかという疑念がもたれる。

本節では特に繼承關係史料の豐富な『左傳』の繼承關係記事を檢討することにより、「新説」の問題點を浮き彫りにし、先秦時代の繼承について可能な範圍で明らかにしていくことにしたい。

一・先秦時代の繼承に關するこれまでの議論

家族制度は社會のあり方を反映するが故に重要な研究課題とされてきたが、繼承は家族制度を考える上で重要な柱の一つである。これまで先秦時代の繼承については、兄弟繼承、末子繼承や（嫡）長子繼承といった繼承の形式が大きな問題として議論されてきた。周代における嫡長子繼承を柱とする慣習法的家族制度が所謂周代宗法制とされるが、(3)史料上に周代宗法制の枠内ではとらえられない繼承形態が存在することは古くから知られており、宗法の確立時期やその前段階がいかなるものであるかについては不明瞭な部分が多く、これまで様々な議論が行われてきた。從來、先秦時代の繼承について研究することは、嫡長子繼承が確立される時期を明らかにし、そしてその前段階としての、後代とは異なる特殊な繼承制度の實態を明らかにすることを意味したのである。(4)

仁井田陞によれば、『儀禮』喪服傳に、

適孫のためにす。傳に曰く、何を以て期するや。敢て其の適を降さざるなり。適子有る者には適孫無し。孫婦も亦た之の如し、と。

とあり、その注には、

周の道は適子死すれば則ち適孫を立つ、是れ適孫將に上は祖の後と爲る者なり。長子在れば則ち皆庶孫爲るのみ。孫婦も亦た之の如し。適婦在れば亦た庶孫の婦と爲る。凡そ父の將に後と爲らんとする者、長子に非れば皆期なり。

とあり、その疏文には、

釋に曰く、周の道は適子死すれば則ち適孫を立つ、是れ適孫將に上は祖の後と爲る者なりと云ふは、此れ祖、孫の爲めに服重の義を釋するなり。言ふこころは周の道、殷の道に對すれば則ち然らず、其れ殷の道、適子死すれば弟乃ち當に先づ立たんとするを以て、故に周の道を言ふなり。

とあり、そこでいう殷の道が輩行主義、周の道が嫡系主義にあたるという。また、『禮記』檀弓篇にはそれらの對立がみられるとする。排行主義とは兄弟相續、嫡系主義とは嫡長子相續を意味するが、これら兩者の行われた程度は時代によって消長があったとするのである。(5) このように中國史において、兄弟繼承と嫡長子繼承とが互いにせめぎ合ってきたとする理解はかつては一般的なものであり、先秦時代の繼承制度に關する研究もその線上にあるものだった。そして西周から春秋にかけて兄弟繼承の原理を代表するのが、魯などの「一生一及」や楚の末子繼承であり、嫡長子繼承の原理を代表するのが周代宗法制であった。

「一生一及」については、『公羊傳』莊公三十二年に、

牙我に謂ひて曰く、魯は一生一及、君已に之を知れり、慶父や存す。

とあり、その何休注に、

父死して子繼ぐを生と曰ひ、兄死して弟繼ぐを及と曰ふ。

とある。また『史記』殷本紀に、

中丁自り以來、適を廢して更に諸弟子を立て、弟子或ひは爭ひて相ひ代り立ち、比れ九世亂る、是に於て諸侯朝する莫し。

とあり、同周公世家に、

叔牙曰く、一繼一及は、魯の常なり。

とあって、同宋世家に、

宣公曰く、父死して子繼ぎ、兄死して弟及ぶは、天下の通義なり。

とある。そこで鈴木隆一は、『史記』においては殷代は實子繼承が原則で兄弟繼承が變則であったとされていると解釋する。一方、『春秋繁露』巻七に、

曰く、王者制を以て、一商一夏、一質一文なり。商の質とする者は天を主とし、夏の文とする者は地を主とし、春秋は人を主とす、故に三等なり。天を主とし商に法りて王たり、其の道陽を佚す、故に立嗣して子に予《たま》ひ、母弟に篤くし、妾は子を以て貴し。

とあり、董仲舒は殷代が兄弟繼承を原則としていたとする[6]。王國維は兄弟繼承から父子繼承の轉換期を殷周交替期だとした[7]。これに對し、胡厚宣は王國維説を否定した[8]。また胡厚宣は、甲骨文の事例を擧げて、殷代の「兄終弟及」制を否定している[9]。鈴木隆一は「一生一及」について、魯の國君が「伯叔」型・「仲季」型によって交互に即位するものと考えた[10]。また鈴木は、「一生一及」を「宗法」とは異なる兄弟相續に基づくものとし、兄と弟の二班に分かれ、世代ごとに兩班から一人の相續者を出すような構成をもつ二分制の族制に基づくものとした[11]。宇都木章は魯の「一繼一及」について、西周時代に宗法封建的支配體制が確立されていたとする論に疑いを挾み、寧ろ西周期よりは戰國期に入った方がより宗法の意圖する原則論に近い封建的相續法が行われていた可能性が強いとした[12]。更に宇都木は『史

記』をもとにして西周諸侯の系譜を網羅的に檢討し、宗法制は春秋期以降において確立されて來た禮論に他ならないとした。[13] そして江頭廣は、伯仲叔季を四分制族組織による「結婚階級」名とし、伯季集團と仲叔集團が交互に位につく制度として、周代の各國の繼承事例に適用した。[14] そして『史記』にみえる相續事例から、西周と春秋時代を通じて父子相續と兄弟相續が竝行して行われており、戰國時代には、多少の例外は除いて、ほぼ父子相續に移行したと考えた。それから『史記』の兄弟相續者について、西周時代は平和裡に讓位による兄弟相續者があるが、春秋時代にはその多くの者が武力によって兄弟の地位を奪った事が明らかであり、兄弟相續と父子相續との相克が、西周時代から春秋時代にかけて、次第に烈しさを加えた事を示すものであるとした。江頭は、殷代は兄弟相續、西周から春秋時代は父子相續への移行期、戰國時代に父子相續制がほぼ確立し、宗法が行われると考えたのである。[15] そして「一生一及」の繼承が魯をはじめ、周、宋、齊、趙で行われたとした。その一方、魏、韓は春秋から戰國まで一貫して父子繼承だったとしている。なお婚姻グループについては、張光直のように、殷王の廟號の十干名を王の組（婚姻グループ）に對應するものとし、それが周の昭穆制や宗法制に影響しているとする考えもある。[16] また、母系制から父系制への發展段階論に沿った形で、春秋時代に母系制の殘滓がみられるとする議論もある。[17]

江頭說は一見整然と述べられていて、瑕疵がないようにみえる。しかし、この配列は伯仲叔季が結婚階級を表しているとする假定によるものであり、確固とした根據があるわけではない。この伯仲叔季結婚階級說は、過去の人類學の學說に據っており、[18] それらの學說自體、今日では過去のものという感がないわけではない。後で述べるように江頭說には谷田孝之による有力な反論があって、江頭の再反論はない。ただ、江頭としては、周代を通じて完全にこの形式で婚姻が行われていたとは考えておらず、あくまでも「一生一及」に對する「論理的說明」として認識している。[19]
谷田孝之は、鈴木・江頭說にみられる伯仲叔季結婚階級說を批判している。[20] 伯仲叔季結婚階級說によれば、伯仲叔季による二つの組み合わせが交互世代的に現れるはずであるが、實際にはそうではない。ならば伯仲叔季は四階級組織ではなく八階級組織であるはずであるが、伯仲叔季以外の四つの階級名が史料上にみえず、假に二セクションに分かれないオーストラリヤ式であったとしても、一方のセクション（伯叔）の中の各ラインは、他のセクション（仲季）の中の兩ラインと交互世代的に組み合わせを變更しなければないため、結婚階級組織上の名稱ではないとする。谷田によれば、伯仲叔季は從來どおり長幼の順を表したものとなる。ただ、谷田は伯仲叔季結婚階級說を否定するものの、「一生一及」にみられるような春秋時代までにおける兄弟繼承の父子繼承に對する優位性および兩者の競合についてはこれを認めている[21]。谷田の結婚階級に關する指摘は確かにその通りであり、この點に關しては江頭の誤認ということになる。

その他の研究として、王恩田は魯の「一繼一及」制を『史記』・『左傳』などの史料を引用して論じ、これを實在した制度としている[22]。

末子繼承については、『左傳』文公元年に

楚國の擧は、恆に少に在り。

とあり、同昭公十三年に叔向が韓宣子に答えた

芈姓に亂有れば、必ず季實に立つは、楚の常なり。

とあるように、楚の事例がよく引用される。しかし既に戰前において仁井田陞は、末子繼承の事實がなかったとはいわないが、中國古代における制度としての存在については疑問を呈している[23]。文崇一は、末子繼承に適合しない事例が『史記』の楚王系譜に多いことから、楚の末子繼承について疑問を呈した[24]。楊升南は、商代には立太子制が存在し、子の地位は母の貴賤により、王位繼承は父子相傳でありかつ常に年長者優先であったとした[25]。また楊升南はそこで、

周初や楚の末子繼承制についても、その時々の政治情勢からきた不正常のものであって、長子繼承制が定制であるとした。ここではっきりと周と楚の王位繼承が長子相續によるとする「新説」が提示されたのである。これに續いて何浩・張君は、楚で兄を繼いで弟が即位する際、先王の殺害という非常手段によることが多いことから楚の末子繼承制を否定し、更に楚の末子相續が氏族社會の慣習法の殘存であるとする説も否定し、楚が嫡長子繼承制であったことを主張した。そして前に掲げた『左傳』文公元年の一文は、その場の状況に應じた個人的な發言にすぎず、同昭公十三年の一文についても、その時の状況について述べられた誇張であるとした。(26) これ以後「新説」の立場に立った論説が増加した。張正明は、「亂」のない時は、「伯」・「長」が立つと考えた。(27) 錢杭は、魯の支配層の「一繼一及」や楚の末子繼承制の存在を否定し、東周期の繼承は原則として嫡長子繼承によっており、その他は變則的、もしくは補助的なものであるとした。(28) 李衡眉・梁方健は、王恩田の所説を批判しつつ、「一繼一及」は存在せず、西周時代は嫡長子繼承制が強固になっていく時代だと考える。(29)

父子繼承と兄弟繼承の問題以外に、嫡庶の問題がある。それについては、先秦時代においては未だ嫡庶の區別がなかったとする説と、既にその區別が存在したとする説に分かれる。杜正勝は、周代においては未だ「嫡長制」は徹底されていなかったとする。(30) しかし朱鳳瀚は、春秋時代國君や卿大夫の繼承について、正常なのは嫡子繼承であったが、庶子にも潛在的な繼承權があったとする。(31)

以上の學説のもととなっている史料に關する研究が進むにつれ、史料から抽出される繼承には、多分に當時の理念が反映されているとする考えもでてきた。この考えに立つ論者は一概に「新説」に對して懷疑的である。齋藤道子は、春秋時代の楚において兄弟相續がないとはいいきれないとし、楚の王位繼承が「子への繼承」にほぼ固まるのは平王期以後とする。(32) 更に齋藤は、楚の系圖に對する楚側の意圖を考慮に入れる必要性を論じた。(33) 谷口滿は、『左傳』昭公十二年にみえる楚の熊繹建國傳說は、建國という歷史的事實を背景にもたない、架空の建國傳說であるとし、それが楚の武王建國傳說の成立とも關わりをもつであろうとする。そして春秋時代においては熊繹被封は楚國內部においてほとんど社會的意味をもちえていなかったとする。[34] また、燕のように系譜史料から父子繼承が復元される國もあるが、これに作爲性をみる研究者がいる。[35]

このように最近、周代宗法制の根幹である長子繼承が春秋時代以前に遡り得るとする議論が強まっているが、その一方で系譜史料への作爲性を考慮し、長子繼承制の遡及に愼重な研究者も少なからず存在する。こうした研究狀況に對し、第一章で確認した、『左傳』の婚姻記事における晉の姬姓世族を稱揚する「形」は、何を提示することができるのだろうか。そこで次に『左傳』にみえる繼承關係記事を檢討する。

二．『左傳』にみられる繼承

『左傳』には多くの繼承に關する事例がみられる。[36] そこで後揭「左傳繼承表」をもとに、繼承關係の事例を國每について、國君とそれ以外とに分けながら檢討する。

魯

國君

（隱公A）に、

惠公の元妃は孟子なり。孟子卒し、繼室するに聲子を以てし、隱公を生む。宋の武公仲子を生み、仲子生まれて文の其の手に在る有り。曰く、魯の夫人と爲らんと。故に仲子我に歸ぎ、桓公を生みて惠公薨ず。是を以て隱公立ちて之を奉ず。

とあり、『左傳』では隱公攝政説をとっているとされる説話である。この後、（隱公一一―四）の會話文に、

其の少きが爲めの故なり、吾將に之に授けんとす。菟裘に營ましめ、吾將に老いんとす。

とあり、隱公が魯の君位を桓公に讓ろうとしたが、桓公に弑されたとする説話がある。

（莊公三二―三・四・五）からは魯莊公の後繼争いであるが、即位、もしくはその可能性のあった公子の中、公子般・閔公・僖公申は莊公の子として兄弟關係にあるが、孟氏の祖である慶父（共仲）は桓公の子であり、莊公の異母弟である。ここは『公羊傳』では「一生一及」という言葉がみられる部分である。

（文公一八―六）は、魯文公死後の君位争いの説話である。襄仲（公子遂）が文公夫人哀姜の子である公子惡・公子視を殺し、敬嬴の子である宣公を擁立した。（文公一八―七）に、敬嬴の會話文で、

天や。仲不道を爲し、嫡を殺して庶を立つ。

とあり、（宣公一八―六・七・八）に、季文子の會話文で、

我をして適を殺して庶を立て以て大援を失はしめたる者は、仲なるかな。

とあり、（襄公二三―九・一〇）に、「外史掌惡臣（逃亡者を掌る外史の官）」の會話文で、

東門氏に盟ひしや、曰く、東門遂の公命を聽かず、適を殺して庶を立つるが如き或る毋かれ。

とあり、（昭公三二―六）に史官蔡墨の會話文で、

魯文公薨じて東門遂適を殺して庶を立て、魯の君是に於てか國を失ひ、政は季氏に在り、此に於て君や四公なり。

とあって、いずれも會話文で襄仲が嫡子の公子惡・公子視を殺して庶子の宣公を立てたことが批判的に述べられてい

る。

（成公一六―八）は、穆姜が成公に、季文子・孟獻子の追放を要請したが容れられず、穆姜は成公の庶弟である公子偃・公子鉏を指さして、

女可かずんば、是れ皆君なり。

と述べた説話であるが、庶弟でも繼承權があることになる。このことについて、（襄公九―三）穆姜の會話文で、

固より下位に在りて而も有た不仁なり、元と謂ふべからず。

と國君擁立に介入したことが反省されている。

（襄公三一―三）、（襄公三一―C）は、魯襄公が亡くなり、子野が國君に立てられることになったが死亡し、昭公裯が立てられた説話である。（襄公三一―C）穆叔の會話文に、

大子死し、母弟有らば則ち之を立て、無ければ則ち長を立つ。年鈞しければ賢を擇び、義鈞しければ則ち卜するは、古の道なり。適嗣に非ざれば、何ぞ必ずしも娣の子をせん。且つ是の人や、喪に居て哀まず、慼に在りて嘉容有り、是を不度と謂ふ。不度の人、患を爲さざること鮮し。若し果たして之を立たば、必ず季氏の憂ひを爲さん。

とあり、大子が死んだ場合に後繼を立てる順序として、同母弟、庶子中の「長」たる者、より「賢」である者となっており、全て同じなら卜して決めるとする。ここでは昭公の擁立に反對する文脈から議論されている。

（昭公二五―五）は、魯昭公が季平子を排除しようとして失敗し、國外に出奔した説話である。（昭公二九―二）に季平子の會話文で、

務人此の禍を爲すなり。且つ後に生まれて兄爲り、其の誣ふるや久し。

とあり、公衍・公爲（務人）の兄弟がとりちがえられたことと、公爲が昭公出奔の原因であることを理由として公衍が大子に立てられたが、（定公一―二）で叔孫成子（叔孫不敢）の

公衍公爲は實に羣臣をして君に事ふるを得ざらしむ、若し公子宋社稷を主らば則ち羣臣の願なり。凡そ君に從ひて出でて以て入るべき者は、將に唯だ子に是れ聽かんとす。子家氏未だ後有らず、季孫願はくは子と政に從はん。此れ皆季孫の願なり、不敢をして以て告げしむ。

という言葉もあって、昭公の弟である定公（公子宋）が國君に立てられた。そして（定公一―五）に、季平子が定公と同様、兄を繼いで卽位した煬公の廟を建てた説話がある。

また（哀公二四―C）に、魯哀公が寵姬を夫人に立て、その子の公子荊を大子に立てた記事がある。

繼承制度に關する思想がみえる個所は全て會話文である。（隱公A）地の文で惠公死後の隱公攝政説が述べられているが、事實が羅列されているだけであり、特に思想らしきものはみえない。（莊公三二―三・四・五）は魯莊公の後繼爭いの説話であるが、ここは『公羊傳』の會話文において「一生一及」という言葉がみられる部分である。また、（定公一―五）煬公廟建立説話から、兄から弟への繼承について、それなりの制度的意味が殘っていたとも考えられる。（成公一六―八）の説話は庶弟でも繼承權があることを示している。そして、（文公一八―七）、（宣公一八―六・七・八）、（襄公二三―九・一〇）、（昭公三二―六）では宣公、（襄公三一―C）では昭公について、いずれも嫡子ではなく庶子を立てたことが會話文でそれぞれの場合に應じて批判されている。（襄公三一―C）穆叔の會話文は、大子を立てる優先順位について述べられたものだが、嫡子繼承の原則に則っており、「一生一及」の繼承を想起させるものは何もない。これが春秋時代の思想を反映していることの是非については議論の餘地がある。(37)

國君以外

（文公一—二）は魯の孟氏に關する預言記事である。公孫敖（穆伯）の子、穀（文伯）・難（惠叔）の中、穀の子孫が榮えるというものである。（文公七—八）にこの二子の出生に關する說話があり、（文公一四—八）で穀が、

穀の子弱し、請ふ、難を立てん。

といって難が後繼に立てられるが、難も間もなく沒し、預言が成就される。

（成公一六—一三・一四）で、叔孫僑如（宣伯）が齊に追放され、弟の叔孫豹が齊より呼び戻されて叔孫氏の宗主に立てられている。

（襄公二三—九・一〇）に魯の季氏・孟氏・臧氏の後繼爭いの說話がある。季武子（季孫宿）は、庶子の公彌（公鉏）ではなく季悼子（紇）を後繼に立て、また、孟莊子（仲孫速）の死後、孺子秩が廢されて庶子の羯《けつ》が立てられた。これらにはいずれも臧武仲が干渉している。それから、臧宣叔（臧孫許）の子、賈・爲・臧武仲（臧紇）の中、臧武仲が出奔して臧爲が後繼に立てられた。（襄公二三—A）に孔子の會話文で、

知の難きなり。臧武仲の知有りて而して魯國に容れられず。抑そも由有るなり。作すに順ならずして施すに恕ならざればなり。夏書に曰く、茲に念ひ茲に在り、とは、事を順にして施を恕にするなり。

とあり、臧武仲が年長順に季氏や孟氏の後繼を立てなかったことが批判されている。

（昭公四—五）は魯の叔孫氏のお家騷動の說話である。叔孫穆子（叔孫豹）とその子の孟丙が庶子の豎牛に殺され、孟丙の弟である仲壬が齊に出奔し、穆子の子、叔孫昭子（叔孫婼）が立てられた。そして（昭公五—一）で仲壬と豎牛が殺されている。（昭公一二—八）には叔孫昭子の會話文で、

叔孫氏家禍有り、適を殺して庶を立つ、故に婼や此に及べり。若し禍に因りて以て之を斃さば則ち命を聞かん。

若し君命を廢せざれば則ち固より著有り。

とあり、先のお家騷動で嫡子（孟丙）を殺して庶子（昭子）を立てたことを自ら非難している。

（昭公七―六）に、魯の孟僖子（仲孫貜）の二子、孟懿子（仲孫何忌）と南宮敬叔（南宮說）が孔子に師事した說話があり、（昭公一一―七）にその二子の出生に關する說話がある。

（昭公一二―八）に、魯の季武子（季孫宿）が亡くなり、孫の季平子（季孫意如）が立てられた記事がある。武子の子で平子の父である季悼子（紇）が武子より先に亡くなったことも述べられている。

（昭公二五―五）に、魯の季平子の叔父である季公鳥の死後、その子の「室」を弟の季公亥（公若）が後見した記事がある。季公亥は季平子（季孫意如）排除の決起に加わっている。

（昭公二五―五）、（昭公二五―B）に、魯の臧昭伯（臧孫賜）が昭公と共に出奔し、從兄弟の臧會が後繼となった說話がある。

（昭公三二―六）に、史官蔡墨の會話文で、魯の桓公から派出した成季友・季文子・季武子・季平子の歷代季孫氏執政に關する言及がある。

（定公五―四）、（定公五―C）に、魯の季平子が亡くなり、子の季桓子が立ったが、陽虎によって從兄弟の公父文伯とともに囚われた說話がある。

（定公八―一五・一六）は、魯の陽虎が失脚して出奔する說話であるが、そこで陽虎が三桓の當主を立てかえる計畫を企てたが、未遂に終わっている。

（定公一〇―六）に、魯の叔孫成子が子の武叔を後繼に立てようとした時、一族の公若藐が反對した說話がある。

（哀公三―六）は魯の季桓子が病にかかり、

死する無かれ。南孺子の子、男ならば則ち以て告げて之を立てよ。女ならば則ち肥や可なり。と命じて亡くなり、子の季康子（肥）が立ったが、南孺子に男子が生まれたため、季康子は退位しようとしたが、その子は殺されていたという說話である。

（哀公一三―A）に、魯の子服景伯（子服何）の會話文で、魯に後繼がいるという言及がある。

叔孫昭子について、嫡子ではなく庶子を立てたことが（昭公五―一）、（昭公一二―八）會話文で批判されている。（襄公二三―A）孔子の會話文のように、「順」を守らぬ繼承も批判されている。說話の地の文にみえるように、現實には弟や庶子が立つことが間々あり、それに對する原則論として嫡庶の別の思想が利用されているといえる。また（文公一―三）、（文公一四―八）にみられるように、孟氏の初期は形としては「一生一及」であり、父子繼承でない事例が何例かみえる。嫡子繼承ではない繼承に平穩ではないものが多いのは確かであるが、例外的な事例と斷定してよいのかは疑問である。それから、（昭公二五―五）に、魯の季平子の叔父である季公鳥の死後、その子の「室」を弟の季公亥（公若）が後見した記事がある。叔父が甥の「室」を後見することと「一生一及」との間に何らかの關係があるのかは不明である。[38] そして（定公八―一五・一六）は、魯の陽虎が失脚して出奔する說話であるが、そこで陽虎が季桓子を弟の季寤に、叔孫武叔を叔孫輒に、孟懿子を自分にかえて立てる計畫を行っている。[39] 魯の國君以外の場合も國君の場合と同樣、繼承制度に關する思想がみえる個所は全て會話文である。

周　國君

（桓公一八―B）に周公黑肩が周莊王を弑して弟の王子克（子儀）を立てようとして失敗した事件がある。辛伯の會話文に、

后に竝び、嫡に匹し、政を兩にし、國を耦するは、亂の本なり。

とある。

（莊公一九―B）に、周莊王の子である王子頽・惠王の王位爭いがある。（莊公二〇―A）に鄭厲公による預言記事があり、（莊公二一―二）で王子頽が殺されている。

（僖公七―A）から、周惠王の子である襄王とその弟大叔帶（甘昭公）との爭いの説話がある。そして（僖公二四―二）に、母親の惠后が大叔帶を立てようとしたが果たさなかったとある。

（襄公三〇―四）に、周靈王の死後、儋季の子の括が景王の弟である王子佞夫を擁し、景王に對して反亂を起こしたが佞夫ともども殺されたという説話がある。

（昭公一五―A・B）は、周景王の大子壽が亡くなった説話である。

（昭公二二―四）からは、周景王の庶長子である王子朝（西王）の反亂の説話である。景王が亡くなると王子猛（悼王）が立てられたが、王子朝が反亂を起こし、（昭公二三―九）で悼王が亡くなり、弟の敬王（王子匄・東王）が立てられた。（昭公二六―七）に、王子朝の言葉で、王位繼承について、

昔先王の命に曰く、王后適無ければ則ち擇びて長を立つ。年鈞しければ德を以てし、德鈞しければ卜を以てす、と。王は愛を立てず、公卿私無きは、古の制なり。穆后と大子壽と早夭即世せしに、單劉私を贊けて少を立て、以て先王を間せり。

として自分の卽位の正當性を主張している。（定公五―A）で王子朝が楚で殺されている。

（昭公二六―七）、周の王子朝の布告文で、周文王・武王・成王・康王・夷王・厲王・宣王・幽王・攜王・王嗣（平王）・惠王・襄王・王子頽・定王・靈王・景王・大子壽・敬王・王子朝の名が擧げられている。

ここでも繼承制度に關する言及がみえるのは會話文である。（桓公一八―B）王子克の亂では、「嫡」が竝ぶことなどが亂の本であるとされている。（昭公二六―七）では周の王子朝の布告文で、周文王・武王・成王・康王・夷王・厲王・宣王・幽王・王嗣（平王）・惠王・襄王・定王・靈王・景王・大子壽・王子朝（西王）が正統として、攜王・王子頽・大叔帶・敬王が正統でないものとして名が擧げられている。そして王位繼承について、王后に嫡子がいなければ「長」である方を、年が同じなら德のある方を、德も同じなら卜して決めるとされている。これは（襄公三一―C）穆叔の會話文に內容が似ており、後代性の強いものと考えられる。また內亂狀態ではあるが、（昭公二三―九）悼王から敬王のような兄弟繼承もある。會話文で繼承資格として「嫡」や「德」が重視されているのは、周王を繼承する戰國王權の正統觀にとって周王が特別な意味をもつことを考えると當然であろうが、地の文からは周の王位繼承が安定しない狀況がみてとれる。

國君以外

（宣公一五―五）は召戴公が殺され、その子の召襄が立てられた說話である。

（昭公七―H）は、周の單獻公がその族員に殺され、弟の單成公が立てられた說話である。

（昭公一二―C）は周の原伯絞が追放され、弟の公子跪尋が立てられた說話である。

（昭公一二―D）は、周の甘簡公に子がなかったため、弟の甘悼公過が立てられたがその族員に殺され、簡公の二代前にあたる成公の孫、平公鰌が立てられた説話である。

（昭公二二—四）に周の劉獻公が亡くなり、嫡子がいなかったため、庶子の劉文公（伯蚠・劉蚠）が立てられた説話がある。

周の國君以外は父子繼承でないものが多いが、いずれも先代が殺されたり追放されたりと、不正常なものばかりである。（昭公二二—四）は庶子とはいえ父子繼承であるが、王子朝の亂の發端にあたり、劉獻公の死も事件の影がちらつく。もし嫡長子繼承が原則ならば、周の大夫の繼承は例外ばかりということになる。

晉

國君

（桓公二—A）に晉の宗家を曲沃の分家が乘っ取る説話がある。穆侯に大子仇（文侯）と成師（曲沃桓叔）が生まれたが、晉の大夫師服の預言記事によって桓叔の子孫が晉侯の位を簒奪することが示される。穆侯・文侯・昭侯と父子繼承が續き、昭侯が弑されて、桓叔の子で昭侯の從兄弟にあたる莊伯が擁立されそうになったがうまくいかず、昭侯の子である孝侯が立てられた。その後、莊伯に攻められて孝侯が殺され、弟の鄂侯が立てられ、子の哀侯がこれを繼いだが、（桓公三—A）で莊伯の子の武公に捕らえられ、子の小子侯が立ったが、（桓公七—B）で武公に殺され、（桓公八—A）で一旦翼の政權は滅亡したが、（桓公八—C）で周王により哀侯の弟の緡が立てられた。しかし結局（莊公一六—B）で周王により武公が晉侯とされるのである。ここでは父子繼承が多いが、兄弟繼承もあり、また繼承の形式とは關係なく暴力を伴った君位繼承が多い。

（莊公二八―A）から、晉の君位繼承に關する說話が始まる。獻公の子が次々に君位につき、最終的に（僖公二四―A）で文公重耳が卽位して覇業を行うという、有名な說話群である。大子申生が廢されて異母弟の奚齊が立てられ、兄弟の公子重耳と公子夷吾は出奔する。（僖公九―五）で獻公死後奚齊が卽位するが、（僖公九―六）で奚齊・卓子兄弟が殺され、（僖公九―B）で惠公夷吾が歸還する。（僖公二三―A）で惠公死後、子の懷公が卽位するが、（僖公二四―A）で文公重耳が歸還して懷公が殺される。獻公から奚齊、惠公から懷公への父子繼承以外は、兄弟間や甥から叔父への繼承であるがこれらは當然暴力を伴っている。

（文公六―四）、（文公七―五）は晉襄公沒後の君位爭いである。晉の人は年長の國君を立てようとして、趙盾が公子雍、賈季が公子樂を推し、結局公子樂が殺されて公子雍が秦から迎えられる手筈となるが、襄公夫人穆嬴が、

先君何の罪かあらん。其の嗣亦た何の罪かあらん。適嗣を舍てて立てずして外に君を求む、將に焉くに此を寘かんとするや。

と嫡子である我が子を重視せよと說いて大子夷皐（靈公）を卽位させるのである。

（宣公二―四）は晉靈公が弑され、その叔父で襄公の弟である成公が國君に立てられた說話である。

（成公一〇―三）は、晉景公が病にかかったため、大子州蒲（厲公）が國君に立てられた說話である。

（成公一八―二）、（成公一八―A）は晉厲公が弑され、悼公（周子）が立てられた說話である。周子に兄がいたが、菽《まめ》と麥の區別もつかなかったので立てられなかったとある。

（襄公一六―一）は晉悼公が死去し、子の平公が卽位した記事である。

晉の國君について、父子繼承以外の形式は全て暴力を伴っている。しかしながら、そのように暴力を伴った繼承は

（文公六―四）、（文公七―五）襄公から靈公の嫡子繼承の際にもみられ、それだけで父子繼承以外の事例を特殊なものとすることができるのか疑問である。[40]（文公七―五）襄公夫人穆嬴の言葉のように嫡子を重視する文もみえるが、會話文であり、果たして同時代の思想といえるのか疑問である。（成公一八―二）に晉悼公の兄が菽《まめ》と麥の區別もつかなかったので立てられなかったとあるのは、知的障害者には國君となる資格がなかったことを意味する。

國君以外

（僖公二四―A）に、趙衰の妻の趙姫が、我が子趙同・趙括・趙嬰齊をさしおき、異腹の子趙盾を「才」ありとしてこれを嫡子としたという説話がある。

（僖公三三―七）は、郤芮の子郤缺（冀缺）が文公に登用される説話であるが、臼季の言葉で、

舜の罪するや鯀を殛し、其の擧ぐるや禹を興ぐ。管敬仲は桓の賊なり、實に相けて以て濟せり。康誥に曰く、父慈ならず、子祇まず、兄友ならず、弟共ならざるも、相ひ及ぼさざるなり。詩に曰く、葑を采り菲を采る、下體を以てすること無かれ、と。君節を取りて可なり。

とあり、人材登用については父兄のことを子弟に及ぼさないようにすべきだという。

（宣公一―五）は、晉の胥甲父が衞に追放され、子の胥克が後繼に立てられた説話である。

（宣公一七―A）、（成公二―B）は、范武子（士會）とその子の范文子（士燮）に關する説話である。

（成公二―A）に楚の申公巫臣の會話文で、

其れ信ならん。知罃の父は、成公の嬖にして中行伯の季弟なり。新に中軍に佐として鄭の皇戌に善く、甚だ此の子を愛す。

とあり、知莊子・知武子（罃）・中行桓子（荀林父、中行伯）の親族關係が述べられている。（成公三―A）に知罃の會話文で、

君の靈を以て、纍臣骨を晉に歸すを得て、寡君の以て戮と爲さば、死して且つ朽ちず。若し君の惠に從ひて之を免れ、以て君の外臣の首を賜はば、首其れ寡君に請ひて、以て宗に戮せらるれば、亦た死して且つ朽ちず。若し命を獲ずして宗職を嗣がしめば、次で事に及びて偏師を帥ゐ、以て封疆を修むれば、執事に遇ふと雖も、其れ敢て違けず、其れ力を竭し死を致し、二心有ること無く、以て臣禮を盡さん、報ずる所以なり。

とあり、「宗」や「嗣宗職」といった言葉がみえる。

（成公八―六）は、趙氏の一時的滅亡の説話である。成季（趙衰）の子、趙同・趙括が殺された後、韓厥（韓獻子）の會話文、

成季の勳、宣孟の忠にして而して後無し、善を爲す者其れ懼れん。三代の令王皆數百年天の祿を保てり。夫れ豈に辟王無からんや。前哲に賴りて以て免れたるなり。周書に曰く、敢て鰥寡を侮らず、德を明らかにする所以なり。

というとりなしで、趙武が後繼として立てられたのである。ただ、趙武の先代の趙朔はこの說話では名がみえない。

（襄公三―A）は、晉の祁奚が自分の後任に子の午を、晉の羊舌職の後任にその子の赤を推薦した說話である。君子の評言で、

君子祁奚を謂ふ、是に於てか能く善を擧ぐ。其の讎を稱げて諂と爲さず。其の子を立てて比と爲さず。其の偏を擧げて黨と爲さず。商書に曰く、偏無く黨無く、王道蕩蕩たり、と。其れ祁奚の謂なり。

とある。

（襄公七―A）は、韓獻子（韓厥）が引退し、韓穆子（公族大夫無忌）を立てようとすると斷られ、その弟である韓宣子（韓起）が立った說話である。韓穆子の會話文で、

詩に曰く、豈に夙夜ならずや。謂ふに行に露多かんらむ、と。又曰く、躬らせず親らせず、庶民信ぜず、と。無忌不才にして、其の可に讓らんや。請ふ、起を立てん。田蘇と游びて曰く、仁を好む、と。詩に曰く、爾の位を靖共し、是の正直を好め。神の之に聽かば、爾の景福を介にせむ、と。民を恤めるを德と爲し、直を正すを正と爲し、曲を正すを直と爲し、參和を仁と爲す。是の如くなれば則ち神之を聽きて、介福之に降る。之を立つる、亦た可ならずや。

とあり、韓宣子は「好仁」ため立てるべきだとしている。

（襄公一四―三）に、晉の欒氏滅亡の預言記事がある。

武子の德は民に在り、周人の召公を思ふが如し。其の甘棠を愛す、況んや其の子をや。欒黶死すれば盈の善未だ能く人に及ばず、武子の施す所沒はりて黶の怨實に章はれん、將に是に於てか在らん。

とあり、父子繼承がなされている。（襄公二一―四）でその預言が成就されている。欒武子（欒書）・欒懷子二代については、欒桓子（欒黶）の子、欒懷子（欒盈・欒孺子）が周の行人に、

昔陪臣書能く力を王室に輸し、王惠を施せり。其の子黶其の父の勞を保任すること能はず。

と述べる會話文もある。

（襄公一四―B）に、晉の知武子・知莊子（知朔）・知悼子（知盈）三代に關する記事があり、武子の生前に莊子が亡くなり、武子が亡くなると悼子が幼少だったので卿を繼げなかったとある。

（襄公一九―A）に、晉の中行獻子（荀偃）が死の前にあたり、子の中行穆子（荀吳）を後繼に指名した說話であ

る。

（襄公二四—一）は、晉の茫氏の祖先に關する說話である。魯の穆叔はこのような世系を「世祿」とよんでいる。（昭公二八—A）で（昭公三—B）に晉の羊舌肸（叔向）の會話文で、羊舌氏の子孫が絕えることを預言している。子の楊食我が殺され、羊舌氏が滅亡する。

（昭公九—B）に、晉の知悼子（荀盈）が亡くなり、子の荀躒（知文子）が下軍の佐に任命された說話がある。

（昭公一五—C）に周景王の會話文で、晉の籍談の遠祖が孫伯黶であることが述べられている。

（昭公二八—B）に晉の魏獻子について、その子孫が續くとする孔子による預言記事がある。

（昭公二九—B）に史官蔡墨の會話文で、范氏の祖先に關する傳說的記事がある。

（定公一三—五・六・七）に、晉の邯鄲午（趙午）が趙簡子に殺され、子の趙稷が邯鄲で離反した說話がある。

（哀公二〇—C）に晉の趙襄子（趙孟・無恤）の會話文で、趙簡子（志父）を「先主」、趙襄子を「嗣子」、楚隆の會話文で趙簡子を「先臣」と呼んでいる。また（哀公二七—E）に知襄子（荀瑤）が、

惡にして勇無し、何を以て子と爲す。

というと、趙襄子（趙孟）が、

能く恥を忍ぶを以てなり。庶はくは趙宗を害すること無からんや。

と答えた記事があり、これ以後趙襄子は知襄子を惡み、ついに韓・魏氏と共に知氏を滅ぼしたという記事が續く。

全般的に、晉の大夫は平穩無事な繼承ばかりではないとはいえ、全て父子繼承の形をとる。ただ、嫡子繼承かどうかは不明である。事實として、晉の大夫層では父子繼承の傾向が強かったとはいえるだろう。ここでも靈公即位の說

話の會話文で、嫡庶について觸れられている。（僖公二四—A）趙盾が嫡子とされる場面では、「才」の有無によって嫡子であることが決定されている。一見、趙盾を褒める記事のようだが、見方を變えれば、趙盾は嫡子ではなく庶子だったことになる。嫡庶の別を重視すれば趙氏を貶める記事となる。また、（襄公七—A）韓宣子が立てられる場面では、「好仁」という理由で兄の韓穆子の讓りを受けており、形式上父子繼承となっている。

齊

國君

（莊公八—五）に齊襄公が弑された後、公孫無知が國君に立てられるがこれも弑され、その後公子小白（桓公）と公子糾とが君位を爭う說話がある。襄公・桓公・公子糾は兄弟關係にあり、公孫無知は彼らと從兄弟の關係にある。

（僖公一七—四）は、齊桓公死後の君位爭いの說話である。（僖公一八—一）、（僖公一八—三）で、桓公の子である公子無虧（武孟）・孝公・昭公・懿公・惠公の五人が次々に國君になるのである。いうまでもなくこれらは非常事態であり、平和的に繼承が行われているわけではない。

（文公一四—三）は齊昭公の死後、その子の公子舍が即位するが、（文公一四—九ａ）、（文公一四—九ｂ）でその叔父にあたる公子商人（懿公）が舍を殺して即位する。この過程で、商人が公子元（惠公）に位を讓ろうとして斷わられる說話がある。そして（文公一八—三）で懿公が弑されて兄弟の惠公が即位することになる。

（成公一七—五）は、齊靈公の母である聲孟子の讒言で、高無咎と鮑牽が靈公にかえて兄弟の公子角を國君に立てようとしているという說話である。

（襄公一九—八）は、齊靈公が大子光（莊公）を廢して異母弟の公子牙を立てたが、靈公が病にかかると再び公子光を大子に立て、靈公が死ぬと莊公が卽位した説話である。君位繼承は父子繼承で行われている。（襄公二五―二）は、齊莊公が崔杼に弑され、その兄弟である景公杵臼が卽位した説話である（哀公五―四）からは、齊景公死後、短期間で君主が次々に弑されながら交替する。まず齊景公が病にかかり、荼（安孺子）が大子に立てられたが、景公が亡くなるとその子である公子嘉・公子駒・公子黔・公子鉏・公子陽生（悼公）が出奔する。（哀公六―七）で、陳僖子により公子陽生が呼び戻されて卽位し、荼が殺される。（哀公一〇―二・三）で吳に攻められた申し開きをするため、悼公が弑される。その後簡公壬が卽位したが、（哀公一四―一〇）で陳成子に弑される。

（僖公一七―四）以後の桓公五公子の君位爭いにみられるように齊の國君は明らかに嫡長子繼承でない事例が多い。宇都木章もいうように、齊では嫡長子繼承は異例とせねばならぬような狀況である。(41) 晉の國君の場合と同樣、齊の君位繼承でも父子繼承以外の形式には暴力が伴っている。とはいえ、やはり父子繼承にも桓公から公子無虧のように同樣のものがある。果たして父子繼承以外の制度が例外といえるのか、はなはだ疑問である。また、（成公一七―五）は讒言とはいえ、國君の弟が卽位し得ることを示している。なお、ここでは繼承制度について議論されている文はみられない。

國君以外

（成公一七―五）は、刖刑を受けた齊の鮑牽（鮑莊子）の後繼として弟の鮑國（鮑文子）が立てられた記事である。その理由は、施氏に仕えて「忠」だったからである。

（成公一八―三）は、齊靈公に國佐とその子國勝が殺され、國弱が後繼に立てられたという說話である。說話の解說で「禮也」とされている。

（襄公一七―B）は、齊の晏桓子（晏弱）の死後、子の晏嬰が斬衰に服した說話である。

（襄公二五―二）に齊の大史が、

崔杼其の君を弑す。

と記錄したために崔杼に殺され、その弟たちも同樣のことをしたため、あわせて四人全員が殺されたとする記事がある。

（襄公二七―D）に齊の崔杼の子である成が惡疾のために廢され、異母弟の明が後繼に立てられたが、同母弟の彊とともに「宗主」の明を殺そうとした說話がある。

（襄公二八―六）に、齊の慶封が國政を子の慶舍（子之）に任せていたとする記事がある。

（襄公二九―一〇）、（襄公二九―E）に、齊の高止が北燕に追放され、子の高豎が反亂を起こしたが、高氏の後繼として敬仲の曾孫である高酀を立てるのとひきかえに矛を收めて出奔したという說話がある。高酀は高止の二世代前にあたる。

（昭公三―I）に、齊の子雅（公孫竈）が亡くなり、子の子旗が禍にかかるとする晏子による預言記事がある。

（昭公八―B）に、齊の子尾（公孫蠆）が亡くなり、子旗（欒施）が子尾の子である子良（高彊・孺子）の室を併せようとした說話がある。子旗と子良は齊惠公を祖としており、又從兄弟の關係にある。（昭公一〇―二）に、子旗と子良が出奔する說話があり、（昭公一〇―四・五）、魯の叔孫昭子の會話文でも高・欒氏の滅亡について觸れられている。

（昭公二六―三）、魯の申豐の會話文に、齊の高齮を高氏の後繼にしようともちかけた記事がある。（哀公一四―三）に、齊の陳氏の遠い族員である陳豹に、闞止が、

我盡く陳氏を逐ひて女を立たば若何。

と誘いをかけると陳豹が斷わった記事がある。また、陳成子（陳常・陳恆）が出奔しようとすると、陳氏の族員である陳逆（子行）が、

需は事の賊なり。誰か陳宗に非ざらん。子を殺さざる所の者ならば、陳宗の如き有らん。

といって逃亡をやめさせた記事がある。（哀公二七―C）に、齊の陳成子の會話文で、齊の顏涿聚の子、晉に、

隰の役、而の父死せり。國の多難を以て未だ女を恤まざるなり。今君女に命ずるに是の邑を以てするなり。車に服して朝し、前勞を廢する毋かれ。

と述べた記事がある。

齊の大夫についてみられるのは、晉の大夫の場合と同様、ほとんどが父子繼承である。兄弟繼承は（成公一七―五）施氏に仕えて「忠」だったという理由で繼がされた鮑牽から鮑國の事例と、（襄公二五―二）大史の職を弟たちが繼いだ事例のみである。その一方で、（哀公一四―三）陳逆の會話文のように、世族の宗主になる資格の範圍が極めて廣いものであり、田齊王權の特質を表すとされる文もある。[42] こういう會話文の年代は時代が下る可能性を考慮せねばならないが、齊における古い慣習の殘存と考えることも可能である。從って父子繼承が原則であったと結論づけてよいのか疑問である。

楚

國君

（文公一―一〇）に、楚成王が商臣（穆王）を大子に立てたが、また王子職を立てたくなり、商臣に弑されるという說話がある。令尹子上の會話文で、

楚國の擧は、恆に少に在り。

だから商臣を大子に立てるなとあり、（昭公一三―三）の晉の叔向の會話文とともに、楚の末子繼承を示すものとされる。

（襄公一三―三）に楚共王の會話文で、

不穀不德にして、少くして社稷を主る。生まれて十年にして先君を喪ひ、未だ師保の教訓を習ふに及ばずして多福を應受す。是を以て不德にして師を鄢に亡ひ、以て社稷を辱め、大夫の憂ひと爲ること、其れ弘多なり。

とあり、莊王から王位を繼承したことが記されている。

（襄公二九―B）に楚康王の死後、子の郟敖が卽位したが、康王の弟であり、令尹となった王子圍（靈王）に王位をとってかわられるとする、鄭の行人子羽による預言記事がある。（昭公一―二）、（昭公一―A）にも同様の預言記事があり、（昭公一―一〇）で公子圍が郟敖とその二子、幕と平夏を殺して王位に卽き、靈王の兄弟である王子比（子干・訾敖）・王子黑肱（子皙）は出奔している。（昭公四―三）に慶封の會話文で、

楚の共王の庶子圍其の君兄の子麇を弑して之に代はり、以て諸侯に盟ひしが如き或る無かれ。

とあってこの事件が述べられている。

（昭公一三—一）、（昭公一三—三）に、楚靈王が反亂で自害し、その子である大子祿と公子罷敵が殺され、その兄弟である王子比（子干・訾敖）が王位に卽き、王子黑肱（子晳）が令尹、公子棄疾（蔡公・平王）が司馬になるが、すぐに公子棄疾に王位をとってかわられた說話がある。（昭公一三—二）に、楚共王の五子が次々に王位に卽き、最終的に平王に落ち着くことを預言する說話があり、大夫の鬬韋龜の會話文で、

禮を棄て命に違ふ、楚其れ危きかな。

とあり、康王・郟敖と嫡長子繼承がなされ、末子の棄疾が立てられずにあることが批判されている。また晉の叔向の會話文で、

羋姓に亂有れば、必ず季實に立つは、楚の常なり。

とあり、楚の末子繼承を示すものとされる。

（昭公一九—B）、（昭公一九—D）、（昭公二〇—B）は、楚平王の大子建が追放される說話である。

（昭公二六—六）は楚平王が亡くなり、令尹子常が、

大子壬弱く、其の母適に非ざるなり、王子建實に之を聘す。子西長じて善を好む。長を立てれば則ち順、善を建てれば則ち治まる。王順に國治まる、務めざるべけんや。

と述べて庶長子の子西を立てようとしたが、子西に、

是れ國を亂して君王を惡するなり。國に外援有り、瀆すべからざるなり。王に適嗣有り、亂るべからざるなり。親を敗り讎を速くし嗣を亂るは不祥なり。我其の名を受けん。吾に賂するに天下を以てするも、吾滋ます從はざるなり。楚國何をか爲さん。必ず令尹を殺せ。

と怒って斷わられたため、大子壬（昭王）が立てられた說話である。「嗣」を亂すことは不祥なのである。

（哀公六―六）に、楚昭王が王位繼承者に弟を指名しようとしたが、公子申（子西）・公子結（子期）に斷わられ、公子啓（子閭）が承諾した。昭王が亡くなると、公子啓は、

君王其の子を舍てて讓る、羣臣敢て君を忘れんや。君の命に從ふは順なり。君の子を立つるも亦た順なり。二順失ふべからざるなり。

と述べて章（惠王）を立てた。君の子を立てるのは「順」というわけである。

（哀公一六―C）に、白公勝の亂で楚惠王が囚われ、令尹子西（公子申）・司馬子期（公子結）が殺された記事がある。また、白公勝は平王の子で惠王の兄弟である子閭（啓）を王に立てようとしたが、斷られて殺している。

楚の末子繼承について、實際にそれと分かるのは（昭公一三―三）平王のみであり、他は長幼が不明であることが多い。そして末子繼承について論ずる文はいずれも會話文である。だから先に述べたように、楚の末子繼承を疑問視する考えがでてくるわけである。ここにみられる楚王の繼承には兄弟繼承もみられるが、暴力を伴ったものが多い。ただ、（文公一―一〇）成王から穆王のように父子繼承の場合にも暴力を伴う事例があるため、やはりそれだけで兄弟繼承を特殊な例外とするこはできないであろう。また（昭公四―三）慶封の會話文では、庶子の靈王が兄王の子を殺して卽位したことが批判されており、嫡子繼承を正當とする思想がみえる。これは會話文であることと、更に話者が北方の齊の人物であることを考慮せねばならない。（昭公二六―六）で令尹子常は、大子壬（昭王）の母が「適（嫡）」ではなく、子西が「長」、「善」であることを理由とし、子西を王に立てようとするが、子西に激しく斷られている。一方、（文公一―一〇）令尹子上の會話文

楚國の擧は、恆に少に在り。

や、（昭公一三―三）の晉の叔向の會話文

羋姓に亂有れば、必ず季實に立つは、楚の常なり。

は、ともに楚の末子繼承を示すものとされる。（昭公一三―三）の平王卽位の預言記事のところでは、平王に王位を繼承させず、嫡長子繼承が行われたことについて、會話文で批判がなされている。そして（哀公六―六）の會話文では父子繼承を行うのが「順」だとされている。（哀公一六―C）に白公勝の亂で、白公勝が惠王の兄弟である子閭（啓）を王に立てようとしている。楚の國君の場合、他國の國君とは異なり、會話文からは嫡長子繼承が正當だということは讀みとれない。むしろ、末子繼承に正當性があると解釋できるような文章がみられる。事實もそうであったかはしれないが、北方の中原諸國に對する楚の異質性が強調されているようにみえる。

國君以外

（文公一二―四）は、楚の令尹大孫伯（成大心）の死後、弟の成嘉（子孔）が令尹を繼ぐ說話である。

（宣公四―A）は、楚の若敖氏に關する說話である。祖である若敖・鬭伯比・子文（鬭穀於菟）と續き、子文の子である令尹鬭般が讒言で殺され、子文の弟である司馬子良の子、子越椒（鬭椒）が令尹になるが、莊王に滅ぼされてしまう。また、子文の孫に箴尹克黃（生）がおり、莊王により若敖氏の後を繼がせられた。また（襄公二六―F）會話文に、この內亂の際に鬭椒の子、苗賁皇が晉に出奔したとある。

（襄公二五―D）は、楚康王が子木に賞賜しようとすると、子木は薳子馮の功績であると讓ったため、その子、薳掩に賞賜したという說話である。

（襄公二七―E）に、楚の薳氏が代々續いていることをもっともだとし、薳罷（子蕩）が政權を握るとする預言記事がある。

（昭公二〇―B）に、楚の伍奢とその子の棠君伍尚が殺され、伍尚の弟である伍員（子胥）が呉に出奔する説話がある。伍尚が伍員に亡命するよう述べた文に、

爾は呉に適け、我は將に歸死せんとす。吾が知は逮ばず、我能く死せん。爾は能く報いん。父の命を免るるを聞く、以て之に奔ること莫かるべからざるなり。親戚戮せられ、以て之に報いること莫かるべからざるなり。死に奔り父を免れしむるは孝なり。功を度りて行ふは仁なり。任を擇びて往くは知なり。死を知りて辟けざるは勇なり。父は棄つべからず、名は廢すべからず。爾其れ之を勉めよ。相ひ從ふより愈れりと爲す。

とあって、親戚が戮せられれば報復せねばならないことをいっている。

（定公四―一四）に、楚の鬪成然の子である鬪懷が、父を殺した楚平王の子である昭王を弑そうとしたが、兄の鬪辛がこれをとどめて、

滅宗廢祀は孝に非ざるなり。

という會話文がある。

（哀公一六―C）は、楚の大子建の子である白公勝の反亂の説話である。葉公子高（沈諸梁）が亂を平定すると、子西の子の寧（子國）を令尹に、子期の子の寬を司馬に任命している。（哀公一七―E）では、楚惠王が弟の子良を令尹にすることを卜したが、葉公子高は、

王子にして國を相く、過ぎたること將に何をか爲さんとす。

といって子西の子、子國を令尹に任命したとある。

楚の國君以外については、父子繼承が兄弟繼承より多いが、それが末子繼承であるのかを明確に示す文がない。令尹の繼承については、齋藤道子が靈王・平王期を境として就任した公子に違いがみられ、王子圍までは王の一世代上に當る人物が當たっているが、公子比より後は王の兄弟もしくは從兄弟が當たっているとし、これが王位の子への繼承の原則化と軌を一にし、公子の序列化がなされていくとしている。(43)

吳

國君

（襄公一四—A）は、吳の壽夢の死後、兄の諸樊が末子の季札を王位に立てようとしたのを斷る說話である。季札の會話文で、

曹の宣公の卒するや、諸侯曹人と曹君を義とせず、將に子臧を立てんとす。子臧之を去り、遂に爲らざるなり。以て曹君を成せり。君子曰く、能く節を守る、と。君は義嗣なり、誰か敢て君を奸さん。國を有つは吾が節に非ざるなり。札不才と雖も、願はくは子臧に附し、以て節を失ふこと無からん。

とあり、「義嗣」たる諸樊にかわって王位につくことが「節」を失うことだとしている。

（襄公三一—F）に、吳の諸樊・餘祭（戴吳）の死後、季札は王位に卽かず、夷末・光・夫差が卽位するという、吳の屈狐庸による預言記事がある。ここでは季札が卽位しない理由を、彼が「節」を守るからだとしている。

（昭公二七—二）に、吳王僚（州于）が甥の公子光（闔閭）に暗殺され、公子光が吳王となる說話がある。

（昭公二三—A）には吳の大子諸樊の名がみえる。

（定公四—一五）に、吳が楚の郢を占領し、吳王闔閭の子、子山が令尹の館に入ったが、王弟の夫槩王に攻められ

かけたため、これを引き拂った記事がある。夫槩王は、（定公五―B）で王を稱したが闔閭に敗れ、楚に出奔している。

（定公六―A）には吳の大子終纍の名がみえる。

（定公一四―四）に、吳王闔閭が越との戰いで亡くなり、子の夫差が王位を繼いだ說話がある。

（哀公七―三）に魯の子貢の會話文で、吳の始祖である大伯、後繼の仲雍に關する言及がある。

（哀公一三―五）に、吳王夫差の大子友が越に敗れて捕らえられた記事がある。

國君以外

（哀公一一―A）に、吳の伍子胥（伍員）が吳の滅亡を見越して、子を齊の鮑氏に託して王孫氏の祖とした說話がある。

吳は大夫層の事例が（哀公一一―A）の一例のみであるため、國君の事例と一括して檢討する。（襄公一四―A）、（襄公三一―F）會話文で季札は「節」を守って王位を斷わる。ここには嫡子繼承を正當とする思想がみえる。しかし、實際には吳では兄弟繼承の事例が多くみられるし、季札の會話文の內容が理想的・道德的に過ぎるため、これを吳の思想とするには疑問が殘る。

鄭

國君

(隱公一―三)に鄭武公とその子、莊公と共叔段に關する說話があり、

> 初め鄭の武公申に娶り、武姜と曰ひ、莊公及び共叔段を生む。莊公寤生まれて、姜氏を驚かす、故に名づけて寤生と曰ひ、遂に之を惡む。共叔段を愛し之を立てんと欲す。亟しば武公に請ふも、公許さず。

とあり、母親の姜氏が弟を愛してこれを大子に立てようとしたが、武公に斷わられて果たさなかったとある。

(桓公一一―二・四)に、鄭莊公沒後の君位爭いの說話がある。まず大夫祭仲により昭公(公子忽)が立てられるが、すぐに宋の大夫雍氏の壓力により、異腹の兄弟である厲公(公子突)が卽位し、(桓公一五―四・五)で厲公が出奔して昭公(公子忽)が復位し、(桓公一七―A)で昭公が弑されて弟の公子亹が立てられ、(一八―A)で彼が殺されて祭仲により公子儀(鄭子)が立てられた。その後、(莊公一四―A)で厲公が鄭子とその二子を殺して復位している。

(僖公七―四)に、鄭文公の大子華に關する齊の管仲の預言記事があり、(僖公一六―D)で預言通り殺されている。

(宣公三―七)は、鄭文公の子である穆公蘭に關する說話である。いずれも穆公の兄弟であるが、子華・子藏は文公に殺され、公子士は楚で殺され、子瑕は夭折し、子俞彌は大夫の洩駕や文公に惡まれたため、大子に立てられなかったとある。そして、鄭の石癸による穆公卽位の預言記事がある。

(宣公四―三)は、鄭靈公弑殺の說話である。鄭の人は子良(公子去疾)を國君に立てようとしたが、

> 賢を以てすれば則ち去疾足らず。順を以てすれば則ち公子堅長ず。

といって斷られたため、異母兄の襄公堅が立てられた。子良のこの行爲については、（宣公一四―三）地の文に、

鄭子良を以て禮有りと爲す、故に之を召す。

とある。

（成公一〇―三）は、鄭成公が晉に囚われたため、公子繻・公子髡頑が次々に國君に立てられたように見せかけ、成公が鄭に歸されるようにしたという說話である。『史記』鄭世家は、晉の欒書が鄭を圍んだため公子繻のみ擁立されたとし、『左傳』とは事情が異なる。（成公一〇―B）で公子擁立に關わった者が成公に殺されている。（襄公七―九）、（襄公八―A）は、鄭僖公が弑されて子の簡公が立てられた說話である。

鄭の國君には兄弟繼承が行われているものがかなりあるが、それらは全て暴力を伴ったものである。宇都木章によると、鄭の公位繼承は、當初から公族の力が強く、外壓も加わって安定を缺きつつも、殆んど嫡子相續を主流としたものの如くであったという。(44) その中で、（襄公七―九）の僖公から簡公への繼承のように、父子繼承にも暴力を伴ったものがみられる。（宣公四―三）子良（公子去疾）の會話文では、君位繼承において「賢」と「順」を重んずる思想がみえる。

國君以外

（襄公一九―一二）に、鄭穆公の子である子然・士子孔の子、子革・子良を、同じく穆公の子である子孔が輔佐したとする記事がある。

（襄公二二―D）に、鄭の公孫黑肱（子張）が病にかかり、子の段（子石）を後繼に立てた記事がある。

（襄公二二―E）は、鄭の游眅（子明）が他人の妻を奪って殺され、執政の子展により子の良が廢されて弟の游吉（大叔）が立てられた説話である。

（襄公二九―D）に、鄭の子展（公孫舍之）が死亡し、子の子皮（罕虎）が上卿になったという記事がある。なお、鄭の罕氏の子孫が續くとする、晉の叔向による預言記事もある。

（襄公二九―F）に鄭の伯有の會話文で、

世行なり。

とあり、代々伯有の家系が使者となっていることが述べられている。

（昭公二―三）に、鄭の公孫黑が子産に自害させられる説話があり、子の印を褚師にしてほしいと頼んだが、子産に、

印や若し才あらば君將に之に任ぜん。不才ならば將に朝夕女に從はんとす。女罪を之恤へずして又た何ぞ請はん。速に死せずんば司寇將に至らんとす。

といわれている。「才」があれば任ぜられるだろうし、なければ父と同じ運命をたどるだろうとする。

（昭公一六―C）に鄭の子産の會話文で、孔張は鄭襄公の兄である公子嘉（子孔）の孫であり、執政の「嗣」とされている。

（昭公一九―E）に鄭の駟偃（子游）が亡くなり、晉の大夫の妻との子である絲が幼少のため、駟偃の弟である子暇（駟乞）を立てた記事がある。子産は「不順」として許さなかったが、止めもせず、晉の使者に對してその會話文で、

鄭國不天にして、寡君の二三臣札瘥夭昏し、今又た我が先大夫偃を喪ふ。其の子幼弱にして、其の一二父兄宗主

を隊さんことを懼れ、私族於に謀りて長親を立つ。寡君と其の二三老と曰く、抑ふに天實に駟氏を剝亂せり、是れ吾何をか知らん、と。諺に曰く、亂門を過ぐる無かれ、と。民に亂兵有るも、猶ほ之を過ぐるを憚る。而るを況んや敢て天の亂る所を知らん。今大夫將に其の故を問はんとす。抑ふに寡君實に敢て知らず、其れ誰か實に之を知らん。平丘の會に君舊盟を尋ねて曰く、職を失ふこと或る無からん、と。若し寡君の二三臣にして、其れ世に卽く者、晉の大夫にして專ら其の位を制すれば、是れ晉の縣鄙なり。何の國か之爲さん。

と述べ、駟氏を「亂門」としている。

鄭の大夫では、數的にいって父子繼承が多いが、それが同時に嫡子繼承であるかは不明である。（昭公一九―E）子游の後繼について、子が幼少であることを理由として弟を立てたことを子產が「不順」と評價している。[45] また、（昭公二一―三）子產の會話文のように「才」を重視する思想もみえる。

宋

國君

（隱公三―五）に、宋穆公が臣下の反對にもかかわらず、子の莊公をさしおいて兄の宣公の子である殤公を後繼に指名した說話があり、會話文で穆公が、

先君與夷を舍てて寡人を立つ、寡人敢て忘れず。若し大夫の靈を以て首領を保ちて以て沒するを得るも、先君若し與夷に問はば、其れ將た何の辭か以て對へん。請ふ、子之を奉じて以て社稷に主たらしめよ。寡人死すと雖も、亦た悔無からん。

と述べる條があり、兄が自分を立ててくれた恩に報いるためだとある。しかし（桓公二―一）で殤公は弑され、（桓公二―四）で莊公が即位するのである。

（莊公一一―三）に、魯の臧孫達による桓公即位の預言記事があり、（莊公一二―三）で宋閔公が弑されて公子游が立てられるがそれも殺され、（莊公一二―四）で閔公の弟桓公御説が立てられた。

（僖公八―A）に、宋桓公が病にかかり、大子茲父（襄公）が子魚（目夷）を

目夷長にして且つ仁、君其れ之を立てよ。

として後繼にすることを請うたが、子魚が辭退して大子茲父が即位した記事がある。そして、（僖公九―C）で子魚が「仁」であるため、その子孫である魚氏が代々左師となったとする記事がある。魚氏が左師という要職を世襲することになった由來を述べた說話である。

（文公一六―六）は宋昭公が弑され、その庶弟文公鮑が即位したという說話である。（文公一八―A）、（宣公三―六）に、文公が同母弟の司城須と昭公の子を殺したとの記事がある。兄弟の繼承順位が高いことを示しているのかもしれない。

（襄公二六―六）に、宋平公の子、大子痤が讒言により自害し、愛妾の子である佐（元公）が大子に立てられた說話である。（昭公一〇―六）で宋平公が亡くなり、元公佐が即位している。

（昭公七―八）に、魯の孟僖子の會話文で、宋の弗父何が國君の位を厲公に讓り、その子孫の正考父が宋の戴・武・宣公を輔佐したとする說話がある。

（哀公二六―B）に、宋景公死後の君位爭いの說話がある。景公には子がなく、兄である公孫周の子、得・啓を引き取ったがまだ大子に立てていなかった。景公が亡くなると、啓は楚に出奔し、得が國君に立てられた。

（隱公三—五）のように、「一生一及」といってもよいような繼承事例がみられる。穆公の會話文では、兄の宣公が穆公に繼承させたことに報いるためという、宣公・穆公・殤公による「一生一及」の理由づけがなされているが、果たしてこれがかような繼承の本來の意味であるか、甚だ疑問である。「一生一及」のような事例がみられるだけあって、兄弟繼承の事例が他にもみられるが、宣公から穆公の事例以外は、やはり暴力を伴う繼承である。また（僖公八—A）で大子茲父（襄公）が子魚（目夷）を後繼にすることを請うた會話文では、「長」と「仁」とが國君として立つのに備わるべき資質とされている。（文公一八—A）、（宣公三—六）には、兄の昭公を殺して卽位した庶弟の文公が同母弟の司城須と昭公の子を殺したとの記事がある。兄弟の繼承順位が高いことを示しているのかもしれない。「一生一及」であるとは斷定できないが、宋では嫡長子繼承とは異なる獨特な繼承が優位を占めているようにみえる。(46)

國君以外

（襄公一七—六）は、宋の華閲の死後、弟の華臣が華閲の子、華皐比の「室」を奪おうとして出奔することになった說話である。

（昭公六—五）に、宋の右師である華合比が追放され、弟の華亥がかわって右師になった說話がある。華亥の行爲は向戌の會話文で、

女や必ず亡げん。女而の宗室を喪す、人に於て何か有らん。人亦た女に於いて何か有らん。詩に曰く、宗子は維れ城なり、城をして壞らしむること毋かれ、獨り斯に畏ること毋かれ、と。女其れ畏れんや。

と非難されている。

(定公六―五)に、宋の樂祁(子梁)が子の溷(子明)を後繼に立てる說話がある。また、樂祁が晉で死ねば樂氏の子孫が宋で志を得るとする陳寅による預言記事がある。

(哀公一七―H)に、宋の右師皇瑗(子仲)が非我を嫡子にしようとした時、子の麇が、

必ず伯を立てよ、是れ良材なり。

と兄の鄎般をすすめたが従わなかったという記事がある。(哀公一八―A)で讒言により子仲が殺されるが、宋景公が事實を知って子仲の從子である皇緩を右師の後繼としている。

宋の大夫では父子・兄弟・伯父甥の繼承がみられるが、ほとんどが不正常な事態によるものである。(哀公一七―H)會話文では、後繼者をすすめる理由として「良材」という言葉が使用されている。このように宋の大夫層の繼承は他の中原諸國とは異なり、必ずしも父子繼承優位ではない。

衞

國君

(隱公三―B)に、衞莊公の子である桓公と公子州吁の君位爭いの說話がある。桓公は先君莊公と陳の戴嬀との子だが、州吁は「嬖人」の子とある。(隱公四―二)で州吁が桓公を弑して卽位するが、(隱公四―六)、(隱公四―七)ですぐに殺害されて兄弟の宣公が立てられる。大夫石碏の會話文に、

臣聞く子を愛すれば之に敎ふるに義方を以てし、邪に納れず、と。驕奢淫泆は自りて邪なる所なり。四者の來るは寵祿過ぎればなり。將に州吁を立てんとすれば乃ち之を定めよ。若し猶ほ未だならば、之を階にして禍を爲さ

ん。夫れ寵せられて驕らず、驕りて能く降り、降りて憾みず、憾みて能く眕まる者は鮮し。且つ夫れ賤貴を妨ぎ、少長を陵ぎ、遠親を間て、新舊を間て、小大に加へ、淫義を破るは、所謂六逆なり。君義に臣行ひ、父慈に子孝に、兄愛し、弟敬す、所謂六順なり。順を去り逆に效ふ、禍を速く所以なり。人に君たる者は將に禍を是れ務めて去らんとす。而るに之を速かば、乃ち可ならざること無からんや。

とあり、順逆について述べられている。

（桓公一六―五）に、衞宣公死後、惠公朔・公子黔牟による君位爭いの説話がある。（莊公六―一・二）に惠公が復位するが、その後に君子の評言があり、

君子二公子の黔牟を立てたるを以て度らずと爲す。夫れ能く位を固くする者は、必ず本末に度りて而る後に衷を立つ。其の本を知らざれば謀らず。本の枝せざるを知れば強ひず。詩に云へらく、本枝百世、と。

とあり、人を國君の位につけるにはその「本末」をはからねばならないとする。

（閔公二―六八）に、衞の一時的滅亡に關する説話があり、そこで歴代國君の血緣關係がでてくる。惠公の後、子の懿公が繼ぐが、狄に攻められて衞が一旦滅亡し、惠公の庶兄、昭伯の子である戴公とその弟の文公が復興するというものである。

（僖公一八―六八）に、邢人・狄人に攻められたため、衞文公が「父兄子弟」に君位を讓ろうとしたが、みなきかず、出兵すると狄が撤退した説話がある。

（僖公二八―一六・一七）に、衞の大夫元咺が成公を晉に訴え、公子瑕を國君としたという記事である。（僖公三〇―三）に成公は衞に戻って復位し、元咺と公子瑕を殺している。

（成公一四―六八）に、衞定公が病氣になり、公子衎（獻公）を太子に立てさせたが、定公の夫人姜氏による會話文

がある。そこでは獻公の弟の鱄を國君に立てたかったとあり、(襄公一四―四)で獻公が出奔することになる。(襄公一四―四)は、衞獻公が出奔し、かわりに穆公の孫にあたる公孫剽(子叔)が立てられた說話である。(襄公二六―二)で衞侯剽とその大子角が殺され、獻公が復歸している。

(昭公七―八)は、衞襄公が亡くなり、子の孟縶子が國君に立てられず、弟の靈公元が立てられた說話である。嫡長子を立てずに弟を立てたわけであるが、このことについて、衞の史朝の會話文で、

康叔之を名づく、長と謂ふべし。孟は人に非ざるなり、將に宗に列せざらんとす、長と謂ふべからず。且つ其の繇に曰く、建てて侯とするに利ろし、と。嗣吉ならば何ぞ建てん。建つるは嗣に非ざるなり。二卦皆云ふ、子其れ之を建てよ。康叔之を命じ、二卦之を告げ、筮夢に襲へるは、武王の用ひし所なり、從はずして何をか爲さん。弱足者は居る。侯は社稷を主り、祭祀に臨み、民人を奉じ、鬼神に事へ、會朝に從ふ、又た焉ぞ居を得ん。各おの利する所を以てす、亦た可ならずや。

とあり、國君の資格を表す「長」と「嗣」というキーワードを逆手に取った理由づけがなされている。(定公八―D)には衞靈公の會話文で、自分は社稷を辱めたため、先君襄公の後繼をあらためて卜するように述べる記事がある。國君を決める方法として占卜があることを示す文である。

(定公一四―九)からは、衞靈公の子である大子(莊公)蒯聵とその子である出公輒の君位爭いの說話である。(定公一四―九)で大子蒯聵が出奔する。(哀公二―二)靈公の會話文で、嫡子がいないため、庶子の子南(公子郢)を大子に立てようといったが斷わられ、出公輒を立てた說話がある。(哀公一五―C)で大子蒯聵が復歸して莊公となり、出公が出奔する。(哀公一六―E)で莊公が渾良夫に、

疾と亡君と、皆君の子なり。之を召して材を擇びて可なり。若し不材ならば器得べきなり。

といわれたのを大子疾に告げられ、大子疾を大子とすることを強制的に盟約させせられる。「材」によって後繼を選べばよいというのである。(哀公一七―F)で莊公が殺されて襄公の孫である公孫般師が立てられたが、齊の人に靈公の子である公子起を立てられ、公孫般師が囚われた。(哀公一八―C)で起が追放され、出公輒が齊から復歸している。(哀公二五―A)で出公が出奔し、(哀公二六―A)で莊公の庶弟である悼公が立てられ、出公は越で沒する。

衞では春秋初期にかなりの兄弟繼承がみられる。(47) ここでは、(閔公二―六)戴公から文公、(昭公七―八)襄公から靈公のように、暴力を伴わない兄弟繼承がみられる。國君を立てる場合に考慮すべき要素として、(隱公三―B)大夫石碏の會話文の「順」・「逆」や、(桓公一六―五)君子の評言「本末」、(昭公七―八)衞の史朝の會話文の「長」・「嗣」といった單語が擧げられている。(哀公一六―E)渾良夫の會話文では、「材」を基準に大子を選ぶことが述べられている。これらは後で述べるように戰國的な思想の可能性があり、春秋時代の思想を反映しているかについては大いに疑問がある。

國君以外

(宣公一四―一)は、衞の孔達が晉の咎めから國を守るために責任を被って自害し、その子が位を繼がされた説話である。

(襄公一九―E)に、衞の石共子(石買)の死後、子の石悼子(石惡)に關する孔成子の預言記事がある。(襄公二八―二)で石悼子が出奔し、甥の石圃が後繼に立てられている。

(襄公二〇―A)は、衞の甯惠子(甯殖)が子の甯悼子(甯喜)に、獻公を復歸させるよう遺言する説話である。

（襄公二五―F）に大叔文子による甯氏滅亡の預言記事があり、（襄公二七―三）でそれが成就されている。

（哀公一一―六）に、衛の大叔懿子（大叔申）の子で、懿子を繼いだ大叔疾（悼子）が出奔し、弟の大叔遺（大叔僖子）が立てられた説話がある。

（哀公一五―C）、（哀公一六―B）に、衛の孔文子（孔圉）の子、孔悝（孔叔）が出奔する説話がある。

衛の大夫の繼承は、父から子が五例、叔父から甥が一例、兄から弟が一例である。後二者は先代の出奔による繼承である。とはいえ父子繼承の事例にもやはり自害や出奔によるものがみえる。

陳

國君

（桓公五―一）に、陳文公の子で桓公の兄弟である公子佗（陳佗、五父）が、桓公の病が重くなる中で、桓公の子の大子免を殺して大子になり、『春秋』（桓公六―四）でその陳佗が殺される記事がある。（莊公二二―三）齊の陳氏に關する預言記事の中でこのことが觸れられており、陳佗が殺されて桓公の子の厲公が立てられたとある。（襄公二五―九）にも説話があり、鄭の子産の會話文で、

> 桓公の亂に、蔡人其の出を立てんと欲し、我が先君莊公五父を奉じて之を立つに、蔡人之を殺し、我又た蔡人と厲公を奉戴す。莊宣に至るまで皆我之自り立つ。夏氏の亂に、成公播蕩し、又た我之自り入るは、君の知る所なり。

とあり、陳の國君は代々鄭が立てていると述べられている。

（昭公八―一・二・四・五）は、陳哀公の後繼をめぐる説話である。哀公が病にかかると、正夫人の子である悼大子偃師が殺されて第二夫人の子である公子留が大子に立てられ、哀公が自殺すると國君に即位したが、楚に咎められて公子留が出奔した。そして（昭公八―七・九・一一）で楚の公子棄疾が偃師の子である孫呉を奉じて陳を滅ぼすことになる。

これ以降の繼承事例は國君のみである。（桓公五―一）、『春秋』（桓公六―四）、（莊公二二―三）、（襄公二五―九）にみられる桓公↓佗↓厲公という繼承順序は「一生一及」の形式に當てはまるが、穆公以降は父子繼承のみとなる。(48)楚や鄭といった他國の強い影響下で國君位は安定しなかったようである。また繼承順位の問題ではないが、（襄公二五―九）鄭の子産の會話文で、陳の國君は代々鄭が立てていると述べられている。

曹

國君

（成公一三―四・六）は、曹宣公の死後の君位爭いである。公子負芻（成公）は大子を殺して即位し、（成公一五―三）で成公が晉に囚われたため、曹の人は子臧（公子欣時）を立てようとしたが果たさなかった。このことについて呉のところで述べたように、（襄公一四―A）呉の季札の會話文・君子の評言で觸れられている。ここでの君子の評價は「能守節」である。

（襄公一四―A）呉の季札の會話文については呉のところで觸れた。事例が少ないため、曹の繼承について確かなことは何もいえない。

蔡

國君

（襄公二八—B）に、蔡景侯が子の手にかかって殺されるとする子産の預言記事がある。（襄公三〇—二）で大子般（靈侯）に弑されている。（昭公一一—三）で靈侯が楚靈王に誘殺され、（昭公一一—一〇）で蔡が楚に滅ぼされて隱大子が祭祀の犧牲に用いられた。しかし（昭公一三—八）で楚平王の即位後、隱大子の子、平侯廬が蔡を再建させた。（昭公二一—一）、（昭公二一—六）は、蔡平侯が亡くなり、大子（蔡侯）朱が即位したが、すぐに出奔して朱の子である東國が即位した說話である。魯の叔孫昭子による蔡滅亡の預言記事がある。

蔡の國君は全て父子繼承であるが、（昭公二一—一）、（昭公二一—六）平侯から大子朱への繼承以外は、君主の暗殺や出奔といった不正常なものばかりである。先述した「新說」の論法からいえば父子繼承を異例としてもよさそうなものであるが、無論そのようなことはいえないであろう。

紀

國君

（莊公四—四）に紀侯が弟の紀季に國を讓る說話がある。

紀の國君の繼承に關する唯一の事例は兄弟繼承である。事例が少ないため、確としたことはいえない。

邾

國君

（文公一四—七ａ）に、邾文公の死後、定公貜且が立てられ、異母弟の捷菑が晉に逃げる說話がある。（文公一四—七ｂ）で晉が捷菑を送り込もうとするが、邾の人は、

　齊の出《をひ》貜且長ず。

と、定公が「長」であることを理由に拒み、趙盾はこれを

　辭順にして從はざるは不祥なり。

として歸還する。

（哀公八—四）に、邾隱公益が無道のため、呉のために幽閉され、大子革が立てられた說話がある。（哀公一〇—一）で隱公が魯、齊へと出奔し、（哀公二二—Ａ）で越に出奔してその援助で復歸し、國君の大子革が出奔した。（哀公二四—Ｂ）に、隱公がまたも無道だったため、越は公子何を立てたが、何も無道だったとある。

邾の國君の繼承については、（文公一四—七ｂ）文公死後の君位爭いの說話の會話文で、「長」、そしてそれを重んずる「順」を重視する思想がみえる。

莒

國君

（文公一八―九）に、莒紀公の大子僕が大子を廢されたため、紀公を弑して魯に亡命した說話である。季文子の會話文で、

行父莒僕を還觀するに、則るべき莫きなり。孝敬忠信を吉德と爲し、盜賊藏姦を凶德と爲す。夫れ莒僕は、其の孝敬に則らんとすれば則ち君父を弑せり。其の忠信に則らんとすれば則ち寶玉を竊めり。其の人は則ち盜賊なり。其の器は則ち姦兆なり。保じて之を利るは則ち藏に主たるなり。以て訓すれば則ち昏く、民則る無し。善に度らずして皆凶德に在り、是を以て之を去る。

とある。

（襄公三一―六）は、莒犂比公が展輿を大子に立てたが廢したため、展輿に弑され、去疾が齊に出奔した說話である。（昭公一―七）で去疾は呼び戻されて即位し、展輿が吳に出奔している。また（昭公四―四）にも去疾（著丘公）が即位したとする記事がある。

（昭公一四―五）、（昭公一四―六）は、莒著丘公が亡くなり、子の郊公が立てられたが出奔し、著丘公の弟である庚輿が立てられた說話である。（昭公二三―六）で庚輿が出奔し、郊公が復歸している。

莒の國君では、父子繼承以外に兄弟や叔父甥間の繼承もみえるが、（昭公一四―五）、（昭公一四―六）著丘公から郊公への父子繼承以外は全て暴力を伴うものである。

偪陽

國君

（襄公一〇―二）に、偪陽が晉に滅ぼされた説話である。そして偪陽子が捕らえられ、その族人中から後嗣が霍人に入れられたことを、説話の解説で「禮也」とする。

（襄公一〇―二）の一例しかないが、これは晉の干渉による繼承であり、繼承者の續柄も不明である。

戎

國君

（昭公一六―二）に、戎蠻子嘉が楚平王に殺された説話がある。その後、その子が國君に立てられたことが、説話の解説文で「禮也」と評價されている。

わずか一例であるが、楚の干渉による父子繼承である。それが『左傳』編者にとっては「禮」なのである。

以上、『左傳』にみえる各國の繼承事例をみてきたが、次はここでの作業を踏まえて先秦時代の繼承について議論していくことにする。

三　戰國時代における春秋時代の繼承解釋

先程の檢討の結果、『左傳』において繼承制度の解說やそれに關する思想がみえるのは、說話の會話文であることが明らかになった。說話の地の文では、父から子へ以外に、兄から弟、甥から叔父へなどという繼承の事實がそのまま記されているだけである。確かに、楊升南のいうように兄から弟や甥から叔父へなどといった事例では、暴力を伴ったものがしばしばみられる。(49)しかし、父から子への繼承においても同樣な事例は少なからずみられ、これは必ずしも繼承の形式の問題ではないと考えられる。(50)一般人民と異なり、國君や宗主の繼承には政治的な要素の絡む度合いが大きいため、それが制度に從って運用されないことがあるのはむしろ當然といえる。とはいえ、國君や宗主の後繼を選擇する血緣範圍には一定の規制があるものである。兄から弟へという事例が相當數みえるからというだけで兄弟繼承が制度として存在したとはいえないが、これだけ地の文にその事例がみえるということは父から子への繼承ではなく、兄から弟や叔父から甥などといった繼承が優先される場合がかなり存在したということであろう。(51)それから既に宇都木章が指摘している通り、春秋中・後期に入ると父子繼承の記事が多くなる。(52)

地域的には、國君は父子繼承以外の繼承が、事例數の多い國では平均的にみられる。大夫層でも周と宋以外では父子繼承が主流とはいえ、それ以外の繼承もそれなりにみられる。(53)これは、「舊說」論者によれば兄弟繼承と父子繼承との相克を、「新說」論者によれば兄弟繼承が例外であることを示すことになるが、これだけの兄弟繼承事例を例外として扱うのは困難である。

それから魯などの「一生一及」や兄弟繼承など、嫡子繼承でない繼承には會話文でその理由づけが行われている場合がかなり存在する。このことは、『左傳』編纂の時代、もしくは遡ってその材料となる說話が成立した時代には、そうした繼承が行われる理由を明記しなければならない事情が存在したことを意味する。ここで、「一生一及」や兄弟繼承については、それが行われた理由が後代性の強い解釋を伴いつつ述べられるのであるが、楚の末子繼承の場面については、楚が歷代そうした繼承形態をとっているという解說があるだけで、何故末子繼承なのかに關する說明がない。つまり、楚の繼承制度が中原地域と異質なものであることが『左傳』におけるこれらの說話記事、更にはその材料となった說話において自明のものとして認識されており、餘分な解說を加える必要がなかったのである。また、そうした說話が『左傳』に配列されることにより、楚の異質性が強調されているとも考えられる。このことは、楚について『左傳』が材料とした史料が楚を中心とする南方のものである可能性を意味する。ただ、既に述べたが、多くの研究者が疑念を示しているように、楚の繼承制度が實際に會話文でいうような末子繼承だったということを斷定できるわけではない。

繼承者を選擇する場面の會話文には、血緣原理に基づく「長」・「適（嫡）」・「嗣」[54]といった單語以外に、「賢」・「仁」・「才」といった人物の德目や能力を表し、賢人につながる言葉もみられる。國君や宗主を繼承するに値する資質として、「長」・「適」という血緣原理と、「賢」・「仁」・「才」という賢人輔佐の非血緣原理とが存在するわけである。それらをそのまま字義通り解釋すれば、楚以外の諸國では、「賢」・「仁」・「才」といった賢人輔佐の屬性を備えた嫡長子が國君や宗主の地位に就くのが正しい繼承のあり方であるということがみえてくる。こうしたキーワードからは、春秋時代の諸侯や大夫というよりは戰國時代に稱王した勢力のことが連想される。[55]そして「少」、「季」なる者が即位する楚は、中原諸侯との異質性を強調されることになる。一方、（襄公一四―A）で末子である吳の季札は「節」を守って國君の位を拒否するのである。ところで、前記屬性の優先順位については、（襄公三一―C）、（昭公二六―七）

の會話文にみられるように、血縁原理が上位にあるようにみえるが、（襄公七—A）韓穆子が宗主の地位を弟の韓宣子に譲る場面では、「好仁」という非血縁原理が優先されている。韓宣子の登場する場面で非血縁原理が血縁原理に優越するというのは『左傳』の成書を考える上で重要視すべきことである。宇都木章がいうように、『史記』における戰國時代の諸侯系譜は、いずれもほぼ嫡長子繼承をとっている。(56)系譜は君主の正當性を血縁原理の方面から支持するもの、あるいは貶めるものとなり得る。『左傳』などの文獻史料の編者は、その血縁原理に關する價値觀から史料の材料となる說話を配列することになるだろう。春秋以前のそうした材料には嫡長子繼承ではない事例が數多く存在する。そこで繼承記事を配列して嫡長子繼承を特別視し、それが「正しい」繼承制度だということを示そうとすることが可能性の一つとして考えられる。事實『左傳』では、晉の大夫、鄭といった世族勢力については長子繼承の事例が多く示され、嫡長子繼承以外の繼承事例に暴力を伴うなど、不幸な事件が伴うことが示されたり、君子の評言などで嫡長子繼承の正當性が論ぜられたりすることになる。従って、「新說」のように春秋時代における繼承の原則は嫡長子繼承であったという結論が導き出されるのは、論者自身が無意識のうちに、『左傳』編者の觀念に引きずられていることになる。(57)

楊升南は春秋時代の魯で長子繼承制が定制であった根據として、『春秋』桓公六年

九月丁卯、子同生まる。

について『穀梁傳』

疑ふらくは、之を故志とせり。時に曰く、同や他人なり、と。

の范寧集解

莊公の母文姜齊襄に淫す、疑ふらくは公の子に非ず。時人僉《みな》曰く、齊侯の子他人に同じ、と。

それと『公羊傳』莊公元年

夫人公を齊侯に譖ふ。公曰く、同は吾が子に非ず、齊侯の子なり、と。

を引用して血統の重要性を論ずる。[58] しかし繼承の型について、實際に繼承がなされたあり方と、その制度としてのあり方は別の問題である。つまり、兄弟で繼承が行われた部分について、暴力によるものが多いことが即不正常な繼承を意味するとは限らないのである。

また楊升南は、前節でもとりあげた『左傳』昭公二十六年の昭王擁立の文などを引用し、楚で嫡長子繼承が行われていた根據とするが、[59] これらはいずれも楚の王位繼承に關わる會話文である。王位繼承はいうまでもなく君主權力の正統觀を反映しやすい部分であるから、この個所は『左傳』が成書された時代、もしくはそれに近接する時代の思想である可能性を考慮する必要がある。また何浩・張君が、『左傳』（文公一—一〇）令尹子上の會話文はその場の狀況に應じた個人的な發言にすぎず、同（昭公一三—三）叔向の會話文はその時の狀況について述べられた誇張であるとするのは、あまりに恣意的な解釋だといわざるを得ない。[60]

先に述べたように、會話文では嫡庶の別や長幼の順が議論されているわけであるが、地の文ではその原則によらない繼承がしばしばみられる。會話文でそうした繼承が批判されていることも間々あるが、それだけ實際には存在したということであろう。それから國君の後繼を選ぶ際、會話文に「長」という文字がよくみえる。長幼の序を重んずるということであろうが、先に觸れたように後代性の強い內容であることから、戰國中期まで下る可能性がある思想である。嫡庶については、嫡子と庶子という區別は存在したかもしれないが、その區別が會話文で解說されているような內容のものであったかは大いに疑問である。庶子が嫡子をさしおいて國君や宗主となっている事例もかなりみられるからである。

「一生一及」の語は『公羊傳』にあって『左傳』にはみえないが、その形式によるとみられる繼承の説明が（隱公三―五）會話文で行われることから分かるように、そういった繼承の存在が『公羊傳』の編者同様、『左傳』編者にも認識されていたことを想定できる。しかし、その理由は（隱公三―五）のように道義性の強いものであり、春秋時代にそうした理由で行われたかは不明である。

ところで、『左傳』には繼承と關わりのある「讓」について、（僖公八―A）宋の子魚、（僖公二四―A）趙姬、（宣公四―三）鄭の子良、（襄公七―A）韓穆子、（襄公一四―A）吳の季札、（昭公七―六）宋の弗父何というような事例がみられる。これを春秋時代以前の社會的機能と捉える考えもあるが、[61]『左傳』の會話文で（僖公九―C）の「仁」、（僖公二四―A）の「才」、（宣公一四―三）の「有禮」、（襄公七―A）の「好仁」、（襄公一四―A）の「節」、といった先述したような戰國時代の思想を思わせるような意味付けが行われていること、（昭公七―六）は孔子に關わる會話文であることや、三晉や田齊の君主權力がそれぞれ晉公室や姜齊公室を繼承、つまり形式上は「讓」によって成立したことを思えば、『左傳』における「讓」の意味付けは極めて戰國的色彩の強いものとなる。

周知のように周代は後世において理想化され、個々の時代における政治や社會などのモデルとなった。嫡庶の別や長幼の序、賢人輔佐の理念は後々まで影響を與えた。しかし、春秋時代以前においては、そうした理念的な周代の制度がそのままの形で存在したわけではなかったのである。

鈴木・江頭の伯仲叔季結婚階級説は、谷田孝之の反論によって誤りを含んでいることが明らかになった。しかし、彼らや加藤常賢らの先人が、今から三〇年以上前の時代に、當時の他分野の最新學説や金文史料など、利用し得る材料を全て用いて先秦時代の家族制度を解明しようとした點は評價されるべきであろう。導出された理論には誤りが含まれていたとはいえ、彼らは史料上の文章の背後にいかなる事實が隱されているのかを、時代的制約を抱えつつもなし得る限り追求したのである。加藤常賢ら先學は單に家族制度だけではなく、その背後にある社會體制のあり方やその變化まで視野に入れて議論したのであった。だが、「新說」の論者からはそういう姿勢をみてとることは困難である。[62]そういう意味では、史料の表面をそのまま敷衍したかにみえる「新說」は、研究者の史料に對する態度として退行している部分がなきにしもあらずである。

そもそも、池澤優がキーシングを引用しながら述べるように、出自理念は父系・母系・雙系の三種類しかなく、個々の社會のなかでは大抵三種類の出自理念全てが併存しているのであり、様々な割合で共存している出自理念が組み合わされることにより、その社會獨自の親族集團が構成されることになる。[63]つまり、ある社會における出自理念が父系であるか母系であるか議論すること自體がナンセンスなのである。父子繼承か兄弟繼承かという類の議論も同工異曲である。繼承問題は、いかなる局面において、いかなる形で議論されるかということに着目されるべきであって、現實社會における出自理念を二ないし三者擇一で決定しようとすることには意味がないのである。すなわち、『左傳』會話文のように戰國中期の成立と考えられる史料において、父子繼承に特別な意義付けが行われていることに着目すべきなのである。

このように、「舊說」・「新說」ともに繼承の問題を議論する上で、本質的な誤りを内包していることになる。

結　語

本節では、繼承の問題について先行研究を踏まえて検討した。先秦時代は「一生一及」など、地域によっては獨自の繼承制度があったとする「舊說」と先秦時代も父子繼承が制度としては唯一であったとする「新說」とを、『左傳』

の繼承關係史料をもとにして比較検證した。

その結果、次のようなことが明らかになった。『左傳』は、賢人としての徳目を備えた嫡長子による繼承を正當とするような繼承關係記事配列を行っていると思われる。賢人としての徳目は戰國時代以後の時代性を思わせるものである。また宇都木章が『史記』から再構成される系譜について指摘したように、春秋時代、特にその前期において、地域によっては父子繼承以外の繼承がとられることがしばしばあった。傳世文獻上では、父子繼承は戰國時代に近づくほどその事例が數多くみられるようになる。このような傳世文獻においては父子繼承に特別な意味が與えられ、後の時代では、血縁原理による君位正當性を根據づける制度として理解されるようになっていく。このことが、『左傳』の會話文にみられるように、繼承制度に關する後代性の強い理由づけに反映されていると考えられる。楚については、末子繼承という中原地域とは異なる繼承制度が存在するという認識が、少なくとも『左傳』の編纂された時代において存在したことは事實である。そして『左傳』では繼承に關する楚の異質性が強調されている。但し、魯などの「一生一及」や楚の末子繼承として傳世文獻に現れる繼承制度が、傳世文獻の解釋そのままの形で存在したかについてはなお疑問の餘地がある。

そもそも新舊兩説には、出自理念を父系か母系か、或いはやや表現を變えて、父子繼承か兄弟繼承かというように、二ないし三者擇一で決定しようとする缺陷がある。キーシングのいうように、ある社會における出自理念は必ず父系・母系・雙系を含んでおり、それをいずれか一つに特定しようとすることは意味のない作業である。もし出自理念を議論するなら、文獻において何故特定の出自が重要視されているかということを問題にすべきであろう。

『左傳』における繼承關係記事はその性質上、君主權力の稱揚に關わりやすいだけに、『左傳』會話文の繼承に關する議論は、戰國時代に下るものではないかという疑念は強いものとなった。これらはいずれも從來先秦家族制が議論される際、同時代のものと考えられたり、逆に後代性が強すぎるとして検討對象から除外されてきたものである。周代宗法制を含めた先秦家族制の問題を今一度見直す必要があろう。

本節では專ら『左傳』を利用して議論したが、他の傳世文獻や出土史料についても検討がなされなければならない。そして、繼承問題のみにとどまらず、その背後に存在する先秦時代の族組織の實態について更に考察を進める必要がある。そのような考察對象として、次節では同姓不婚の問題をとりあげることにする。

注

（1）「制度」というより「慣習」といった方がむしろ適切かもしれないが、本節では慣習法の意味を含めて全て「制度」を用いる。「繼承」については、「相續」という用語も使用されるが、本節では引用する場合を除き、原則として「繼承」に統一する。それから本節での「繼承」は原則として君位、宗主位や官職に關することとし、財產權については對象外とする。

（2）李亞農『周族的氏族與拓跋族的前封建制』（上海人民出版社、一九五四年九月）のように「新說」のさきがけとなるような學說があったが、その後の中國國內情勢の關係もあってか、一九八〇年代までは繼承制度をめぐる議論自體が下火となっていた。

（3）宗法については、服部宇之吉「宗法考」（『東洋學報』三―一、一九一三年一月）、加藤常賢『支那古代家族制度研究』（岩波書店、一九四〇年九月）、鈴木隆一「宗法の成立事情」（『東方學報』京都三一、一九六一年三月）など參照。なお、近年宗法制を殷代以前に遡及させる議論もあるが、議論が多岐に亙るため、ここでは觸れないでおく。

（4）このことは殷代の族制や昭穆制の議論とも關連をもつものであるが、問題の焦點が分散するため、本節ではその問題の存在を指摘するだけにとどめておく。

（5）仁井田陞『支那身分法史』（東京大學出版會、一九四二年一月）四九一～四九二頁。ただ、滋賀秀三「承重について」（『國家學會雜誌』七一―八、一九五七年八月）のような、仁井田のいう「排行主義」を認めない立場もある。この論爭は、兄弟原理を認めるかどうかという點で、本節で取り扱う主題と共通する部分がないではない。

(6)　一九六〇年以前の「一生一及」に關する研究史については、鈴木隆一「一生一及の相續法」(『東方學報』京都三三、一九六三年三月) 參照。

(7)　王國維『觀堂集林』巻十三「殷周制度論」。

(8)　胡厚宣「殷代封建制度考」(『甲骨學商史論叢』初集、齊魯大學國學研究所、一九四四年三月)。

(9)　胡厚宣「殷代婚姻家族宗法生育制度考」(『甲骨學商史論叢』初集、齊魯大學國學研究所、一九四四年三月) 一六二頁。

(10)　鈴木隆一「同姓不婚について」(『支那學』一〇 (本田小島二博士還暦記念號)、一九四二年四月) 一七～二三頁。

(11)　鈴木隆一前揭注 (6) 論文八四、一〇七～一〇八頁。

(12)　宇都木章「宗族制と邑制」(『古代史講座』六、學生社、一九六二年十二月)。

(13)　宇都木章「西周諸侯系圖試論――春秋・戰國諸侯系圖より見た――」(『中國古代史研究』第二、吉川弘文館、一九六五年五月)。

(14)　江頭廣『姓考――周代の家族制度――』(風間書房、一九七〇年四月) 第五章第二節「一生一及」・第三節「周代の相續」。

(15)　江頭廣前揭注 (14) 書二六二～二六三、二六八、二六九頁。

(16)　張光直「商王廟號新考」(『中央研究院民族學研究所集刊』一五、一九六三年、『中國青銅時代』(香港中文大學出版社、一九八二年) 所收)。

(17)　牟潤孫「春秋時代之母系遺俗公羊證義」(『新亞學報』一、一九五五年八月) など。

(18)　江頭は、モルガンの結婚階級の概念、その他、フレーザーやH. E. ドライヴァーの議論を引用している。

(19)　江頭廣前揭注 (14) 書二八五頁。

(20)　谷田孝之『中國古代家族制度論考』(東海大學出版會、一九八九年十月) 一八三～二二七頁「伯仲叔季と結婚階級」。

(21)　谷田孝之前揭注 (20) 書九九～一一三頁。

(22)　王恩田「再論西周的一繼一及制」(『大陸雜誌』八四―三、一九九二年三月)。

(23) 仁井田陸前掲注（5）書四九二頁。江頭廣前掲注（14）書二五九頁は、楚は兄から弟への傳位があり、末子相續ではないとする。
(24) 文崇一『楚文化研究』（中央研究院民族學研究所專刊之十二、一九六七年）九〇～九四頁。
(25) 楊升南「是幼子繼承制、還是長子繼承制？」（『中國史研究』一九八二―一）。
(26) 何浩・張君「試論楚國的君位繼承制」（『中國史研究』一九八四―四）。これや楊升南前掲論文については、齋藤道子「楚の王位繼承法と靈王・平王期」（『史學』五七―一、一九八七年五月）三～四頁が簡潔に要旨をまとめている。
(27) 張正明『楚史』（湖北教育出版社、一九九五年七月）六六頁。
(28) 錢杭『周代宗法制度史研究』（學林出版社、一九九一年八月）第五章。
(29) 李衡眉・梁方健「「一繼一及」非「魯之常」説」（『齊魯學刊』一九九九―六、一九九九年七月）、同「論西周的王位繼承制度」（同『先秦史論集（續）』、齊魯書社、濟南、二〇〇三年一月）。
(30) 杜正勝「周代封建制度的社會結構」（『中央研究院歷史語言研究所集刊』五〇―三、一九七九年九月）五六八頁。
(31) 朱鳳瀚『商周家族形態研究』（天津古籍出版社、一九九〇年八月）四七六～四八五頁。
(32) 齋藤道子前掲注（26）論文。
(33) 齋藤道子「春秋楚國の王と世族――その系譜關係をめぐって――」（『日中文化研究』一〇、勉誠社、一九九六年八月）八六～八七頁は、『史記』楚世家の楚王系譜に疑問を呈し、楚自身が自らの支配權を中原諸國モデルに當てはまる形に再編しようとする意圖を指摘する。
(34) 谷口滿「先秦楚國の建國と建國傳説――先王傳説の形成にみられる加上の法則――」（『中國における歷史認識と歷史意識の展開についての總合的研究』、平成四・五年度科學研究費補助金總合研究（A）研究成果報告書、一九九四年三月）七～八頁。また、平勢隆郎『中國古代紀年の研究――天文と曆の檢討から――』（東京大學東洋文化研究所、汲古書院、一九九六年三月）一七七～一七八頁は、楚正と武→文→成の繼承關係、そして詛楚文が成王から説き起こすことから、成王以前の武王・文王は王號を遡上したとしている。

（35）燕の世系は『史記』燕世家より再構成されるが、そのことについては、相原俊二「春秋期における燕の變遷——燕國考その二——」（中國古代史研究會編『中國古代史研究』第三、吉川弘文館、一九六九年十一月）三〜一三頁參照。ただ最近では眉縣楊家村の逨盤（西周中期後半）のように、父子繼承の形をとる金文の系譜史料が出土していることもあり、父子繼承のみからなる系譜を信頼する研究者も現れている。

（36）個々の事例については後掲「左傳繼承表」參照。事例の解説については紙幅の都合もあり、必要最小限にとどめた。また、『左傳』の年代と番號の表記は、平勢隆郎『左傳の史料批判的研究』（東京大學東洋文化研究所、汲古書院、一九九八年十二月）「附　春秋左氏傳の内容分類」によった。

（37）平勢隆郎前掲注（36）論文一六一、一八九頁は、『左傳』の「説話」會話部分には、戰國的表現が使用されていて、そのままでは、春秋時代を語るべきものにはならないとする。小倉芳彦「ぼくの左傳研究とアジア・フォード問題」（『歴史評論』一九六三—五、一九六三年五月）の分類でも、會話文は（Ⅱ）のやや後代性を有する部分にあたる。

（38）「室」については、松本光雄「中國古代の「室」について」（『史學雜誌』六五—八、一九五六年八月）、小野澤精一「左傳に見える「室」の意味と春秋時代の財産」（『日本中國學會報』一〇、一九五八年十月）など參照。それらによると、「室」は古くは建物、場所、血縁體の意味で使用されていたが、『左傳』では財貨、邑、田地を指すようになったという。

（39）季孫氏・叔孫氏の代替宗主候補がそれぞれの氏族の族員であることから、小倉芳彦「陽虎と公山不狃——春秋末期の「叛」——」（『中國古代政治思想研究』、青木書店、一九七〇年三月）三〇六頁は、陽虎が孟孫氏の族員だったのではないかと推測する。

（40）宇都木章前掲注（13）論文一三七頁は、晉公室は嫡子相續の傾向が強いが、目まぐるしい傍系の國君成立を許した事情の影には、かなり兄弟相續及び嫡庶をかえり見ぬ風が存したらしい點がうかがえるようだとする。

（41）宇都木章前掲注（13）論文一二六頁。

（42）太田幸男「田齊の成立——齊の田氏について・その二——」（中國古代史研究會編『中國古代史研究』第四、雄山閣、一九七四年三月）二七七頁は、田（陳）常に代わる者として、特定の後繼者が存在するのではなく、族員すべてが、族の推戴によって宗主（宗長）となり得るきまりがあったとし、田常に共同體の首長的性格をみている。池澤優「西周春秋時代の「孝」と祖先祭祀――「孝」の宗教學・その一――」（『筑波大學地域研究』一〇、一九九二年三月）一〇九～一一〇頁は、陳逆簠・陳逆𣪘の銘文について、小宗たる陳逆によって大宗（陳桓子）を中心とする團結が主張されており、そうしなければならない必然性があったとする。

（43）齋藤道子前掲注（26）論文一六～一八頁。

（44）宇都木章前掲注（13）論文一四一頁。

（45）江頭廣前掲注（14）書二六〇～二六一頁は、この事件から、父子相續がかなり勢力を得ながらも、兄弟相續と父子相續兩制度間の移行期にあり、この兩制度が兩立し得たことを知り得るとする。

（46）宇都木章前掲注（13）論文一三三頁は、宋室系譜の性格は本來「一繼一及」的兄弟相續と見なし得るとする。

（47）宇都木章前掲注（13）論文一三九頁は、春秋初期には兄弟相續を思わせるものがあるが、それ以降は大體において嫡子相續を原則とした繼承が行われていたらしいとする。

（48）宇都木章前掲注（13）論文一四五頁は、春秋前期に、やや公位繼承に特異な點をのぞかせるだけで、以後は嫡子相續に終始したようだとする。

（49）楊升南前掲注（25）論文。

（50）齋藤道子前掲注（33）論文は、君位繼承に付隨する暴力が、卿・大夫との確執によって公が廢される場合の多い中原とは異なり、次の王となる人物によって行使されているとする。このように、同じ暴力でも質が異なることが指摘されている。

（51）齋藤道子前掲注（33）論文八～九頁は、楚の王位繼承についてこのことを述べる。

（52）宇都木章前掲注（13）論文。また、平勢隆郎前掲注（36）書四五四～四五五頁は、春秋中期以後、軍事據點としての縣が面的に擴がるとするが、そうした社會の激變が繼承のあり方や族制の變化と關係あるかもしれない。春秋期の縣制に關しては松井嘉德『周代國制の研究』（汲古書院、二〇〇二年二月）第Ⅳ部第一章「「縣」制の遡及」のように春秋戰國の縣制を西周期まで遡及させる立場をとり、春秋戰國時代の畫期性をあまり強調しない立場もある。ここでは問題の所在に言及するにとどめておく。

(53) 宇都木章「春秋時代の宋の貴族」(『古代學』一六―一、一九六九年八月)は、貴族が君權に依存し、君權が貴族に依存するという宋國君權の獨自性、宋の國政の保守性について述べている。

(54) 『左傳』における「嗣君」については、平勢隆郎前掲注(36)書一〇三～一〇九頁が、「嗣君」が韓宣子を示し、「魯君」がその「嗣君」を承ける時期に用いられることをもって韓宣子が「君」となったことを表現するものと理解できるとしている。

(55) 戰國時代の稱王における賢人輔佐という非血緣原理と血緣原理、そしてそれらと正統觀との關係については、平勢隆郎前掲注(34)書「結びにかえて」、同前掲注(36)書一一～一六頁參照。

(56) 宇都木章前掲注(13)論文一二一頁。

(57) 春秋時代の系譜は、『史記』や『國語』といった『左傳』以外の史料からも導き出されるが、藤田勝久『史記戰國史料の研究』(東京大學出版會、一九九七年十一月)や平勢隆郎前掲注(34)書二三八、二四四頁が指摘しているように、これらの史料も戰國時代の正統觀の影響を受けた材料を含んでいると思われる。

(58) 楊升南前掲注(25)論文一一八頁。

(59) 楊升南前掲注(25)論文九～一〇頁。

(60) 何浩・張君前掲注(26)論文。

(61) 高木智見「春秋時代の讓について――自己抑制の政治學――」(中國中世史研究會編『中國中世史研究　續編』、京都大學學術出版會、一九九五年十二月)は、春秋時代以前に兄弟一體の觀念に由來する讓りの精神が社會的機能を果たしていたが、祖先觀念や血族意識の衰退と共にそれまでの機能を果たせなくなったとする。

(62) そもそも『左傳』等傳世文獻の親族稱謂には、注釋類の解說するようなもの、つまり現在のそれと同樣のものであったかという疑念があり、加藤常賢前掲注(3)書や江頭廣前掲注(14)書などは、春秋戰國期の社會變動を考慮しつつ、その族的秩序における位置づけを試みたのであった。しかし「新説」では、宗法制の起源を殷代以前に遡及させようとする傾向があるから當然ではあるが、その多くは現在のそれと同じか大差ないものという前提であるかのようにみえる。

（63）　池澤優『「孝」思想の宗教學的研究——古代中國における祖先崇拜の思想的發展——』（東京大學出版會、二〇〇二年一月）三五〜三六頁。

「左傳繼承表」

凡　例

（一）「人物」は繼承順に並べてある。
（二）「小倉番號」については、第一章第一節「左傳婚姻表」の凡例（二）參照。

	國	人物	繼承型式	小倉番號	備考
1	魯	惠公・隱公・桓公	父子（庶子）・兄弟	隱公A、隱公11—4	
2	魯	莊公・慶父	兄弟	莊公32—3・4・5	繼承可能性
3	魯	莊公・公子般・閔公・僖公	父子・兄弟・兄弟	莊公32—3・4・5	一生一及に言及
4	魯	文公・宣公	父子（庶子）	文公18—6、文公18—7、宣公18—6・7・8、襄公23—9・10、昭公32—6	嫡子を殺害
5	魯	成公・公子偃・公子鉏	兄弟（庶弟）	成公16—8、襄公9—3	繼承可能性
6	魯	襄公・昭公	父子（庶子）	襄公31—3、襄公31—C	
7	魯	昭公・定公	兄弟	昭公29—2、定公1—2、定公1—5	季平子が煬公廟を建立

8	魯	哀公・公子荊	父子	哀公24－C	大子
9	魯	穆伯・文伯・惠叔・孟獻子	父子・兄弟・叔父甥	文公1－3、文公7－8、文公14－8	穆伯出奔
10	魯	叔孫僑如・叔孫穆子	兄弟	成公16－13・14	出奔
11	魯	季武子・季悼子	父子	襄公23－9・10	
12	魯	孟莊子・孟孝伯	父子（庶子）	襄公23－9・10	兄を廢位
13	魯	臧宣叔・臧武仲・臧爲	父子・兄弟	襄公23－9・10、襄公23－A	武仲出奔
14	魯	叔孫穆子・叔孫昭子	父子（庶子）	昭公4－5、昭公5－1、昭公12－8	嫡子を殺害
15	魯	孟僖子・孟懿子	父子	昭公7－6、昭公11－7	
16	魯	季武子・季平子	祖孫	昭公12－8	父（悼子）が先に沒す
17	魯	季公鳥・子	父子	昭公25－5	室を叔父が後見
18	魯	臧昭伯・臧會	從兄弟	昭公25－5、昭公25－B	出奔
19	魯	成季友・季文子・季武子・季平子	祖孫・父子・祖孫	昭公32－6	
20	魯	季平子・季桓子	父子	定公5－4、定公5－C	
21	魯	季桓子・季寤	兄弟	定公8－15・16	未遂
22	魯	叔孫武叔・叔孫輒	兄弟？	定公8－15・16	未遂
23	魯	孟懿子・陽虎	不明	定公8－15・16	未遂
24	魯	叔孫成子・叔孫武叔	父子	定公10－6	族員が反對

25	魯	季桓子・季康子	父子（庶子）	哀公3―6	嫡子の殺害
26	魯	子服景伯・後繼	不明	哀公13―A	
27	周	莊王・王子克	兄弟	桓公18―B	未遂
28	周	莊王・惠王	父子	莊公19―B、莊公20―A、莊公21―2	弟（王子頽）との爭位
29	周	惠王・襄王	父子	僖公7―A	弟（大叔帶）との爭位
30	周	靈王・景王	父子	襄公30―4	弟（王子佞夫）の反亂
31	周	景王・大子壽	父子	昭公15―A・B	大子死去
32	周	景王・悼王・敬王	父子・兄弟	昭公22―4、昭公23―9、昭公26―7、定公5―A	兄弟（王子朝）との王位爭い
33	周	文王から王子朝まで		王子朝の布告文	
34	周	召戴公・召襄	父子	宣公15―5	殺害
35	周	儋季・括	父子	襄公30―4	
36	周	單獻公・單成公	兄弟	昭公7―H	殺害
37	周	原伯絞・公子跪尋	兄弟	昭公12―C	追放
38	周	甘簡公・甘悼公・甘平公	兄弟・甥叔父	昭公12―D	悼公殺害
39	周	劉獻公・劉文公	父子（庶子）	昭公22―4	
40	晉	穆侯・文侯・昭侯・孝侯・鄂侯・哀侯	父子・父子・父子・兄弟・父子	桓公2―A	曲沃との抗爭
41	晉	昭侯・曲沃桓叔	甥叔父	桓公2―A	未遂
42	晉	曲沃桓叔・莊伯	父子	桓公2―A	

43	晉	哀侯・小子侯	父子	桓公3—A	殺害
44	晉	小子侯・緡	甥叔父	桓公7—B、桓公8—A、桓公8—C	殺害
45	晉	獻公・大子申生		莊公28—A、僖公4—A	大子の廢位
46	晉	獻公・奚齊	父子	僖公9—5	
47	晉	奚齊・卓子	兄弟	僖公9—6	殺害
48	晉	卓子・惠公	兄弟	僖公9—B	殺害
49	晉	惠公・懷公	父子	僖公23—A	
50	晉	懷公・文公		僖公24—A	殺害
51	晉	襄公・靈公	父子（嫡子）	文公6—4、文公7—5	庶子の殺害
52	晉	靈公・成公	甥叔父	宣公2—4	殺害
53	晉	景公・厲公	父子	成公10—3	
54	晉	厲公・悼公	襄公の曾孫	成公18—2、成公18—A	悼公の兄は立てられず
55	晉	悼公・平公	父子	襄公16—1	
56	晉	趙衰・趙盾	父子（嫡子）	僖公24—A	嫡子の決定
57	晉	郤芮・郤缺	父子	僖公33—7	
58	晉	胥甲父・胥克	父子	宣公1—5	追放
59	晉	范武子・范文子	父子	宣公17—A、成公2—B	
60	晉	知莊子（首）・知武子	父子	成公2—A、成公3—A	中行桓子と知莊子は兄弟
61	晉	趙文子	不明	成公8—6	趙氏一時的滅亡、『史記』によれば趙朔から父子繼承

62	晉	祁奚・祁午	父子	襄公3—A	
63	晉	羊舌職・羊舌赤	父子	襄公3—A	
64	晉	韓獻子・韓宣子	父子	襄公7—A	兄の韓穆子が譲る
65	晉	欒武子・欒桓子・欒懷子	父子・父子	襄公14—3、襄公21—4	
66	晉	知武子・知悼子	祖孫	襄公14—B	知荘子（朔）は武子の生前に死亡
67	晉	中行獻子・中行穆子	父子	襄公19—A	
68	晉	范氏の祖先		襄公24—1	「世祿」
69	晉	羊舌肸・楊食我	父子	昭公3—B、昭公28—A	
70	晉	知悼子・知文子	父子	昭公9—B	
71	晉	孫伯黶・籍談	遠祖	昭公15—C	
72	晉	魏獻子		昭公28—B	子孫が續く預言
73	晉	范氏の祖先		昭公29—B	
74	晉	邯鄲午・趙稷	父子	定公13—5・6・7	
75	晉	趙簡子・趙襄子	父子	哀公20—C、哀公27—E	
76	齊	襄公・公孫無知・桓公	兄弟・從兄弟	莊公8—5	殺害、桓公と公子糾の爭位
77	齊	桓公・武孟・孝公	父子・兄弟	僖公17—4、僖公18—1、僖公18—3	武孟殺害、五公子の爭位
78	齊	昭公・公子舍・懿公	父子・甥叔父	文公14—3	舍殺害
79	齊	懿公・惠公	兄弟	文公18—3	殺害
80	齊	靈公・公子角	兄弟	成公17—5	讒言

81	齊	靈公・莊公	父子	襄公19―8	大子光（後の莊公）一時的廢位
82	齊	莊公・景公	兄弟	襄公25―2	殺害
83	齊	景公・荼	父子	哀公5―4	
84	齊	荼・悼公	兄弟	哀公6―7	殺害
85	齊	悼公・簡公	父子	哀公10―2・3	殺害
86	齊	簡公	不明	哀公14―3、哀公14―10	殺害
87	齊	鮑莊子・鮑文子	兄弟	成公17―5	刖刑
88	齊	國佐・國弱	兄弟	成公18―3	殺害
89	齊	晏桓子・晏嬰	父子	襄公17―B	
90	齊	大史と弟たち	兄弟	襄公25―2	殺害
91	齊	崔杼・崔明	父子	襄公27―D	崔成の廢嫡
92	齊	慶封・慶舍	父子	襄公28―6	國政を委任
93	齊	高止・高豎		襄公29―10、襄公29―E	追放、豎は敬仲の曾孫
94	齊	公孫竈・欒施	父子	昭公3―I、昭公10―2、昭公10―4・5	
95	齊	公孫蠆・高彊	父子	昭公8―B、昭公10―2、昭公10―4・5	
96	齊	高齮		昭公26―3	未遂、高氏の後繼
97	齊	陳成子・陳豹	同族	哀公14―3	未遂
98	齊	顏涿聚・晉	父子	哀公27―C	

99	楚	成王・穆王	父子	文公1—10	殺害、立大子問題、末子繼承
100	楚	莊王・共王	父子	襄公13—3	
101	楚	康王・郟敖	父子	襄公29—B	
102	楚	郟敖・靈王	甥叔父	襄公29—B、昭公1—2、昭公1—A、昭公1—10、昭公4—3	殺害
103	楚	靈王・王子比・平王	兄弟・兄弟	昭公13—2、昭公13—3	殺害、末子繼承
104	楚	楚平王・大子建	父子	昭公19—B、昭公19—D、昭公20—B	大子建の追放
105	楚	平王・昭王	父子（庶子）	昭公26—6	
106	楚	昭王・惠王	父子	哀公6—6	
107	楚	惠王・子閭	兄弟	哀公16—C	未遂
108	楚	成大心・成嘉	兄弟	文公12—4	令尹
109	楚	若敖・鬬伯比・子文・鬬般・子越椒・箴尹克黃	父子・父子・父子・從兄弟・叔父甥	宣公4—A	若敖氏、令尹
110	楚	鬬椒・苗賁皇	父子	襄公26—F	苗賁皇出奔
111	楚	薳子馮・薳掩	父子	襄公25—D	賞賜
112	楚	薳罷		襄公27—E	薳氏が續く
113	楚	伍奢・伍員	父子	昭公20—B	殺害、伍員出奔
114	楚	鬬成然・鬬辛？	父子	定公4—14	

115	楚	大子建・白公勝	父子	哀公16—C	出奔、殺害
116	楚	子西・子國	父子	哀公16—C、哀公17—E	令尹
117	楚	子期・寛	父子	哀公16—C	司馬
118	吳	壽夢・諸樊	父子	襄公14—A	末子季札の讓位
119	吳	諸樊・餘祭・夷末	兄弟・兄弟	襄公31—F	戰死、殺害
120	吳	僚・大子諸樊	兄弟？	昭公23—A	大子
121	吳	僚・闔閭	叔父甥	襄公31—F、昭公27—2	殺害
122	吳	闔閭・夫槩王	兄弟	定公5—B	未遂
123	吳	闔閭・大子終纍	父子？	定公6—A	
124	吳	闔閭・夫差	父子	襄公31—F、定公14—4	戰死
125	吳	大伯・仲雍	兄弟	哀公7—3	吳の始祖
126	吳	夫差・大子友	父子	哀公13—5	
127	吳	伍員・子	父子	哀公11—A	齊の王孫氏の始祖
128	鄭	武公・莊公	父子	隱公1—3	弟共叔段との爭位
129	鄭	莊公・昭公・厲公・昭公・公子亹・鄭子・厲公	父子・兄弟・兄弟・兄弟・兄弟・兄弟	桓公11—2・4、桓公15—4・5、桓公17—A、18—A、莊公14—A	爭位
130	鄭	文公・大子華	父子	僖公7—4、僖公16—D	大子の殺害
131	鄭	文公・穆公	父子	宣公3—7	
132	鄭	靈公・襄公	兄弟	宣公4—3、宣公14—3	殺害、年長
133	鄭	成公・公子繻・公子髡頑	兄弟・不明	成公10—3、成公10—B	成公解放の策略

134	鄭	僖公・簡公	父子	襄公7—9	殺害
135	鄭	子然・子革	父子	襄公19—12	
136	鄭	士子孔・子良	父子	襄公19—12	
137	鄭	公孫黑肱・段	父子	襄公22—D	
138	鄭	游眅・游吉	兄弟	襄公22—E	殺害、子の廢位
139	鄭	子展・罕虎	父子	襄公29—D	
140	鄭	伯有		襄公29—F	使者の家系
141	鄭	公孫黑・印	父子	昭公2—3	自害
142	鄭	公子嘉・孔張	祖孫	昭公16—C	執政の「嗣」
143	鄭	駟偃・駟乞	兄弟	昭公19—E	子の廢位、子產は「不順」とする
144	宋	宣公・穆公・殤公	兄弟・叔父甥	隱公3—5	
145	宋	殤公・莊公	從兄弟	桓公2—1、桓公2—4	殺害
146	宋	閔公・公子游・桓公	不明・不明（閔公と桓公は兄弟）	莊公11—3、莊公12—3、莊公12—4	殺害
147	宋	桓公・襄公	父子	僖公8—A	子魚の讓位
148	宋	昭公・文公	兄弟（庶弟）	文公16—6、文公18—A、宣公3—6	殺害
149	宋	平公・元公		襄公26—6、昭公10—6	大子痤の廢位
150	宋	景公・昭公得	叔父甥	哀公26—B	兄弟の爭位
151	宋	子魚		僖公8—A、僖公9—C	魚氏の左師世襲

152	宋	華閲・華皐比	父子	襄公17―6	華閲の弟華臣の出奔
153	宋	華合比・華亥	兄弟	昭公6―5	右師
154	宋	弗父何・正考父		昭公7―6	譲位、國君輔佐
155	宋	樂祁・溷	父子	定公6―5	
156	宋	皇瑗・非我	父子	哀公17―H	
157	宋	皇瑗・皇緩	從子	哀公17―H	右師、殺害
158	衞	莊公・桓公・公子州吁・宣公	父子・兄弟・兄弟	隱公3―B、隱公4―2、隱公4―6、隱公4―7	桓公・州吁殺害
159	衞	宣公・惠公・公子黔牟・惠公	父子・兄弟・兄弟	桓公16―5	兄弟争位
160	衞	惠公・懿公・戴公・文公	父子・從兄弟・兄弟	閔公2―6	衞の一時的滅亡
161	衞	文公		僖公18―6	譲位（未遂）
162	衞	成公・公子瑕・成公	不明	僖公28―16・17、僖公30―3	
163	衞	定公・獻公	父子	成公14―6	
164	衞	獻公・公孫剽・獻公	剽は穆公の孫	襄公14―4	出奔
165	衞	襄公・靈公	父子	昭公7―8、定公8―D	嫡長子の廢位
166	衞	靈公・出公・莊公蒯聵	祖孫・子父	定公14―9、哀公2―2、哀公15―C	莊公出公父子の争位
167	衞	莊公蒯聵・公孫般師・公子起・出公	從兄弟・從兄弟・兄弟	哀公16―E、哀公17―F、哀公18―C	殺害、出奔

168	衞	出公・悼公	兄弟	哀公25—A、哀公26—A	出奔
169	衞	孔達・子	父子	宣公14—1	自害
170	衞	石共子・石悼子・石圃	父子・伯父甥	襄公19—E	悼子出奔
171	衞	甯惠子・甯悼子	父子	襄公20—A、襄公25—F、襄公27—3	甯氏滅亡
172	衞	大叔懿子・大叔悼子・大叔僖子	父子・兄弟	哀公11—6	悼子出奔
173	衞	孔文子・孔悝	父子	哀公15—C、哀公16—B	孔悝出奔
174	陳	文公・桓公・公子佗・厲公	父子・兄弟・叔父甥	桓公5—1、『春秋』桓公6—4、莊公22—3、襄公25—9	桓公の大子免・公子佗殺害
175	陳	哀公・公子留	父子	昭公8—1・2・4・5	自害、出奔
176	陳	悼大子偃師・孫呉	父子	昭公8—1・2・4・5、昭公8—7・9・11	殺害、陳の一時的滅亡
177	曹	宣公・成公	父子	成公13—4・6、成公15—3	大子殺害
178	曹	宣公・子臧	兄弟	成公15—3、襄公14—A	未遂
179	蔡	景侯・靈侯・平侯	父子・祖孫	襄公28—B、襄公30—2、昭公11—3、昭公11—10、昭公13—8	蔡の滅亡と復國、靈侯の子の隱大子殺害
180	蔡	平侯・大子朱・東國	父子・父子	昭公21—1、昭公21—6	朱の出奔、蔡滅亡預言

181	紀	紀侯・紀季	兄弟	荘公4—4	國を譲る
182	邾	文公・定公	父子	文公14—7a	「長」
183	邾	隱公・大子革・隱公・公子何		哀公8—4、哀公10—1、哀公22—A、哀公24—B	「無道」、出奔
184	莒	紀公		文公18—9	大子僕による殺害
185	莒	犂比公・展輿・著丘公	父子・兄弟	襄公31—6、昭公1—7、昭公4—4	殺害、出奔
186	莒	著丘公・郊公・庚輿・郊公	父子・甥叔父・叔父甥	昭公14—5、昭公14—6、昭公23—6	出奔
187	偪陽	偪陽子		襄公10—2	偪陽の滅亡、族人中から後嗣
188	戎	戎蠻子嘉・子	父子	昭公16—2	殺害

第四節　『左傳』の同姓不婚について

序

一般に同姓不婚は中國家族史を貫く重要な禁忌とされる。これを制度として遡れば所謂周代宗法制にまで至ることになる。中國古代家族史の研究者として名高い加藤常賢は、中國古代の婚姻制度の特質を、同姓不婚・重婚・cross cousin の婚姻・sororate の四つであるとした[1]。『禮記』曲禮に、

妻を取るに敢て姓を同じくせず、故に妾を買ふに其の姓を知らざれば則ち之を卜す。

同大傳に、

之に繫くるに姓を以てして別けず、之を綴ぬるに食を以てして殊にせず。百世と雖も昏姻通ぜざる者は、周道然るなり。

『左傳』僖公二十三年に鄭の叔詹の鄭文公に對する言葉として、

男女同姓なれば、其の生蕃らず。

同昭公元年に鄭の子産の言葉として、

內官は同姓に及ばず、其の生殖せず。……男女姓を辨つは、禮の大司なり。

『國語』晉語四に司空季子の公子重耳に對する言葉として、

異姓ならば則ち異德、異德ならば則ち異類、異類は近しと雖も、男女相及び、以て民を生ずるなり。同姓なれば則ち同德、同德なれば則ち同心、同心なれば則ち同志。同志は遠しと雖も、男女相及ばず、敬を黷《けが》すを畏るるなり。黷せば則ち怨を生じ、怨亂れて災を毓《そだ》て、災毓ちて姓を滅す。是の故に妻を娶るに其の同姓を避け、亂災を畏るるなり。故に德を異にし姓を合し、德を同じくし義を合す。義は以て利を導き、利は以て姓を阜《おほ》きくす。姓利相更《つ》ぎ、成りて遷らず、乃ち能く攝固し、其の土房を保つ。

とあり、また顧炎武が諸書を引用して同姓不婚について述べているように、(2)先秦時代にも同姓不婚が存在したとされる。王國維は「然則商人六世以後、或可通婚、而同姓不婚之制、實自周始」として同姓不婚の制度は周代に始まったとした。(3)しかし、趙翼が堯舜時代に同姓不婚制はなかったとしながら、「同姓爲婚、莫如春秋時最多」とし、同姓婚は春秋時代に最も多いとするように、(4)『左傳』等の傳世文獻には同姓婚の事例がみえる。そのため、洪亮吉が「春秋不諱娶同姓」と論じたように、春秋時代に同姓婚が忌諱されなかったとする考えもある。(5)史料により同姓婚が存在した事實を否定することは極めて困難であるため、同姓不婚の禁忌が存在したか否かが問題となるわけである。そして假に禁忌が存在したとすれば、その禁忌の程度が問題となる。同姓不婚の禁忌は、周代宗法制にとって最も重要な要素の一つであるから、その禁忌のあり方について檢討することは、周代宗法制を研究する上で缺かせない作業である。ところで、周知のようにここでいう「姓」は後に姓氏が混同されてからのものとは異なる。(6)先秦時代の同姓不婚はすなわち族外婚（exogamy）を意味し、これは世界各地に見られる現象であるが、その原因には諸説あって定説がない。(7)

同姓不婚の原因について李衡眉は、その古典的な說を畏亂災說・優生說・補充宗法說・附遠厚別說の四種類に分類できるとする。(8)古代中國社會の族制と關連づけて議論する說もあり、陳顧遠によれば、同姓不婚は族內婚制を排除し、族外婚制を貴ぶものである。[9]つまり、族外婚制を示す規範ということになる。謝維揚は、同姓不婚は周代に父系宗親觀念の強化に伴って現れたものであり、原始社會の族外婚制の自然な延長とは本質的に異なるものとし、[10]中國古代の同姓不婚を單なる族外婚制によるものとは區別する。鈴木隆一は同姓不婚について、魯の國君が「伯叔」型・「仲季」型によって交互に即位するような族制の基盤となっていることを指摘した。[11]江頭廣はそれを更に進めて、春秋時代の族制は伯仲叔季の結婚四階級からなると考えた。[12]こうした周代同姓不婚の規範は、春秋から戰國にかけて崩れていくという點で、研究者の見解は一致しており、江頭廣は、同姓不婚から同大宗不婚、そして同小宗不婚へと不婚範圍が狹まっていくことを想定している。[13]清水盛光は思想史的なアプローチを行い、同姓不婚が異姓不養とともに中國における一つの自然觀・人生觀に基づくものと考えた。[14]また陳寧は同姓婚における政治上の原因に着目した。[15]同姓婚における政治性に着目した陳寧説には見るべきものがあるが、その理由は政治上の要求という、人類史上普遍的に見られるものであり、その政治性において中國先秦史の特質を見出そうとする視點が缺けているといわざるを得ない。

このように、先秦時代における同姓不婚については、先行研究で議論が出盡くしたかの觀がある。だが、同姓不婚が記載されている傳世文獻には、『左傳』など、その內容の信賴性や成立事情について議論のあるものが多い。そうした點に配慮するには、史料における同姓不婚記事の扱いに注意する必要がある。ところが、そういう配慮のある研究は、意外なことにほとんどないのであり、本節では必然的にその點から詰めていくことになる。

先秦時代の同姓不婚を研究するにあたり、まずは同姓婚の事例を檢討することが必要になるが、それが記載されている史料として質・量ともに豐富なものは『左傳』である。そこで、本節では『左傳』にみえる同姓婚事例をとりあげることにする。そして、『左傳』において同姓不婚の記載のあり方に着目しながら檢討を進めていく。そこから先秦時代における同姓不婚に對する觀念も捉えつつ、周代宗法制の成立に關する問題にも觸れてみたい。

一・『左傳』における同姓婚の評價について

『左傳』には同姓婚を示唆する記事がかなり存在する。その中で同姓婚の可能性が高いのは、①桓公十八年の齊襄公と文姜、②莊公十年の息侯と息嬀、③莊公二十八年の晉獻公と賈の公女、大戎狐姬、驪戎の二女、④僖公十五年の晉の大子申生、晉惠公と賈姬、⑤襄公二十三年の吳（吳王諸樊）と晉の女、⑥襄公二十五年の齊の崔杼、齊莊公と棠姜、⑦襄公二十六年の晉平公と衞姬、⑧襄公二十八年の齊の盧蒲癸と盧蒲姜、⑨昭公元年の晉平公とその「四姬」、⑩昭公四年の齊の公孫明と國姜、⑪哀公八年の魯の季魴侯と季姬、⑫哀公十二年の魯昭公と吳孟子である。[16]

　これらの事例を順番にみていこう。まず①桓公十八年の齊襄公と文姜の事例である。

十八年春、公將に行有り、遂に姜氏と齊に如かんとす。申繻曰く、「女に家有り、男に室有り、相ひ瀆ること無きなり。之を有禮と謂ふ。此を易へば必ず敗れん。」と。公、齊侯に濼に會し、遂に文姜と齊に如く。齊侯通ず。公、之を讁《とが》む。以て告ぐ。夏四月丙子、公を享す。公子彭生をして公を乘せしめ、公、車に薨ず。

兩者の關係は「通」と記される。この記事の後『春秋』では、莊公二・四・七年に兩者の會合が記され、莊公五年には夫人姜氏が「齊師に如く」とある。その中、『左傳』莊公二年には

　二年冬、夫人姜氏、齊侯に禚に會す。姦を書するなり。

とある。しかし、桓公十八年の「通」という行爲そのものに對する批判は記されていない。

②莊公十年の息侯と息嬀

蔡の哀侯、陳に娶り、息侯も亦た娶る。息嬀將に歸がんとして蔡を過ぐ。蔡侯曰く、「吾が姨なり。」と。止めて之を見、賓せず。息侯之を聞きて怒り、楚の文王に謂はしめて曰く、「我を伐て。吾れ救を蔡に求めて之を伐たん。」と。楚子之に從ふ。秋九月、楚、蔡の師を莘に敗り、蔡侯獻舞を以て歸る。

『左傳』隱公十一年

君子、是を以て息の將に亡びんとするを知るなり。徳を度らず、力を量らず、親を親とせず。

の杜注に

鄭・息は同姓の國

とあって息を鄭と同姓の姫姓とするが、それなら同姓婚にならない。だが、鄭樵『通志』氏族略二や羅泌『路史』國名紀丁は杜注の説を否定し、莊公十年の息を姫姓の息とは別の嬀姓の息とするから同姓婚になる。とりあえず參考までに掲げておく。ここでは婚姻の事實が記載されているだけである。

③莊公二十八年の晉獻公と賈の公女、大戎狐姫、驪戎の二女の三例

晉の獻公、賈に娶り、子無し。齊姜に烝して、秦の穆夫人と大子申生とを生む。又た二女を戎に娶る。大戎狐姫は重耳を生み、小戎子は夷吾を生む。晉、驪戎を伐ち、驪戎男の女《めあは》すに驪姫を以てす。歸りて奚齊を生み、其の娣、卓子を生む。

ここでも同姓婚の事實が記載されているだけである。

④僖公十五年の晉の大子申生および晉惠公と賈姫

晉侯の入るや、秦の穆姬、賈君を屬し、且つ曰く、「盡く群公子を納れよ。」と。晉侯、賈君に烝し、又た群公子を納れず。是を以て穆姬之を怨む。

ここでも同姓婚の事實が記載されているだけである。

⑤襄公二十三年の吳（吳王諸樊）と晉の女

晉、將に女を吳に嫁さんとし、齊侯、析歸父をして之に媵せしめ、藩を以て欒盈及び其の士を載せ、諸を曲沃に納る。

⑥襄公二十五年の齊の崔杼、齊莊公と棠姜

齊の棠公の妻は東郭偃の姊なり。東郭偃は崔武子に臣たり。棠公死し、偃、武子に御して以て弔す。棠姜を見て之を美とし、偃をして之を取らしめんとす。偃曰く、「男女姓を辨つ、今、君は丁より出で、臣は桓より出づ、不可なり。」と。武子之を筮し、困☵☱の大過☱☴に之くに遇ふ。史皆な曰く、「吉。」と。陳文子に示す。文子曰く、「夫は風に從ひ、風は妻を隕す、娶るべからざるなり。且つ其の繇に曰く、「石に困み、蒺梨に據り、其の宮に入りて其の妻を見ず、凶。」と。石に困むは、往きて濟らざるなり。蒺梨に據るは、恃む所傷つくなり。其の宮に入りて其の妻を見ず、凶とは、歸する所無きなり。」と。崔子曰く、「嫠や何ぞ害あらん。先夫之に當れり。」と。遂に之を取る。莊公通ず。驟々崔氏に如き、崔子の冠を以て人に賜ふ。侍者曰く、「不可なり。」と。公曰く、「崔子爲らざるも、其れ冠無からんや。」と。崔子是に因る。又た其の閒を以て晉を伐つなり。曰く、「晉必ず將に報いんとす。」と。公を弑し以て晉に說かんと欲して閒を獲ず。公、侍人賈擧を鞭ちて又た之を近づく。乃ち崔子の爲に公を閉せり。夏五月、莒、且于の役の故に、莒子、齊に朝す。甲戌、諸を北郭に饗し、崔子疾と稱して事を視ず。乙亥、公、崔子を問ひ、遂に姜氏に從ふ。姜、室に入り、崔子と側戸より出づ。公、楹を拊ちて歌ふ。侍人賈擧、衆從者を止めて入り、門を閉ず。甲興り、公、臺に登りて請ふ。許さず。盟を請ふ。許さず。廟に自刃せんと請ふ。許さず。皆な曰く、「君の臣杼疾病にして、命を聽く能はず。公宮に近ければ、陪臣干掫せしに淫者有り、二命を知らず。」と。公、牆を踰えんとするに、之を射る又り。股に中り反りて隊つ、遂に之を弑す。

⑦襄公二十六年の晉平公と衞姫

衞人、衞姫を晉に歸がしめ、乃ち衞侯を釋す。君子是を以て平公の政を失ふを知るなり。

⑧襄公二十八年の齊の盧蒲癸と盧蒲姜

盧蒲癸、子之に臣たりて寵有り、之に妻す。慶舍の士、盧蒲癸に謂ひて曰く、「男女姓を辨つ。子、宗を辟けざるは何ぞや。」と。曰く、「宗、余を辟けず、余獨り焉ぞ之を辟けんや。詩を賦すには章を斷ず、余、求むる所を取るのみ、惡ぞ宗を識らん。」と。癸、王何を言ひて之を反す。二人皆な嬖せられ、寢戈を執りて之を先後せしむ。

⑨昭公元年の晉平公とその「四姫」

晉侯疾有り。鄭伯、公孫僑をして晉に如きて聘し、且つ疾を問はしむ。叔向問ひて曰く、「寡君の疾病なり。卜人曰く、「實沈・臺駘、祟を爲す」と。史、之を知る莫し。敢て問ふ此れ何の神ぞや。」と。子產曰く、……（中略）……僑又た之を聞く。內官は同姓に及ばざれば、其の生殖せず。美先盡くさば、則ち疾を相生す。君子是を以て之を惡む。故に志に曰く、「妾を買ふに其の姓を知らざれば則ち之をトす。」と。此の二者に違ふは、古の愼む所なり。男女姓を辨つは、禮の大司なり。今、君の內實に四姬有り、其れ乃ち是なる無きや。若し是の二者に由らずんば、爲《おさ》むべからざるのみ。四姬、省く有らば猶ほ可なり。無くんば則ち必ず疾を生ぜん。」と。叔向曰く、「善きかな。肸、未だ之を聞かざるなり。此れ皆な然り。」と。

⑩昭公四年の齊の公孫明と國姜

公孫明、叔孫を齊に知る。歸り、未だ國姜を逆へず。子明之を取る。故に怒り、其の子長じて而る後に之を逆へしむ。

⑪哀公八年の魯の季魴侯と季姬

齊の悼公の來たるや、季康子、其の妹を以て之に妻す。位に卽きて之を逆ふ。季魴侯通ず。女、其の情を言ひ、敢て與へざるなり。齊侯怒る。夏五月、齊の鮑牧、師を帥ゐて我を伐ち、讙と闡とを取る。

少し後の記事で、魯と齊の閒で盟誓が行われ、この女（季姬）が齊の悼公に嫁いで寵愛されたことが述べられている。

⑫哀公十二年の魯昭公と吳孟子

夏五月甲辰、孟子卒す。

夏五月、昭夫人孟子卒す。昭公、呉に娶る、故に姓を書せず。死して赴げず、故に夫人と稱せず。反哭せず、故に小君を葬ると言はず。孔子、弔に與り、季氏に適く。季氏絻せず。絰を放ちて拜す。

ここで、『左傳』において同姓婚がいかに描寫されているかをみてみよう。①桓公十八年の齊襄公と文姜は、兄と妹との關係であり、『左傳』の說話の中でも有名な個所である。しかし本文中では淡々と事實の描寫が續くだけで近親相姦であることが直接述べられることはなく、かつ何らかの人物による直接的な評價は存在しない。②莊公十年の息侯と息嬀も婚姻の事實が述べられているだけであり、蔡侯が息嬀に對して「弗賓」という態度をとったため、楚に囚われる結果を招いたことが描かれている。③莊公二十八年の晉獻公と賈の公女は、兩者の婚姻に關する事實と二人の間に子がなかったことが述べられているだけである。同年の晉獻公と大戎狐姬は、これも兩者の婚姻に關する事實と、二人の間に重耳（後の文公）が生まれたことが述べられているだけである。同年の晉獻公と驪戎の二女は、晉の內亂を引き起こす契機となる婚姻であるが、ここでも單に兩者の婚姻と生まれた子に關する事實が述べられているだけである。④僖公十五年の晉の大子申生、晉惠公と賈姬は、晉惠公が秦の援助で晉に入って即位したが、その際姉の秦穆姬から、兄である申生の妻だった賈君のことを賴まれ、「烝」して娶った事實が述べられているだけである。その後、穆姬が惠公を怨んだとあって韓原の戰いの大敗に結びついている。⑤襄公二十三年の吳（吳王諸樊）と晉の女は、晉が女を吳に嫁がせようとしたことが書かれているだけであり、その後に欒氏の滅亡に關する說話が續いている。⑥襄公二十五年の齊の崔杼と棠姜は、「男女辨姓」に關する議論がなされるところであり、その後崔杼が同姓婚を氣にせずに棠姜を娶ってしまった事實が描寫される。ここでようやく同姓婚に關する思想がみられるのである。同年の齊莊公と棠姜は、先の崔杼と棠姜の婚姻記事に續く場面である。莊公が棠姜に「通」じた事實が述べられ、崔杼が莊公を弑する說話が續く。⑦襄公二十六年の晉平公と衞姬については、先に引用したように、衞侯が晉に囚われたのを、衞姬を晉に嫁がせることで釋放してもらった事實が述べられ、その後で君子が晉平公の「失政」を預言している。しかし、この個所は、晉平公が同姓婚を行ったという理由で批判がなされているとは解釋できない。婚姻を理由に衞侯を釋放したことが批判されていると捉えるべきであろう。⑧襄公二十八年の齊の盧蒲癸と盧蒲姜については、盧蒲癸が「男女辨姓」を意に介さない理由を述べる。同姓不婚制崩壞の事例としてよく引用される會話文である。これはいわば同氏婚であって、同じ姓同士の同姓婚よりも血緣的に近い婚姻である。⑨昭公元年の晉平公とその「四姬」では、鄭の子產によって、晉平公の疾病の原因の一つを同姓婚によるものとされている。ここは、『左傳』において同姓不婚の理論付けが唯一なされている場面として、しばしば引用されるところである。⑩昭公四年の齊の公孫明と國姜は、魯の叔孫穆子が齊の國姜を婚姻のために迎えに行くところを、齊の公孫明が彼女を「取」ったという事實が述べられている。[17] ⑪哀公八年の魯の季魴侯と季姬は、齊の悼公の妻となった季姬と季魴侯の「通」に關する事實が述べられおり、その後にこれが理由で齊が魯に侵攻した說話が續く。⑫哀公十二年の魯昭公と吳孟子は、先にも述べたように、經文の解說において同姓婚を直接批判しているわけではない。以上、①・②・③・④・⑤・⑥（齊莊公と棠姜）・⑦・⑩・⑪・⑫には直接同姓婚を批判する記事がない。同姓婚に否定的な思想がみえるのは、⑥齊の崔杼と棠姜・⑧・⑨だけである。その中、⑥（齊の崔杼と棠姜）・⑧では、同時に同姓不婚の禁忌を無視する思想がみられる。このように同姓婚が『左傳』において否定的に捉えられている部分はわずかに三個所のみであり、かつその中二個所では同姓不婚を輕視する思想が付隨している。これはいささか奇異なことであるが、このことについて江頭廣は、『左傳』には同姓不婚に對して思想に一貫性がなく、それは『左傳』が各國の史書の各種の說話を集めてできたからだとしている。[18]

同姓婚に對して否定的な思想が現れている說話の舞臺となっている地域は齊と晉である。その周邊では同姓婚の是非が議論の對象となっていた可能性を考えることもできる。また、これらの同姓婚に對して現れる論評は、『左傳』では會話文であり、潤色が含まれている可能性を考慮する必要がある。[19]つまり、『左傳』における同姓不婚否定の際に、その理由付けとして語られる思想は、より後代成立の可能性を考えておかなくてはならないということである。ここにみられる同姓不婚に關する會話文、特に昭公元年の晉平公とその「四姫」の同姓婚に關する記事では、『周易』の之卦が引用されており、[20]戰國から秦漢成立の可能性に配慮する必要性のあるものである。ところで諸橋轍次は、同姓不婚の三つの理由として、①人倫關係を淨く保とうとする道義的の觀念、②異類を附せんとする政治的の意味、③子孫の保存竝びに健康のために不利であるという衞生的の經驗を擧げている。[21]昭公元年では同姓不婚の理由が鄭の子產の言葉として語られるが、「內官不及同姓、其生不殖」という生殖論と、「男女辨姓、禮之大司也」という禮規範の遵守が示される。生殖論は諸橋のいう③にあたり、近親婚の禁忌の理由付けとして中國以外でもみられる。これに類するものは、序で揭げたが『左傳』僖公二十三年の鄭の叔詹の言葉、『國語』晉語四の晉文公が鄭を通過するところで、

同姓婚せざるは、殖せざるを惡むなり。

のようにみられる。生殖論の觀念自體は時代を遡る可能性があるが、それを議論の根據として、わざわざ文章として筆寫することとは區別される必要がある。禮規範に關する議論は、諸橋のいう①にあたり、『禮記』大傳

同姓は宗に從い、族屬を合す。異姓は名を主とし、際會を治む。名著かにして男女別有り。

『白虎通』嫁娶篇

同姓を娶らざるは、人倫を重んじ、淫佚を防ぎ、禽獸と同じきを恥づればなり。

のように、漢代以降の文獻にみられる。假にその思想がもう少し遡れたとしても、『左傳』昭公元年の子產の會話文の內容を、子產自身の思想と考えることには無理がある。ここで子產は、『左傳』において鄭の名政治家として非常に重要な位置を占める人物であることは、注意すべきことだろう。

ところで、同姓婚はその生が殖えないとあるが、『左傳』記事では實際にどうなのか確認するため、同姓婚に關係した人物の末路をみてみることにする。齊の崔杼と棠姜は崔杼の死と崔氏の滅亡という結末に至る。齊の盧蒲癸と盧蒲姜の後には、盧蒲癸の出奔記事がある。この崔杼と盧蒲癸の二人は、同姓不婚を輕視する發言を行っている人物である。晉平公とその「四姬」の同姓婚は、晉の覇權の衰退に結びついている。

同姓婚が直接的に批判されていない事例では、桓公十八年の齊襄公と文姜については、直後に魯桓公の弑殺事件が續くとともに、齊襄公が後に暗殺されている。莊公十年の事例は、その同姓婚に蔡侯が絡むことで蔡の一時的滅亡を招いている。莊公二十八年の晉獻公と賈の公女は、子がない。晉獻公と大戎狐姬は後の文公である重耳を生んでおり、例外的に良い結果をもたらしている。晉獻公と驪戎の二女は、獻公の死後、晉の內亂の原因となる。僖公十五年の晉の大子申生および晉惠公と賈姬は、このことがやがて、韓原における秦に對する晉の大敗と惠公の捕虜という結果をもたらす上に、惠公の血統は子の懷公で斷絕する。襄公二十三年の吳（吳王諸樊）と晉の女は、直接には同年における晉の欒氏滅亡につながり、また吳も哀公二十二年に滅亡記事がある。襄公二十五年の齊莊公と棠姜は、齊莊公の弑殺の原因である。襄公二十六年の晉平公と衞姬は、先述したように同姓婚を直接批判したものではないが、君子による批判がある。昭公四年の齊の公孫明と國姜については、公孫明はここに登場するだけの人物であるが、國姜と叔孫穆子の子仲任が昭公五年に殺害されている。哀公八年の魯の季魴侯と季姬については、それにより魯が齊の侵攻を受けることになる。哀公十二年の魯昭公と吳孟子は、先に述べたように、直接的に同姓婚が批判されているわけではないが、昭公は出奔して國外で薨じた國君である。そして孔子が關係した、禮を遵守しない季孫氏に批判的な記事が續いている。

以上のように、『左傳』における同姓婚は、ほぼ全てに否定的な事實が附帶している。唯一の例外は、莊公二十八年の晉獻公と大戎狐姫の同姓婚である。しかも、このことについて僖公二十三年には、

鄭に及び、鄭の文公、亦た禮せず。叔詹諫めて曰く、「臣聞く、天の啓く所は、人及ばざるなり、と。晉の公子、三つ有り、天其れ或いは將に諸を建てんとするに、君其れ禮せよ。男女同姓なれば、其の生蕃らず。晉の公子は、姫の出なり、而して今に至るは、一なり。外の患に離りて、而して天、晉國を靖んぜず、殆んど將に之を啓かんとするは、二なり。三士の以て人に上たるに足る有りて、而して之に從うは、三なり。晉と鄭とは同儕なり、其れ過ぐる子弟も固より將に禮せんとす、況んや天の啓く所をや。」と。聽かず。

とあり、公子重耳は兩親が同姓婚であるにもかかわらず、これまで無事でいると述べられる。ここでは、同姓婚それ自體が否定的に捉えられている。晉の公子重耳、後の文公は所謂春秋五覇の一人であって、『左傳』において非常に重要な位置を占めている。(22)『左傳』の同姓婚記事は、晉文公を特別な存在として扱う構造であることが推測される。

二.『左傳』における同姓婚記事――特殊な事例について――

昭公四年の齊の公孫明と國姜の事例では、公孫明が國姜を「取」ったと書かれており、通常の婚姻とは異なる描寫がなされている。桓公十八年の齊襄公と文姜、襄公二十五年の齊莊公と棠姜、哀公八年の魯の季魴侯と季姫はいずれも「通」と書かれており、僖公十五年の晉惠公と賈姫は「烝」と記されている。

これらの中、「通」は注釋類において正式な婚姻ではないとされるが、宇野精一によれば、「通」をはじめとするこれら非正式な婚姻は、道德性とは關係なく、當時の慣習を記したものである。(23) 丁山はこれを春秋時代の齊における族内婚制の名殘であるとする。(24) このように「通」に性的な不義密通ではない、社會慣習上の意義を見出そうとする見解がある。また「烝」について、加藤常賢は sororate 婚の一形態としている。(25) 確かに『左傳』の中では、「取」・「通」・「烝」そのものが否定的に議論されているわけではない。このように、前近代の注釋類において道德的な觀點から不道德な行爲とされてきたことがらが、近代以降の研究者によって古代社會の習俗であることが議論されてきた。

それから『春秋』では同姓婚として記錄されていない同姓婚がある。それは魯昭公と吳孟子の同姓婚であり、古來議論の的になってきた。(26) 先に引用したように、『春秋』哀公十二年「夏五月甲辰、孟子卒す」について、『左傳』では「昭公吳に娶る、……故に小君を葬ると言はず」と解説を附け、「孔子弔に與り、……」という孔子の登場する說話が續く。昭公が吳より娶ったため、孟子の姓を書かないとはあるが、同姓婚を直接批判する記事はない。『公羊傳』哀公十二年には、

夏五月甲辰、孟子卒す。孟子とは何ぞ。昭公の夫人なり。其れ孟子と稱すは何ぞ。同姓を娶るを諱む、蓋し吳の女なり。

とあり、同姓婚を諱み、「孟子」と書いたとする。『左傳』と比較して『公羊傳』の方が同姓婚に對する否定的な觀念が強く表れている。『論語』述而篇は『公羊傳』に近く、

陳の司敗問ふ、「昭公は禮を知れるか。」と。孔子曰く、「禮を知れり。」と。孔子退き、巫馬期を揖して之を進めて曰く、「吾れ聞く、君子は黨せず、と。君子も亦た黨するか。君、吳に取り、同姓なるが爲めに之を吳孟子と謂う。君にして禮を知らば、孰か禮を知らざらん。」と。巫馬期以て告ぐ。子曰く、「丘や幸なり、苟くも過ち有

れば、人必ず之を知る。」と。

とあり、禮に反する行爲と捉えている。

『左傳』や『公羊傳』のような傳世文獻のみならず、金文でも吳の同姓婚とされる事例が少ないながらも見受けられる。春秋末期の器とされる蔡侯盤の吳王と蔡の大孟姬、吳王光鑑の吳王光と叔姬は、姬姓諸國との國君レベルの婚姻を示している。(27)『史記』吳太伯世家に、

吳の太伯、太伯の弟仲雍は、皆な周の太王の子にして、王季歷の兄なり。季歷賢にして、聖子昌有り。太王、季歷を立てて以て昌に及ぼさんと欲し、是に於て太伯・仲雍二人乃ち荊蠻に犇り、文身斷髮し、用ひるべからざるを示し、以て季歷を避く。季歷、果たして立ち、是を王季と爲して、昌を文王と爲す。太伯の荊蠻に犇るや、自ら句吳と號す。荊蠻、之を義とし、從ひて之に千餘家を歸し、立てて吳の太伯と爲す。

とあるように、周の古公亶父の子で季歷の兄である太伯・仲雍が江南に奔って吳を建國したという傳說がある。中原よりはるか東南に位置し、その習俗が周とは大きく異なる吳が、周王室と同じ姬姓であるのは不可解であるとして、吳が姬姓であることを否定する說も存在する。(28)白川靜は、吳が姬姓であることは、他の異族が姬姓を稱するのと同樣に擬制的なものだと考えている。(29)李學勤はこれら二器の銘文にみられる二つの婚姻關係に考察を加え、「同姓連姻(二世代に亙る同姓婚)」と考えた。(30)尾形勇は、このような現象から姓に擬制的な性格をみている。(31)他方、最近では『史記』吳太伯世家の傳說を史實と見做す見解もある。(32)石岩は、これ以外に金文における同姓婚の事例を幾つか指摘しているが、(33)假にこの指摘が正しいものと考えても、金文における同姓婚の事例が少ないことに變わりはない。

吳の姬姓が擬制であるか否かはともかく、金文に吳を姬姓とする事例がみえることから、吳は、自ら行ったこれらの婚姻が同姓婚であることを理解した上で、姬姓諸國と婚姻關係を結んでいたのである。その理由を政治的側面から

議論するのは容易なことではあるが、果たして青銅器に銘文を鑄込むことまでしてよいものか。青銅器は、現世のみではなく、觀念上、死後も子孫代々使用されるものであることは、林巳奈夫の指摘するところである。(34)

こうした現象の背後には、家族觀に關わる重大な歴史的變化が隱されているのではないかと思われる。そこで、次に同姓婚記事の背景を検討してみることにする。

三.『左傳』同姓婚記事の背景について

先秦時代に關係する史料上に相當數の同姓婚がみられることから、同姓不婚の禁忌が實際にどれほど有效であったか疑問視する考えがある。特に齊の地域についてこの議論が盛んであり、先に觸れたように丁山は『左傳』桓公十八年の齊襄公と文姜の「通」について、族內婚制の名殘だとしており、このような習俗が春秋時代にも殘存していたと考えている。(35)顧頡剛は、齊には自由戀愛の風氣があったとする。(36)王志民は、齊の同姓不婚について、『左傳』襄公二十五、二十六年にみえる齊の崔杼と棠姜、齊莊公と棠姜の事例を引き、同姓不婚規範を重視はするが、實際の問題を解決するため、これを破ることがあるとする。そして『左傳』にみえる齊襄公の亂倫といった事例から、齊は宗法觀念が希薄だとする。(37)

このように齊では戰國時代にいたっても同姓不婚の禁忌が弱いとする考えがある一方、李衡眉のように、戰國後期の齊においても同姓不婚は一定の拘束力をもっていたとする考えもある。(38)だが世界各地の禁忌侵犯説話の類を考えれば自明であるが、そもそも侵犯されない禁忌は存在しないであろうから、禁忌が破られる記事の存在それ自體はそれほど特異とすべきことではない。從って、禁忌侵犯の事例が史料上に散見されるからといって、その禁忌そのものが消滅したか、弱體化したとするのは的外れである。ここで注目すべきは、禁忌の強弱の程度ではなく、禁忌の侵犯が、それを記述するテキスト中でどう解釋されているかであり、その解釋からその禁忌が當該時代中、いかなる意味をもっていたかを見出すことにあろう。

『左傳』では春秋初期から末期まで同姓婚がみられる。齊の崔杼と棠姜、齊の盧蒲癸と盧蒲姜のように、比較的血緣關係の近い同姓婚もあるが、その多くは氏の異なる同姓婚である。加藤常賢によれば、戰國中期には既に姓と氏の混同ないし姓の氏化と稱される現象が起こっていたとされる。(39)だが『左傳』において「姓」と「氏」が混同されているかといえば、姓に關する記事がかなり殘っているわけであるし、『左傳』編者が姓に關して全くの無知であったとは考えられない。春秋から戰國にかけての傾向として、時代を下るに從って婚姻可能な血緣範圍が擴大することは(40)恐らく確かだろうが、そのことと『左傳』にみられる同姓不婚に關する觀念とは別問題なのである。『左傳』では、少なくとも說話記事の成立まで下った時代における同姓婚に對する觀念から、春秋時代のこととされる同姓婚について議論されているからである。

女子の名には姓が明示されるように、婚姻には姓が深く關わる。(41)同姓婚を示す銘文をもつ青銅器を制作した、春秋後期の吳や蔡といった、江南やそれと關わりをもつ地域には、確かに國君レベルにおける同姓不婚について、その禁忌に捉われない風潮が存在したと考えてよかろう。晉獻公と大戎・小戎や、晉・魯と吳の婚姻といった傳世文獻にみえる同姓婚も、非中原文化圈との間のものである。(42)それが『左傳』の記事にみられるような、齊や魯のような山東地方内部の婚姻關係にも波及しつつあったと想定できるのではないか。崔杼や盧蒲癸の發言は、その說話自體の成立年代は別として、春秋後期におけるそのような風潮を淵源としている可能性がある。その婚姻や風潮に對する批判的・對抗的な言說として、同姓不婚に關する『左傳』等傳世文獻の議論が現れたと考えてもよいのではないだろうか。かくて、姓について、『左傳』で鄭の子產に語らせる形として現れたように、西周・春秋期とは異なり、漢代の文獻にもみられるような新たな意味付けがなされたのではないかとも考えられる。

結語

本節では『左傳』の同姓婚記事を中心に檢討してきた。『左傳』で同姓婚が否定的に捉えられている部分はわずか三個所であった。うち二個所では、同姓婚否定の思想がみられたが、その內容は時代を下る可能性を考慮せねばならない。だが、『左傳』における同姓婚の大半は、君子等による直接的な批判がなされていないものの、その子孫が斷絕したり同姓婚の當事者が不幸な結末を迎える記事が附屬していた。唯一の例外は晉文公の兩親の婚姻であり、同姓婚記事のみからいえば、『左傳』は晉文公を特別な存在とする構造（「形」）であることが想定された。

金文に吳を姬姓とする事例がみえることから、吳は同姓婚であることを理解した上で、姬姓諸國と婚姻關係を結んでいたことが想定される。その理由を政治的側面のみに求めるのは容易なことではあるが、先學が指摘するように、靑銅器は現世のみではなく、觀念上、死後も子孫代々使用されるものである。靑銅器に同姓婚の記錄を鑄込むことは、子孫にその影響を及ぼす。だから同姓婚を示す銘文をもつ靑銅器を制作した、春秋後期の吳や蔡といった非中原文化圈やそれと接觸をもつ地域には、確かに國君レベルにおける同姓不婚について、その禁忌に捉われない風潮が存在したといえる。それが『左傳』の記事にもみられるように、齊や魯のような中原文化圈內部の婚姻關係にも波及しつつあったのではないか。崔杼や盧蒲癸の發言は、春秋後期におけるそのような風潮を淵源としている可能性がある。その婚姻・風潮に對する批判的・對抗的な言說として、同姓不婚に關する『左傳』等傳世文獻の議論が存在すると考えてもよいのではないだろうか。そして姓について、『左傳』で鄭の子産に語らせる形で現れたように、漢代の文獻にもみられるような新たな意味付けがなされていったのではないかと考えられる。

同姓不婚の禁忌の存在自體は、族外婚の規範として中國史では通時代的なものであり、その存在や禁忌の侵犯を確認しただけでは特に大した歴史的意義はない。だが、『左傳』にみられるような同姓不婚に關する諸言説が出現したことは、『左傳』そのものの編纂意圖とは別に、中國家族史において極めて畫期的な意義をもつことになった。何故ならそれらの言説は、從前の單なる禁忌の枠を越えて、體系化した家族倫理なり家族制度なりを構成する核となるからである。そうした倫理・制度が成立してくる畫期として、時期は文獻が盛んに編纂されるようになった戰國期、地域は限られた一つの地域というよりは、むしろ地域間接觸の中から生成された可能性を考えてもよいのではないかと考える。このことは、いわゆる周代宗法制の成立問題とも密接に關係するものである。今後はそういう可能性を考慮に入れながら、周代宗法制の成立と展開過程に關する問題を詰めていきたいと思う。

それから秦漢統一帝國を構成する地域においては、「姓」による血統の權威の背景となっている、春秋時代の婚姻に關係する慣習や傳承そのものについての共通認識が存在したと考えてよいであろう。このような共通認識は、所謂經書の成立と關係が深いと考えられる。『春秋』三傳以外の經書では、『詩（詩經）』が家族關係の史料を豊富に含んでおり、『左傳』にはその引詩が相當數存在する。『左傳』の引詩にもこれまで論じてきた『左傳』の「形」が含まれているかもしれず、その引詩を手掛かりにすることで『詩』の成立と傳播の問題にも迫れることが期待される。そこで章を改めて『左傳』の引詩について論じていくことにする。

注

（1）加藤常賢『支那古代家族制度研究』（岩波書店、一九四〇年九月）四四一頁。
（2）『日知錄』卷四「娶妻不娶同姓」。
（3）王國維『觀堂集林』卷十三「殷周制度論」。『魏書』高祖紀に、
　　夏殷不嫌一姓之婚、周制始絕同姓之娶。

とあり、同姓不婚の禁忌が周代より開始したとする發想の萌芽がみえる。しかし、胡厚宣「殷代婚姻家族宗法生育制度考」（『甲骨學商史論叢』初集、齊魯大學國學研究所、一九四四年三月）は殷代にも同姓不婚が存在したとし、殷周の連續性を論ずる。牧野巽『支那家族研究』（生活社、一九四四年十二月）六七頁は王國維說に從う。楊樹達「說殷先公先王與其妣日名之不同」（『耐林廎甲文說』、群聯出版社、一九五四年十二月）も甲骨金文における王妣の組み合わせに同一日名がみえないことから、殷代に周代の同姓不婚と同樣のものがあったのではないかと憶測する。また丁山『甲骨文所見氏族及其制度』（科學出版社、一九五六年九月）五六頁は殷周時代に族內婚制が存在したとする。しかし、曹定雲「「婦好」乃「子方」之女」（『慶祝蘇秉琦考古五十五年論文集』、文物出版社、一九八九年八月）は、殷代に同姓婚が存在したとする根據を否定する。一方、張光直「商王廟號新考」（『中央研究院民族學研究所集刊』一五、一九六三年、『中國青銅時代』（香港中文大學出版社、一九八二年）所收）七六頁は、それらの立論の根據は甲骨文「婦」の下の一字にあり、好の字を見つければ族內婚とし、周、楚などの字を見つければ族外婚としたと述べるが、まさにその通りである。また、同論文七六頁は、民族學の常識から殷代王室において氏族內婚を行っていたとしても不思議はないとする。現在では殷周文化の連續性を認める見方が定說化しているが、この問題については必ずしも決着がついたとはいえないようである。ここでは議論の所在を指摘するにとどめておく。
（4）『陔餘叢考』卷三十一「同姓爲婚」。
（5）『更生齋文甲集』卷二「春秋不諱娶同姓論」。
（6）「姓」に關する學說史については、加藤常賢前揭注（1）書上編第一章「姓——血族的氏族制」、鈴木隆一「姓による族的結合」（『東方學報』京都三六、一九六四年十月）等參照。

（7）江頭廣『姓考――周代の家族制度――』（風間書房、一九七〇年四月）一三四〜一三五頁。仁井田陞『補訂　中國法制史研究――奴隷農奴法・家族村落法――』（東京大學出版會、一九九一年四月、初版一九六二年九月）六〇三頁は、中國法制史上の外婚制として顯著な例として同姓不婚制を擧げている。

（8）李衡眉「論周代的「同姓不婚」禮俗」（『齊魯學刊』一九八八―五、一九八八年）。

（9）陳顧遠『中國婚姻史』（商務印書館、一九三六年十一月）二四頁。

（10）謝維揚『周代家庭形態』（中國社會科學出版社、一九九〇年六月）六一〜六二頁。

（11）鈴木隆一「同姓不婚に就いて」（『支那學』一〇、一九四二年四月）一七〜二三頁。

（12）江頭廣前掲注（7）書第五章第二節、同第三節。

（13）加藤常賢前掲注（1）書一六頁。また、謝維揚前掲注（10）論文五八〜六三頁もこのことについて觸れている。

（14）清水盛光『支那家族の構造』（岩波書店、一九四二年六月）三八〜三九頁。

（15）陳寧「春秋時期大國爭覇對諸侯婚姻制度的影響」（『河北師院學報』一九九〇―四、一九九〇年十二月）七八〜八一頁。

（16）姓の比定については、陳槃『春秋大事表列國爵姓及存滅表譔異』（三訂本、中央研究院歴史語言研究所專刊之五十二、一九六八年六月）を參考にした。

（17）杜注には「公孫明、齊大夫子明也。與叔孫相親知」とあるだけだが、氏が公孫であることから齊の公室出身の可能性もある。

（18）江頭廣前掲注（7）書一一六頁。

（19）小倉芳彥「ぼくの左傳研究とアジア・フォード問題」（『歴史評論』一九六三―五、一九六三年五月）の分類では、會話文は第二段階に成立した後代性を有する部分にあたる。平勢隆郎『左傳の史料批判的研究』（東京大學東洋文化研究所、汲古書院、一九九八年十二月）第一章第四節は、『左傳』の會話文における思想表現は、『左傳』が成書されたと考えられる戰國中期、またはそれをさほど遡らない時期の思想が反映されている可能性が高いとする。また、馬承源主編『上海博物館藏戰國楚竹書』㈤（上海古籍出版社、二〇〇五年十二月）には『姑成家父』という篇があり、說話の內容が、『左傳』成公十七年・

『國語』魯語上と大筋において共通する。『左傳』や『國語』の説話の成立過程を知る上で重要な文獻であるが、ここではその存在を指摘するにとどめておく。

(20)『周易』の之卦については、渡邊千春『周易原論』(渡邊昭發行、一九二一年一月)、津田左右吉『左傳の思想史的研究』(東洋文庫論叢二二、一九三五年九月)七三一頁はこれを東漢末のものとする。しかし、平勢隆郎前掲注(19)書三二〜三三頁は『左傳』にみえる卦變(之卦)の説明が、漢代以後における六十四卦を一體とみなす卦變の説明に比べてより原始的であるとし、近藤浩之「馬王堆帛書『周易』と包山楚簡の卜筮祭禱記錄——包山楚簡より見た『周易』の形成に關する試論——」(『SIMPOSIUM I　楚簡より見た先秦文化の諸相　Various Aspects of Pre-Qin Culture as Seen through Chu Bamboo Slips』、第四四回國際東方學者會議報告、一九九九年六月、KONDO Hiroyuki. *The Silk-Manuscript Chou-i from Ma-wang-tui and Divination and Prayer Records in Chu Bamboo Slips from Pao-shan: A Tentative Study of the Formation of the Chou-i as Seen from the Pao-shan Chu Bamboo Slips.* ACTA ASIATICA, 2001.2. 所收)は、湖北省荊沙鐵路考古隊『包山楚簡』(文物出版社、一九九一年十月)にみられる卜筮祭禱記錄に、『左傳』の之卦と類似したものがあることを指摘する。確かに出土史料からいえば、後者の議論に沿うような記事がみられるのであるが、必ずしも決定的な證據とはいえないのも事實である。ここではその問題の存在を指摘するにとどめておく。

(21)諸橋轍次『支那の家族制』(大修館書店、一九四〇年十月)五五〜五七頁。なお、同姓婚だけについて述べているわけではないが、『國語』周語中に諸橋のいう②に近いものがみられる。そこでは周の襄王について、

王、狄人を德とし、將に其の女を以て后と爲さんとす。富辰諫めて曰く、不可なり。夫れ婚姻は禍福の階なり。之に由り利內なれば則ち福、利外なれば則ち禍を取る。今、王は利を外にす、其れ乃ち禍を階とする無からんや。摯・疇の國や大任に由り、……是れ皆能く利を內にし親を親とする者なり。昔、碑の亡ぶるや仲任に由り、鄶は叔妘に由り、……是れ皆利を外にし親を離るる者なり。

とある。

(22)鎌田正『左傳の成立とその展開』(大修館書店、一九六三年三月)二九六、三四〇頁。

(23) 宇野精一「春秋時代の道德意識について」(『大東文化研究所東洋學術論叢』二、一九五八年十月)。
(24) 丁山前掲注(3)論文五六頁。
(25) 加藤常賢前掲注(1)書四一九頁。また、顧頡剛「由「烝」・「報」等婚姻方式看社會制度的變遷」(上)・(下)(『文史』一四、一九八二年七月、『同』一五、一九八二年九月)は『左傳』を僞書とする立場から、「烝」が春秋時代には社會の基礎となっていたが、秦の天下統一による禮制の浸透と共に不道德とされるようになっていったことを述べる。
(26) 吳孟子同姓婚に關する學說史については、江頭廣前掲注(7)書第二章第四節參照。また、陳寧前掲注(15)論文八一頁は、吳が置かれた特殊な地位からこれを説明している。
(27) 陳夢家「壽縣蔡侯墓銅器」(『考古學報』一九五六―二、一九五六年二月)。
(28) 齊思和「燕吳非周封國說」(『燕京學報』二八、一九四〇年十二月)。江頭廣前掲注(7)書一一八～一三二頁。
(29) 白川靜『金文通釋』二一二(『白鶴美術館誌』第三七輯、白鶴美術館、一九七一年十二月)。
(30) 李學勤『東周與秦代文明』(文物出版社、北京、一九八四年六月)一四五頁、李學勤『綴古集』(上海古籍出版社、一九九八年十月)一二八頁。
(31) 尾形勇「中國の姓氏」(『東アジア世界における日本古代史講座』一〇(東アジアにおける社會と習俗)、學生社、一九八三年十二月)、尾形勇「「吹律定姓」初探――中國古代姓氏制に關する一考察」(『西嶋定生博士還曆記念　東アジア史における國家と農民』、山川出版社、一九八四年十一月)。
(32) 例えば、張荷『吳越文化』(遼寧教育出版社、一九九一年七月)六～八頁。
(33) 石岩「周代金文女子稱謂研究」(『文物春秋』二〇〇四―三、石家莊、二〇〇四年六月)は、吳王姬作南宮史叔飤鼎(集成五・二六〇〇)・蔡侯𩰫作大孟姬媵盥缶(集成一六・一〇〇〇四)、叔男父作爲霍姬媵旅匜(集成一六・一〇二七〇)・自作吳姬媵匜(集成一六・一〇一八六)について、霍・吳は姬姓國で、媵器では女子の姓の前にある氏を夫の氏とすることから、霍姬・吳姬は同姓通婚の稱呼だとし、晉姬作𣅀齊鬲(總集一四〇四)・魯姬作尊鬲(總集一四二九、集成三・五九三)について、金文の女子稱謂規則では、女子の自稱時に姓の前に夫の氏を加えることから、この二器も同姓通婚だとする。

（34）林巳奈夫「殷周時代における死者の祭祀」（『東洋史研究』五五―三、一九九六年十二月）。
（35）丁山前揭注（3）論文五六頁。
（36）顧頡剛前揭注（25）論文。
（37）王志民『齊文化新論』（山東人民出版社、一九九三年一月）。
（38）李衡眉「也談齊國的「同姓不婚」習俗」（『學術月刊』一九九一―八、一九九一年八月）。
（39）加藤常賢前揭注（1）書五四～五六頁。なお、平勢隆郎『『春秋』と『左傳』――戰國の史書が語る「史實」、「正統」、國家領域觀――』（中央公論新社、二〇〇三年二月）一〇〇頁は、漢字を使う世界において、氏と姓は同じことを意味するようになった結果、「同姓不婚」という言い方が生まれたと述べる。
（40）江頭廣前揭注（7）書一三四頁は、血屬意識の縮小と共に、同部族不婚・同姓不婚・同宗不婚・同小宗不婚と變化してきたとする。
（41）曹兆蘭「金文女性稱謂中的古姓」（『考古與文物』二〇〇二―二、二〇〇二年二月）は、金文所見の姓を網羅的に検討し、同姓不婚の原因を「女子稱姓」との關係で考察している。そして、周王朝の衰退とともに、同姓不婚と「女子稱姓」が大きな衝擊を受けていったことを推測している。
（42）田中柚美子「晉と戎狄――獻公の婚姻關係を中心として――」（『國學院雜誌』七六―三、一九七五年三月）三五頁は、晉獻公と戎狄の婚姻を通じて、戎や狄の一部が晉に同化し、その勢力圈に取り込まれたとする。

第三章　『左傳』引詩の研究

第一節『左傳』君子・會話部分の引詩について
――内容分類を用いた豫備的考察――

序

『左傳』には多くの『詩』が引用される。『左傳』の眞僞が問題とされてきたように、『左傳』に引用される『詩』も、その眞僞が議論されてきた。その研究史は前近代に遡り、宋代以來、多くの專論が存在し、「百家爭鳴」ともいうべき狀況が續いてきた(1)。

第一章では『左傳』の婚姻記事についての檢討結果から、『左傳』には婚姻記事による「形」があり、その「形」は、戰國中期に稱王することになる晉の姫姓世族の正統觀を反映しているのではないかという假說を提示した。その『左傳』に引用される『詩』は君子の評言等で引用されることから、相當大きな權威を有していたことが推測される。だから『詩』は『左傳』の「形」を作る上で利用可能な材料ということになる。そこで婚姻關係記事と同樣に、『左傳』に引用される『詩』も、『左傳』における一つの「形」をなしているか確認する必要がある。

『詩』は『書』と竝ぶ最も成立時期が遡れる文獻とされ(2)、また婚姻を始めとする春秋時代以前の風俗・慣習に關する重要な史料とされてきた(3)。しかし、『詩』諸篇の成立年代に定說がないように、これまでは史料價値を確認することについて、必ずしも充分とはいえないまま議論が行われてきた。『左傳』に引用された『詩』の來源を檢討することは、『詩』諸篇の史料價値を判斷する材料となり、かつ家族に關する理念が體系化される以前の家族史を解明する手掛かりとなろう。

『左傳』引詩の分類方法として、本節でも『左傳』の內容分類[4]を利用して、その引詩の評價パターンを檢討してみることにする。このことにより、『左傳』の內容分類による分析方法の有效性を更に確認することもできる。なお『詩』の引用は、內容分類の範疇では、【說話・地の文】・【說話・會話】・【君子曰】・【君子】にのみみえる。【說話・地の文】では、詩句の引用により直接價値評價を行うことはない。これは、【說話・會話】・【君子曰】・【君子】が詩句を引用して何がしかの論評を行うこととは對照的である。小倉芳彥は、【君子曰】・【君子】に相當する部分の成立の後代性に關して論じている[5]。平勢隆郎は、【說話・地の文】の內容自體は古く、【說話・會話】に後代成立部分である戰國的表現が含まれると指摘している[6]。『詩』篇名の引用は、これらの範疇全てにみえるが、詩句の引用は、【說話・會話】・【君子曰】・【君子】にのみみえる。また、『左傳』引詩の詩句には『毛詩』と多少異なる部分があり、『毛詩』にみえない「逸詩」がある。このように、同じ『詩』を引用しているとはいえ、【說話・地の文】と【說話・會話】・【君子曰】・【君子】とでは、引用のされ方が異なる。このことは既に、內容分類とは異なる次元で、形式的に「詩句の引用（引詩）」と「賦詩」というように意識されてきた[7]。こうした引詩の偏りが、『左傳』における詩句の引用部分が戰國時代以後に改變を受けたことを意味するのか、つまり、小倉や平勢の指摘が妥當なものなのかどうか檢證する必要がある。

ところで小林茂は、『左傳』【君子曰】・【君子】の引詩についてかなり詳細に議論している。小林は、『左傳』制作者と君子を同一か史觀的立場を同じくするものとしつつ、君子に關わる引詩事例三六條を（一）逸詩を引用するもの、（二）詩の內容を踏まえ、その人物に投影させたもので、典故の要素があるもの、（三）詩の內容又詩序と全く相關しない、斷章取義的に用いられたもの、（四）毛傳の解釋と相違するもの、（五）詩序の解釋と相違するもの、の五種類に分類した。そして『左傳』の君子は、『詩』四傳とは獨自に『詩』の引用・解釋をしていること、その「君子」は、『公羊傳』・『穀梁傳』が說くような素王としての孔子ではなく、必ずしも「王」・「天子」・「覇者」ではなく、歷史的事象に對し、その是非、道德觀、人格を性格に判斷を下得る歷史觀、道德規範を持った客觀的立場に立つ人であることを指摘した。(8)『左傳』の內容分類を用いて引詩を改めて分析することにより、小林說を異なる角度から檢證することにもなろう。

そこで本節では『左傳』の【說話・會話】・【君子曰】・【君子】部分の引詩を檢討し、當該部分における史料の價値評價の傾向を確認しながら、『左傳』における引詩の「形」について探っていくことにする。

一、【君子曰】・【君子】部分の引詩

個々の『左傳』引詩については、既に多くの先行研究が表に掲げているが、(9)內容分類を示すことに意味があると考え、改めて本節の末尾に掲げる。

【君子曰】・【君子】部分は、先述したように小倉・小林の先行研究では、『左傳』において最も成立が新しい部分であり、その部分には『左傳』編纂者の思想が直接現れているとされている。ために君子による評價は、『左傳』全體における『左傳』引詩の置かれている位置附けを確認する上で、極めて重要な意味をもつといえよう。ここでは大まかに、肯定的評價・否定的評價・その他に區分して引詩を檢討する。

一―一・肯定的評價のもの

まず、肯定的評價のものを掲げる。(10)

(隱公一―三) は、鄭莊公と弟の共叔段の爭いに際し、潁考叔が莊公と母の姜氏を和解させたことを「純孝」とし、大雅既醉を引用する。

(桓公三―五) は、宋の兄弟相續に道德的意義附けを行い、宋宣公を「人を知る」とし、商頌玄鳥を引用する。

(僖公九―六) は、晉の荀息が獻公と驪姫の二子に殉じたことについて大雅抑を引用する。

(僖公一二―B・C) は、管仲が遜って周襄王より下卿の禮を受けたことについて、大雅旱麓を引用する。管氏が「世々祀らる」ことを預言する。

(僖公二八―A) は、重臣を處刑した晉文公を「能く刑せり」として大雅民勞を引用する。

(文公二―一) は、不滿があっても亂を起こさなかった晉の狼瞫を「君子」とし、小雅巧言・大雅皇矣を引用する。

(文公三―三) は、秦が西戎に覇を唱えたことについて、秦穆公・孟明・子桑を評價し、召南采蘩・大雅烝民・同文王有聲を引用する。

(文公四―四) は、秦穆公が同盟國の江の滅亡に際し、哀悼が過ぎたことについて、大雅皇矣を引用する。

(成公八―二) は、晉の軍事的成功を知莊子・范文子・韓宣子の言に歸し、大雅旱麓を引用する。

(襄公三―A) は、祁奚が善き人物を擧げたことについて、小雅裳裳者華を引用する。

（襄公一三—A）は、范宣子の「讓」について、大雅文王・小雅北山を引用する。

（襄公一四—F）は、楚の子囊の「忠」について、小雅都人士を引用する。

（襄公一五—A）は、楚の人選が適切だとして、周南卷耳を引用する。

（襄公二三—D）は、鄭の子張の死に際の戒めについて、大雅抑を引用する。

（襄公二七—C）は、向戌を諫めた宋の子罕（樂喜）について、鄭風羔裘を引用する。

（昭公二—C）は、「仁人」である晏子の齊景公に對する言について、小雅巧言を引用する。


以上、肯定的評價を受けているのは、鄭の潁考叔・宋宣公・晉の荀息・齊の管仲・晉文公・晉の狼瞫・秦穆公・秦の孟明・秦の子桑・晉の知莊子・晉の范文子・晉の韓宣子・晉の祁奚・晉の范宣子・楚の子囊・楚・鄭の子張・宋の樂喜・齊の晏子である。この中、秦穆公は二度、晉の范氏は二人が現れる。少なくとも『左傳』引詩に關しては、以上のものは高い評價を受けているようにみえる。

一—二　否定的評價のもの

次は否定的評價のものである。


（隱公三—A）は篇名のみの引用である。周・鄭の關係を「信」がないとし、召南・大雅の篇名を掲げる。

（桓公一二—三・五・六・八）は、宋に信がないとし、小雅巧言を引用する。

（莊公六―一・二）は、衞の左右二公子が惠公に殺されたことについて、大雅文王を引用する。

（僖公二〇―六）は、隨が楚の侵攻を受けたことについて、召南行露を引用する。

（僖公二四―B）は、鄭の子臧が文公に殺されたことについて、曹風候人・小雅小明を引用する。

（文公二―六）は、魯の逆祀について、魯頌閟宮・邶風泉水を引用する[11]。

（文公四―二）は、文公夫人姜氏（出姜）の不幸な結末の預言について、周頌我将を引用する。

（文公六―B）は、秦穆公が盟主でなかったのを當然とし、大雅瞻卬を引用する。

（宣公二―一）は、宋の羊斟が「人に非ざる」ことについて、小雅角弓を引用する。

（宣公一二―三）は、鄭の石制・公子魚臣が楚を恃んで政變を起こそうとして殺されたことについて、小雅四月を引用する。

（成公二―八・九）は、蔡景公・許靈公の「失位」について、大雅假樂を引用する。

（成公九―一一）は、莒が楚の攻擊で潰えたことについて、逸詩を引用する。

（襄公二―三）は、成公夫人の齊姜の葬儀に際し、季文子が「非禮」として、大雅抑・周頌豐年を引用する。

（襄公五―六）は、令尹子辛を處刑した楚共王を「不刑」とし、逸詩を引用する。

（襄公一三―B）は、楚共王の喪中に侵攻した吳を「不弔」とし、小雅節南山を引用する。

（襄公三〇―八）は、『春秋』に人名（晉の趙文子・齊の公孫蠆・宋の向戌・衞の北宮佗・鄭の罕虎・小邾の大夫）が記されていない理由を「不信」とし、大雅文王・逸詩を引用する。

（昭公一―八）は、莒の展輿が國君に即位できなかった理由を「棄人」とし、周頌烈文を引用する。

（定公九―B）は、鄧析を處刑しながら彼の作った竹刑を用いた鄭の駟然を「不忠」とし、邶風靜女・鄘風干旄・

召南甘棠を引用する。

（定公一〇―四）は、衞の渉佗が晉の人に殺されたことについて、鄘風相鼠を引用する。

以上、否定的評價を受けているのは、周・鄭・宋・衞の左右二公子・隨・鄭の子臧・魯の逆祀・魯の出姜・秦穆公・宋の羊斟・鄭の石制・公子魚臣・蔡景公・許靈公・莒・魯の季文子・楚共王・吳・晉の趙文子・齊の公孫蠆・宋の向戌・衞の北宮佗・鄭の罕虎・小邾の大夫・莒の展輿・鄭の駟然・衞の渉佗である。

それら否定的評價の中では、秦穆公の場合は肯定的評價もあるものであった。その評價が否定的評價で覆されたことになる。

一―三　その他

最後に、肯定的・否定的いずれとも解釋できるものを掲げる。

（襄公二七―C）は、宋の向戌について周頌維天之命を引用する。(12)

（昭公三―D）は、鄭の伯石を「汏」（強欲）ながらも「祿」を得たとし、鄘風相鼠を引用する。

以上、ここにみえるのは宋の向戌・鄭の伯石である。

二．【說話・會話】部分の引詩

ここでも【君子曰】・【君子】と同様に區分して引詩を検討する。[13] 但し、評價を下す者が「君子」ではなく特定個人であるから、評價を下す者がいかなる人物かということも、引詩を検討する際に重要な要素となる。從って、ここでは評價される者と共に評價する者についても考察する。

二―一．肯定的評價のもの

まず、肯定的評價のものを検討する。ここで特に注意せねばならぬのは、後繼が斷絶したり、批判されている記事が『左傳』の他の個所にないかということである。第一章の検討結果によれば、最終的に晉の姬姓世族の稱揚に繫がるように、家族關係記事が配列されているのが、『左傳』家族關係記事の「形」であった。從って、一件肯定的に評價されているようにみえても、子孫の不幸な事件等により、誹謗されている場合があるのである。

（桓公六―B）では、鄭の大子忽（後の昭公）が齊の文姜との婚姻を斷わったことについて、大雅文王を引用する。

（莊公二二―三）では、齊の陳氏の祖、敬仲が齊桓公に卿となるのを辭退したことについて、逸詩を引用する。

（僖公三三―七）では、晉の郤缺が父の罪にもかかわらず晉文公に登用されたことについて、晉の胥臣が邶風谷風を引用する。

（文公二―一）では、秦の孟明を「德を念うて怠らず」とし、晉の趙衰が大雅文王を引用する。

（宣公一五―A）では、晉景公の賞を適切とし、晉の羊舌職が大雅文王を引用する。

（宣公一六―一）では、晉の士會が中軍の將・大傅となったことを「善人上に在り」とし、晉の羊舌職が小雅小旻を引用する。

（成公七―二）では、魯の季文子が小雅節南山を引用し、自らの滅亡を預言する。しかし、直後の【君子曰】がこれを否定する。

（襄公七―A）では、韓宣子を「好仁」で「德」・「正」・「直」を兼ね備えて「仁」であるとし、韓穆子が小雅小明を引用する。

（襄公二一―四）では、欒盈の出奔にあたり、晉の叔向が自らについて逸詩を、祁奚を眞っ直ぐな人物として叔向が大雅抑を、叔向について十世までも宥すべしとして晉の祁奚が周頌烈文を引用する。だが叔向について十世まで宥すべしとあるにもかかわらず、羊舌氏は次の楊食我の代である（昭公二八―A）に滅亡が記されている。

（襄公二七―B）では、鄭の公孫段（伯石）について「福」が到來するとし、晉の趙文子が小雅桑扈を引用する。

（襄公三一―D）では、鄭の子產を「辭有り」とし、晉の叔向が大雅板を引用する。

（襄公三一―G）では、鄭を

　禮有り。其れ數世の福なり。其れ大國の討無きや

とし、衞の北宮文子が大雅桑柔を引用する。

（昭公一―二）では、晉の樂王鮒が小雅小旻の篇名を引用する。その直後に鄭の子羽が彼を讃える。

（昭公二―二）では、魯の叔弓を禮を知り有德に近いとし、晉の叔向が大雅民勞を引用する。

(昭公五―一) では、魯の叔孫昭子が豎牛を殺したことについて、仲尼が大雅抑を引用する。

(昭公七―六) では、魯の孟僖子を「君子」とし、仲尼が小雅鹿鳴を引用する。

(昭公八―A) では、晉の子野の言を「君子」とし、晉の叔向が小雅雨無正を引用する。

(昭公一三―A) では、鄭の子產を「君子の樂しみを求むる者」とし、仲尼が小雅南山有臺を引用する。

(昭公二〇―G) では、鄭の子產の政治に關する言について、仲尼が大雅民勞・商頌長發を引用する。

(昭公二六―E) では、齊の陳氏が齊の君主となることを預言し、齊の晏子が小雅車舝を引用する。

(昭公二八―B) では、晉の魏獻子の子孫が續くことを預言し、晉の成鱄が大雅皇矣を、仲尼が大雅文王を引用する。


以上、肯定的評價を受けているのは、鄭の大子忽（後の昭公）・齊の敬仲・晉文公の人事・秦の孟明・晉景公の賞・晉の士會・魯の季文子・晉の韓宣子・晉の祁奚・晉の叔向・鄭の公孫段（伯石）・鄭の子產・鄭・晉の欒王鮒・魯の叔弓・魯の叔孫昭子・魯の孟僖子・晉の子野・齊の陳氏・晉の魏獻子である。また、その評價を下しているのは、鄭の大子忽・齊の敬仲・晉の胥臣・晉の趙衰・晉の羊舌職・魯の季文子・晉の韓穆子・晉の叔向（羊舌肸）・晉の祁奚・晉の趙文子・衞の北宮文子・晉の欒王鮒・仲尼・齊の晏子・晉の成鱄である。

評價者の中、殺害されたり後繼が絶えるものを除けば、齊の敬仲・齊の晏子・晉の趙衰および趙文子・晉の韓穆子・晉の欒王鮒・晉の成鱄・魯の季文子・衞の北宮文子・仲尼が殘る。彼らに肯定的評價を受けた者は、齊の敬仲・秦の孟明・魯の季文子・晉の韓宣子・鄭の公孫段・鄭・晉の欒王鮒・魯の叔孫昭子・魯の孟僖子・鄭の子產・齊の陳氏・晉の魏獻子である。但し、晉の欒王鮒を讃えるのは鄭の子羽であり、齊の敬仲・魯の季文子は自己評價である。

これらはいずれも子孫が續くか、少なくとも斷絶の記事がないものばかりである。

二―二、否定的評價のもの

この場合は、引詩を含む部分で、他の個所では肯定的評價のある人物や一族が誹謗されている場合に、『左傳』の「形」の上で重要な意味があると考えられる。

（僖公五―一）では、晉獻公が公子重耳・夷吾のために築城工事をしたことについて、晉の士蔿が大雅板を引用する。

（僖公九―B）では、晉惠公の統治について、秦の公孫枝が大雅皇矣・同抑を引用する。

（僖公一五―一二a）では、韓原の敗戰を先君（晉獻公）の「敗德」によるとし、晉の韓簡が小雅十月之交を引用する。

（僖公一九―四）では、宋襄公を德が缺けているとし、宋の子魚が大雅思齊を引用する。

（僖公二二―三）では、魯僖公が邾を輕視したことについて、魯の臧文仲が小雅小旻・周頌敬之を引用する。

（僖公二四―二）では、周襄王が「姦」たる狄と結んで兄弟たる鄭を伐とうとしたことについて、周の富辰が小雅常棣を引用する。

（文公一―B）では、秦穆公が孟明の敗戰の罪を問わず、自らを「貪」とし、大雅桑柔を引用する。

（文公四―六）は詩句の引用ではない。衞の甯武子が魯文公に小雅湛露・同彤弓を賦す禮について述べる。

(文公一五―一一)では、「禮無き」齊懿公の不幸な末路を預言し、魯の季文子が小雅雨無正・周頌我將を引用する。

(宣公二―四)では、「不君」なる晉靈公について、晉の士會が大雅蕩・同烝民を、その靈公弑殺を記錄された晉の趙盾が邶風雄雉を引用する。

(宣公一二―三)では、楚莊王が京觀を作ることに反對して周頌時邁・同武・同賚・同桓を引用する。

(宣公一七―A)では、郤克に從うよう子の文子に命じ、晉の士會が小雅巧言を引用する。

(成公二―四・七)では、蕭同叔子を質とすることを求めた晉の郤克に反論し、齊の國差が大雅既醉・小雅信南山・商頌長發を引用する。

(成公二―A)では、夏姬を奪った申公巫臣について、楚の申叔跪が鄘風桑中を引用する。

(成公四―五)では、晉景公が壽命を全うしないことを預言し、魯の季文子が商頌敬之を引用する。

(成公八―一)では、晉に「信」がなく諸侯を失おうとしていることについて、魯の季文子が衞風氓・大雅板を引用する。

(成公一二―A)では、楚の子反の言を「亂の道」とし、晉の郤至が周南兎罝を引用する。

(成公一四―二)では、晉の郤犨一族の滅亡を預言し、衞の甯惠子が小雅桑扈を引用する。

(成公一六―六)では、楚の現狀について、楚の申叔時が周頌思文を引用する。

(襄公七―七)では、衞の孫文子の滅亡を預言し、魯の穆叔が召南羔羊を引用する。

(襄公八―八)では、晉の八卿の統治が纏まらないことについて、鄭の子駟が小雅小旻を引用する。

(襄公二四―A)では、晉の范宣子が諸侯に「重幣」を要求することについて、鄭の子產が小雅南山有臺・大雅大明を引用する。

(襄公二五—F)では、衞の甯悼子の滅亡を預言し、衞の大叔文子が小雅小弁・大雅烝民を引用する。

(襄公二六—F)では、楚に「淫刑」が多く、その大夫が晉に流出することについて、蔡の聲子が楚の令尹子木に大雅瞻卬・商頌殷武を引用して述べる。

(襄公二九—五)では、晉が同姓を棄てて異姓に卽くことについて、鄭の子大叔が衞の大叔文子に小雅正月を引用して述べる。

(襄公三一—J)では、楚の令尹圍(後の靈王)の終わりが良くないことについて、衞の北宮文子が衞襄公に大雅蕩・同抑(魯頌泮水)を引用して述べる。

(昭公一—A)では、楚の公子圍(後の靈王)が不幸な最期を遂げる預言記事で、晉の叔向が小雅正月を引用する。

(昭公四—B)では、鄭の子產が丘賦について逸詩を引用する。直後に渾罕による國氏滅亡預言記事がある。

(昭公六—A)では、鄭が刑書を鑄たことについて、晉の叔向が子產に對して周頌我將・大雅文王を引用する。

(昭公六—五)では、宋の華亥の出奔を預言し、宋の向戌が大雅板を引用する。

(昭公七—A)では、楚靈王を「盜」とする部分で、楚の芋尹無宇が小雅北山を引用する。

(昭公七—四)では、魯・衞に關係する日食について、晉平公が小雅十月之交を引用し、その意味を士文伯に尋ねる。

(昭公九—五)では、魯の季平子が郎に囿を築いたことについて、魯の叔孫昭子が大雅靈臺を引用する。

(昭公一〇—三)では、魯の季平子が亳社で人を犧牲に用いたことについて、魯の臧武仲が小雅鹿鳴を引用する。

(昭公一〇—四・五)では、齊の高彊が魯に出奔したことについて、魯の叔孫昭子が小雅正月を引用する。

(昭公一二—三)では、宋の華定の出奔を預言し、魯の叔孫昭子が小雅蓼蕭を引用する。

（昭公一二—九）では、楚の左史倚相が逸詩の祈招を知らないことを、楚の右尹子皮が靈王に逸詩の祈招を引用して述べる。

（昭公一六—B）では、齊の軍事行動について、「伯」がいないとし、魯の叔孫昭子が小雅雨無正を引用する。

（昭公二〇—F）では、齊の梁丘據を齊景公にとり「同」であるとし、齊の晏子が商頌烈祖・豳風狼跋を引用する。

（昭公二一—一）では、蔡の滅亡・蔡の大子朱が位を失うことを預言し、魯の叔孫昭子が大雅假樂を引用する。

（昭公二三—B）では、楚の令尹子常が楚都の郢を失うことを預言し、楚の沈尹戌が大雅文王を引用する。

（昭公二四—六）では、楚平王の軍事行動を批判しつつ楚都の郢を失うことを預言し、楚の沈尹戌が大雅桑柔を引用する。

（昭公二五—一）では、魯昭公のクーデターの失敗を預言し、宋の樂祁が大雅瞻卬を引用する。

（昭公二八—A）では、晉の祁盈に對してその殺害を預言し、晉の司馬叔游が大雅板を引用する。

（昭公三二—五）では、晉の魏獻子の死を預言し、衞の彪傒が大雅板を引用する。

（定公四—一五）では、弟の鬬懷が楚昭王を殺そうとしたことについて、楚の鬬辛が大雅烝民を引用する。

（哀公五—B）では、鄭の駟秦が殺害されたことについて、鄭の子思が大雅假樂・商頌殷武を引用する。

（哀公二六—C）では、衞出公が歸國できないと預言し、子貢が周頌烈文を引用する。


以上、否定的評價を受けているのは、晉獻公・晉惠公・宋襄公・魯僖公・周襄王・秦穆公・魯文公・齊懿公・晉靈公・晉の趙盾・楚の京觀・晉の郤克・楚の申公巫臣・晉景公・晉・楚の子反・晉の郤犨・楚・衞の孫文子・晉の八卿・晉の范宣子・衞の甯悼子・楚靈王・鄭の子產・宋の華亥・魯・衞・魯の季平子・齊の高彊・宋の華定・楚の左史倚相・「無伯」・齊の梁丘據・蔡（の大子朱）・楚の令尹子常・楚平王・魯昭公・晉の祁盈・晉の魏獻子・楚の鬪懷・鄭の駟秦・衞出公である。また、その評價を下しているのは、晉の士蔿・秦の公孫枝・晉の韓簡・宋の子魚・魯の藏文仲・周の富辰・秦穆公・衞の甯武子・魯の季文子・晉の士會・晉の趙盾・楚莊王・齊の國差・楚の申叔跪・晉の郤至・衞の甯惠子・楚の申叔時・魯の穆叔・鄭の子駟・鄭の子産・衞の大叔文子・蔡の聲子・鄭の子大叔・衞の北宮文子・晉の叔向・宋の向戌・楚の芋尹無宇・晉平公・魯の叔孫昭子・魯の藏武仲・楚の右尹子皮・齊の晏子・楚の沈尹戌・宋の樂祁・晉の司馬叔游・衞の彪傒・楚の鬪辛・鄭の子思・子貢である。

ある人物が他者に對して否定的評價を下す場合は、肯定的評價を下す場合とは異なり、子孫が絶えるような世族の者が下した評價でも、その評價が否定されることにはならない。(14)その場合は、評價する側・される側共に否定的評價を受けることになる。

二―三　その他

最後に、評價の肯定・否定が判定し難いものを掲げる。

（閔公一―二）では、邢の救援について、齊の管仲が小雅出車を引用する。

（僖公二二―C）は、弟の王子帶を呼び戻すよう、周の富辰が小雅正月を引用する。

（文公一〇―七）は、職責に忠實な楚の文之無畏が大雅烝民・同民勞を引用する。

（宣公九―一一）は、陳の洩冶の殺害について、孔子が大雅板を引用する。

(宣公一一―四) は、晉の郤缺が「寡德」の晉が狄に行こうとし、周頌賚を引用する。

(宣公一二―三) は、楚との戰いに反對して晉の士會が周頌酌・同式を、楚の孫叔敖が進軍を命じて小雅六月を引用する。

(成公二―八・九) では、楚共王の出兵について、楚の令尹子重が大雅文王を引用する。

(襄公四―二) 篇名のみの引用である。詩を賦す禮について、魯の穆叔が晉悼公に對し、大雅文王・小雅鹿鳴・同四牡・同皇皇者華を引用する。

(襄公七―A) では、晉の韓穆子が自らを「不才」とし、弟の韓宣子に位を讓ることを可として召南行露・小雅節南山を引用する。

(襄公八―八) では、鄭の外交方針について、鄭の子駟が逸詩を引用する。

(襄公一〇―二) では、叔梁紇の武勇について、魯の孟獻子が邶風簡兮を引用して例える。

(襄公一一―八・一〇) では、晉悼公に訓戒を垂れ、晉の魏莊子が小雅采菽を引用する。

(襄公二九―C) では、鄭の印段を周靈王の葬儀に行かせることについて、鄭の子展が小雅四牡を引用する。

(襄公二九―八) では、吳の季札が衞風について述べる (篇名のみ)。

(襄公二九―F) では、鄭の伯有との盟が續かないことを預言し、鄭の裨諶が小雅巧言を引用する。

(襄公三一―J) では、楚の公子圍 (後の靈王) に關連し、「威儀」について、衞の北宮文子が衞襄公に邶風柏舟・大雅既醉・同皇矣を引用して述べる。

(昭公一―二) では、晉の趙文子が、楚との關係において「信」を守ることについて、大雅抑を引用する。

(昭公一―一〇) では、亡命中の楚の子干に對する食料支給量について、晉の叔向が大雅烝民を引用する。

（昭公二―一）では、魯の季武子が晉の韓宣子に對し、小雅角弓の篇名を引用して晉との友好を例える。

（昭公四―一）では、冰について、魯の申豐が豳風七月を引用する。

（昭公六―C）では、晉平公は楚の先例に從う必要はないとし、晉の叔向が小雅角弓を引用する。

（昭公七―五）では、衞が晉から離れないよう、晉の大夫が小雅常棣を引用する。

（昭公七―七）では、日食について、晉の士文伯が晉平公に小雅北山を引用して解説する。

（昭公一〇―二）では、齊の陳桓子が自らの施しについて、大雅文王を引用し、齊桓公に例える。

（昭公二四―D）では、晉の范獻子が周王室を援助するように、鄭の子大叔が小雅蓼蕭を引用する。

（昭公二六―D）では、齊景公が彗星の祓いをしようとすることについて、齊の晏子が大雅大明・逸詩を引用する。

（昭公三二―六）では、魯の季平子が魯の國政を掌握していることについて、晉の蔡墨が趙簡子に對し、小雅十月之交を引用して解説する。

（定公一〇―七）では、返答の例えとして、郈工師駟赤が唐風揚之水を引用する。

（哀公二―五）では、晉の趙簡子の占いについて、晉の樂丁が大雅緜を引用する。

以上より、『左傳』【說話・會話】・【君子曰】・【君子】部分の引詩における人物評價を一覽にすると、次のようになる。

	肯定（君子）	肯定（會話）	否定（君子）	否定（會話）
魯		○	○	○
僖公				○
文公				○
昭公				○
出姜			○	
季文子			○	○
季平子				○
叔孫昭子		○		
孟僖子		○		
叔弓		○		
晉				○
獻公				○
惠公				○
文公	○			
靈公				○
景公		○		○
韓獻子	○			
韓宣子		○		
魏獻子		○		○
趙盾				○
趙文子			○	
知莊子	○			
士會		○		
范文子	○			
范宣子	○			○
叔向		○		
祁奚	○	○		
祁盈				○
郤缺		○		
郤克				○
郤犨				○
荀息	○			
狼瞫	○			
子野		○		
八卿				○
周			○	
襄王				○
鄭		○	○	
大子忽		○		
子產		○		○

子臧	子張	伯石	罕虎	子然	駟秦	潁考叔	石制・魚臣	衛	出公	左右公子	孫文子	甯悼子	北宮佗	齊	公孫蠆	高彊	敬仲	陳氏	管氏	晏子
	○					○													○	○
		○															○	○		
○			○	○			○			○			○		○					
					○			○	○		○	○				○				

梁丘據	涉佗	宋	宣公	襄公	向戌	華亥	華定	子罕	羊斟	秦	穆公	孟明	子桑	楚	共王	靈王	平王	子反	子囊	令尹子常
			○					○			○	○	○	○					○	
												○								
	○	○			○				○		○				○					
○				○		○	○				○			○		○	○	○		○

鬭懷				○
申公巫臣				○
左史倚相				○
吳			○	
蔡				○
景侯			○	
許				

靈公			○	
莒			○	
展輿			○	
小邾				
大夫			○	
隨			○	

以上、肯定的評價のみのものは、魯では叔孫昭子・孟僖子・叔弓、晉では文公・韓獻子・韓宣子・知莊子・士會・范文子・叔向・祁奚・郤缺・荀息・狼瞫・子野、鄭では大子忽・子張・伯石・潁考叔、齊では敬仲・陳氏・管氏・晏子、宋では宣公・子罕（樂喜）、秦では孟明・子桑、楚では子囊である。また、評價對象が國名として現れるものは、全てどこかの個所で否定的評價を受けている。更に、これらの中、『左傳』における有力な世族は、魯の叔孫氏（叔孫昭子）・孟氏（孟僖子）、晉の韓氏（韓獻子・韓宣子）・知氏（知莊子）・范氏（士會・范文子）・羊舌氏（叔向）・祁氏（祁奚）・郤氏（郤缺）、鄭の印氏（子張）・豐氏（伯石）、齊の陳氏（敬仲・陳氏）・管氏・晏氏、宋の樂氏、楚の子囊である。これらの中、同一氏の者が引詩で否定的評價を受けている、或いは子孫が絶える場合を除けば、魯の叔孫氏・孟氏、晉の韓氏、鄭の印氏・豐氏、齊の陳氏・管氏、宋の樂氏が殘る。[15] これらの世族について、『左傳』引詩の【說話・會話】・【君子曰】・【君子】部分でも、少なくとも否定的評價は下されていないことになる。

第一章における檢討によれば、以上の世族の中、魯の孟氏、晉の韓・魏氏、齊の陳氏について、『左傳』の婚姻記事においては、肯定的な評價や記事配列がなされているようにみえた。だが、實際にはその評價や記事配列は、晉の姫姓世族の君主權正當化と深い關係をもち、『左傳』記事中において、特定の世族について否定的評價がみえなくとも、『左傳』がそれに對して肯定的な態度を示しているとは限らなかった。引詩についても同様に、特定世族の正統を稱揚する方向へ收斂していくか確認されねばならない。しかし、それを證明するのはこれまでの檢討のみでは不充分である。そこで、【說話・地の文】部分における『詩』も檢討する必要がある。第一章でみてきたように、直接評價が行われている部分のみで、『左傳』家族關係記事の「形」が構成されているわけではなかったからである。

また本節における檢討の結果、小林茂の議論をある程度肯定的に確認できることも分かった。小林は本書とは異なる史料解釋の立場で『左傳』を分析しているのであるが、『左傳』の「君子」が歷史的事象に對して、一定の歷史觀・道德規範をもつ點を指摘している。(16) 本節では、その一定の歷史觀・道德規範が、晉の姫姓世族を正統とする「形」を背景としていることを明らかにすることができた。

『左傳』【說話・會話】・【君子曰】・【君子】部分の引詩は、下された評價に權威付けを行う役割を果たしており、『詩』本來の內容を必ずしも表さずに、いわば斷章取義的に利用されていると考えられる。個々の詩句の內容については、「逸詩」以外は傳世文獻である『毛詩』の詩句とほぼ同様である。異なる個所も假借字のように、內容に影響を與えないものがほぼ全てである。(17) つまり、話中で『詩』が賦されている會話文については、『左傳』編纂者の意圖が含まれており、成立年代が下る可能性が高いが、賦された『詩』の詩句自體は、恐らく『左傳』成書の時代よりも更に遡り得るものと考えられる。『左傳』編纂者は、評價に說得力をもたせるために『詩』を引用するのであろうから、婚姻記事の材料のように、『詩』そのものがある程度の歷史を既にもっていると考えた方が確かに合理的である。

結語

『左傳』において、詩句を直接引用する【説話・會話】・【君子曰】・【君子】部分の引詩は、特定の世族に對する以外は、批判的に用いられている。それは、魯の叔孫氏・孟氏、晉の韓氏、鄭の印氏・豐氏、齊の陳氏・管氏、宋の樂氏である。これのみでは、晉の姫姓世族の稱揚に繋がる『左傳』の「形」を構成するように利用されているとはいえない。しかし、『左傳』の家族關係記事が、君子の評言や會話文のような直接評價が行われている部分のみでは、特定世族を稱揚する「形」としては機能していなかったように、『左傳』の引詩においても、【説話・地の文】と併せて、『左傳』の「形」として機能するという想定が成り立つ。

また『左傳』の評價において、『詩』は所謂「斷章賦詩」的に、『左傳』編纂者の再解釋を伴って用いられている。話中で『詩』が賦されている『左傳』の會話文については、『左傳』編纂者の意圖が含まれており、成立年代が下る可能性が高いが、賦された『詩』の詩句自體は、恐らく『左傳』成書の時代よりも更に遡り得るものと考えられる。

以上はあくまでも假説の域を出るものではなく、それを論證するには、『左傳』の【説話・地の文】部分における『詩』も併せて検討する必要がある。このことについては節を改めて述べることとしたい。

注

（1）『詩經』の研究史について、本節では必要最小限の整理を基に議論を進め、本章第二節以降でやや詳しく述べていくこととする。主要なものを列擧すれば、前近代では、李石『左氏詩如例』三卷（『方舟集』卷二十一〜二十三）、成伯璵『毛詩斷章』

二卷（逸書）、勞孝輿『春秋詩話』五卷などがある。近代以後の研究で引詩を含めて『左傳』に懷疑的なものに、顧頡剛「詩經在春秋戰國間的地位」（『古史辨』第三冊、樸社、一九三一年十一月）、津田左右吉『左傳の思想史的研究』（東洋文庫論叢二二、一九三五年九月）三一五～三二三頁、白川靜『詩經研究――通論篇――』（朋友書店、一九八一年十月、原本、油印本、一九六〇年六月）一二三頁があり、津田は『詩』の一部の後代性を指摘する。一方、『左傳』成書を戰國以前に置くものに、目加田誠『詩經研究』（目加田誠著作集第一卷、龍溪書舍、一九八五年十一月）八一頁、鎌田正『左傳の成立とその展開』（大修館、一九六三年三月）三四六～三四七頁がある。小島祐馬「左傳引經考證」（一）・（二）・（三）（『支那學』三―一、三―二、三―六、一九二二年十、十一月、一九二三年八月）（三）六七頁は、『左傳』の成書年代を明確にしないが、『左傳』引詩と『毛詩』の同時代性を述べる。

（2）諸橋轍次『經學研究序説（改訂版）』（目黒書店、一九四一年五月）二五頁。

（3）『詩』を用いた所謂社會史的な研究は、いうまでもなく膨大な數に上るため、ここに注記することはしない。その研究史・問題點については、白川靜前掲注（1）書三〇～五〇頁に簡潔に纏められている。

（4）『左傳』の内容分類に關しては、平勢隆郎『左傳の史料批判的研究』（東京大學東洋文化研究所、汲古書院、一九九八年十二月）「附　春秋左氏傳の内容分類」參照。

（5）小倉芳彦『中國古代政治思想研究――左傳研究ノート――』（靑木書店、一九七〇年三月）三二～三四頁。

（6）平勢隆郎『左傳の史料批判的研究』（前掲注（4））一六一～一六二頁。『詩』や『書』などの典籍を引用するのは、會話部分や君子曰・君子謂など君子に關わる部分だと指摘する。

（7）楊向時「左傳引詩考」（『淡江學報』三、一九六四年十一月）、同「左傳賦詩考」（『孔孟學報』一三、一九六七年四月）は明確にこの分類を行うが、議論の内容としては經學の域に止まる。但し、それ以前の研究でも、小島祐馬前掲注（1）論文のように、その區別を意識していたようである。なお、ここでいう「賦」は、『詩』の六義の「賦」とは異なる。また、本書で「引詩」と稱する場合、特に斷らない限り詩句の引用部分のみを指す。

（8）小林茂「春秋左氏傳「君子曰」に於ける引詩の意義」（『大東文化大學中國學論集』五、一九八三年三月）。

(9) 顧棟高「春秋三傳引據詩書易三經表」(『春秋大事表』巻四十七) は「賦詩」のみである。網羅的なものは、小島祐馬前掲注 (1) 論文 (一) 五二〜五七頁、(二) 補正、鎌田正前掲注 (1) 書三六二〜三七八頁、張素卿『左傳稱詩研究』(國立臺灣大學文史叢刊之八十九、國立臺灣大學出版委員會、一九九一年六月) 附錄一・二などである。

(10) 後掲「左傳引詩表」も參照。

(11) 平勢隆郎前掲注 (4) 書は、【說話・地の文】に分類する。しかし、ここは君子の評言の敍述が續いている部分であるから、【君子】に分類しておく。

(12) ここは、向戌に好意的と考えてもよいが、その強欲さを示すとも理解可能である。

(13) 引用者名を表示していないものは、自らについて引用している場合である。

(14) (成公二—四・七) がよい例であり、評價する側である齊の國氏とされる側である晉の郤氏は共に滅亡する。

(15) 楚の子囊は子孫に關する記載がないため、除外することにする。

(16) 小林茂前掲注 (8) 論文五八〜五九頁。

(17) 張素卿前掲注 (9) 書二六一〜二八八頁によれば、篇名も同様である。但し、(昭公六—A) 周頌我將篇の「德」は『毛詩』では「典」に作られている。小倉芳彥前掲注 (5) 書七三〜七六頁が述べるように、『左傳』における「德」に戰國的用法のものがあることを考えれば、『左傳』編纂者が「德」の字に變更して「微言」として利用したことは可能性としてあり得るが、ここではその事實を指摘するに止めておく。

「左傳引詩表」

凡　例

（一）「賦詩主體」は『詩』を賦す人物を示す。
（二）「賦詩對象」は『詩』を賦す場においてそれが賦される相手側のことではなく、『詩』が賦される對象を示す。

	小倉番號	内容分類	風雅頌	篇名	賦詩主體	賦詩對象	評價
1	隱1—3	君子曰	大雅	既醉		鄭・潁考叔	○
2	隱3—A	君子曰	召南	采蘩・采蘋		周・鄭	×
3	隱3—A	君子曰	大雅	行葦・泂酌		周・鄭	×
4	隱3—5	君子曰	商頌	玄鳥		宋宣公	○
5	桓6—B	說話・會話	大雅	文王	鄭大子忽	鄭大子忽	○
6	桓12—3・5・6・8	君子曰	小雅	巧言		宋	×
7	莊6—1・2	君子	大雅	文王		衞・左・右公子	×
8	莊22—3	說話・會話	逸詩		齊・敬仲	齊・敬仲	○
9	閔1—2	說話・會話	小雅	出車	齊・管仲	邢の救援	
10	閔2—6	說話・地の文	鄘風	載馳	許穆公夫人	衞の亡國	
11	閔2—7	說話・地の文	鄘風	清人	鄭人	鄭・高克奔陳	
12	僖5—1	說話・會話	大雅	板	晉・士蔿	晉獻公	×
13	僖9—6	君子曰	大雅	抑		晉・荀息	○
14	僖9—B	說話・會話	大雅	皇矣	秦・公孫枝	晉惠公	×
15	僖9—B	說話・會話	大雅	抑	秦・公孫枝	晉惠公	×

16	僖12—B・C	君子曰	大雅	旱麓		齊・管氏	○
17	僖15—12a	説話・會話	小雅	十月之交	晉・韓簡	晉惠公	×
18	僖19—4	説話・會話	大雅	思齊	宋・子魚	宋襄公	×
19	僖20—6	君子曰	召南	行露		隨	×
20	僖22—C	説話・會話	小雅	正月	周・富辰	周襄王	
21	僖22—3	説話・會話	小雅	小旻	魯・臧文仲	魯僖公	×
22	僖22—3	説話・會話	周頌	敬之	魯・臧文仲	魯僖公	×
23	僖23—B	説話・地の文	逸詩	河水	晉文公	秦穆公	
24	僖23—B	説話・地の文	小雅	六月	秦穆公	晉文公	
25	僖24—2	説話・會話	小雅	常棣	周・富辰	周襄王	×
26	僖24—B	君子曰	曹風	候人		鄭・子臧	×
27	僖24—B	君子曰	小雅	小明		鄭・子臧	×
28	僖28—A	君子	大雅	民勞		晉文公	○
29	僖33—7	説話・會話	邶風	谷風	晉・胥臣	晉・郤缺	○
30	文1—B	説話・會話	大雅	桑柔	秦穆公	秦穆公	×
31	文2—1	君子	小雅	巧言		晉・狼瞫	○
32	文2—1	君子	大雅	皇矣		晉・狼瞫	○
33	文2—1	説話・會話	大雅	文王	晉・趙衰	秦・孟明	○
34	文2—6	説話・地の文	魯頌	閟宮	君子	魯の逆祀	×
35	文2—6	説話・地の文	邶風	泉水	君子	魯の逆祀	×
36	文3—3	君子	召南	采蘩		秦穆公	○

37	文3-3	君子	大雅	烝民		秦・孟明	○
38	文3-3	君子	大雅	文王有聲		秦・子桑	○
39	文3-6	說話・地の文	小雅	菁菁者莪	晉襄公	魯文公	
40	文3-6	說話・地の文	大雅	嘉樂	魯文公	晉襄公	
41	文4-2	君子曰	周頌	我將		魯・出姜	×
42	文4-4	君子曰	大雅	皇矣		秦穆公	○
43	文4-6	說話・地の文	小雅	湛露・彤弓	魯文公	衞・甯武子	
44	文4-6	說話・會話	小雅	湛露・彤弓	衞・甯武子	魯文公	×
45	文6-B	說話・地の文	秦風	黃鳥	秦の國人	子車氏の三子	
46	文6-B	君子曰	大雅	瞻卬		秦穆公	×
47	文7-5	說話・地の文	大雅	板	晉・荀林父	晉・先蔑	
48	文10-7	說話・會話	大雅	烝民	楚・文之無畏	楚・文之無畏	
49	文10-7	說話・會話	大雅	民勞	楚・文之無畏	楚・文之無畏	
50	文13-6・7・9・10	說話・地の文	小雅	鴻鴈	鄭・子家	魯・季文子	
51	文13-6・7・9・10	說話・地の文	小雅	四月	魯・季文子	鄭・子家	
52	文13-6・7・9・10	說話・地の文	鄘風	載馳	鄭・子家	魯・季文子	
53	文13-6・7・9・10	說話・地の文	小雅	采薇	魯・季文子	鄭・子家	
54	文15-11	說話・會話	小雅	雨無正	魯・季文子	齊懿公	×
55	文15-11	說話・會話	周頌	我將	魯・季文子	齊懿公	×
56	宣2-1	君子	小雅	角弓		宋・羊斟	×
57	宣2-4	說話・會話	大雅	蕩	晉・士會	晉靈公	×

58	宣2—4	説話・會話	大雅	烝民	晉・士會	晉靈公	×
59	宣2—4	説話・會話	邶風	雄雉	晉・趙盾	晉・趙盾	×
60	宣9—11	説話・會話	大雅	板	孔子	陳・洩冶	
61	宣11—4	説話・會話	周頌	賚	晉・郤成子	晉	
62	宣12—3	説話・會話	周頌	酌	晉・士會	晉	
63	宣12—3	説話・會話	周頌	式	晉・士會	晉	
64	宣12—3	説話・會話	小雅	六月	楚・孫叔敖	楚	
65	宣12—3	説話・會話	周頌	時邁	楚莊王	楚の京觀	×
66	宣12—3	説話・會話	周頌	武	楚莊王	楚の京觀	×
67	宣12—3	説話・會話	周頌	賚	楚莊王	楚の京觀	×
68	宣12—3	説話・會話	周頌	桓	楚莊王	楚の京觀	×
69	宣12—3	君子曰	小雅	四月		鄭・石制・魚臣	×
70	宣15—A	説話・會話	大雅	文王	晉・羊舌職	晉景公	○
71	宣16—1	説話・會話	小雅	小旻	晉・羊舌職	晉・士會	○
72	宣17—A	説話・會話	小雅	巧言	晉・士會	晉・郤克	×
73	成2—4・7	説話・會話	大雅	既醉	齊・國差	晉・郤克	×
74	成2—4・7	説話・會話	小雅	信南山	齊・國差	晉・郤克	×
75	成2—4・7	説話・會話	商頌	長發	齊・國差	晉・郤克	×
76	成2—A	説話・會話	鄘風	桑中	楚・申叔跪	楚・申公巫臣	×
77	成2—8・9	説話・會話	大雅	文王	楚・令尹子重	楚共王	
78	成2—8・9	君子曰	大雅	假樂		蔡景侯・許靈公	×

79	成4—5	説話・會話	商頌	敬之	魯・季文子	晉景公	×
80	成7—2	説話・會話	小雅	節南山	魯・季文子	魯	○
81	成8—1	説話・會話	衞風	氓	魯・季文子	晉	×
82	成8—1	説話・會話	大雅	板	魯・季文子	晉	×
83	成8—2	君子曰	大雅	旱麓		知莊子・范文子・韓獻子	○
84	成9—5	説話・地の文	大雅	韓奕	魯・季文子	魯成公	
85	成9—5	説話・地の文	邶風	綠衣	魯・穆姜	季文子	
86	成9—11	君子曰	逸詩			莒	×
87	成12—A	説話・會話	周南	兎罝	晉・郤至	楚・子反	×
88	成14—2	説話・會話	小雅	桑扈	衞・甯惠子	晉・郤犨	×
89	成16—6	説話・會話	周頌	思文	楚・申叔時	楚	×
90	襄2—3	君子曰	大雅	抑		魯・季文子	×
91	襄2—3	君子曰	周頌	豐年		魯・季文子	×
92	襄3—A	君子	小雅	裳裳者華		晉・祁奚	○
93	襄4—2	説話・地の文	大雅	文王	晉悼公	魯・穆叔	
94	襄4—2	説話・地の文	小雅	鹿鳴	晉悼公	魯・穆叔	
95	襄4—2	説話・會話	大雅	文王	魯・穆叔	晉悼公	
96	襄4—2	説話・會話	小雅	鹿鳴	魯・穆叔	晉悼公	
97	襄4—2	説話・會話	小雅	四牡	魯・穆叔	晉悼公	
98	襄4—2	説話・會話	小雅	皇皇者華	魯・穆叔	晉悼公	
99	襄5—6	君子	逸詩			楚共王	×

100	襄7—A	說話・會話	召南	行露	晉・韓穆子	晉・韓穆子	
101	襄7—A	說話・會話	小雅	節南山	晉・韓穆子	晉・韓穆子	
102	襄7—A	說話・會話	小雅	小明	晉・韓穆子	晉・韓宣子	○
103	襄7—7	說話・會話	召南	羔羊	魯・穆叔	衞・孫文子	×
104	襄8—8	說話・會話	逸詩		鄭・子駟	鄭	
105	襄8—8	說話・會話	小雅	小旻	鄭・子駟	晉の八卿	×
106	襄8—9	說話・地の文	召南	摽有梅	晉・范宣子	魯襄公	
107	襄8—9	說話・地の文	小雅	角弓	魯・季武子	晉・范宣子	
108	襄8—9	說話・地の文	小雅	彤弓	魯・季武子	晉・范宣子	
109	襄10—2	說話・會話	邶風	簡兮	魯・孟獻子	叔梁紇	
110	襄11—8・10	說話・會話	小雅	采菽	晉・魏莊子	晉悼公	
111	襄13—A	君子曰	大雅	文王		晉・范宣子	○
112	襄13—A	君子曰	小雅	北山		晉・范宣子	○
113	襄13—B	君子	小雅	節南山		吳	×
114	襄14—1	說話・地の文	小雅	青蠅	戎子駒支	晉・范宣子	
115	襄14—3	說話・地の文	邶風	匏有苦葉	魯・穆叔	叔向	
116	襄14—4	說話・地の文	小雅	巧言	衞獻公	衞・孫文子	
117	襄14—F	君子	小雅	都人士		楚・子囊	○
118	襄15—A	君子	周南	卷耳		楚	○
119	襄16—11	說話・地の文	小雅	祈父	魯・穆叔	晉・中行獻子	
120	襄16—11	說話・地の文	小雅	鴻鴈	魯・穆叔	晉・范宣子	

121	襄19—5	説話・地の文	小雅	黍苗	晉・范宣子	魯・季武子	
122	襄19—5	説話・地の文	小雅	六月	魯・季武子	晉平公・范宣子	
123	襄19—15・16	説話・地の文	鄘風	載馳	魯・穆叔	晉・叔向	
124	襄20—9	説話・地の文	小雅	常棣	魯・季武子	宋平公	
125	襄20—9	説話・地の文	小雅	魚麗	魯・季武子	魯襄公	
126	襄20—9	説話・地の文	小雅	南山有臺	魯襄公	魯・季武子	
127	襄21—4	説話・會話	逸詩		晉・叔向	晉・叔向	○
128	襄21—4	説話・會話	大雅	抑	晉・叔向	晉・祁奚	○
129	襄21—4	説話・會話	周頌	烈文	晉・祁奚	晉・叔向	○
130	襄22—D	君子曰	大雅	抑		鄭・子張	○
131	襄24—A	説話・會話	小雅	南山有臺	鄭・子産	晉・范宣子	×
132	襄24—A	説話・會話	大雅	大明	鄭・子産	晉・范宣子	×
133	襄25—F	説話・會話	小雅	小弁	衞・大叔文子	衞・甯悼子	×
134	襄25—F	説話・會話	大雅	烝民	衞・大叔文子	衞・甯悼子	×
135	襄26—7	説話・地の文	大雅	假樂	晉平公	齊景公・鄭簡公	
136	襄26—7	説話・地の文	小雅	蓼蕭	齊・國景子	晉平公	
137	襄26—7	説話・地の文	鄭風	緇衣	鄭・子展	晉平公	
138	襄26—7	説話・地の文	逸詩	轡之柔	齊・國景子	晉平公	
139	襄26—7	説話・地の文	鄭風	將仲子	鄭・子展	晉平公	
140	襄26—F	説話・會話	大雅	瞻卬	蔡・聲子	楚	×
141	襄26—F	説話・會話	商頌	殷武	蔡・聲子	楚	×

142	襄27—1	説話・地の文	鄘風	相鼠	魯・穆叔	齊・慶封	×
143	襄27—B	説話・地の文	召南	草蟲	鄭・子展	晉・趙文子	
144	襄27—B	説話・地の文	鄘風	鶉之奔奔	鄭・伯有	晉・趙文子	
145	襄27—B	説話・地の文	小雅	黍苗	鄭・子西	晉・趙文子	
146	襄27—B	説話・地の文	小雅	隰桑	鄭・子産	晉・趙文子	
147	襄27—B	説話・地の文	鄭風	野有蔓草	鄭・子大叔	晉・趙文子	
148	襄27—B	説話・地の文	唐風	蟋蟀	鄭・印段	晉・趙文子	
149	襄27—B	説話・地の文	小雅	桑扈	鄭・伯石	晉・趙文子	
150	襄27—B	説話・會話	小雅	桑扈	晉・趙文子	鄭・伯石	○
151	襄27—C	君子曰	鄭風	羔裘		宋・子罕	○
152	襄27—C	君子曰	周頌	維天之命		宋・向戌	
153	襄27—E	説話・地の文	大雅	既醉	楚・子蕩	晉平公	
154	襄28—6	説話・地の文	逸詩	茅鴟	魯・穆叔	齊・慶封	×
155	襄29—2	説話・地の文	邶風	式微	魯・榮成伯	魯襄公	
156	襄29—C	説話・會話	小雅	四牡	鄭・子展	鄭・印段	
157	襄29—5	説話・會話	小雅	正月	鄭・子大叔	晉	×
158	襄29—8	説話・地の文	周南・召南			呉・季札	
159	襄29—8	説話・地の文	邶風・鄘風・衞風			呉・季札	
160	襄29—8	説話・會話	衞風		呉・季札		
161	襄29—8	説話・地の文	王風			呉・季札	
162	襄29—8	説話・地の文	鄭風			呉・季札	

163	襄29—8	説話・地の文	齊風			吳・季札	
164	襄29—8	説話・地の文	豳風			吳・季札	
165	襄29—8	説話・地の文	秦風			吳・季札	
166	襄29—8	説話・地の文	魏風			吳・季札	
167	襄29—8	説話・地の文	唐風			吳・季札	
168	襄29—8	説話・地の文	陳風			吳・季札	
169	襄29—8	説話・地の文	檜風			吳・季札	
170	襄29—8	説話・地の文	小雅			吳・季札	
171	襄29—8	説話・地の文	大雅			吳・季札	
172	襄29—8	説話・地の文	頌			吳・季札	
173	襄29—F	説話・會話	小雅	巧言	鄭・裨諶	鄭・伯有	
174	襄30—8	君子曰	大雅	文王		趙文子・公孫蠆・向戌・北宮佗・罕虎等	×
175	襄30—8	君子曰	逸詩			趙文子・公孫蠆・向戌・北宮佗・罕虎等	×
176	襄31—D	説話・會話	大雅	板	晉・叔向	鄭・子產	○
177	襄31—G	説話・會話	大雅	桑柔	衞・北宮文子	鄭	○
178	襄31—J	説話・會話	大雅	蕩	衞・北宮文子	楚・令尹子西	×
179	襄31—J	説話・會話	大雅（魯頌）	抑（泮水）	衞・北宮文子	楚・令尹子西	×
180	襄31—J	説話・會話	邶風	柏舟	衞・北宮文子	楚・令尹子西	
181	襄31—J	説話・會話	大雅	既醉	衞・北宮文子	楚・令尹子西	

182	襄31—J	說話・會話	大雅	皇矣	衞・北宮文子	楚・令尹子西	
183	昭1—2	說話・會話	大雅	抑	晉・趙文子	晉・趙文子	
184	昭1—2	說話・會話	小雅	小旻	晉・欒王鮒	晉・欒王鮒	
185	昭1—A	說話・地の文	大雅	大明	楚靈王	晉・趙文子	
186	昭1—A	說話・地の文	小雅	小宛	晉・趙文子	楚靈王	
187	昭1—A	說話・會話	小雅	正月	晉・叔向	楚靈王	×
188	昭1—B	說話・地の文	小雅	瓠葉	晉・趙文子	鄭・子皮	
189	昭1—B	說話・地の文	召南	鵲巢	魯・穆叔	晉・趙文子	
190	昭1—B	說話・地の文	召南	采蘩	魯・穆叔	晉・趙文子	
191	昭1—B	說話・地の文	召南	野有死麕	鄭・子皮	晉・趙文子	
192	昭1—B	說話・地の文	小雅	常棣	晉・趙文子	鄭・子皮	
193	昭1—8	君子曰	周頌	烈文		莒・展輿	×
194	昭1—10	說話・會話	大雅	烝民	晉・叔向	楚・子干	
195	昭2—1	說話・地の文	大雅	緜	魯・季武子	韓宣子	
196	昭2—1	說話・地の文	小雅	角弓	晉・韓宣子	魯・季武子	
197	昭2—1	說話・地の文	小雅	節南山	魯・季武子	晉・韓宣子	
198	昭2—1	說話・會話	小雅	角弓	魯・季武子	魯・季武子	
199	昭2—1	說話・地の文	召南	甘棠	魯・季武子	晉・韓宣子	
200	昭2—1	說話・地の文	衞風	淇奥	衞・北宮文子	晉・韓宣子	
201	昭2—1	說話・地の文	衞風	木瓜	晉・韓宣子	衞・北宮文子	
202	昭2—2	說話・會話	大雅	民勞	晉・叔向	魯・叔弓	○

203	昭3—C	君子曰	小雅	巧言		齊・晏子	○
204	昭3—D	君子曰	鄘風	相鼠		鄭・伯石	
205	昭4—1	說話・會話	豳風	七月	魯・申豐	氷について	
206	昭4—B	說話・會話	逸詩		鄭・子產	鄭・子產	×
207	昭5—1	說話・會話	大雅	抑	仲尼	魯・叔孫昭子	○
208	昭6—A	說話・會話	周頌	我將	晉・叔向	鄭・子產	×
209	昭6—A	說話・會話	大雅	文王	晉・叔向	鄭・子產	×
210	昭6—5	說話・會話	大雅	板	宋・向戌	宋・華亥	×
211	昭6—C	說話・會話	小雅	角弓	晉・叔向	晉平公	
212	昭7—A	說話・會話	小雅	北山	楚・芋尹無宇	楚靈王	
213	昭7—4	說話・會話	小雅	十月之交	晉平公	魯・衛	×
214	昭7—5	說話・會話	小雅	常棣	晉の大夫	衛	
215	昭7—6	說話・會話	小雅	鹿鳴	仲尼	魯・孟僖子	○
216	昭7—7	說話・會話	小雅	北山	晉・士文伯	日食について	
217	昭8—A	說話・會話	小雅	雨無正	晉・叔向	晉・子野	○
218	昭9—5	說話・會話	大雅	靈臺	魯・叔孫昭子	魯・季平子	×
219	昭10—2	說話・會話	大雅	文王	齊・陳桓子	陳桓子	
220	昭10—3	說話・會話	小雅	鹿鳴	魯・臧武仲	魯・季平子	×
221	昭10—4・5	說話・會話	小雅	正月	魯・叔孫昭子	齊・高彊	×
222	昭12—3	說話・地の文	小雅	蓼蕭	魯	宋・華定	
223	昭12—3	說話・會話	小雅	蓼蕭	魯・叔孫昭子	宋・華定	×

224	昭12—9	説話・會話	逸詩	祈招	楚・右尹子革	楚・左史倚相	×
225	昭13—A	説話・會話	小雅	南山有臺	仲尼	鄭・子產	○
226	昭16—B	説話・會話	小雅	雨無正	魯・叔孫昭子	無伯について	×
227	昭16—C	説話・地の文	鄭風	野有蔓草	鄭・嬰齊	晉・韓宣子	
228	昭16—C	説話・地の文	鄭風	羔裘	鄭・子產	晉・韓宣子	
229	昭16—C	説話・地の文	鄭風	褰裳	鄭・子大叔	晉・韓宣子	
230	昭16—C	説話・地の文	鄭風	風雨	鄭・子游	晉・韓宣子	
231	昭16—C	説話・地の文	鄭風	有女同車	鄭・子旗	晉・韓宣子	
232	昭16—C	説話・地の文	鄭風	蘀兮	鄭・子柳	晉・韓宣子	
233	昭16—C	説話・地の文	周頌	我將	晉・韓宣子	鄭の六卿	
234	昭17—1	説話・地の文	小雅	采菽	魯・季平子	小邾穆公	
235	昭17—1	説話・地の文	小雅	菁菁者莪	小邾穆公	魯・季平子	
236	昭20—F	説話・會話	商頌	烈祖	齊・晏子	齊・梁丘據	×
237	昭20—F	説話・會話	豳風	狼跋	齊・晏子	齊・梁丘據	×
238	昭20—G	説話・會話	大雅	民勞	仲尼	鄭・子產	○
239	昭20—G	説話・會話	商頌	長發	仲尼	鄭・子產	○
240	昭21—1	説話・會話	大雅	假樂	魯・叔孫昭子	蔡	×
241	昭23—B	説話・會話	大雅	文王	楚・沈尹戌	楚・令尹子常	×
242	昭24—D	説話・會話	小雅	蓼莪	鄭・子大叔	晉・范獻子	
243	昭24—6	説話・會話	大雅	桑柔	楚・沈尹戌	楚平王	×
244	昭25—1	説話・地の文	逸詩	新宮	宋元公	魯・叔孫昭子	

245	昭25—1	説話・地の文	小雅	車舝	魯・叔孫昭子	宋元公	
246	昭25—1	説話・會話	大雅	瞻卬	宋・樂祁	魯昭公	×
247	昭26—D	説話・會話	大雅	大明	齊・晏子	齊景公	
248	昭26—D	説話・會話	逸詩		齊・晏子	齊景公	
249	昭26—E	説話・會話	小雅	車舝	齊・晏子	齊・陳氏	○
250	昭28—A	説話・會話	大雅	板	晉・司馬叔游	晉・祁盈	×
251	昭28—B	説話・會話	大雅	皇矣	晉・成鱄	晉・魏獻子	○
252	昭28—B	説話・會話	大雅	文王	仲尼	晉・魏獻子	○
253	昭32—5	説話・會話	大雅	板	衛・彪傒	晉・魏獻子	×
254	昭32—6	説話・會話	小雅	十月之交	晉・蔡墨	魯・季平子	
255	定4—15	説話・會話	大雅	烝民	楚・鬭辛	楚・鬭懐	×
256	定4—15	説話・地の文	秦風	無衣	秦哀公	楚・申包胥	
257	定9—B	君子	邶風	靜女		鄭・子然	×
258	定9—B	君子	鄘風	干旄		鄭・子然	×
259	定9—B	君子	召南	甘棠		鄭・子然	×
260	定10—4	君子曰	鄘風	相鼠		衛・涉佗	×
261	定10—7	説話・會話	唐風	揚之水	郈工師駟赤	郈工師駟赤	
262	哀2—5	説話・會話	大雅	緜	晉・樂丁	晉・趙簡子	
263	哀5—B	説話・會話	大雅	假樂	鄭・子思	鄭・駟秦	×
264	哀5—B	説話・會話	商頌	殷武	鄭・子思	鄭・駟秦	×
265	哀26—C	説話・會話	周頌	烈文	子貢	衛出公	×

第二節　『左傳』の引詩に關する一考察——「賦詩斷章」の背景——

序

『詩』のテキストの中、ほぼ完全な形で傳世するものは、古文系のテキストである『毛詩』のみである。同じく古文系の『左傳』が引用する『詩』の篇名や詩句は、『毛詩』と共通するものがほとんどである。このことは、『左傳』と『毛詩』の眞僞が密接な關わりをもつことを意味する。古文系の典籍については、近代以前から眞僞問題を中心に議論されてきたが、そうした議論の一つとして、『左傳』の引詩に關する眞僞問題を始めとした數多くの研究が存在する。(1)(2)

『左傳』の引詩に關する研究者間の共通した理解は、『詩』がその一部の詩句のみで、本來意味するところとは異なる解釋で引用されていることであり、それが「賦詩斷章」ないし「斷章取義」と稱される利用形態である。(3)

その利用形態を僞作の證據として考えたのが『左傳』前漢末劉歆僞作説をとる津田左右吉である。津田は、『左傳』説話が詩の講習を業とする儒者により作製されたため、説話に詩が付會されているとする。(4)

これに對し、『左傳』僞作説を否定する論者は、『左傳』記事と詩序・『毛詩』の類似や、『左傳』引詩全てを僞作することが不可能であることを根據として、『左傳』編纂時點まで傳世していたものが引用されているとする。これは、『左傳』記事をそのまま史實と理解するものと、『左傳』記事の一部に後代性を認めるものとに分かれる。近代以後で前者に屬するものは、史料批判が不十分であり、ここではとりあげない。[5] 現在は後者に屬するものが研究の主流である。そうした研究を以下に列擧する。小島祐馬は『左傳』の引詩を『毛詩』と比較し、『左傳』編纂時には、既に今日の『毛詩』とほぼ同等のものが存在していたと考えた。[6] 目加田誠は、「君子曰」や會話文で詩を引くものは、晉と關係のある『左傳』作者の文采が大部分とみてよいとした。[7] 鎌田正は、『國語』と比較して『左傳』の引詩の多いことを述べ、君子の論評部分は作者の引用であり、公卿有德の士の引用したものも作者の造飾によるものが少なくないと考えた。[8] 白川靜は、『左傳』記事に懐疑的な立場をとり、左傳の詩に關する記事の編纂材料を詩序や毛傳と同源とした。[9]

以上、先行研究によれば、『左傳』引詩と傳世文獻である『毛詩』が類似しており、引詩が原義とは異なる意味、則ち所謂斷章取義的に使用されているとされる。しかし、その斷章取義が如何なる事情に由來するかについては、劉歆或いは『左傳』編者による作爲とするに止まり、その背景については未だ充分に說得力のある見解はない。このことは、『左傳』竝びにその引用する『詩』の成立について未だ定說がないことと關係する。

このような狀況でありながら、『左傳』の引詩に關わる記事は、成立年代を始めとして『詩』に關する議論の上で大きな根據とされてきた。そのことによって、『詩』の成立年代を西周から春秋時代に置くことが、今日では多數說となっており、それを前提に『詩』が史料として利用されている。しかし、『詩』各篇の成立年代となると未だに定說がなく、[10]『詩』の成立年代の下限を戰國中期以降に下げる說も存在する。[11] このような狀態で、『詩』を春秋時代以前を研究する史料として無批判に利用することは問題である。

それから近年公表された郭店楚簡に「詩」等、所謂六經に相當する語や、『詩』の引用がみえるが、[12] このことは『左傳』に『詩』等の經書が引用されていることとの關連性が窺われる。郭店楚簡の發見により、多くの研究者は經書の成立年代の下限を戰國時代の中頃と考えるようになったが、このことは當然經書の一つである『詩』の成書年代の議論とも關係する。

本章第一節では『左傳』の引詩の中、君子の評言・會話部分のものについて、『左傳』の內容分類を用いて檢討し、特定世族、すなわち魯の叔孫氏・孟氏、晉の韓氏、鄭の印氏・豐氏、齊の陳氏・管氏、宋の欒氏について、引詩は少なくとも批判的には用いられておらず、それが『左傳』の「形」を構成する可能性を指摘した。(13) 本節では『左傳』引詩の所謂「賦詩斷章」の背景を檢討し、「賦詩斷章」と第一章で述べた『左傳』家族關係記事の「形」との關係性を考察する。更に議論が錯綜している『詩』の成書問題についても、『左傳』引詩から議論し得る範圍で、同樣の觀點から考察を加えることにする。

一．『左傳』說話記事における『詩』について

一―一．『左傳』【說話・地の文】の引詩の檢討

詩の引用は、內容分類の範疇では、【說話・地の文】・【說話・會話】・【君子曰】・【君子】にのみみえる。『左傳』にみられる引詩を內容分類からいえば、『左傳』において篇名のみみえる部分はほとんどが【說話・地の文】に屬し、そこには詩句は現れない。他方、『左傳』における詩句の引用は、篇名のみ引用の場合とは異なり、【說話・會話】・【君子曰】・【君子】にのみみられる。詩句が引用される場合とされない場合とで、『左傳』の內容分類がはっきりと二分されることが分かる。

また『詩經』の詩句に關しては、後代の修正の可能性を考慮してみる必要があるが、實際、『毛詩』と比較すると、『左傳』引詩の詩句は少し異なる部分がある。(14)これは【說話・會話】・【君子曰】・【君子】の部分にあたる。このように、同じ『詩』の引用ではあるものの、【說話・地の文】と【說話・會話】・【君子曰】・【君子】とでは性格が異なるのである。(15)

【說話・會話】・【君子曰】・【君子】の引詩については、前節で既に檢討の俎上に載せたので、ここではまず【說話・地の文】の引詩について檢討する。『左傳』における詩を賦す行爲の意味については、『左傳』（襄公二七―B）に趙文子が叔向に「詩以言志」とあるように、諸侯卿大夫の會合において自己の意中を『詩』に託して表現する一種の作法として考えられてきた。(16)また、目加田誠は、外交辭令としての賦詩の習わしは、春秋僖公の末年から文公の頃に始まり、襄公昭公の時代をその全盛期とし、その後は見えなくなり、それも殊に晉魯二國が中心で、その國のこれに得意な人々が流行させたとした。(17)しかし、これらは單に時代の習俗について觸れるにとどまる。ここでは、『左傳』の內容分類に配慮しながら檢討していくことにする。

【說話・地の文】の引詩は大きく二つの類型に分けることができる。第一は、諸侯や卿大夫が互いに詩を交わす情景描寫で、多くは「賦＋篇名」、「歌＋篇名」等の語がみられ、所謂「賦詩」にあたる。第二は、詩の製作經緯について敍述するもので、「作＋篇名」等の語がみられ、これは「作詩」とも稱される。

ところで【說話・地の文】の引詩は、【說話・會話】の引詩から詩句を除いて篇名を殘したものであり、兩者には文章配列の形式からいって類似した點がある。そこで、【說話・地の文】の引詩を檢討した後、前節における【說話・會話】をはじめとして【君子曰】・【君子】部分も含んだ引詩の檢討結果と比較する作業もあわせて行うこととする。

まず第一のものから検討していこう。以下に『左傳』より該當個所を掲げる。(18)

・晉文公・秦穆公（僖公二三—B）

【說話】他日、公、之を享す。子犯曰く、「吾れ衰之文に如かざるなり。請ふ、衰をして從はしめよ。」と。公子、河水を賦し、公、六月を賦す。趙衰曰く、「重耳賜を拜せよ。」と。公子降りて拜し稽首す。公一級を降りて辭す。衰曰く、「君天子を佐くる所以の者を稱して重耳に命ず、重耳敢へて拜せざらんや。」と。

・晉襄公・魯文公（文公三—八）

【說話】晉侯公を饗し、菁菁者莪を賦す。莊叔公を以て降り拜して曰く、「小國命を大國に受く、敢へて儀を愼まざらんや。君之に貺ふに大禮を以てす、何の樂しみか之に如かん。抑そも小國の樂きは、大國の恵なり。」と。晉侯降て辭す。登りて拜を成す。公嘉樂を賦す。

・魯文公→衞の甯武子（文公四—六）

【經文換言・說話】衞の甯武子來聘す。【說話】公之と宴し、爲めに湛露と彤弓とを賦す。辭せず、又た答賦せず。公行人をして私せしむ。對へて曰く、「臣以爲へらく業を肄ひて之に及ぶ。昔諸侯正に王に朝すれば、王、之を宴樂し、是に於て湛露を賦すれば、則ち天子は陽に當たり、諸侯は命を用ふるなり。諸侯王の愾る所に敵して、其功を獻ずれば、王、是に於て之に彤弓一・彤矢百・玈弓矢千を賜ひ、以て報宴を覺かにす。今陪臣來りて舊好を繼ぎ、君辱く之を貺ふも、其れ敢へて大禮を干し以て自ら戾を取らんや。」と。

說話の會話文に湛露の解釋がみえる。

・晉の荀林父→晉の先蔑（文公七—五）

【說話】己丑、先蔑秦に奔り、士會之に從ふ。先蔑の使するや、荀林父之を止めて曰く、「夫人大子猶ほ在り、而るに外に君を求む、此れ必ず行はれず。子疾を以て辭すれば若何。然らずんば將に及ばんとす。卿を攝し以て往かしめて可なり、何ぞ必ずしも子ならん。同官を寮と爲す。吾れ嘗て同寮たり、敢へて心を盡さざらんや。」と。聽かず。爲めに板の三章を賦す、又た聽かず。

・鄭の子家・魯の季文子（文公一三―六・七・九・一〇）

【說話】鄭伯と公と棐に宴し、子家、鴻雁を賦す。季文子曰く、「寡君も未だ此に免れず。」と。文子、四月を賦し、子家、載馳の四章を賦し、文子、采薇の四章を賦す。鄭伯拜し、公答拜す。

・魯の季文子→魯成公（成公九―五）

【經文換言・說話】夏、季文子宋に如きて女を致す。【說話】復命し、公之を享す。韓奕の五章を賦す。

・魯の穆姜→魯の季文子（成公九―五）

【說話】穆姜房より出でて再拜して曰く、「大夫勤辱し、先君を忘れず、以て嗣君に及び、未亡人に施及す、先君猶ほ望有るなり。敢へて大夫の重勤を拜す。」と。又た綠衣の卒章を賦して入る。

先の季文子の賦詩の續きである。

・晉悼公→魯の穆叔（襄公四―二）

【說話】工、文王の三を歌ふ、又た拜せず。鹿鳴の三を歌ふ、三拜す。韓獻子、行人子員をして之に問はしめて曰く、「子君命を以て敝邑に辱くす。先君の禮、之を藉くるに樂を以てし、以て吾子を辱む。吾子其の大を舍てて其の細に重拜す。敢へて問ふ何の禮ぞや。」と。對へて曰く、「……文王は兩君相ひ見るの樂なり、臣敢へて及ばず。鹿鳴は君の寡君を嘉する所以なり、敢へて嘉を拜せざらんや。四牡は君の使臣を勞する所以なり、敢へて重拜せざらんや。皇皇者華は君使臣に教へて曰く、「必ず周に諮れ。」と。臣之を聞く、善に訪問するを咨と爲し、親を咨るを詢と爲し、禮を咨るを度と爲し、事を咨るを諏と爲し、難を咨るを謀と爲す。臣五善を獲たり、敢へて重拜せざらんや。」と。

・晉の范宣子・魯の襄公と季武子（襄公八―九）

【說話】公、之を享す。宣子、摽有梅を賦す。季武子曰く、「誰か敢てせんや。今草木に譬ふ。寡君の君に在るは、君の臭味なり。歡じて以て命を承く、何の時か之有らん。」と。武子、角弓を賦す。賓將に出でんとし、武子、彤弓を賦す。宣子曰く、「城濮の役、我が先君文公功を衡雍に獻じ、彤弓を襄王に受け、以て子孫の藏と爲せり。匄や先君守官の嗣なり、敢へて命を承けざらんや。」と。【君子】君子以て禮を知ると爲す。

・戎子駒支→晉の范宣子（襄公一四―一）

【說話】（戎子駒支）青蠅を賦して退く。宣子辭し、事に會に卽かしめ、愷悌を成すなり。

・魯の穆叔→晉の叔向（襄公一四―三）

【說話】晉侯竟に待ち、六卿をして諸侯の師を帥ゐて以て進ましむ。涇に及び濟らず。叔向、叔孫穆子を見、穆子、匏有苦葉を賦す。叔向退きて舟を具ふ。

・衞獻公→衞の孫文子（襄公一四―四）

【說話】孫文子、戚に如き、孫蒯入りて使す。公之に酒を飲ましめ、大師をして巧言の卒章を歌はしむ。大師辭す。師曹之を爲さんことを請ふ。初め公に嬖妾有り、師曹をして之に琴を誨へしむ。師曹之を鞭うつ。公怒り、師曹を鞭うつこと三百。故に師曹之を歌ひて以て孫子を怒らせ、以て公に報いんと欲す。公之を歌はしめ、遂に之を誦す。

・魯の穆叔→晉の中行獻子と范宣子（襄公一六―一一）

【説話】中行獻子に見え、圻父を賦す。獻子曰く、「偃罪を知れり。敢へて執事に從ひて以て同じく社稷を恤へて魯をして此に及ばしめざらん。」と。范宣子に見え、鴻雁の卒章を賦す。宣子曰く、「匄此に在り。敢へて魯をして鳩まること無からしめんや。」と。

・晉の范宣子と晉平公・魯の季武子（襄公一九―五）

【説話】范宣子政を爲し、黍苗を賦す。季武子興じ、再拜稽首して曰く、「小國の大國を仰ぐや、百穀の膏雨を仰ぐが如し。若し常に之を膏さば、其れ天下輯睦せん、豈に唯だ敝邑のみならんや。」と。六月を賦す。

・魯の穆叔→晉の叔向（襄公一九―一五・一六）

【説話】穆叔、叔向に見え、載馳の四章を賦す。叔向曰く、「肸敢へて命を承けざらんや。」と。穆叔歸りて曰く、「齊猶ほ未だしなり、以て懼れざるべからず。」と。乃ち武城に城く。

・魯の季武子→宋平公（襄公二〇―九）

【説話】褚師段之を逆へ以て享を受けしめ、常棣の七章を賦し以て卒ふ。宋人重く之に賄す。

・魯の季武子・魯襄公（襄公二〇―九）

【説話】歸りて復命す。公之を享し、魚麗の卒章を賦す。公、南山有臺を賦す。武子、所を去りて曰く、「臣堪へざるなり。」と。

先の季武子の賦詩の續きである。

・晉平公・齊景公と鄭簡公と齊の國景子と鄭の子展（襄公二六―七）

【説話】秋七月、齊侯・鄭伯、衞侯の爲の故に晉に如き、晉侯兼ねて之を享す。晉侯、嘉樂を賦す。國景子、齊侯を相け、蓼蕭を賦す。子展、鄭伯を相け、緇衣を賦す。叔向、晉侯に命げ二君を拜せしめて曰く、「寡君敢へて齊君の我が先君の宗圮を安ぜらるるを拜するなり。敢へて鄭君の貳せざるを拜するなり。」と。國子、晏平仲をして叔向に私せしめて曰く、「晉君其の明德を諸侯に宣べ、其の患を恤ひて其の闕を補ひ、其の違を正して其の煩を治む、盟主爲る所以なり。今臣の爲に君を執ふ、之を若何せん。」と。叔向、趙文子に告げ、文子以て晉侯に告ぐ。晉侯、衞侯の罪を言ひ、叔向をして二君に告げしむ。國子、轡之柔矣を賦し、子展、將仲子を賦す。晉侯乃ち衞侯を歸すを許す。叔向曰く、「鄭の七穆、罕氏其れ後に亡ぶる者なり。子展儉にして壹なり。」と。

・魯の穆叔→齊の慶封（襄公二七―一）

【說話】叔孫と慶封と食し、不敬なり。爲に相鼠を賦す。亦た知らざるなり。

・鄭の七子・晉の趙文子（襄公二七―B）

【說話】鄭伯、趙孟を垂隴に享し、子展・伯有・子西・子產・子大叔・二子石從ふ。趙孟曰く、「七子君に從ひて以て武を寵するなり。請ふ、皆賦して以て君の貺を卒へよ。武も亦た以て七子の志を觀ん。」と。子展、草蟲を賦す。趙孟曰く、「善きかな、民の主なり。抑ふに武や以て之に當たるに足らず。」と。伯有、鶉之賁賁を賦す。趙孟曰く、「牀笫の言閾を踰えず、況や野に在るをや。使人の聞くを得る所に非ざるなり。」と。子西、黍苗の四章を賦す。趙孟曰く、「寡君在り、武何ぞ能くせんや。」と。子產、隰桑を賦す。趙孟曰く、「武請ふ、其の卒章を受けん。」と。子大叔、野有蔓草を賦す。趙孟曰く、「吾子の惠なり。」と。印段、蟋蟀を賦す。趙孟曰く、「善きかな、家を保んずるの主なり。吾れ望む有り。」と。公孫段、桑扈を賦す。趙孟曰く、「匪の交り敖らざれば、福將に焉に往かんとす。若し是の言を保たば、福祿を辭せんと欲すれども得んか。」と。享を卒ふ。文子、叔向に告げて曰く、「伯有將に戮せられんとす。詩以て志を言ふ。志其の上を誣ひて公之を怨み、以て賓榮と爲す、其れ能く久からんや。幸にして後に亡げん。」と。叔向曰く、「然り、已だ侈れり。所謂五稔に及ばざる者、夫子を之謂ふ。」と。文子曰く、「其の餘は皆數世の主なり。子展は其れ後に亡びん者なり。上に在りて降を忘れず。印氏は其の次なり。樂しみて荒《みだ》れず。樂しみて以て民を安んじ、淫せずして以て之を使ふ。後に亡ぶる、亦た可ならざらんや。」と。

・楚の子蕩→晉平公（襄公二七―E）

【說話】楚の薳罷、晉に如きて涖盟し、晉侯之を享す。將に出でんとして既醉を賦す。叔向曰く、「薳氏の楚國に後有るや宜なるかな。君命を承けて敏を忘れず。子蕩將に政を知らんとす。敏にして以て君に事へれば、必ず能く民を養はん。政其れ焉くに往かん。」と。

・魯の穆叔→齊の慶封（襄公二八―六）

【說話】叔孫穆子、慶封に食せしめ、慶封氾祭す。穆子說ばず、工をして之が爲めに茅鴟を誦せしむ。亦た知らず。既にして齊人來り讓め、吳に奔る。吳の句餘、之に朱方を予ふ。其の族を聚めて之に居り、其の舊より富む。子服惠伯、叔孫に謂ひて曰く、「天殆ど淫人を富ます、慶封又た富めり。」と。穆子曰く、「善人富む之を賞と謂ひ、淫人富む之を殃と謂ふ。天其れ之に殃するなり、其れ將に聚めて旃《これ》を殲さんとす。」と。

・魯の榮成伯→魯襄公（襄公二九―二）

【說話】公入る無からんと欲す。榮成伯、式微を賦す。乃ち歸る。

・魯→吳の季札（襄公二九―八）

【經文引用】吳の公子札來聘す。【說話】叔孫穆子に見え、之を說ぶ。穆子に謂ひて曰く、「子其れ死を得ざらんか。善を好みて人を擇ぶ能はず。吾れ聞く君子は務め人を擇ぶに在りと。吾子、魯の宗卿と爲りて其の大政に任じ、擧ぐるを愼まずんば何を以て之に堪へん。禍必ず子に及ばん。」と。周の樂を觀んことを請ふ。工をして之が爲に周南・召南を歌はしむ。曰く、「美なるかな。始めて之を基せり、猶ほ未だしなり。然れども勤めて怨まず。」と。之が爲に邶・鄘・衞を歌ふ。曰く、「美なるかな、淵乎たり。憂へて困まざる者なり。吾れ聞く衞の康叔・武公の德是の如しと。是れ其れ衞風か。」と。之が爲に王を歌ふ。曰く、「美なるかな。思ひて懼れず、其れ周の東せるか。」と。之が爲に鄭を歌ふ。曰く、「美なるかな。其れ細已甚《はなはだ》し、民堪へざるなり。是れ其れ先に亡びんか。」と。之が爲に齊を歌ふ。曰く、「美なるかな。泱泱乎として大風なるかな。東海に表たりし者は其れ大公か。國未だ量るべからざるなり。」と。之が爲に豳を歌ふ。曰く、「美なるかな、蕩乎たり。樂しみて淫せず、其れ周公の東せるか。」と。之が爲に秦を歌ふ。曰く、「此を之夏聲と謂ふ。夫れ能く夏なれば則ち大、大の至りなり。其れ周の舊か。」と。之が爲に魏を歌ふ。曰く、「美なるかな、渢渢乎たり。大にして婉、險にして行ひ易し。德を以て此を輔ければ、則ち明主なり。」と。之が爲に唐を歌ふ。曰く、「思ひ深きかな。其れ陶唐氏の遺民有るか。然らずんば何ぞ其の憂ふるの遠きや。令德の後に非ずんば、誰か能く是の若くならん。」と。之が爲に陳を歌ふ。曰く、「國に主無し、其れ能く久しからんや。」と。鄶自り以下譏する無し。之が爲に小雅を歌ふ。曰く、「美なるかな。思ひて貳せず、怨みて言はず、其れ周德の衰へたるか。猶ほ先王の遺民有るがごとし。」と。之が爲に大雅を歌ふ。曰く、「廣きかな、熙熙乎たり。曲にして直體有り、其れ文王の德か。」と。之が爲に頌を歌ふ。曰く、「至れるかな。直にして倨らず、曲にして屈せず、邇くして偪らず、遠くして攜れず、遷りて淫せず、復して厭はず、哀しみて愁へず、樂しみて荒まず、用ひて匱からず、廣くして宣はれず、施して費ゑず、取りて貪らず、處して底まらず、行きて流れず。五聲和し、八風平らかにして、節に度有り、守に序有り。盛德の同じき所なり。」と。

・楚靈王・晉の趙文子（昭公一―A）

【說話】令尹、趙孟を享し、大明の首章を賦す。趙孟、小宛の二章を賦す。事畢り、趙孟、叔向に謂ひて曰く、「令尹自ら以て王と爲す、何如。」と。對へて曰く、「王弱く、令尹彊し、其れ可ならんかな。可なりと雖も終へず。」と。

・晉の趙文子・鄭の子皮と魯の穆叔（昭公一―B）

【說話】夏四月、趙孟・叔孫豹・曹の大夫鄭に入り、鄭伯兼ねて之を享す。子皮、趙孟に戒げ、禮終はり、趙孟、瓠葉を賦す。子皮遂に穆叔に戒げ、且つ之を告ぐ。穆叔曰く、「趙孟一獻せんと欲するならん、子其れ之に從へ。」と。子皮曰く、「敢へてせんや。」と。穆叔曰く、「夫の人の欲する所なり。又た何ぞ敢へてせざらん。」と。享するに及び五獻の籩豆を幕下に具ふ。趙孟辭し、子産に私して曰く、「武冢宰に請へり。」と。乃ち一獻を用ふ。趙孟客爲り。禮終はりて乃ち宴す。穆叔、鵲巢を賦す。趙孟曰く、「武堪へざるなり。」と。又た釆蘩を賦して曰く、「小國蘩爲り、大國省穡して之を用ふれば、其れ何ぞ實に命に非ざらん。」と。子皮、野有死麕の卒章を賦し、趙孟、常棣を賦し、且く曰く、「吾が兄弟比して以て安んずれば、尨や吠ゆる無からしむべし。」と。穆叔・子皮と曹の大夫と興ちて拜し、兕爵を擧げて曰く、「小國子に賴り、戾に免るるを知れり。」と。酒を飲みて樂しみ、趙孟出でて曰く、「吾れ此を復せざらん。」と。

・魯の季武子・晉の韓宣子（昭公二―一）

【說話】公、之を享し、季武子、緜の卒章を賦す。韓子、角弓を賦す。季武子拜して曰く、「敢へて子の敝邑を彌縫せるを拜す、寡君望む有り。」と。武子、節の卒章を賦す。既に享し、季氏に宴す。嘉樹有り、宣子之を譽む。武子曰く、「宿敢へて此の樹を封殖して、以て角弓を忘るること無からざらん。」と。遂に甘棠を賦す。宣子曰く、

「起堪へざるなり、以て召公に及ぶ無し。」と。

・衞の北宮文子・晉の韓宣子（昭公二一一）

【說話】齊自り衞に聘し、衞侯之を享す。北宮文子、淇澳を賦し、宣子、木瓜を賦す。

・魯→宋の華定（昭公一二―三）

【經文引用】夏、宋の華定來聘するは、【經解】嗣君に通ずればなり。【說話】之を享し、爲に蓼蕭を賦す。知らず、又た答賦せず。昭子曰く、「必ず亡げん。宴語を之懷はず、寵光を之宣げ、令德を之知らず、同福を之受けず、將た何を以て在らん。」と。

・鄭の六卿・晉の韓宣子（昭公一六―C）

【說話】夏四月、鄭の六卿宣子を郊に餞す。宣子曰く、「二三君子請ふ、皆賦せん。起亦た以て鄭の志を知らん。」と。子齹、野有蔓草を賦す。宣子曰く、「孺子善きかな。吾れ望む有り。」と。子產、鄭の羔裘を賦す。宣子曰く、「起堪へざるなり。」と。子大叔、褰裳を賦す。宣子曰く、「起此に在り、敢へて子を勤めて他人に至らしめんや。」と。子大叔拜す。宣子曰く、「善きかな、子之是を言ふ。是の事有らば、其れ能く終はらんか。」と。子游、風雨を賦し、子旗、有女同車を賦し、子柳、蘀兮を賦す。宣子喜びて曰く、「鄭其れ庶からんか。二三君子、君命を以て起に貺ふ、賦、鄭の志を出でず、皆昵みて燕好するなり。二三君子は數世の主なり、以て懼れ無かるべし。」と。宣子、皆馬を獻じて我將を賦す。子產拜し、五卿皆拜せしめて曰く、「吾子亂を靖んず、敢へて拜德せざらんや。」と。宣子私に子產を覲るに玉と馬とを以てす。曰く、「子起に命じて夫の玉を舍かしむ。是れ我に玉を賜ひて吾を死に免れしむるなり。敢へて手に藉きて以て拜せざらんや。」と。

・魯の季平子・小邾穆公（昭公一七―一）

【經文換言・說話】十七年春、小邾の穆公來朝す。【說話】公、之と燕す。季平子、采叔を賦し、穆公、菁菁者莪を賦す。昭子曰く、「國に以ふる有らざれば、其れ能く久しからんや。」と。

・宋元公・魯の叔孫昭子（昭公二五―一）

【說話】宋公、昭子を享し、新宮を賦す。昭子、車轄を賦す。

直後に二人の死の預言がある。

・秦哀公→楚の申包胥（定公四―一五）

【說話】秦の哀公、之が爲に無衣を賦す。九たび頓首して坐す。秦師乃ち出づ。

以上、『詩』を賦す人物と賦される人物の評價を一覽にすると次頁のようになる。

【說話・地の文】で否定的な評價がなく、肯定的な評價がみられるのは、魯の季文子・季武子・季平子・穆叔、晉の文公・襄公・韓宣子、所謂鄭の七穆と稱される世族である子展・子西・子產・子大叔・印段・公孫段・子蠆・子游・子旗・子柳、秦穆公、楚の子蕩、小邾穆公である。また、國名として周・鄭・衞・齊・秦・魏が肯定的評價を受けている。

ところで、先に述べたように、【說話・會話】・【君子曰】・【君子】部分の引詩で肯定的な評價のみ下されていた世族は、魯の叔孫氏・孟氏、晉の韓氏、鄭の印氏・豐氏、齊の陳氏・管氏、宋の樂氏であった。【說話・地の文】の評價と共通するのは、魯の叔孫氏・晉の韓氏・鄭の印氏・豐氏である。ここでは韓氏に對する肯定的評價が現れており、【說話・會話】・【君子曰】・【君子】と【說話・地の文】の引詩の性格に本質的な違いがあるのか疑問に思われてくる。

	肯定的	否定的	不明
魯			
文公			○
成公			○
襄公		○	○
季文子	○		○
季武子	○		○
季平子			○
穆叔	○		○
叔孫昭子		○	
晉			
文公	○		
襄公	○		
平公	○	○	
韓宣子	○		
趙文子	○	○	
范宣子	○	○	○
中行獻子		○	
叔向			○
先蔑		○	

周	○		
鄭	○		
簡公			○
子家			○
子展	○		
伯有		○	
子西	○		
子產	○		
子大叔	○		
印段	○		
公孫段	○		
子皮			○
子蠹	○		
子游	○		
子旗	○		
子柳	○		
衞	○		
甯武子		○	
孫文子		○	
北宮文子			○

宋			
平公			○
元公		○	
華定		○	
齊	○		
景公			○
慶封		○	
秦	○		
穆公	○		
楚			
靈王		○	
子蕩	○		
申包胥			○
陳		○	
魏	○		
小邾			
穆公	○		

そこで更に、『左傳』【說話・地の文】の引詩で肯定的評價があるものの中、少なくとも一個所で否定的に引詩が用いられている人物・世族をとりあげてみよう。

・不幸な最期を遂げる……鄭・潁考叔、鄭大子忽、晉・荀息
・本人ではなく同一氏の者が批判される……宋宣公、晉文公
・上記以外で子孫が斷絕……晉・郤缺、晉・士會、晉・范文子、晉・范宣子、晉・知莊子、晉・叔向、晉・祁奚、齊・晏子

更に、他の部分の引詩で批判されるものを掲げると次のようになる。秦穆公（文公一―B【說話・會話】、文公六―B【君子曰】）、晉景公（成公四―五【說話・會話】）、魯（昭公七―四【說話・會話】）、楚（成公一六―六【說話・會話】、襄公二六―F【說話・會話】）、鄭・子產（昭公四―B【說話・會話】、昭公六―A【說話・會話】）、鄭（隱公三―A【君子曰】）、晉・魏獻子（昭公二一―五【說話・會話】）

以上を考慮に入れると、【說話・地の文】に屬するものの中、引詩で批判されず、本人が不幸な最期を遂げず、子孫が絕えず、同一氏（國君ならば同一國）の者が批判されていない組み合わせは、①晉襄公・魯文公（文公三―六）、②楚の子蕩→晉平公（襄公二七―E）、③魯→吳の季札（襄公二九―八）、④鄭の六卿・晉の韓宣子（昭公一六―C）である。以上を順にみていこう。

①　魯と晉の會盟である。いずれも姬姓諸侯である。

②　直後に、叔向の言葉で、その時點で蔿氏の子孫が續いているとある。君主の補佐者が高い評價を受ける場合が

『左傳』にある。(19)ここもその例に含まれるだろう。しかし、子蕩の子の蔿掩は（襄公三〇―E）で殺害されている。

③季札が詩の諸篇について評言を下す場面である。『詩』の成立を議論する際に、しばしば引用されるところでもある。ここでは篇名と關連づけて、該當國の運命が預言される。鄭について、

其れ先に亡びんや。

とあり、その滅亡を預言している。また、齊・秦・魏といった戰國時代の列國を評價する會話文があり、鄭・陳の衰亡を預言する記事がある。

④鄭の六卿が韓宣子に應對し、韓宣子がこれら世族の運命を預言する場面である。

第一章の檢討結果からいえば、『左傳』では內容自體が美談になっていても、話題になっている人物の子孫が不幸に見舞われるなどといった誹謗が施されている可能性（『左傳』家族關係記事の「形」）に注意を向けておかなければならない。『左傳』においては、周王・諸侯・世族の宗主のような支配階層に屬する人物の評價は、『左傳』婚姻・系譜關係記事の「形」を構成する上で重要な要素であった。

③では鄭の滅亡が預言されており、④では韓宣子が鄭の六卿の子孫の行く末を預言するが、韓は戰國初期に鄭を滅ぼし、そこを本據地とする。詩を賦すことを媒介として、韓氏と鄭の後の關係を暗示しているとも受け取れないわけではない。このように③・④は戰國期の韓氏との關係性を想定し得る記事である。それ以外でも、①は姬姓諸侯という點で、②は君主の補佐者が評價されている點で、晉の有力世族でありかつ姬姓でもある韓氏と間接的に關わりをもたせていると解釋することが可能である。

次に第二の所謂「作詩」について檢討する。これに屬するのは、鄘風載馳（閔公二―六）、鄘風淸人（閔公二―七）、

秦風黄鳥（文公六―B）の三例である。[20] これらを次に掲げる。

・許穆夫人（閔公二―六）

【說話】敗るるに及び、宋の桓公、諸を河に逆へ、宵濟る。衞の遺民男女七百有三十人、之を益すに共・滕の民を以て五千人と爲す。戴公を立てて以て曹に廬す。許穆夫人、載馳を賦す。

・鄭人（閔公二―七）

【說話】鄭人、高克を惡み、師を帥ゐて河上に次せしめ、久しくして召さず。師潰えて歸り、高克陳に奔る。鄭人、之が爲に淸人を賦す。

・秦の國人（文公六―B）

【說話】秦伯任好卒す。子車氏の三子奄息・仲行・鍼虎を以て殉と爲す。皆な秦の良なり。國人之を哀み、之が爲に黄鳥を賦す。【君子曰】君子曰く、「秦穆の盟主と爲らざるや宜なるかな。死して民を棄つ。先王世を違るも、猶ほ之に法を詒せり。而るを況や之が善人を奪はんや。詩に曰く、「人の云に亡ぶる、邦國殄瘁す。」と。善人無きの謂ひなり。之を若何ぞ之を奪はん。……」と。【君子】君子是を以て秦の復た東征せざるを知るなり。

『左傳』によれば、載馳は衞の滅亡、[21] 淸人は鄭の高克の出奔、黄鳥は秦穆公への殉死を契機に作られたとある。わずか三例のみであるとはいえ、詩の成立事情を敍述する部分であり、『左傳』における『詩』を考える上で大きな意味をもつと思われる。これら三例はいずれも危機的状況であるが、その中、「鄭人」がその大夫の出奔に際して詩を作ったことは、鄭の政治的危機と詩の成立に關係があることを示しているものと考えられる。また、黄鳥の「作詩」場面の直後で、「君子」が秦穆公を

盟主爲らざるや宜なるかな。

と評する。詩を作ることが、秦穆公が盟主であることの否定と關係づけられている。また、載馳については、衞は姫姓國だが、『左傳』では、やや否定的に扱われている。[22] つまり、衞・鄭の大夫・秦穆公を誹謗するために配列されている。先に掲げた說話のように、これらの篇が春秋時代に成立したと速斷することはできないが、『左傳』が材料とした先行する說話にはこれらの篇が既に存在したという可能性は考えられる。

これまでの檢討の結果、『左傳』引詩で【說話・地の文】に見える部分は、單に詩を賦す情景を描寫するのみならず、晉の姫姓世族を正統とする『左傳』家族關係記事の「形」と類似した「形」として機能している可能性を必ずしも排除できないことになった。そういう意味では、【說話・地の文】の引詩の一部は、【說話・會話】・【君子曰】・【君子】部分の引詩と共に類似した性格をもっていると考えられる。このことを考慮に入れつつ次に、前節で次の課題として殘された、『左傳』の【說話・會話】・【君子曰】・【君子】部分における引詩で批判されていない世族について、【說話・地の文】部分の引詩および引詩以外の評價を參照しつつ檢討する。

一―二．『左傳』【說話・會話】・【君子曰】・【君子】部分の引詩の構造

前節での檢討によれば、『左傳』の【說話・會話】・【君子曰】・【君子】部分の引詩で特に批判されず、しかも『左傳』に記載される有力な世族であるのは、晉の韓氏、齊の陳氏・管氏、魯の孟氏・叔孫氏、鄭の印氏・豐氏、宋の樂氏であった。ここではこれら各氏族を順に檢討してくことにする。

①晉・韓氏

【說話・會話】・【君子曰】・【君子】で韓氏に關わる事例は、韓簡→晉惠公（僖公一五―一二ａ【說話・會話】）、韓

穆子→韓穆子（襄公七―A【説話・會話】）、韓穆子→韓宣子（襄公七―A【説話・會話】）、韓獻子（知莊子・范文子と共に）（成公八―一二【君子曰】）である。これらは小雅・大雅・召南にみえる。

（僖公一五―一二a）【説話・會話】は、直前で韓簡が主君である惠公の「敗德」を指摘する。これは、次の（襄公七―A）【説話・會話】と呼應する。それは、兄の韓穆子から弟の韓宣子への讓位の記事である。引詩の直後に、韓宣子が「德」・「正」・「仁」を備えることを述べる。そして、（成公八―一二）【君子曰】で韓獻子以外に讚えられている人物は、いずれも子孫が斷絶する。(23)

一方、【説話・地の文】では、韓宣子・魯の季武子（昭公二―一）、韓宣子・衞の北宮文子（昭公二―一）、韓宣子・鄭の六卿各人（昭公一六―C）である。これらは衞風・鄭風・小雅・周頌にみえる。

韓氏の場合は、先程述べたように、鄭の六卿や魯の季武子、衞襄公、衞の北宮文子が詩を賦す相手となっている。これらはいずれも姬姓である。（昭公二―一）で、韓宣子は魯で、『易』・『象』・『魯春秋』をみて、

周禮は盡く魯に在り。吾乃ち今周公の德と周の王たりし所以を知るなり。

と述べる。韓宣子が「周禮」を著した經書を閲覽し、「周公の德」と周が「王」たる所以を理解したのである。それから、韓宣子が晏子に「君子」と評される。そして晉侯が「敗德」であるかわりに、韓宣子に「德」が備わることが引詩と結合して述べられている。これらの「德」はいずれも會話文にみえるが、それらは戰國的觀念であり、絕對的理法としての「德」である。(24) また、ここで掲げる七つの世族で、【説話・會話】・【君子曰】雙方で肯定的評價を受けつつ、【説話・地の文】で「賦詩」の記事があるのは、韓氏のみである。

②齊・陳氏

【説話・會話】のみである。それは、敬仲→敬仲（莊公二二―三【説話・會話】）、陳桓子→齊桓公・陳桓子（昭公

一〇―二【説話・會話】)、晏子→陳氏（昭公二六―E【説話・會話】）である。これらは小雅・大雅・逸詩にみえる。陳氏は、戰國初期に姜姓にとって代わって齊の君主となる世族である。先行研究により、『左傳』記事が、齊についてあまり好意的ではことが指摘されている。(25) 引詩に限定されるが、自己評價でないものは、陳氏がやがて齊の君位を奪うという晏子の預言のみである。また【説話・地の文】の引詩がない。

③齊・管氏

【説話・會話】・【君子曰】にみえる。それは、管仲が邢の救援に關して批評した部分に現れるもの（閔公一―二【説話・會話】)、管氏が「世々祀らる」という君子の預言（僖公一二―B・C【君子曰】）である。これらは小雅・大雅にみえる。

この君子の預言は重い意味をもつ。『左傳』では肯定的・否定的評價に拘わらず、血緣原理に極めて重大な意義が置かれているからである。(26) 管氏は戰國王權に接續する世族ではないが、管仲は齊桓公の補佐役として、『左傳』では引詩、しかも【君子曰】の部分で稱揚されている。(27) このことは、『左傳』が王權補佐に關して、特別な關心を抱いていることを疑わせる。その「世々祀らる」はずの管氏に關する記事は、管仲の後は『左傳』に現れない。(28) そして管氏も【説話・地の文】の引詩がない。

④魯・孟氏

【説話・會話】のみである。孟氏について詩が引用されるのは、引用側では、孟獻子→叔梁紇（襄公一〇―二【説話・會話】)、引用される側では、仲尼→孟僖子（昭公七―六【説話・會話】）である。これらは邶風・小雅にみえる。（昭公七―六）では孟僖子が孔子により、引詩を用いて讚えられている。

⑤魯・叔孫氏

叔孫氏に關連して詩が引用される場面は多い。【說話・會話】・【君子曰】・【君子】で叔孫氏に關わる事例は、穆叔→晉悼公（襄公四―二【說話・會話】）、穆叔→衞の孫文子（襄公七―七【說話・會話】）、叔孫昭子→季平子（昭公九―五【說話・會話】）、叔孫昭子→齊・高彊（昭公一〇―四・五【說話・會話】）、叔孫昭子→宋・華定（昭公一二―三【說話・會話】）、仲尼→叔孫昭子（昭公五―一【說話・會話】）、叔孫昭子→「無伯」について（昭公一六―B【說話・會話】）、叔孫昭子→蔡（昭公二一―一【說話・會話】）である。これらは召南・小雅・大雅にみえる。【說話・地の文】では、穆叔→叔向（襄公一四―三）、穆叔→中行獻子（襄公一六―一一）、穆叔→范宣子（襄公一六―一一）、穆叔→叔向（襄公一九―一五・一六）、穆叔→齊・慶封（襄公二七―一、襄公二八―六）、穆叔→趙文子（昭公一―B）、叔孫昭子・宋元公（昭公二五―一）、晉悼公→穆叔（襄公四―二）である。これらは召南・邶風・鄘風・小雅・大雅・逸詩にみえる。

第一章第二節で述べたように、叔孫氏は『左傳』では決して好意的に描かれているわけではない。だが引詩の部分では特に否定的な評價がない。叔孫氏と引詩で關係する世族は、趙文子と季平子以外いずれも子孫が續かない。季平子の場合は、詩が批判的に用いられている。趙文子とは詩を交わすだけで、評價の記事はない。しかし、この（昭公一―B）の記事の末尾に、

酒を飲みて樂しみ、趙孟出づ。曰く、吾れ此を復せず、と。

とあり、（昭公一―I）で趙文子の死を預言している。叔孫氏と詩を交わすことは、その評價の如何に關わらず、不幸な結果を招くことになっている。その一方で叔孫昭子は、（昭公五―一）で孔子から肯定的評價を受けている。

⑥鄭・印氏

【說話・會話】・【君子曰】・【君子】で印氏に關わる事例は、（襄公二二―D）【君子曰】の子張、鄭・子展→印段

（襄公二九―C【說話・會話】）である。これらは小雅・大雅にみえる。【說話・地の文】では、印段↓趙文子（襄公二七―B）、子柳↓韓宣子（昭公一六―C）、韓宣子の鄭の六卿への答禮（昭公一六―C）である。これらは鄭風・唐風・周頌にみえる。

（襄公二七―B）には、

文子曰く、「其の餘は皆數世の主なり。子展は其れ後に亡びん者なり。上に在りて降を忘れず。印氏は其の次なり。樂しみて荒せず。樂しみて以て民を安んじ、淫せずして以て之を使ふ、後に亡ぶる、亦た可ならざらんか。」と。

とあり、趙文子に伯有以外の者と共に、「數世之主」と呼ばれている。これら世族の中で、印氏は子展に次いで後まで子孫が續くとされる。なお、一代を三〇年前後とすれば、數世代後とはおよそ紀元前三〇〇年より少し前になる。趙文子の言葉は、子孫が長期間續くことを讃えるかのようであるが、それはせいぜい戰國中期までのようである。（昭公一六―C）では、韓宣子と詩を交わす。韓は戰國時代に入ると鄭を滅ぼし、そこを本據地とする。後に鄭にとってかわる世族が、とってかわられる世族と詩を交わしているのである。このことを考慮すれば、（襄公二九―C）【說話・會話】の引詩も、單に周王への忠勤を奬勵するものではないのではないかという疑念が沸く。このように、『左傳』引詩の印氏關係部分については、韓氏と大きな關係がある。

⑦鄭・豐氏

【說話・會話】・【君子曰】・【君子】で豐氏に關わる事例は、趙文子↓伯石（襄公二七―B【說話・會話】）、（昭公三―D）【君子曰】の伯石である。これらは鄘風・小雅にみえる。【說話・地の文】では、伯石↓趙文子（襄公二七―B）、子旗↓韓宣子（昭公一六―C）、韓宣子の鄭の六卿への答禮（昭公一六―C）である。これらは鄭風・小雅・周頌にみえる。

（襄公二七―B）【說話・地の文】・（昭公一六―C）【說話・地の文】に關しては、⑥で述べた。（昭公三―D）【君子曰】は、伯石を「汏」とし、必ずしも讚えるものとはいえない。

⑧宋・樂氏

【說話・會話】・【君子曰】・【君子】で樂氏に關わる事例は、（襄公二七―C）【君子曰】の子罕、樂祁→魯昭公（昭公二五―一【說話・會話】）である。これらは鄭風・大雅にみえる。

樂祁は（定公九―A）[29]に死亡記事があり、子の子明が一族の樂大心を追放する說話が續く。ところで魯の孟氏と叔孫氏については、孔子による肯定的評價がある。（昭公七―六）の引詩の場面に續き、孔子に關して、

（孟僖子）曰く、「禮は人の幹なり。禮無ければ以て立つ無し。吾れ聞く將に達者有らんとす、孔丘と曰ふ、聖人の後なり、而して宋に滅せり。其の祖弗父何、宋を有すべきを以て厲公に授く。正考父に及び、戴・武・宣を佐け、三命して茲益共し。故に其の鼎銘に云へらく、「一命して僂し、再命して傴し、三命して俯し、牆に循ひて走る。亦た余を敢て侮る莫からん。是に饘し、是に鬻し、以て余が口を餬せん。」と。其れ共なること是の如し。臧孫紇言有りて曰く、「聖人明德有る者は、若し世に當たらざれば、其の後必ず達人有らん。」と。今其れ將に孔丘に在らんとせんか。……」

とある。平勢隆郎はこの記事について、孔子が「聖人の後」であり別に『春秋』を作ることができるとされた「聖人」そのものではないことを述べたものと捉えている。[30]もっとも、このことは『左傳』の引詩による「形」とは關係のないことである。

『左傳』引詩において【說話・會話】・【君子曰】・【君子】部分は、價値評價を直接示すものである。他方、【說話・地の文】部分は、詩句を直接引用せず、詩を賦す情景描寫を行うものである。ここで晉の韓氏に關わる部分には戰國的色彩の強い「德」という言葉がみられ、引詩の部分で否定的評價を受けていない者の中では、韓宣子と鄭の六卿の間でのみ周頌が賦されている。他の個所では、韓宣子と「周の禮」・「周公の德」が結びつけて議論されているから、「周」という單語は、韓氏と關係づけられるものとも考えることができる。しかしながら、韓氏以外にも否定的評價を受けていない世族もいるため、『左傳』の引詩が、韓氏を稱揚する「形」になっているとは斷定できない。

以上、『左傳』の引詩記事はそれ單獨では、ここに登場しない魏氏は勿論のこと、韓氏を稱揚するための「形」を構成するものではないことが認められた。そうはいっても韓氏の稱揚と關連づけ得る引詩記事はみられるため、例え【說話・地の文】にみえる記事でも、『詩』に關わる部分の全てを史實とすることにはなお疑問が殘る。『詩』の引用それ自體が正統に關わる可能性も殘るため、『詩』の篇名がみえるからという理由のみから、春秋時代に傳世の『毛詩』と同じものが存在したとは斷言できない。

これまでの檢討から明らかなように、『左傳』の引詩は多樣な地域の人々によってなされている。地域ごとに分析することによって、引詩における地域性が現れる可能性を考えることができる。そこで次に『左傳』引詩關係の說話を分析し、地域性に配慮しながらそれらの記事の來源を探っていくことにする。

二　『左傳』引詩關係記事の來源について
――『國語』引詩との比較を交えながら――

先の検討結果によれば、『左傳』の【説話・會話】・【君子曰】・【君子】と【説話・地の文】の引詩記事の機能にさほど相違はみられなかったが、説話における形式にはあくまでも相違がある。『左傳』の『詩』は様々な人々に引用されており、『左傳』が魯の年代記の形式をとっている都合上、魯や言及の多い晉の人々による引詩が數量的に多いことは容易に想定し得る。その想定通り、『詩』を引用する人々の地域に特徴がみられるかどうかを内容分類毎に検討してみよう。そこで、肯定・否定・不明という三種類の評價毎に『左傳』引用『詩』の篇名數の數値をとり、話し手・聞き手の國名ごとに整理すると、次のようになる。

【説話・地の文】

話し手	聞き手	肯定	否定	不明
魯	魯	二	一	二
	晉	十一	三	三
	鄭			一
	衛		一	
	齊		二	
	宋		二	一
	吳	十一	二	一
	小邾	一		
晉	晉		一	
	魯			五
	鄭	一	一	二
	衛			一
	齊	一		
	秦	一		
	楚			一
鄭	魯			一
	晉	五	二	三
衛	衛		一	
	晉	一		
齊	齊		一	一
宋	魯		一	

秦	晉			一
	楚			一
楚	晉			一
小邾	魯	一		
戎	晉		一	
計		三五	一九	二五

魯、晉、鄭の人が『詩』を賦すものが多い。楚や戎の人といった中原以外の地域の出身者が賦すものも各一例ある。

【説話・會話】

話し手	聞き手	肯定	否定	不明
魯	魯	一	三	二
	晉		一	五
	衛		一	
	齊		四	
	宋		一	
	蔡		一	
	(叔梁紇)			一
晉	晉	八	七	一〇
	魯	一	一	
	鄭	二	二	
	衛		一	一
	秦	一		
	楚		二	二
周	周		一	一
鄭	鄭	一	三	二
	晉	一	三	一
衛	衛		一	
	魯		二	
	晉		二	
	鄭	一		
	楚		二	三
齊	齊	二	二	四
	晉		三	
宋	宋		二	
	魯		一	

話し手	聞き手	肯定	否定	不明
秦	秦		一	
	晉		一	
楚	楚		十一	四
吳	衛			一
蔡	楚		二	
(仲尼)	魯	二		
	晉	一		
	鄭	二		
	陳			一
(子貢)	衛		一	
計		二三	六二	二八

『詩』を賦すのは晉の人が壓倒的に多く、魯、楚、鄭、衛、齊と續く。魯や晉に關するものの數量が多いのは『左傳』の內容を考えれば容易に理解できるし、他も楚以外は華北の國である。ここでは、楚の人が楚の人に對して賦すものにおいて、否定的評價の數値が特に高くなっていることが目につく。

【君子曰】・【君子】

話し手	聞き手	肯定	否定	不明
君子	魯		五	
	晉	六	二	
	鄭	二	一〇	一
	衛		四	
	周		二	
	齊	二	二	
	宋	二	四	一
	秦	四	一	
	楚	二	一	
	吳		一	
	蔡		一	
	許		一	
	莒		二	
	隨		一	
	小邾		二	
計		一八	三九	二

參考までに【君子曰】・【君子】の統計もとった。この場合、君子は無國籍として扱った。全體的には、肯定的評價に對して否定的評價が二倍以上にのぼることが分かる。

以上、『左傳』【說話・地の文】と【說話・會話】の引詩には地域的な相違が現れている。それは楚のような南方の人物が『詩』を賦す場面が【說話・地の文】にはわずか一例しかないのに對し、【說話・會話】には十數例にのぼる用例がみられたからである。【說話・地の文】の引詩は篇名のみの引用であるのに對し、【說話・會話】の引詩は通常詩句が引用され、常に人物や國の評價に關わるのが特徴である。『左傳』には、篇名のみの引詩關係記事が大量に存在する。これは、『左傳』が年代記の體裁をとっており、說話史料が豐富であることと關係があろうが、そこに『左傳』編者の何らかの意圖が投影されており、この現象が『左傳』固有のものである可能性がでてくる。

そこで、その可能性を檢證するため、『左傳』と同樣に豐富な春秋時代の說話をもつ史料として扱われてきた『國語』の引詩を檢討して『左傳』の引詩と比較する。整理するにあたっては、『國語』の本文は、『左傳』の說話記事に類似しているため、『左傳』の內容分類と同樣に會話文と地の文とを區別して整理することにする。[31] それを纏めたのが後揭の「國語引詩表」である。

表より分かるように、『國語』の引詩は『左傳』ほど數量が多くはなく、『詩』が引用される篇は、周語・魯語・晉語・楚語であり、齊語・鄭語・吳語・越語にはみえない。引詩關係記事の大半が會話文であって、その多くで詩句も引用されており、殘りは篇名のみの地の文である。ここで『國語』でも、『左傳』のように、楚の人物が『詩』を賦す記事に地の文がなく、會話文のみであることが分かる。

一方、周知のように、『論語』・『孟子』・『荀子』・『墨子』・『晏子春秋』・『韓非子』・『莊子』などといった、一部あるいは全てが戰國時代成立の史料にも『詩』が引用される。それらの史料における引詩では詩句を伴っているもの、篇名のみのものが概ね混在している。

出土史料である郭店楚簡[32]や上海博楚簡[33]においても同様の傾向がみられ、後掲の「郭店楚簡引詩表」・「上海博楚簡引詩表」より分かるように、最も引用數の多い緇衣篇をはじめとして引詩の多くが詩句を伴っている。郭店楚簡・上海博楚簡の年代と出土地域はいずれも戰國時代の楚地域である。郭店楚簡や上海博楚簡の各篇の成立地域も楚地域とは限らないが、戰國時代の楚を始めとする江南の地域に流通していた文獻では、文章中に『詩』を引用する際、篇名以外に詩句も揭げることが一般的だったことが推測できる。

篇名のみを揭げて『詩』を賦す行爲は『左傳』【說話・地の文】に頻繁に現れるが、その行爲がより古い時代に遡ることができるのかどうか確かめるためには、それが『左傳』でいかなる位置づけにあるか檢討する必要がある。『左傳』【說話・地の文】の引詩を伴う說話には大まかに分けて三種類の形式があり、①『詩』を賦す、あるいは賦される對象がその前後の會話文や君子によって直接的に批評される場合、②『詩』を賦す、あるいは賦される對象がその前後の地の文における事實の提示によって間接的に批評される場合、③人物批評とは何ら關係がなく單に『詩』が賦されたその行爲が敍述される場合がある。①形式の說話は、【說話・會話】・【君子曰】・【君子】における引詩の人物評價に類似する。小倉の分類でいえばⅡ・Ⅲにあたり、恐らくこれは年代的に時代が下るはずである。②形式の說話は、引詩では明らかにならなかったとはいえ、『左傳』家族關係記事にみられた「形」の構造に類似するものである。記事自體は客觀的な形式をもつものであるものの、『左傳』における價値評價に關係する以上、古い時代の成立と斷定することはできない。③は、『左傳』における價値評價とは關わりをもたない事例と判斷できる場合で、古い要素を殘す說話の可能性がある。①や②の形式は膨大な分量になるが、③にあたるものは僅かであり[34]、魯の穆叔→晉の叔向（邶風匏有苦葉、渡河を促す、襄公一四―三）、魯の季武子→宋平公（小雅常棣、宋による季武子の接待、襄公二〇―九）、魯の榮成伯→魯襄公（邶風式微、襄公の歸國を促す、襄公二九―二）、秦哀公→楚の申包胥（秦風無衣、秦の楚への援軍、定公四―一五）である。つまり、國同士の使節の會見、軍中、國君と大夫の會話が、『左傳』の説話記事の中では、比較的古い『詩』が賦される形態を傳えていることになる。[35]

③はいずれも中原を含む北の地域と秦を含む西の地域についての記事であり、そういう形式で『詩』を賦す慣習がもともとその地域のものだったことを示している。楚で篇名のみを引用する唯一の事例は、（襄公二七―E）の楚の子蕩が『詩』を賦し、そのことが直後の會話文で肯定的に評價される部分である。これは先の分類の①にあたり、『左傳』の説話では比較的新しい部分といえるから、[36]問題の事例には當たらない。

すでに掲げた一覧を見れば、戰國時代の楚を始めとする江南の地域においては、『詩』を引用する際に、詩句を掲げることが一般的だったことが推定される。一方、中原を含む北と秦を含む西の地域では必ずしもそのようなことはなく、篇名のみの引用も盛んに行われたのではないか。つまり、篇名だけで『詩』の內容が理解でき、わざわざ詩句まで引用する必要のない世界と、『詩』の內容をことさらに説明せねばすまない地域があったということである。前者が中原を含む北と秦を含む西の地域であり、後者が楚を含む南の地域であった。『詩』を賦す傳統の長さからいえば、前者がより長いと考えられる。よって、楚など南方諸國の關係する『左傳』における引詩關係の説話は、楚を含む南の地域に由來する可能性が考えられる。一方、中原を含む北の諸國が篇名を引用する説話は、その地域で成立した可能性が考えられる。

楚を始めとする南方の人物の引詩關係記事が『左傳』の【説話・會話】に集中していることは、『左傳』編者の意圖的な操作でも『左傳』固有の現象でもなく、それらが材料とした原史料の問題である可能性が高いのである。

以上、『左傳』引詩關係の説話の材料については、少なくとも、中原を含む北方・西方地域、楚を含む南方地域の二つに由來することが想定された。次はこれまでの検討結果を參考に、『詩』の成立問題について考察する。

三、『左傳』引詩よりみた『詩』の成立問題

ここでは、『左傳』引詩から議論できる範圍內で『詩』の成立問題について論ずる。一―一で觸れたように『左傳』に「作詩」說話があるとはいっても、春秋時代初期に『詩』の一部が既に存在したとはいえない。一方、(左傳襄公二九―八)【說話・地の文】には、『詩』の風雅頌の名稱がみえる。このことから、『左傳』の成立した時代には、『詩』の個々の篇は成立しており、風雅頌に纏められていたことが分かる。(37) 個々の篇の成立と、それが風雅頌に編纂されて一つの書籍となることは別の問題である。近代以降の研究では、各篇の成立時期が議論の中心だったといってよかろう。無論、そのことは極めて重要な問題である。しかし、風雅頌からなる『詩』として編纂されたことの方が、春秋戰國時代の君主權力の權威付けに利用される場合、より大きな意味をもったと考えられる。このことに關しては、古來「采詩」や「孔子删詩」の問題と絡めて議論されてきた。(38)『左傳』には風雅頌というジャンル別がみられることから、そのジャンル別の編纂は『左傳』の成書に先行していることが確實である。

(左傳襄公二八―六)の會話文に「賦詩斷章」とある。序に述べたように、賦詩斷章とは「本來意味するところとは異なる解釋で引用」することであるが、これは齊の盧蒲癸が權臣である慶舍の女との同姓婚(姜姓)を回避しようとしない理由付けとして現れる。第二章第四節で述べたように、『左傳』は、晉の公子重耳の兩親の事例以外は同姓婚に肯定的評價を與えない。(39) そしてこの記事自體は肯定的評價とも否定的評價とも解釋できない。しかし、盧蒲癸・慶舍は姜姓のため、『左傳』編纂者が姫姓との對抗關係を意識した記事とも考えられる。ここは會話文であるが、先

程論じたように「賦詩斷章」という慣習自體はより古い時代に遡ることができる。また、その數と密度からいって『左傳』に顯著であるとはいえ、『詩』の引用は他の先秦の典籍でも行われている。(40) 性格の異なる種々の典籍に『詩』が引用されていることから、前の時代の慣習を承けて、戰國時代以降には、典籍における「賦詩斷章」的な『詩』の利用が一般に行われていたと考えられる。(41)

ところで、近年寫眞版・釋文が公表された郭店楚簡『緇衣』・『五行』・『性自命出』・『六德』・『語叢』一には「詩」の語がみえ、『緇衣』・『五行』は詩句の引用がみられる。(42) 郭店村一號楚墓の年代は一般に前三〇〇年前後、つまり戰國中期の終わり頃とされる。(43) その段階で「詩」と引用されるような編纂物が存在したことは確かである。しかもそれらは『書』・『禮』・『樂』・『春秋』・『易』と共に現れる。これは後に六經と稱されるものである。(44) これらは全て『左傳』にも引用されているものである。そしてこれらが華北ではなく南方の楚地域でも流通・利用されていたことになる。(45) また、近年圖版と釋文が公表された上海博楚簡『孔子詩論』・『緇衣』・『性情論』にも「詩」の語や『詩』からの引用がみられる。(46) 先に述べたように、楚を含む南の地域では、『詩』を賦す慣習は、後の時代に一般化した新しいものと考えられた。つまり、もともとその慣習は南方のものではなかったということである。その慣習に關する情報が戰國中期には既に楚に傳わっていたことになる。また、平勢隆郎によると「六」という數字は、戰國中期の王權正統觀に密接に關わる數字とのことである。(47) 推測の域を出ないが、これら所謂經書等、古典籍が戰國中期の列國王權に權威を與えるものとして機能していたのではないかという推測も成り立ち得る。こうした古典籍の類が少なくとも戰國時代の中ごろには權威あるものとして存在し、『左傳』のみならず各國の編纂物で利用されていたのではないだろうか。そうすると始皇帝の詩・書に關する統制政策も、こうした事情を背景として考えると理解しやすくなる。統一秦にとって、戰國列國の王權の支えとなっていたものを放置することは、秦の正統觀からいって脅威であり、一定の規制が必要だったことになる。[48]

また、包山楚簡の『易』と通行本『周易』とは異なる部分があるように、[49]郭店楚簡や上海博楚簡に引用される『詩』等の典籍が、今日のものと同一であるとは限らない。[50]出土史料では前漢の阜陽漢簡『詩經』がある。[51]その詩は從來知られていた系統のものとは異なることが指摘されている。[52]『春秋』には、左氏傳・公羊傳・穀梁傳・鄒氏傳・夾氏傳の五つの傳があることが『漢書』藝文志にみえる。それらの中、現存する三傳の經文には若干の差異が存在する。それと同様の現象が『詩』においても存在し、郭店楚簡から分かるように、戰國時代には楚地域でも『詩』が利用されていたが、そのように各地で『詩』が王權の支えとして利用されていたという假説を立てることができる。[53]そして、漢代の齊・魯・韓の三家詩は、そうした『詩』の更なる再解釋の可能性を殘していることになる。

『詩』諸篇は、西周から春秋にかけて次第にできあがっていったというのが、現在、研究者の間でほぼ共通した理解である。王國維によると、詩の成語と金文に共通するものがあり、それが時代を最も遡るものであるという。[54]『詩』の成立の上限を西周期まで遡らせるという今日の通說もこれによる。これまでの檢討結果からいえば、詩篇そのものの成立は中原を含む地域と周・秦を含む地域に絞れそうである。言いかえれば、西周王都宗周と副都洛邑を含む地域である。原始的詩篇の成立は、西周に關わる。しかし、西周期を模範とした「傳統」の利用が行われ、西周金文の用例の一部が利用されたとすれば、原始的詩篇が戰國時代の極めて短期間の間にまとめられて『詩』となった可能性は高い。その場合、『春秋』三傳の家族關係記事と同様に、金文の用例にみえるような古い表現を基礎としつつ、特定の正統を稱える構造を作り上げた可能性はなお殘る。[55]『左傳』には逸詩が引用されているが、別の正統を稱揚する必要から『毛詩』では採用されなかったものが『左傳』で採用されたものとも想定できる。[56]『詩』の研究はグラネ以來、從來の經學的な解釋を排し、直接その原義に肉薄することが主流であった。しかし、『詩』を利用した者それぞれの正統觀のあり方を解明しなければ、詩篇の原義に迫ることは困難である。それには、序・毛傳や他書の引詩の解釋について、新たに檢討する必要があろう。(57)

また本章のこれまでの檢討結果を總合すると、『左傳』の成書問題については、津田左右吉の『左傳』前漢末僞作説とは年代が合わず、鎌田正の『左傳』と子夏學派との關連性をみる説とは、戰國中期とする年代については適合する可能性があるものの、子夏學派との關連を肯定するまでには至らず、平勢隆郎の『左傳』戰國中期韓成書説とは、『左傳』の「形」については婚姻記事の側面から確認した部分があるものの、韓成書説を肯定することはできなかった。また、『左傳』と『毛詩』との關連性に對する小島祐馬・白川靜の指摘、「君子曰」や會話文に晉と關係があると想定される『左傳』編者の手が加わっていることに對する目加田誠の指摘が妥當なものと認められた。

結語

『左傳』に引用される『詩』は、一般に「賦詩斷章」・「斷章取義」といわれるように、その原義とは異なる解釋がなされた。それは『左傳』における價値評價に利用されるためであったと考えられる。『詩』は他國の使節との接見、上流階級の者同士の會合、軍中といった場において、原義とは異なる意味付與をして賦された。これはより古い時代に遡る慣習であったが、『左傳』の引詩は、春秋時代の世族の評價を行うため、新たに意味付與が行われた部分があると思われる。この限りにおいては、第一章で議論した『左傳』における婚姻・系譜記事の「形」とは矛盾しないものである。

『詩』の引用形態については、前三〇〇年前後の出土とされる郭店楚簡に今日の六經やその引用文がみえる。そして、『左傳』・『國語』の說話では、楚を含む南の地域の人々が『詩』を賦す場合にことさらに詩句を引用する一方、中原を含む北と秦を含む西の地域の人々が賦す場合は篇名のみを引用することが多い。郭店楚簡においても『詩』の引用は多くの場合に詩句を伴う。『左傳』における詩句の引用は【說話・會話】にみられ、その引用部分は人物や國の評價と關わる、成立の新しい部分である。また、篇名のみの引用で人物等の評價と關わりがなく、『詩』が賦された事實のみを述べる說話は【說話・地の文】に若干數存在し、成立が古いと考えられるが、そこで『詩』を賦すのはいずれも中原を含む北と秦を含む西の地域の人物である。このことから分かるように、『詩』の引用という側面からみて、篇名のみで內容の共通理解が得られる中原を含む北および秦を含む西の地域と、詩句のこと細かな說明が必要な楚を含む南の二種類の地域に分けることができる。『左傳』引詩關係の說話の來源も、二系統に分けることができよう。こうしたことから、『詩』を賦す慣習は、北と西の地域に由來し、それが後に楚を含む南方に傳播したと考えられる。

『詩』各篇の成立については、『春秋』とは異なり、篇によっては時代を遡る可能性が高い。地域的には、中原を含む北の地域と秦を含む西の地域が考えられる。秦を含む西の地域はもと西周の根據地であるため、『詩』各篇の成立は、西周との關わりも想定し得る。しかし、それが風雅頌に纏められたのは、時代が下る可能性がある。『春秋』・『詩』以外の經書である『易』・『書』・『禮』・『樂』についても、出土史料による下限である戰國中期以前において、一齊に整理・利用された可能性が考えられる。つまり戰國時代の半ばごろは、經書を始めとする古典籍の體系的成立に關する畫期である可能性があるわけである。第一章でみたように、『春秋』のような古典籍の編纂とは、戰國時代より遡る材料を基礎として、それに戰國的な表現を付加し、戰國王權の權威づけを伴う「形」を構成するものであった。

ここで本章におけるこれまでの検討を総合すると、『左傳』の引詩關係記事は、大きく【說話・會話】・【君子曰】・【君子】部分と【說話・地の文】部分とに分かれており、『左傳』における世族評價の「形」を構成するように配列されている可能性が想定されるものの、特定の世族を稱揚する「形」は確認されなかった。『左傳』の成書問題については、津田左右吉の『左傳』前漢末僞作說とは年代が合致せず、鎌田正の『左傳』と子夏學派を關連づける說とは、戰國中期とする年代については適合する可能性があるものの、子夏學派との關連を肯定するまでには至らず、平勢隆郎の『左傳』戰國中期韓成書說とは、『左傳』の「形」についてはいくらか共通の認識を得た部分があるものの、その說を肯定するには至らなかった。このことは、第一章で議論した『左傳』の「形」において、引詩の役割はあくまで補助的なものに制限されていることを推測させるものである。

また本節では、『詩』の成立と傳播の問題について新たな知見を提供したわけであるが、こうした經書が編纂されるにあたっては文字化されるという作業が必要になる。それにはある程度の文字知識の擴大が前提となる。『詩』の成立についても、文字知識の擴大と大きな關係をもつ可能性がある。今後、『詩』編纂の問題について更に詰めるには、こうした問題について檢討を加える必要がある。次節では『詩』の成立と傳播に關する問題を詰めていくこととしたい。

注

（1）『左傳』の引用詩の引用形式に關しては、用語上より「賦詩」・「歌詩」・「作詩」等に分類する議論が行われることがある。本節では後述する理由によりこの議論には觸れず、篇名も含めた『詩』の引用全般について「引詩」を便宜的に用いることにする。

（2）李石『左氏詩如例』三卷（『方舟集』卷二十一～二十三）。前近代の專著では他に、唐の成伯璵『毛詩斷章』二卷（逸書）、清の勞孝輿『春秋詩話』五卷がある。

（3）（左傳襄公二八―六）の會話文に、

慶舍の士盧蒲癸に謂ひて曰く、「男女姓を辨つ。子宗を辟けざるは、何ぞや。」と。曰く、「宗余を辟けず、余獨り焉ぞ之を辟けん。詩を賦すには章を斷つ。余求むる所を取る、惡んぞ宗を識らん。」と。

とあり、「賦詩斷章」の語が比喩的に使用されている。後述するように、『左傳』の會話文は戰國的表現を含むため、「斷章取義」は戰國的表現の可能性がある。その後の論著では、歐陽脩『詩本義』卷二匏有苦葉はこれを述べて、

春秋國語の載する所の諸侯大夫詩を賦するに多く詩の本義を用ひず、第だ一章或ひは一句を略取し、其の言を假借し、以て苟に其の意を通ぜしむ。

とする。また、成伯璵『毛詩斷章』二卷は逸書だが、『崇文總目』卷一に、

大抵春秋の賦詩を取るに章を斷ちて義を取る、鈔めて詩の語彙を取りて之を出す。

とあり、唐代でも『左傳』の斷章取義について議論されていることが想定される。鈴木虎雄『支那詩論史』（弘文堂、一九二五年五月）三一頁は、『孟子』萬章上篇に、

故に詩を說く者は、文を以て辭を害せず、辭を以て志を害せず、意を以て志に逆く、是を之を得たりと爲す。

とあるのを、孟子の時代に『詩』を解釋するのにその原意を失うものが多かったからだとする。また、顧頡剛「詩經在春秋戰國間的地位」（『古史辨』第三册、樸社、一九三一年十一月）三三二頁は、それを「賦詩」の慣例とし、內野熊一郎『秦代に於ける經書經說の研究』（東方文化學院、一九三九年三月）一九三～一九四頁は、『左傳』等の斷章取義の實例は、周秦代に於ける師道師法を尊重遵守する觀念の傾向性の現れであるとする。

（4）津田左右吉『左傳の思想史的研究』（東洋文庫論叢二二、一九三五年九月）三一五～三二三頁。氏はまた、『詩經』の篇章にも、『孟子』以後のものがあるとする。

（5）このようなものは多數にのぼる。例えば、糜文開「詩經篇名問題答案三十四則」（『東方雜誌』復刊一二―一二、一九七九

年六月）六六頁は『左傳』の引詩關係記事を鵜呑みにし、『毛詩』諸篇の成立年代を考察している。張素卿『左傳稱詩研究』（國立臺灣大學文史叢刊之八十九、國立臺灣大學出版委員會、一九九一年六月）は、從來の分類に從って『左傳』引詩を分類し、春秋時代において詩が禮樂と密接な關係をもっていたとする。そこでは、「仲尼曰」を直接孔子のこととして考えるなど、『左傳』記載の內容をそのまま史實としている。曾勤良『左傳引詩賦詩之詩教研究』（文津出版社、一九九三年一月）は、『左傳』引詩を個別に檢討する。張林泉・周春健「『左傳』引『詩』三論」（『孔孟學報』八一、二〇〇三年九月）は『左傳』引詩に關する議論の形態を學術上の觀點から、闡釋方法論・學術史意義論・引用啓示論に分類してする。いずれも、その結論は、經學的な議論の範圍を出るものではない。それから、近年の論考であるが、鄒然「孔子『詩』說綜覽」（中國詩經學會編『第二屆詩經國際學術研討會論文集』、語文出版社、一九九六年八月）は、『左傳』の孔子引用の『詩』を、孔子が實際に引用していると考えている。こうした研究は、經學的な研究の流れとは立脚點が異なるものであり、出土史料の增加を背景に、無批判に史料內容を信用する傾向の現れだと考えられる。

（6）小島祐馬「左傳引經考證」（一）・（二）・（三）（『支那學』三―一、二、六、一九二二年十、十一月、一九二三年八月）（三）六七頁。

（7）目加田誠『詩經研究』（目加田誠著作集第一卷、龍溪書舍、一九八五年十一月）八一頁。國風では二南、衞風の外、晉と關係ある所の詩を『左傳』が專ら引用することから、『左傳』作者と晉との關係を指摘する。なお、小倉芳彥『中國古代政治思想研究――『左傳』研究ノート――』（青木書店、一九七〇年三月）三三〜三四頁が、『左傳』の「君子曰く」という批評、および『春秋』本文の句法についての說明的な部分を戰國中期以後の付加部分とし、平勢隆郎『左傳の史料批判的研究』（東京大學東洋文化研究所、汲古書院、一九九八年十二月）一六一頁が、『左傳』の君子の評言・會話文に戰國的表現がみられるとするように、『左傳』全體についても「君子曰」や會話文の後代性を指摘する議論がある。

（8）鎌田正『左傳の成立とその展開』（大修館書店、一九六三年三月）三四六〜三四七頁。子夏が詩に長じていたことから、『左傳』成書と子夏學派との關係を指摘する。

（9）白川靜『詩經研究――通論篇――』（朋友書店、一九八一年十月、原本、油印本、一九六〇年六月）一一三頁。なお、崔述

『讀風偶識』卷之一「通論詩序」は、詩序・『毛詩』の作者が『左傳』の詩説を參照したとし、內野熊一郎「毛傳の成立及び今古文詩説根の古在に關する一考察」（『東方學報』東京八、一九三八年一月）二二二～二三〇頁は毛傳に『左傳』等の詩説がみえることから、『左傳』等の詩説が毛傳詩説の萌芽であるとし、狩野直喜『春秋研究』（みすず書房、一九九四年十一月）一五四～一五七頁は、『左傳』の詩説と『毛詩』の類似を指摘している。このように、『左傳』引詩と『毛詩』の類縁性については早くから論じられている。

（10）詩序は、『詩』諸篇の成立を西周初期から春秋中期に置き、これが傳統的な理解であった。しかし、歐陽脩『詩本義』や鄭樵『詩辨妄』一卷のように、前近代より詩序の內容について疑問を挾むものもあった。近代に入ると、所謂「疑古派」が全面的に『詩經』の批判的檢討を行い、顧頡剛「讀詩隨筆」（『古史辨』第三册、樸社、一九三一年十一月）は成書年代を大幅に引き下げ、『論語』と『孟子』の間で戰國中期とし、飯島忠夫『支那古代史論』（補訂版、恆星社、一九四一年四月）第二七章は、天文曆法の觀點から前三〇〇年以降の成書とした。しかし、こうした『詩』に關する「疑古派」の活動は、白川靜前揭注（9）書三〇頁が「最も收穫の乏しい部分」と述べるように、現在はほとんど評價されていないようである。一方、橋本增吉「詩經の作成年代に就いて」（『市村博士古稀記念東洋史論叢』、冨山房、一九三三年八月）は、飯島説に反駁を加え、前七七〇～六二〇年頃に編纂されたとした。目加田誠前揭注（7）書七一頁は、成書年代を西周初期から春秋中期以降に置く。松本雅明『詩經諸篇の成立に關する研究』（東洋文庫論叢第四十一、東洋文庫、一九五八年一月）六三〇～六三二頁は西周後期から春秋中期に置く。白川靜前揭注（9）書も、『詩』各篇の新舊の判定が松本説と異なるとはいえ、年代の枠は松本説とほぼ同樣である。赤塚忠『詩經研究』（赤塚忠著作集第五卷、研文社、一九八六年三月）二二七頁は、上限をより遡らせて、康王期に置く。このように成書年代に關しては、現在の有力説も西周から春秋に置き、相違があるとしても詩序よりやや上限が下がる程度である。

（11）家井眞「『詩經』に於ける雅・頌の發生と成立」（『二松學舍大學論集』三〇、一九八六年三月）九四頁は、『詩經』の編纂を前四世紀初頭から前三世紀初頭におく。家井は青木正兒『支那文學概說』（弘文堂、一九三五年十二月）第三章（一）「詩經」、青木正兒『支那文學藝術考』（弘文堂、一九四二年八月）「詩經章法獨是」の、疊詠體を國風の典型的詩型かつ原始的形式とする議論を承けている。また、篠田幸夫「金文資料よりみた韻文の成立――『詩經』詩篇成立へのアプローチ――」(『二松學舍大學論集』三九、一九九六年三月) 一四六頁は、『詩經』の編纂時期を、中山國器の製作時期を下ることさほど遠からぬ時期であろうとする。

(12) このことについては、竹簡の寫眞版・釋文を見た研究者の多くが氣付いていたようであるが、確認した限りでは最も早期に文章の形で觸れたものは、廖名春「荊門郭店楚簡與先秦儒學」(『中國哲學』第二〇輯 (「郭店楚簡研究」)、遼寧教育出版社、一九九九年一月) 三八～四〇、五九～六〇、六六～六八頁、Huang, Paulos. "*The Guodian Bamboo Slip Texts and the Laozi.*" (『中國出土資料研究』三、一九九九年三月) 一二頁である。

(13) 『左傳』の內容分類の表記に關しては、平勢隆郎前揭注 (7) 書「附　春秋左氏傳の內容分類」に從うが、年號直前の「左傳」の語は特に支障のない限り省略する。

(14) 小島祐馬前揭注 (6) 論文 (一) 五七～六〇頁。但し、內容に關わるものはほとんどない。このことに關する問題については本章第一節で論じた。

(15) この內容分類に類似したものとして、『左傳』における用語によって、形式的に「引詩」・「賦詩」等に分類する議論が存在するが、それには『左傳』における成立時代の層を明らかにしようとする問題意識が缺落しており、本書の內容分類による分類法とは本質的に異なる。例えば、星川清孝『楚辭の研究』(養德社、一九六一年三月) 四四～五三頁、楊向時「左傳引詩考」(『淡江學報』三、一九六四年十一月)、同「左傳賦詩考」(『孔孟學報』一三、一九六七年四月) などがそれにあたる。

(16) 青木正兒「詩敎發展の經路より見て采詩の官を疑ふ」(『支那學』三―二、一九二二年十一月、『青木正兒全集』(春秋社、一九七〇年七月) 所收) 全集版三〇頁。また、鈴木虎雄前揭注 (3) 書八頁も同様のことをいう。青木が述べるように、このことは『左傳』に關する常識の範圍內のことであろう。その實質に關しては『楚辭』の賦とも關連して議論されることもあったが、ここでは、星川清孝前揭注 (15) 書五三頁、竹治貞夫『楚辭研究』(風間書房、一九七八年三月) 三三頁などが述べていることを指摘するに止める。

(17) 目加田誠「春秋の斷章賦詩について」(『文學研究』三二、一九四二年六月) 五四頁。

(18) 互いに詩を交わしている場合は「・」で區切り、一方的に賦されている場合は「↓」で關係を示す。

(19) 君主の補佐者が高い評價を受ける場合が『左傳』にはある。このことに關連して第一章第二節では、『左傳』の婚姻記事の一部において、齊の陳氏や魯の季氏が一定の評價を受けていることを述べた。

(20) 説話の會話文であるが、(僖公二四―二)、(宣公一二―三)、(襄公一四―C)、(昭公一二―九)にも「作詩」・「爲詩」の類がみえる。津田左右吉前掲注(4)書三二九～三三〇頁は「作詩」記事を儒家による付會と決めつけている。なお、會話文に屬するが、(宣公一二―三)には楚の莊王の言葉として「作頌」・「作武」の語がみえる。しかし、「武」の字に關する議論などの内容から後代、則ち戰國中期のものである可能性が高い。

(21) 『左傳』によれば、衞懿公は許穆夫人の父方イトコとなるが、毛序は親族關係の記載が異なり、衞懿公を許穆夫人の兄とする。松本雅明前掲注(10)書二四一頁は、毛序説を否定する。また、同書二〇四頁は、許穆夫人による作詩を否定し、衞の滅亡と國人の流亡という大事件が、衞の人々に物語化され、その悲劇が許穆夫人に託してよまれたとする。

(22) 本文で觸れた一時的滅亡の後、様々な混亂を經て、最後に(左傳哀公二六―A)で出公が大子を殺し、自身も越で客死し、あたかも子孫が斷絶したかにみえる。また、(左傳哀公二六―C)では子貢が、出公には助ける者がいないという意味のことを述べ、出公の歸國を否定する。『左傳』が衞に關してこのような記事を配列する理由は不明である。衞は、周の武王の弟である康叔の子孫であり、戰國末期まで存續(平勢隆郎『新編史記東周年表――中國古代紀年の研究序章――』(東京大學東洋文化研究所、東京大學出版會、一九九五年三月)では前二二一年滅亡)しているが、周の文王の末裔ということで他の列國に衞を權威付けに利用するものが存在したかもしれない。

(23) 知氏は、(左傳哀公二七―E)に知襄子の滅亡記事があり、范氏は、(左傳哀公五―A)に范昭子が齊に出奔する記事がある。

(24) 小倉芳彦前掲注(7)書七三～七六頁。

(25) 津田左右吉前掲注(4)書一二〇頁は、『左傳』の齊の桓公の關する敍述が晉の文公に比べて少ないことを述べる。鎌田正前掲注(8)書二八九頁は、齊の桓公の霸業を卑しむ説話が存在することを指摘する。

（26）第一章第二節で『左傳』家族關係記事に、晉の韓氏・魏氏以外の血統を貶めるように婚姻記事が配列されており、晉の姬姓世族を稱揚する「形」になっていることを論じた。

（27）鎌田正前掲注（8）書二八九頁は、齊桓の霸業を卑しむ説話が存在する一方、齊桓の霸業を稱え、それを成さしめた管仲の德を稱える説話が少なくないとする。

（28）管仲以外に齊で「管」を氏とするのは、管至父（左傳莊公八―五）・管于奚（左傳成公二―a）のみであるが、いずれも管仲との關係は不明である。なお、前者は齊襄公を弑殺して管仲の登場の機會を作った人物であり、後者はその子が姬姓たる魯の大夫となっている。王權補佐は管仲のみであり、後代の同氏の者は姬姓國に仕えることを示している。

（29）『春秋』では（定公一〇―八）に記事がある。

（30）平勢隆郎前掲注（7）書一一～一六頁は、戰國中期に、西周初期の周王の繼承關係の適用（文・武・成および武・文・成）・周公の賢人化・共和と周宣王の稱揚が行われ、それが『左傳』の「形」にも影響を與えていることを述べる。この孔子は「夫子」という不吉な言葉で記され（『左傳』昭公七―六、哀公一六―三）、その先祖の孔父も「吾子」という不吉な言葉で記される（『左傳』隱公三―五）。『左傳』には孔子について「負」のイメージを作り出すための構造がある。假に平勢のいう通りなら、直前の個所で、孔子が孟僖子を引詩を用いて讚えていることは、そのまま字義通り解釋できないことになり、むしろ、不吉を背負う「達人」の孔子に評價されることで、孟僖子や叔孫昭子は一段階低い存在とされていることになる。

（31）『國語』の成書の研究史については、平勢隆郎『中國古代紀年の研究――天文と曆の檢討から――』（東京大學東洋文化研究所、汲古書院、一九九六年三月）二三八～二三九頁で、自身の説と關連づけながら簡單に説明を加えている。今のところ、漢代に何らかの補筆が行われた可能性を考慮する必要があるようである。

（32）荊門市博物館『郭店楚墓竹簡』（文物出版社、一九九八年五月）。

（33）馬承源主編『上海博物館藏戰國楚竹書』（一）～（四）（上海古籍出版社、二〇〇一年十一月～二〇〇四年十二月）。なお、同書第五卷が二〇〇五年中に出版される豫定という。

（34）ここでいう③の形式とは、その記事の前後を含めて、『左傳』中で何ら價値判斷が下されておらず、單に事實の描寫のみの記事である。

（35）この推論に關しては、平勢隆郎「中國古代正統的系譜」（第一回中國史學國際會議提出論文。二〇〇〇年九月）が論ずる漢字使用の場の擴大過程を參照できる。これによれば、西周王朝は、殷王朝の體制を引き繼いで、漢字を用いての靈的威壓儀禮の場を獨占的に主催した。この獨占的情況が崩壞するのは、東遷に代表される混亂によって銘文を青銅器に鑄込む技術が各地に傳播してからのことになる。その後、各「國」の共同祭祀の場で漢字を主體的に用いることができるようになり、そうした狀況を背景として盟誓が擧行される。本論における推論は、この盟誓の場において詩を賦す行爲がなされていたことを想定するものである。その上で言えば、松本雅明前揭注（10）書六一八頁が、小雅・大雅は宮廷の饗宴・祝祭・儀禮における歌謠で、樂器にあわせて誦されたのであろうと言うことをすすめて、西周王朝の漢字を用いた靈的威壓儀禮の場およびこれに從屬する共同祭祀の場を設定することができる。漢字なしの場を普遍的に論ずると、楚における詩篇の成立を考慮せざるを得なくなる。この可能性を詰めることと、本論の檢討結果とは、齟齬するところが大きい。『詩經』に關連づけて詩篇の成立を論ずるのであれば、より特殊な場を考慮しておくべきだろう。詩個々の內容を檢討して、詩が作られた場の問題を次節で詰めていくことになる。

（36）（襄公一八―六）に「北風」・「南風」とあり、江南でも『詩』を賦す慣習が存在したようにもみえるが、これは會話文であり、楚を批判する形になっていることから、後代性が強い內容と考えられる。

（37）橋本增吉前揭注（10）論文九八二頁は、『左傳』（襄公二九―八）の吳公子札の來聘記事で、『詩經』の內容の順序で風名を擧げている個所について、『詩經』によって作爲された漢代の加筆とするが、ここは會話文のため、漢代ではなく戰國中期とすべきだろう。また、（襄公一八―六）の會話文に「北風」・「南風」の語がみえるが、これは『詩』の風名ではない。そこでは楚を「南風」、晉を「北風」に例えて、楚の敗戰が預言されている。

（38）「采詩」については、『漢書』食貨志に、

孟春の月、群居する者將に散ぜんとし、行人木鐸を振るいて路に徇へ以て詩を采り、之を大師に獻じ、其の音律を比べ、以て天子に聞かしむ。

とあり、また『漢書』藝文志に、

古は采詩の官有り。

とあり、『禮記』王制篇に、

歳の二月、東に巡守して岱宗に至り、柴して山川を望祀し、諸侯を覲し、百年の者を問ひて就きて之を見る。大師に命じて詩を陳ねしめ、以て民の風を觀る。市に命じて賈を納れしめ、以て民の好惡する所を觀る。志淫するときは好辟なればなり。典禮に命じて時月を考へ日を定め、律・禮・樂・制度・衣服を同じくして之を正す。

とあり、『國語』晉語六に、

（范）文子曰く、「……吾聞く、古の王者は、政德既に成りて、又民に聽く、と。是に於てか工をして諫を朝に誦し、列に在る者をして詩を獻ぜしめて兜《まど》ふこと勿からしめ、臚言を市に風聽し、袄祥を謠に辨ち、百事を朝に考へ、謗譽を路に問ひ、邪有れば之を正す。戒を盡くすの術なり。先王是の驕を疾みてなり。」と。

とある。

「孔子刪詩」については、『史記』孔子世家に、

古は詩三千餘篇、孔子に至れるに及び、其の重きを去り、禮義に施すべきを取り、上は契・后稷を采り、中は殷周の盛んなるを述べ、幽厲の缺に至り、衽席に始む。故に曰く、關雎の亂は以て風の始めと爲し、鹿鳴は小雅の始めと爲し、文王は大雅の始めと爲し、清廟は頌の始めと爲す、と。三百五篇、孔子皆な之を弦歌し、以て韶武雅頌の音を合はせんことを求む。禮樂此れより得て述ぶべく、以て王道を備え、六藝を成す。

とある。陳槃「詩三百篇之采集與刪定問題」（『學術季刊』三―二、一九五四年十二月）は、研究史を整理した上で『詩』の采集・刪定について論じ、周王朝と列國には共に采詩の制度があり、列國の場合は專門の官が民間より詩を求め、周の場合は、天子が五年に一度の巡狩の際に列國より詩を集めたとし、孔子の刪詩についてはそれを否定した。青木正兒前掲注（16）論文全集版三四頁が、「孔子刪詩」を否定し、孔子以後その學系を引く誰かの手になるものとする。胡適「談談詩經」（『藝林旬刊』（『晨報副刊』一）二〇、一九二五年、『古史辨』第三冊下編（樸社、一九三一年十一月）所收）、張壽林「詩經是不是

孔子所刪定的？」（『北京大學研究所國學門月刊』一―二、一九二六年、『古史辨』第三册（樸社、一九三一年十一月）所收）は、孔子の當時は詩が三〇〇篇しかなかったとする。一方、鈴木虎雄前掲注（3）書八～一二頁や趙生群「『詩經』時代逸詩三題」（『南京師院學報』（哲學社會科學版）一九八三―四、一九八三年十一月）などは「孔子刪詩」を肯定する。また、劉生良「上博論詩竹簡的發現幷不能否定「孔子刪詩說」」（中國詩經學會編『詩經研究叢刊』第二輯、學苑出版社、二〇〇二年一月）のように近年の出土史料によって「孔子刪詩」を肯定する見解もある。「孔子刪詩」の史實性を證明することはなかなか困難に思われるが、ここは、上引史料で、周の制度や孔子といった戰國時代的な部分がみえることを指摘するにとどめておく。

（39）第一章第二節・第二章第四節參照。なお、田齊は姜齊を繼承しており、韓は晉の公室と共通の祖先たる曲沃桓叔の子孫で姬姓であり、魏は畢公高の子孫で韓と同じ姬姓である。平勢隆郎前掲注（22）書見開圖版は廳羌鐘の「廿又再祀」を晉孝桓公二十二年（前三六八年）とし、韓魏趙が諸侯となった後も晉公の權威が保たれていたことを示す根據とするが、この年代はまだ學界で廣く支持されているわけではない。また、巨勢進「詩經の傳承についての考察」（『漢文學會々報』（東京教育大學漢文學會）二七、一九六八年六月）五〇頁は、『左傳』の記事が春秋時代を直接反映していると考えつつも、斷章取義に適する要因が既に詩經自體に內在していたと想定している。

（40）平岡武夫『經書の成立――天下的世界觀――』（全國書房、一九四六年一月、創文社、一九八三年十二月再刊）四二頁は、『詩』は『書』と共に、先秦時代の中國人一般のもつ、最も古い傳統をもった古典だったとする。なお、古典籍への『詩』の引用について網羅的に考察したものに、內野熊一郎前掲注（3）書、同『漢初經書學の研究』（淸水書店、一九四二年六月）、白川靜「詩經學の成立」（一）～（六）（『說林』二―九～一二、三―一、三―二、一九五〇年九～一九五一年二月）、久富木成大「戰國諸子における詩說――儒家から法家へ――」（『金澤大學敎養部論集』（人文科學）二二―一、一九八四年十月）等がある。

（41）內野熊一郎前掲注（40）書六九二～六九三頁は、周秦代の詩句詩說は、異なるものが共存し、未だ漢代の古文・今文詩說系統に分化していない「未分化混存的詩說形態」として存在していたとする。また、渡邊卓『古代中國思想の研究――〈孔子傳の形成〉と儒墨集團の思想と行動――』（創文社、一九七三年三月）五八六頁は、『墨子』の『詩』・『書』の引用が儒家に範を仰いだとするものの、そのことは戰國中期以後に行われたとしている。

(42) 池田知久「郭店楚簡『五行』の研究」（東京大學郭店楚簡研究會編『郭店楚簡の思想史的研究』二、東京大學文學部中國思想文化學研究室、一九九九年十二月）九二頁は、郭店楚簡の年代を戰國後期としつつ、その『詩』の引用の方法が、『詩』の引用の際に「詩曰」を冠しないなど、馬王堆『五行』に比べて若干粗雜であるとする。郭店楚簡の年代に關する部分はおくとしても、『詩』引用の粗雜さに關する指摘は重要である。郭店楚簡は、『詩』を引用して利用する初期の形態を表している可能性がある。

(43) 郭店村一號楚墓の年代を巡る議論については、第一章第一節注(113)參照。

(44) 周知の通り六經の中で『樂』のみ傳世しないが、『文匯報』一九九九年一月五日によると、上海博楚簡には『樂論』・『樂書』という『樂』に關係ありそうな現在未公表の文獻がある。廖名春「論六經幷稱的時代兼及疑古說的方法論問題」（『孔子研究』二〇〇〇―一、二〇〇〇年一月）五八～六五頁は、馬王堆帛書・郭店楚簡について檢討し、六經の成立が孔子に遡るとする。郭店楚簡には「六經」という單語はみえず、後の六經が併稱されている現象のみを取り上げて、後の六經と同樣に扱ってよいのかという疑問はなお殘る。

(45) 平勢隆郎前揭注(22)書一四、三七頁、同前揭注(31)書一三一～一五一、一七七～一七八、二一二、二一七頁は、楚が獨自の正統觀による曆法や王位繼承理念をもっていたとする。

(46) 上海博楚簡について、馬承源主編前揭注(33)書「序」は時期を戰國晚期とする。それから『孔子詩論』について、李學勤「『詩論』的體裁和作者」（上海大學古代文明研究中心・精華大學思想文化研究所編『上博館藏戰國楚竹書研究』（上海書店、二〇〇二年三月））は子夏の作とし、陳立「『孔子詩論』的作者與時代」（『上博館藏戰國楚竹書研究』（前揭書））は孔子から時代が降った戰國早期ころの弟子の作であり、文字の觀點から竹書自體は「戰國中・晚期之交」とする。黃人二「從上海博物館藏『孔子詩論』簡之『詩經』篇名論其性質」（『上博館藏戰國楚竹書研究』（前揭書））は、引詩の篇名から「詩教」の系統を『左傳』・『國語』等と三禮とに分け、上博楚簡を前者に、『毛詩』を後者に含める。江林昌「上博竹簡『詩論』的作者及其與今傳本『毛詩』序的關係」（『上博館藏戰國楚竹書研究』（前掲書））は、『孔子詩論』が子夏の『詩』序であり、『毛詩』がそれを繼承したとする。報告書や陳立がいうように、竹簡本の成書時期をおおよそ戰國後期のころにおく見解が有力のようである。『孔子詩論』を子夏の作とする李學勤說は臆斷に過ぎるが、黃人二や江林昌が『詩』の傳承系統を議論していることは興味あるところである。ただ、その議論を檢討するには別に一稿を用意する必要があるため、ここでその傳承系統について問題とすることは避けておく。なお『孔子詩論』の標題については、上海博楚簡が最初に話題となった頃、「孔子」を「卜子」とする裘錫圭による異論があった。その經緯については李零『上博楚簡三篇校讀記』（出土文獻譯注研析叢書一四、萬卷樓、二〇〇二年三月）一五～一六頁に言及がある。裘錫圭は後に、「關於『孔子詩論』」（『經學今詮三編（『中國哲學』第二四輯）』、遼寧教育出版社、瀋陽、二〇〇二年四月）において、自說を撤回している。

(47) 平勢隆郎前掲注（31）書第二章第一節・第二節は、戰國中期に開始された踰年稱元法・夏正の理念的背景を探り、この理念的背景の一環として三分損益法の基礎の上に、戰國中期において九・六・八の三者をもって宇宙の秩序を語り始めたとする。

(48) 『史記』秦始皇本紀に、

博士官に非ずして藏する所、天下敢て詩書百家の語を藏する者有らば、悉く守尉に詣りて雜《とも》に之を燒け。敢て詩書を偶語する者有らば棄市せよ。

とある。板野長八『儒教成立史の研究』（岩波書店、一九九五年七月）一七一頁は、偶語の禁の對象としての詩書については、偶語しなければ問題にならず、博士官の司る書は、詩書・百家の書といえども焚かれないことになっており、始皇帝の支配の障害にならない限り、焚書の令・偶語の禁等に抵觸しないとする。

(49) 近藤浩之「馬王堆帛書『周易』と包山楚簡の卜筮祭禱記錄——包山楚簡より見た『周易』の形成に關する試論——」（『SIMPOSIUM I　楚簡より見た先秦文化の諸相　Various Aspects of Pre-Qin Culture as Seen through Chu Bamboo Slips』、第四四回國際東方學者會議報告、一九九九年六月、KONDO Hiroyuki. *The Silk-Manuscript Chou-i from Ma-wang-tui and Divination and Prayer Records in Chu Bamboo Slips from Pao-shan: A Tentative Study of the For-*

mation of the Chou-i as Seen from the Pao-shan Chu Bamboo Slips. ACTA ASIATICA, 1991.2. 所收）三頁は、「貞人たちはまだ『周易』卦辭爻辭の存在を知らず、『周易』とは異なる卜筮方や占辭格式に基づいて卜筮を行っているように思えるほど、共通點や類似點が少ない」と述べる。

（50）目加田誠前掲注（17）論文六〇頁は、文獻史料中の詩と今日の『詩經』が異なる可能性を示唆し、『詩經』は『荀子』の頃には今日の形となっていたとする。澤田多喜男「郭店楚簡緇衣篇攷」（池田知久監修『郭店楚簡の思想史的研究』三、東京大學文學部中國思想文化學研究室、二〇〇〇年一月）七八～八〇頁は、緇衣篇の引詩について檢討し、それと今本『詩』、今本『禮記』の引詩との差異や、『詩』解釋の時代による相違の可能性について觸れる。黃人二前掲注（46）論文は、引詩の篇名から「詩教」の系統を『左傳』・『國語』等と三禮とに分け、上博楚簡を前者に、『毛詩』を後者に含める。江林昌前掲注（46）論文は、『孔子詩論』が子夏の『詩』序であり、『毛詩』がそれを繼承したとする。このように『詩』成立の學說は出土史料の增大により、かえって錯綜の度を深めている。

（51）文物古文獻研究室・安徽阜陽地區博物館・阜陽漢簡整理組「阜陽漢簡『詩經』」（『文物』一九八四―八、一九八四年八月、胡平生・韓自強編著『阜陽漢簡詩經研究』（上海古籍出版社、一九八八年五月）所收）。また、李學勤「簡帛書籍的發現及其影響」（『文物』一九九九―一〇、一九九九年十月）四二頁によれば、當時未公開の上海博楚簡に『詩論』があり、若干の逸詩を含むとされる。

（52）胡平生・韓自強「阜陽漢簡『詩經』簡論」（『文物』一九八四―八、一九八四年八月、同編著『阜陽漢簡詩經研究』（上海古籍出版社、一九八八年五月）所收）は、魯・齊・韓・毛の四家いずれとも異なるとする。李學勤「新出簡帛與楚文化」（湖北省社會科學院歷史研究所編『楚文化新探』、湖北人民出版社、一九八一年九月）三四頁は、楚で傳わった一派のものである可能性を示唆する。

（53）錢穆『先秦諸子繫年』（增訂版、香港大學出版社、一九五六年六月）六七「吳起傳左氏春秋攷」は、『左傳』成書において、當時楚にいた吳起が關與したとする姚鼐說を論駁するが、こうした狀況は、楚が『詩』や『春秋』などの所謂經書を利用しようとした經緯を示しているのかもしれない。

（54）王國維「與友人論詩書中成語書」・「與友人論詩書中成語書二」（『觀堂集林』卷二、一九二一年）。

（55）『詩』成書に關する先行研究は、あくまでも『詩』各篇の成書年代を議論の中心に据えるものであり、それらが一つの書籍として編纂された年代に主眼を置くものではない。『詩』の編纂年代については、當然『詩』各篇の成書年代より下る。また、石川三佐男「戰國中期諸王國古籍整備及上博竹簡『詩論』」（中國詩經學會編『詩經研究叢刊』第二輯、學苑出版社、二〇〇二年一月）は戰國中期における『詩』の編纂可能性を示唆している。

（56）逸詩については、馮惟訥『風雅廣逸』十卷、痲三衡『古逸詩載』十二卷、楊愼『風雅逸篇』十卷等が蒐集しているが、これらは前引『史記』孔子世家の文章により、孔子ないし『毛詩』學派による詩の選定から洩れたものとして議論されてきた。しかし、崔述『洙泗考信錄』卷三「歸魯上」（崔述『崔東壁遺書』八十八卷）など、清朝考證學者はこれを非とし、皮錫瑞「論孔子删詩是去其重三百五篇已難盡通不必更求三百五篇之外」（『經學通論』五卷（師伏堂叢書、一九〇七年））もそれを疑った。津田左右吉前揭注（4）書三一八頁は、『左傳』の逸詩を一概にそれと判斷することに疑問を呈し、架空のものである可能性を示唆する。その根據が示されていないため、津田說には從えない。張西堂「逸詩篇句表（附考）」（『西北大學學報』（人文科學）一九五八―一、一九五八年七月）は、逸詩を檢討し、それらは散逸したものであって、孔子により删定されたのではないとした。『左傳』の場合、孔子の删定から外れたとされるものが引用されていることに意味があるかもしれない。なお、平勢隆郎前揭注（7）書一一六、一二一～一二三、一二七～一三一頁によれば、『左傳』は「夫子」・「吾子」の微言によって孔子を誹謗しているとされる。饒宗頤「讀阜陽漢簡『詩經』」（『明報月刊』一九八四―一二、一九八四年十二月）一二頁は、阜陽漢簡『詩經』・『左傳』引詩・傳世『詩經』の比較から、『左傳』引詩は韓詩に由來するとする。饒宗頤も斷りを入れているが、比較されている事例が二件と少なすぎる。よって、このことについて現段階で斷定することは避ける。

（57）白川靜前揭注（9）書一〇～一一頁は、『韓詩外傳』の說話に『左傳』・『國語』に類似するものがあることから、說話の繼承が行われた可能性を指摘する。澤田多喜男「三家『詩』と毛傳考索」（『東洋古典學研究』一三、二〇〇二年五月）は、毛傳が『孟子』・『荀子』の『詩』解釋を採用していることから、それが『魯詩』の系統ではないかと議論している。また、視角は異なるが、桐本東太「『詩經』東方未明の一解釋」（『史學』五九―二・三、一九九〇年七月）一三二～一三三頁は、『詩經』の時代に近づけば近づくほど、語句解釋の精度も自動的に高まるという樂觀主義はとうてい採用できないと述べる。家井眞「『詩經』「王事靡盬」の解釋に就いて――經學研究への提言――」（『二松學舍大學人文論叢』五〇、一九九三年三月）一〇二〜一〇三頁は、經學・經學史研究は、原義的研究はもとより哲學史的研究・學術史的研究であるが故に、その發生する理由、即ちその時代の社會的背景・思想的背景をも考慮に入れ、かつ經學を支えるある特定の價値觀が必要とされる社會的必然性をも考慮する必要があると述べる。本論文の問題關心とは異なり、『詩經』の性格づけに關する結論にも若干異なる部分が生じているが、今後『詩經』の成立を詰める上で、非常に興味深い内容となっている。

「國語引詩表」

凡　例

（一）「篇名」は『國語』の篇名である。

（二）「頁數」は上海古籍版の頁數である。

	篇名	頁數	内容分類	『詩』篇名	話し手	話題の對象
1	周語上	9	會話	詩	邵穆公	周厲王
2	周語上	12	會話	周頌思文	芮良夫	周厲王
3	周語上	13	會話	大雅文王	芮良夫	周厲王
4	周語中	45	會話	小雅常棣	富辰	周襄王
5	周語中	84	會話	大雅旱麓	單襄公	邵桓公
6	周語下	109	會話	大雅桑柔	太子晉	周靈王
7	周語下	112	會話	大雅蕩	太子晉	周靈王
8	周語下	114	地の文	周頌昊天有成命	單靖公	叔向
9	周語下	116	會話	周頌昊天有成命	叔向	單靖公
10	周語下	117	會話	大雅既醉	叔向	單靖公
11	周語下	121	會話	大雅旱麓	單穆公	周景王
12	周語下	145	會話	周詩	衞彪傒	單穆公
13	魯語下	185	地の文	小雅鹿鳴の前3篇	晉悼公	叔孫穆子
14	魯語下	186	會話	大雅文王	叔孫穆子	晉悼公

15	魯語下	186	會話	大雅大明	叔孫穆子	晉悼公
16	魯語下	186	會話	大雅緜	叔孫穆子	晉悼公
17	魯語下	186	會話	小雅鹿鳴	叔孫穆子	晉悼公
18	魯語下	186	會話	小雅四牡	叔孫穆子	晉悼公
19	魯語下	186	會話	小雅皇皇者華	叔孫穆子	晉悼公
20	魯語下	190	會話	邶風匏有苦葉	叔孫穆子	叔向
21	魯語下	190	會話	邶風匏有苦葉	叔向	叔孫穆子
22	魯語下	210	地の文	邶風綠衣	公父文伯之母	宗老
23	魯語下	210	會話	詩	師亥	公父文伯之母
24	魯語下	216	會話	商頌那	閔馬父	子服景伯
25	晉語四	341	會話	大雅大明	姜氏	公子重耳
26	晉語四	342	會話	小雅皇皇者華	姜氏	公子重耳
27	晉語四	342	會話	鄭風將仲子	姜氏	公子重耳
28	晉語四	348	會話	商頌長發	宋の公孫固	宋襄公
29	晉語四	350	會話	周頌天作	鄭の叔詹	鄭文公
30	晉語四	354	會話	曹風候人	楚成王	子玉
31	晉語四	360	地の文	小雅采菽	秦穆公	公子重耳
32	晉語四	360	地の文	小雅黍苗	公子重耳	秦穆公
33	晉語四	360	地の文	小雅小宛	秦穆公	公子重耳
34	晉語四	360	地の文	小雅沔水	公子重耳	秦穆公
35	晉語四	360	地の文	小雅六月	秦穆公	公子重耳

36	晉語四	387	會話	大雅思齊	晉の胥臣	晉文公
37	晉語八	460	會話	詩	晉の師曠	晉平公
38	楚語上	528	會話	詩	申叔時	楚莊王
39	楚語上	545	會話	大雅靈臺	伍擧	楚靈王
40	楚語上	556	會話	小雅節南山	白公	楚靈王

「郭店楚簡引詩表」

凡例

（一）「出典」は郭店楚簡の篇名・簡番號である。

（二）「篇名有無」で「詩云」・「詩」のように篇名がなく「詩」とのみ表記されている場合は「詩」と記した。

	出典	篇名	篇名有無	詩句有無
1	緇衣1—2	大雅文王	詩	○
2	緇衣3	小雅小明	詩	○
3	緇衣4—5	曹風鳲鳩	詩	○
4	緇衣7	大雅板	大雅	○
5	緇衣7—8	小雅巧言	小雅	○
6	緇衣9	小雅節南山	詩	○
7	緇衣12	大雅抑	詩	○
8	緇衣13	大雅下武	詩	○

9	緇衣15—16	小雅節南山	詩	○
10	緇衣17	小雅都人士	詩	○
11	緇衣18—19	小雅正月	詩	○
12	緇衣26	逸詩	詩	○
13	緇衣30	大雅抑	詩	○
14	緇衣32	大雅抑	詩	○
15	緇衣33—34	大雅文王	詩	○
16	緇衣35—36	大雅抑	大雅	○
17	緇衣36	小雅車攻	小雅	○
18	緇衣39	曹風鳲鳩	詩	○
19	緇衣41	周南葛覃	詩	○
20	緇衣41—42	小雅鹿鳴	詩	○
21	緇衣43	周南關雎	詩	○
22	緇衣45	大雅既醉	詩	○
23	緇衣46—47	小雅小旻	詩	○
24	五行9—10	召南草蟲	×	○
25	五行12	小雅出車	×	○
26	五行16	曹風鳲鳩	×	○
27	五行17	邶風燕燕	×	○
28	五行25—26	大雅大明	×	○
29	五行29—30	大雅文王	×	○

	出典	篇名	篇名有無	詩句有無
30	五行41	商頌長發	×	○
31	五行48	大雅大明	×	○
32	唐虞之道27	吳（虞）詩	×	○
33	性自命出15	詩	詩	×
34	性自命出16	詩	詩	×
35	性自命出25	周頌賚・武	○	×
36	性自命出28	周頌賚・武	○	×
37	六德24	詩	詩	×
38	語叢一38—39	詩	詩	×

「上海博楚簡引詩表」

凡例

（一）「出典」は上海博楚簡の篇名・簡番號である。
（二）他は郭店楚簡引詩表に同じ。
（三）『上海博物館藏戰國楚竹書』第一册の『孔子詩論』および同書第二册以降については、別に專論を執筆する機會を得て論ずるべきであると考えたため、ここではとりあげなかったが、傾向としては本論にある通りである。

	出典	篇名	篇名有無	詩句有無
1	緇衣1	大雅文王	詩	○
2	緇衣2	小雅小明	詩	○

3	緇衣2－3	豳風鴟鴞	詩	○
4	緇衣4－5	大雅板	大雅	○
5	緇衣5－6	小雅節南山	詩	○
6	緇衣7	大雅抑	詩	○
7	緇衣9	小雅節南山	詩	○
8	緇衣10	小雅正月	詩	○
9	緇衣13－14	逸詩	詩	○
10	緇衣16	大雅抑	詩	○
11	緇衣17	大雅文王	詩	○
12	緇衣18	小雅車攻	大雅	○
13	緇衣21	周南葛覃	詩	○
14	緇衣21	小雅鹿鳴	詩	○
15	緇衣22	周南關雎	詩	○
16	緇衣23	大雅既醉	詩	○
17	緇衣24	小雅小旻	（詩）	○
18	性情論8	詩	詩	×
19	性情論9	詩	詩	×
20	性情論15	周頌賚・武		×
21	民之父母1	大雅泂酌	詩	○
22	民之父母8	周頌昊天有成命	詩	○
23	采風曲目1	碩人	碩人	×

24	逸詩・交交鳴鳥1—4		交交鳴鳥	○
25	逸詩・多薪1—2		多薪	
26	曹沫之陳21—22	大雅洞酌	詩	○
27	季孫康子問於孔子7		詩	×
28	君子爲禮16		詩	×

第三節　『詩』の成立と傳播に關する一考察
――『詩』が用いられる場の視點から――

序

『詩』は、西周から春秋時代を研究する上で極めて重要な傳世文獻である。しかし、その各篇の成立と編纂に關する事情については不明な點が多い。近代以後の研究においては、各地で歌謠として歌われていたものがある時點で蒐集され、書物としてまとめられたということが推測されてきた。白川靜は、『詩』はもと口誦文學としての民謠であり、それが貴族の饗宴の樂歌として取り入れられるようになったが、孔子のころには既に經として古典化されていたとする。(1) その白川によれば『詩』を民謠として理解しはじめたのは、清末の崔述からである。(2) その後民國期に入ってマルセル・グラネは『詩』を本來は卽興的な祭禮歌であったと考え、(3) 聞一多も民俗學の方法を用いて『詩』を民謠と理解した。(4) 民謠說に批判的な顧頡剛すら民間から採った篇があると理解している。(5) また松本雅明は『詩』を、村落共同體が崩壞し、新しい支配隷屬關係が強く現れてきた時代の產物とし、『詩』には新古二層があって、古い形式のものは民謠であったと考えている。(6) 屈萬里は、國風の一部は貴族や官吏たちの作であり、その大部分は民間の歌謠をもとにして各國の文人が作ったものだとした。(7) 夏傳才は、國風が東周期一五の國家と地區における民間の詩歌とする。(8)

このように研究者による表現の違いこそあれ、『詩』の原型は民謠という口誦文學に繫がると多くは考えられているのである。また、『詩』が貴族の饗宴の樂歌とされた主要な根據は『左傳』の說話記事によっており、『詩』古典化の根據は『論語』による。だが『論語』の成書事情にも不明瞭な點が多いため、[9]孔子のころに經として古典化されていたと斷定することはできない。しかし、このように『詩』が口誦文學から經書の一つとなっていく流れはだいたい認められている。口誦文學としての民謠が貴族の饗宴の樂歌となり、それが古典化されるという過程は、篇によっては第一段階（口誦文學）がない場合もあろうが、『詩』編纂に至る二（饗宴歌）ないし三段階（古典化）である。各段階における『詩』のあり方は、それぞれ民謠、饗宴歌、經典というように異なる。そういうあり方の下における『詩』の機能を明確にすることが、『詩』諸篇の成立と編纂に關する問題を解明する糸口になるであろう。また、『詩』各篇の成立とそれらが風雅頌に分類されて一纏まりの『詩』として編纂されることの間にも、大きな懸隔が存在する。このことは『詩』の經書化とも關係があろう。

『詩』が用いられる場がいかなるものかということは、『詩』編纂に至る各段階における『詩』の機能と密接な關連を有する。前節までに、國同士の使節の會見、軍中、國君と大夫の會話が、『左傳』說話記事の中で比較的古い『詩』が用いられる形態を傳えていることが想定された。しかし、このことを檢證する作業と、このことが『詩』の成立と傳播の問題といかなる關係を有するかという課題が殘されている。また近年、新出出土史料の增加に伴い、文字の問題に焦點が當てられている。[10]『詩』に關する記事はこれら出土史料にも多くみられる。こうした史料は、『詩』が文字を用いて書寫され、やがて經書化された流れを解明する上で非常に重要であり、『詩』が用いられる場の問題とも大きな關連性を有する。そこで、『詩』が用いられる場の問題を詰めるには、より詳細な史料の檢討が必要であるが、そのために、『左傳』において『詩』が用いられる場を細かく分類し、そうした場が『詩』の有する性格とどのような關係にあったか解明したい。そして、『詩』の用いられる場の變化が、歷史的に如何なる意義を有したのかについても考察していくことにする。なお、そういう方法論・目的上の理由から、本節では『詩』本文の史料分析が少なくなることをあらかじめお斷りしておく。

一、『詩』が用いられる場の分類

『詩』が用いられる場は、『詩』がその所屬する時代において果たす機能と大きな關係があると考えられる。その場がいかなるものかを確認するため、まず『左傳』の引詩を検討してみよう。その分析手段として『左傳』の内容分類[11]を用いた上で、本節では基本的に、これまでの本書の議論を前提にして議論を展開していくことにする。

前節までの検討により、『左傳』の内容分類を用いて『左傳』の引詩を分類すると、引詩は【說話・地の文】・【說話・會話】・【君子曰】・【君子】にのみみられることが分かった。但し、【君子曰】・【君子】部分の引詩は全て君子による評言であって場といえるものが存在しないため、ここの検討對象からは除外し、本節では【說話・地の文】・【說話・會話】部分の引詩のみを検討對象とする。

そこでまず【說話・地の文】にみえる引詩の場についてみてみよう。[12] 饗宴が二一例、會盟・盟誓が二例、對話が二例、その他の會合が四例、軍中が一例、作詩說話の場面が三例である。[13]

【說話・會話】の引詩は、ほとんどが國君や大夫同士が會合し、何らかの判斷理由を示す場面にでてくる。[14] 饗宴が九例、盟誓・會盟が五例、その他の會合が一九例、對話が三一例、軍中が八例、書簡が二例、場のないものが二一例（うち評言が一五例、預言が六例）である。

全體的にいえば『詩』に關する常識どおり、諸侯や大夫の饗宴、盟誓・會盟、軍中といった會合の際に『詩』が用いられている事例が大量にある。他は、軍中、書簡、場のないもの、『詩』が作られた事情が敍述される作詩説話である。場のないものは、説話の內容に直接關係ない人物が評言・預言を行うものである[15]。

【説話・地の文】の引詩の場は、饗宴、會盟・盟誓、對話、軍中、その他の會合といった、諸侯や大夫の會合が多數を占める。またこれらの範疇に屬するもので、詩篇の成立を物語る作詩説話も存在する。

【説話・會話】では、【説話・地の文】と同樣に、饗宴、會盟・盟誓、對話、軍中、その他の會合といった會合が多い。會話文ゆえ預想されることではあるが、中でも一對一の對話が多く、それらの場は、必ずしも複數人が集まって行う饗宴や盟誓などといった會合の場ではない。また、對話は評言・預言が付加されているものがあることから分かるように、春秋時代より後の時代、恐らくは戰國時代に『左傳』編者が手を加えたものが含まれていると考えられる[16]。

【説話・會話】にあって【説話・地の文】にない形式は、書簡と評言・預言がなされている場のないものである。『左傳』における評言・預言の類は後代性が指摘されている部分であって[17]、『詩』が説話本文とは必ずしも直接關係せずに、語り手の論理展開に沿う形で引用されており、饗宴において『詩』が用いられる場合とは形態が異なる。場のない評言・預言も對話同樣、『左傳』編者の手が入っているもの、つまり戰國時代に入ってからのものである可能性が高いと考えられる。書簡の中での引用については、（襄公二四―A）、（昭公六―A）【説話・會話】にその事例がみえるのであるが、ここでは『詩』が文字として書寫されている。これは『詩』の傳達手段という點からみれば、口誦から文字へと一段階進んだことを意味している。文字を用いるとはいっても、金文や盟誓のように祭祀儀禮的な利用方法とは異なり、極めて實務的・世俗的であり、その意味で戰國以後らしいといえる。またこの書簡形式は、自己の議論を補強する目的で『詩』を引用する點からいえば評言と同樣であり、後代成立の可能性が高いと考えられる。

つまり春秋時代において『詩』が用いられた場は、饗宴、會盟・盟誓、對話、軍中、その他の會合、そして作詩説話における場であり、このことは風雅頌を通じてみられる。前節では、『左傳』の評價や「形」とは關わりがないと斷定できる引詩の事例から、國同士の使節の會見、軍中、國君と大夫の會話が、『左傳』の説話記事の中では比較的古い『詩』利用の形態であることを論じたが、これまでの檢討はそれを裏付けるものである。

ここで、『國語』についても同樣に檢討してみよう。『國語』は形式的には、説話記事のみの『左傳』といえ、『左傳』説話記事の檢討結果を檢證する史料となり得る。(18)

『國語』説話・地の文の引詩における場は全て饗宴である。(19)説話の會話文の場合は、饗宴が三例、盟誓が一例、軍中が一例、その他の會合が二例、對話が一一例、場のない評言・預言が三例である。

地の文については、全て饗宴の場である。『左傳』【説話・地の文】でも饗宴は多いが、『左傳』にみられるそれ以外の範疇は、『國語』地の文ではみられない。そして會話文については、對話が多いことは『左傳』【説話・會話】と同樣である。また、(魯語下一九〇)の軍中の事例のように、『左傳』(襄公一四—三)と重なっているものもある。

このように、『國語』における『詩』が用いられる場はいずれも『左傳』にみられるものであり、その結果は『左傳』における『詩』が用いられる場に關する先ほどの檢討を裏付けるものとなった。つまり春秋時代において『詩』が用いられる場は、饗宴、會盟・盟誓、對話、軍中、その他の會合、作詩説話の場なのである。そこで次節では以上の『詩』が用いられる場の性格について論じていくことにする。

二、『詩』の利用と共同祭祀との關係について

本節では、『詩』が用いられる場である饗宴、會盟・盟誓、對話、軍中、その他の會合、そしてそれらの場とは別

に、作詩說話における場について考察していくことにする。

まずは饗宴など、廣い意味での會合について、青木正兒は諸侯や卿大夫の會合のような場において『詩』が「斷章取義」的な作法のもとで賦されたとする。[20] 松本雅明は、國風の戀愛詩が祭禮において歌唱され、國風・小雅に農祭事詩があり、大雅が宮廷の儀禮において誦されたもので、頌が廟祭の巫歌であるとし、『詩』各篇はもともと儀禮的な場において賦されたと考えている。[21] 赤塚忠は、王公貴族が社交の場において、詩篇またはその句を巧みに引用して、その意味を婉曲に表現するのがその教養になっていたとする。[22] いずれの說も儀禮的な場において『詩』が用いられたとしている。

饗宴や軍中などの範疇も會盟・盟誓に付隨するものであることから分かるように、集團での會盟・盟誓による會盟政治は春秋時代における政治の特徵とされる。[23] 栗原朋信は、封爵の盟は、上位者が神の權威に依って下位者に命ずるものであり、封建的契約による君臣關係とは異質のものであるとする。[24] 白川靜は、盟誓が宗教的儀禮と關係あるとする。[25] 今日では侯馬盟書や溫縣盟書のような出土史料による盟誓研究も進んでいる。[26] また增淵龍夫は、春秋時代における「盟」が、神明の力によって保證しようとする、呪術的力に對する宗教的信仰を前提とするものであったとする。[27] 高木智見は、春秋時代における血緣崩壞狀況の中で、親族關係を措定する結盟により、春秋時代の人々が營むあらゆる關係が強化されねばならなかったとする。[28] このように、集團での會盟・盟誓は一種の宗教儀禮としての性質を有しており、共同祭祀の場ともいえる。

そして、軍中で『詩』が用いられることについて、（哀公二―五）のように軍中で龜卜を行っている事例がみられることからも分かるように、殷周時代において軍事行動と祭祀儀禮は緊密な關係にあったことが既に指摘されている。[29]

このように廣い意味での會合は非常に儀禮的な性格をもち、そうした場で『詩』がしばしば用いられるのは、『詩』

の機能と大きな關係があると考えられる。『墨子』公孟篇に、

誦詩三百、弦詩三百、歌詩三百、舞詩三百。

とあるように、『詩』と儀禮の場でとり行われる歌舞とは密接な關係にあったのである。[30] 許志剛は商周時代の詩人の中で、巫・祝などの人が占めるところが比較的大きいとする。[31] また白川靜が『詩』を賦す行爲には呪術性がみられるとするように、[32]『詩』は儀禮の場において呪術的な力を發揮するものだったとする考えもある。

次に『左傳』の作詩説話については、津田左右吉のように、それらを後代の僞作とする考えがある。[33] しかし、『左傳』の【説話・地の文】に記載された内容自體は、なお愼重な對應が要求されるものの、古くからのものである可能性が高いとする見解もある。[34]『左傳』の引詩について前節までに行った檢證作業の結果からいえば、作詩説話の『左傳』における配列はその編纂者の意圖が絡んだものではあるが、その記事自體が虛構と斷定できるものではない。出土史料のような決定的な證據が缺けている以上、現段階では作詩説話の眞僞を如何とも判定し難いが、ある程度史實を反映している要素を殘している可能性がある。そこで、議論の助けとしてそれらの説話をみてみよう。[35]

衞の復國の際の鄘風載馳篇作詩説話は（閔公二―六）にある。

狄、衞に入り、遂に之に從ひ、又諸を河に敗る。初め、惠公の卽位するや少し。齊人、昭伯をして宣姜に烝せしむ。可かず。之を強ふ。齊子・戴公・文公・宋桓夫人・許穆夫人を生む。文公、衞の患ひ多きが爲めに先づ齊に適く。敗るるに及び、宋の桓公、諸を河に逆へ、宵濟る。衞の遺民男女七百有三十人、之を益すに共・滕の民を以て五千人と爲す。戴公を立てて以て曹に廬す。許穆夫人、載馳を賦す。齊侯、公子無虧をして車三百乘・甲士三千人を帥ゐ以て曹を戍らしむ。公に乘馬・祭服五稱・牛・羊・豕・雞・狗皆三百と門材とを歸《おく》り、夫人に魚軒・重錦三十兩を歸る。

狄の攻撃によって衞は一旦滅び、その遺民は宋の援助によって黃河の對岸である曹に移動した。その際、新たに卽位した戴公の妹である許の穆公夫人が載馳篇を作ったのである。ここに載馳篇を掲げておく。

載ち馳せ載ち驅り、歸りて衞侯を唁はん。馬を驅ること悠悠として、言に漕に至る。大夫跋渉すれば、我が心則ち憂ふ。

既に我を嘉とせざるも、旋反する能はず。爾の臧からざるを視るも、我が思ひ遠からず。

既に我を嘉とせざるも、旋濟する能はず。爾の臧からざるを視るも、我が思ひ閟ぢず。

彼の阿丘に陟りて、言に其の蝱を采る。女子善く懷ふも、亦各々有に行ぐ。許人之を尤むるは、衆に穉にして且つ狂なり。

我其の野を行けば、芃芃たる其の麥。大邦に控げり、誰に因り誰に極るかを。

大夫君子よ、我を有に尤むること無かれ。百爾の思ふ所も、我の之く所に如かず。

松本雅明は載馳篇を毛序の內容を信賴できる數少ない一つとし、衞の滅亡說話と關係あるものとするが[36]、白川靜は許穆夫人の年齡などの矛盾點を指摘し、說話詩として改作された可能性を述べる[37]。ここで注意すべきは、作詩が復國の際に行われたとされる點である。新たな建國の場においてそれが行われたのであり、それが儀禮的な場であったことが推測される[38]。

鄭の高克が陳に亡命した際の鄭風淸人篇作詩說話は（閔公二―七）にある。

鄭人、高克を惡み、師を帥ゐて河上に次らしめ、久しくして召さず。師潰えて歸り、高克、陳に奔る。鄭人、之が爲めに淸人を賦す。

詩序や『集傳』はこの說話を史實とするが、白川靜はこれを後世の說話による付會とする[39]。ここで淸人篇も掲げておく。

清人彭に在り、駟介は旁旁たり。二矛重英、河上にありて翺翔す。

清人消に在り、駟介は麃麃たり。二矛重喬、河上にありて逍遙す。

清人軸に在り、駟介は陶陶たり。左に旋り右に抽きて、中軍にて好を作す。

清人篇の內容が『左傳』の記事內容に沿うものであるかどうか、判別し難いのは確かである。『左傳』によれば、鄭の人が大夫高克亡命事件について「作詩」したとされるが、『左傳』には、（襄公二三—九・一〇）魯における臧武仲に對する盟誓のように、共同體が盟誓において特定個人を呪詛する事例がみられる。侯馬盟書や溫縣盟書はそのような行爲が見出される同時代史料である。『左傳』の記事が史實とは限らないが、清人篇の作詩說話は、侯馬盟書や溫縣盟書、あるいは臧武仲に對する盟誓のように、「作詩」の場が特定個人をある共同體が呪詛する場だったことを示していると考えることも可能である。

秦の子車氏の三子が秦穆公に殉死した際の秦風黃鳥篇作詩說話は（文公六—B）にある。

秦伯任好卒す。子車氏の三子奄息・仲行・鍼虎を以て殉と爲す。皆秦の良なり。國人之を哀み、之が爲めに黃鳥を賦す。君子曰く、「秦穆の盟主爲らざるや宜なるかな。死して民を棄つ。先王世を違るも、猶ほ之に法を詒す。而るを況や之が善人を奪はんか。『詩』に曰く、「人の云に亡ぶ、邦國殄瘁す。」と。善人無きの謂ひなり。之を若何ぞ之を奪はんや。古の王者は命の長からざるを知る。是を以て聖哲を竝建し、之が風聲を樹て、之が采物を分ち、之が話言を著し、之が律度を爲り、之が藝極を陳ね、之を表儀に引き、之が法制を予へ、之に訓典を告げ、之に防利を教へ、之に常秩を委ね、之を導くに禮則を以てす。其の土宜を失ふ毋からしめ、衆隷之に賴り、而る後命に卽く。聖王も之に同じくす。今、縱ひ法の以て後嗣に遺す無きも、而して又其の良を收めて以て死するをや。以て上に在り難し。」と。君子是を以て秦の復た東征せざるを知るなり。

黄鳥篇も掲げておく。

交交たる黄鳥は、棘に止まる。誰か穆公に從ふ、子車奄息。維れ此の奄息は、百夫の特。其の穴に臨まば、惴惴として其れ慄れん。彼の蒼たる天は、我が良人を殲せり。如し贖ふ可くんば、人其の身を百にせん。

交交たる黄鳥は、桑に止まる。誰か穆公に從ふ、子車仲行。維れ此の仲行は、百夫の防。其の穴に臨まば、惴惴として其れ慄れん。彼の蒼たる天は、我が良人を殲せり。如し贖ふ可くんば、人其の身を百にせん。

交交たる黄鳥は、楚に止まる。誰か穆公に從ふ、子車鍼虎。維れ此の鍼虎は、百夫の禦。其の穴に臨まば、惴惴として其れ慄れん。彼の蒼たる天は、我が良人を殲せり。如し贖ふ可くんば、人其の身を百にせん。

詩序に「黄鳥は三良を哀れむなり。國人、穆公の人を以て死に從はしめしを刺りて是の詩を作る」とあり、これは三良の殉死を哀れんで作ったという點で『左傳』と共通する解釋である。黄鳥篇の作られた場を斷定することはできないが、黄鳥篇を一種の鎭魂歌として宗廟という共同祭祀の場で歌われたとする解釋が存在する。(40) 作詩の契機が宗廟での儀禮、つまり一種の共同祭祀に關わる可能性を想定することはできないだろうか。

このように、『左傳』の作詩説話が三例しかなく、しかもその眞僞を判定し難いとはいえ、『左傳』の作詩説話の場がいずれも共同祭祀と直接的ないし間接的に關係することは偶然ではないと思われる。これらの事例は、『詩』の少なくともその一部が共同祭祀の場で作られ、そしてその場で使用されたものであることを反映しているのではないだろうか。

以上、本節の検討により、『詩』が用いられる場が宗教儀禮的な要素をもち、共同祭祀と密接な關係をもつことが窺えた。次節では、こうした現象がいかなる時代背景によっているのかをみていくことにする。

三、『詩』と漢字使用の場の擴大について

一般に『詩』各篇は西周から東周にかけて成立したといわれる。その時代を先行研究に沿って振り返ってみよう。

宮崎市定は、氏族制度―都市國家―領土國家―大帝國という世界史的發展段階の視點から、殷末から春秋時代を都市國家の段階とした。(41) 松丸道雄は、大邑―族邑―屬邑の間にみられる累層的關係が殷周時代における最も基本的な國家構造であり、多くの屬邑を從屬せしめる族邑が單位をなす邑制國家であり、更にこれら多數の邑制國家が、大邑＝殷周王室に從屬していたとする邑制國家論を唱え、その王朝の秩序構造を維持存續するために不可缺だったのが、王室の祖先を對象とする祭祀だったとした。(42) これら先行研究を踏まえて岡村秀典は、松丸のいうような累層的な集落間構造は、殷代に先行する新石器時代後期にその淵源をたどることができ、このような中國初期國家の基本は祭儀にあり、集落の重層構造はその二義的な屬性であるとした。(43) このことに關連して松丸道雄は、殷王の田獵地が大邑（殷墟）を中心として半徑十數キロという、日歸り可能な範圍内に點在することを論じている。(44) これをもとにして平勢隆郎は、西周時代において支配手段としての靈的な威壓儀禮がなされていたことを推論した。(45) これらの學説はいずれも、少なくとも西周までは領域國家以前の段階にある、累層的な集落間構造をもつ邑制國家ないし都市國家の段階として捉え、その統治は氏族社會のもとで祭祀儀禮的な要素が極めて濃厚なものだったとする。

前節まで檢討してきたように、『左傳』における『詩』が用いられる場として、春秋時代以前に遡り得る古い形態を殘していると考えられるものは、廣い意味での會合であった。それは饗宴、會盟・盟誓、軍中、その他の會合であり、これらの場は共同祭祀と關係があることは既に述べた。

『詩』各篇は、個々の成立時期については研究者による見解の相違が存在するが、一般に西周から春秋にかけて秦から齊に至る北方の各地で成立したとされる。詩篇の中には、西周青銅器の銘文と似通ったものがあることが知られているが、[46]この事實は『詩』成立の上限が西周時代に遡る有力な證據と見做されることがある。その青銅器は松丸道雄によれば、西周王室の政治支配理念とされた宗法制を維持・存續せしめようとするために王室が諸侯に強要した祖先祭祀をとり行うための祭具としての意味をもっていた。[47]その青銅器にはしばしば文字を用いて銘文が鑄込まれている。

知識を傳達する手段は音聲言語と文字（中國の場合は漢字）である。白川靜は、文字が祭祀儀禮と最も深い關係をもって成立したと考えた。[48]文字知識については、西周金文の作器者銘に諸侯があったことから、從來それが王室中央のみならず地方の諸侯にも所有されていたと漠然と考えられていた。だが松丸道雄は、西周王室の青銅器工房と諸侯のそれとの間に銘文を含めた技術的格差があったことを述べた。[49]平勢隆郎は白川・松丸說を參考に、殷周時代における王室中央による文字知識の獨占（金文）↓周の東遷期に文字知識關係の技術が各國に流出↓各國が共同祭祀の場で漢字を使用↓各國が互いに盟誓を行い、「史」が文字として書寫（盟書）↓侯馬盟書・溫縣盟書以降、「史」の增加と官僚化という圖式を考えた。[50]しかし近年では、陝西省周原の先周期や山東省大辛莊といった、殷周の王畿以外でも甲骨文が發見されている。周原甲骨が殷人、周人、いずれの手になるかについては見解が對立しているが、甲骨文字の使用にあたり、殷王室の影響があったとみるのがよいようである。[51]大辛莊の甲骨文は殷墟甲骨文と同一系統に屬するとのことであり、[52]これも殷王室との關係を考えてよさそうであるから、殷末の文字知識において、殷王室が突出した地位を占めていたといえそうである。文字知識という視點から『詩』を考えてみると、『左傳』では、楚のように『詩』各篇に直接關係する地方以外でも『詩』が用いられている說話がみられる。また、『詩』は最初口誦文學だったとされるが、後に文字を用いて筆寫されるようになる。『詩』の傳播と文字知識の地域的擴大に、何らかの關連性が推測できないだろうか。

ここで、『詩』傳承の擔い手とされるのは視覺障害をもつ樂師である。(53)『詩』小大雅譜に、

故に大雅十八篇、小雅十六篇は正經爲り。其の樂に用ふるや、國君は小雅を以ひ、天子は大雅を以ふ。然り而して饗賓或は上取し、燕或は下就す。何となれば、天子元侯を饗するに肆夏を歌ひ文王を合す。諸侯は文王を歌ひ鹿鳴を合す。諸侯の鄰國の君に於けるは、天子の諸侯に於けるに同じ。天子諸侯は群臣及び聘問の賓を燕するに、皆鹿鳴を歌ひ鄉樂を合す。此れ其の著略大校、書籍に見在するものなり。禮樂崩壞し、詳を得べからず。

とあり、天子諸侯の饗宴において『詩』が樂に用いられたとされる。『左傳』でも（襄公一四―C）や（襄公二八―六）で「大師」や「工」に『詩』を歌わせているように、樂師が『詩』を賦す記事がみえる。また、『論語』微子篇に、

大師摯は齊に適き、亞飯干は楚に適き、三飯繚は蔡に適き、四飯缺は秦に適き、鼓方叔は河に入り、播鼗武は漢に入り、少師陽・擊磬襄は海に入る。

とあり、殷王朝が崩壞して樂人たちが諸方に四散してゆく狀態を記しているが、(54)白川靜は、これが西周滅亡時に王宮にあった樂人たちが身を寄せるところを失って四散したことをいうのであろうとする。(55)これは白川の推測に過ぎないが、先に述べた周の東遷期における文字擴散に關する平勢の議論に通ずるものがある。西周時代、樂師は諸侯の下にも存在した可能性はあるが、西周王朝中央における樂師のレベルに達していたかは、松丸が述べるような諸侯製作靑銅器の事例から類推する限り疑わしい。視點は異なるが、松本雅明は國風において、舞踏歌から唱う歌、つまり祭禮歌から饗宴歌への移行がみられるが、その背後に西周から東周への移行期の大きな社會的變動、すなわち周の封建が

根底からゆらぎはじめたことがあるとする。[56] このように西周末期から春秋初期を『詩』の歴史における畫期とみる考えが先行研究には存在する。また屈萬里は、民謠を『詩』の一篇として竹帛に筆寫した際に各國の樂官が關與した可能性を指摘する。[57] いずれにせよ、樂師はその身體的制限により文字知識所有者ではあり得ず、この時期における『詩』は口承によるものであり、『詩』を賦す知識・技術もまた口傳されたことは間違いない。

先に述べたように、甲骨文字や金文は共同祭祀の場で呪術的な意味をもたされて、殷周王朝の統治を支える目的で使用され、その知識・技術に關しては王室の職能集團が他を壓倒していたとされる。この時期に詩篇の一部が成立したと考える研究者は多い。だが家井眞は、韻文形式の金文は西周後期以降の新しいものであり、雅・頌はそういう金文よりも複雜な形式をとるとして、雅・頌の成立を戰國中期に置いた。[58] 韻文形式の金文は比較的新しいとする家井の指摘は鋭いものであり、『詩』各篇の成立を安易に西周期まで遡及させることはためらわれる。『左傳』の説話記事には雅・頌が現れるので、家井説に沿った理解をするならば、『左傳』の引詩に關する説話記事は、後代に成立した架空のものを含むことになる。ただ、上海博楚簡『孔子詩論』の存在を考慮すれば、『詩』各篇の成立については戰國中期より遡る必要があろう。家井説における雅・頌の成立年代の是非はひとまず措くとしても、ここは風雅頌のそろった『詩』を考えないほうがよいかもしれない。西周時代後期に靑銅器に韻文が鑄込まれるようになり、それが共同祭祀の場で歌われることがあったかもしれない。そうした中から雅・頌が生まれてくるのであろう。また、國風によくみられるような素朴な篇の原型が、西周時代に既に存在した可能性がある。西周時代に存在した韻文を、いま假に「原詩」と呼ぶとすれば、「原詩」の少なくともその一部は、共同祭祀の場において、靑銅器の銘文として利用されていたと考えることができる。『左傳』・『國語』において、『詩』が用いられる場には饗宴・會盟・盟誓・軍中が多く含まれていた。既に述べたようにこれらは共同祭祀の場である。そこでは呪術的・儀禮的な支配・被支配關係が構築される。その道具の一つが「原詩」であった。その「原詩」の使用に關する知識・技術は、青銅器製作技術の場合と同様に西周王室が突出していたのではないだろうか。だが、西周滅亡のころに「原詩」に關わる職能集團が他地域に移動し、それとほぼ竝行して正確な文字知識も地方に傳播した。この後、詩篇の一部が現れて賦詩の慣習が流行したのである。(59) 盟誓において文字知識所有者の增大がみられるのは、現在利用可能な出土史料によると侯馬盟書・溫縣盟書が年代的に上限であり、おおよそ春秋末期から戰國初期であるから、東遷期に「原詩」が文字を用いて筆寫され他地域に傳播した可能性は今のところ低い。『左傳』をみる限り、もともと「原詩」の知識を持たない國で、それが最初に必要とされるのは外交の場である。推測になるが、楚の場合は春秋前期におけるその北進との關係が疑われる。傳播するなら何らかの理由で楚の支配下に置かれた樂師による口承であろう。かくて春秋時代になると『詩』は諸侯の統治とも關わりをもつようになり、そうした中で「原詩」が篇によっては變化したり、新たな篇が成立したりして、今日の『詩』に近いものになっていったのではないだろうか。

以上はあくまで假說であり、今後、詰めの檢證作業を行っていく必要があることはいうまでもないが、大枠については目下、特に有力な反證はないようである。それでは口傳だった『詩』が文字化され編纂されたのは何時如何なる經緯によるのであろうか。まず『詩』の成書に關する有名な傳承についてみてみよう。周知のように『史記』孔子世家に、

古は詩三千餘篇、孔子に至るに及び、其の重きを去り、禮義に施す可きを取り、上は契后稷を采り、中は殷周の盛んなるを述べ、幽厲の缺に至り、衽席に始む。故に曰く、「關雎の亂は以て風の始めと爲し、鹿鳴は小雅の始めと爲し、文王は大雅の始めと爲し、清廟は頌の始めと爲す。」と。三百五篇、孔子皆之を弦歌し、以て韶武雅頌の音を合はさんことを求む。禮樂此れより得て述ぶ可く、以て王道を備へ、六藝を成す。

『漢書』食貨志に、

孟春の月、群居する者將に散ぜんとし、行人路に木鐸を振ひて徇り以て詩を采りて太師に獻じ、其の音律を比べ以て天子に聞かせしむ。

『漢書』藝文志に、

書に曰く、「詩は志を言ひ、哥（歌）言を詠む。」と。故に哀樂の心感じて、哥（歌）詠の聲發す。其の言を誦する、之を詩と謂ひ、其の聲を詠する、之を歌と謂ふ。故に古に采詩の官有るは、王者の風俗を觀、得失を知り、自ら考正する所以なり。孔子純《もつぱ》ら周詩を取るも、上は殷を采り、下は魯を取りて、凡そ三百五篇あり。秦に遭ふも全きは、其の諷誦、獨り竹帛のみに在らざるの故を以てなり。

『經典釋文』序錄に、

詩とは志を言ふ所以にして、性情を吟詠し以て其の上者を諷するなり。古は采詩の官有り、王者巡守すれば則ち詩を陳べて以て民の風を觀、得失を知りて自ら考正するなり。天地を動かし、鬼神を感じ、人倫を厚くし、教化を美しくし、風俗を移すに、詩より近きは莫し。是を以て孔子、最先刪錄す。既に周詩を取り、上は商頌を兼ね、凡そ三百一十一篇。

その注に、

毛公、故訓を爲りし時、已に亡ぶこと六篇、故に藝文志は三百五篇と云ふ。

とあるように、西周王朝の「采詩」の官が諸地方からそれぞれの歌謡を集め、それに反映されている風俗を察て王政の參考としたが、それを孔子が正しい音樂に合致する詩歌を選んで、三〇〇〇餘篇から三〇〇篇餘り（『毛詩』小雅には篇名のみの六篇がある）を編集したとする「采詩說」がある。(60) 周知のようにこうした傳承は漢代以後のものであり、その眞僞は古來より問題とされてきた。[61] ただ、何がしかの史實を背景としていることも可能性としては考えられ、こうした傳承をもとに赤塚忠は、遲くとも孔子のころから『詩經』が「經」として扱われるようになったと考えている。[62] 松本雅明は、『詩經』中に年代についての手がかりをもつ詩は、前八世紀末から前六世紀初頭に及ぶとする。[63] 藪敏裕は松本說を參照しつつ、ある程度の分量の詩がまとまった形で原『詩』となるのは前六世紀初頭以降と考える。[64] 成立年代の推測が可能な詩篇の下限は、孔子の生まれた時期にやや先行することになる。

ところで、文字知識所有者の增大がみられる春秋末期から戰國初期は、ちょうど孔子やその弟子たちが活動した時期に重なる。これは侯馬盟書・溫縣盟書の時代であるが、このことに關連して岡村秀典は、前五世紀の晉における盟誓の爆發的なひろがりは、國君を中心とする舊來の體制を維持しながら、有力な卿大夫層は庶民や下僕までを包攝する新たな社會秩序を模索しており、殷・西周以來の祭儀國家が新たな身分制を形成して制度化した成熟國家へと發展していくと考えた。[65] このように、春秋末期には國家體制を根本から變更する非常に大きな社會變動が起きていることが議論されている。[66] 戰國時代に入ると、先に述べたように、『左傳』【說話・地の文】にみられる場のような廣い意味での會合において『詩』を用いることがなくなり、そのかわり『左傳』【說話・會話】にみられる對話の場や場のない評言・預言、或いは郭店楚簡・上海博楚簡や[67]『孟子』・『荀子』等にみられる引詩のように、自己の主義主張を補強するために『詩』が引用されることがしばしばみられるようになる。つまり、『詩』の引用が思想的な據り所とされ、廣い意味での會合における儀禮的な『詩』の使用法よりも、利用方法として一層高度になってくる。[68] また、『詩』を引用する人物の出自も、春秋時代のように國君や卿大夫といった社會の最上層ではなく、孔子集團にみられるような士階層以下に下がり、また彼らは『詩』など六藝の才能をもって戰國諸國で召し抱えられて活躍することになる。[69] 彼ら士階層以下の知識集團は、官僚もしくはその預備軍である。こうした狀況について顧炎武は、春秋時代にはまだ存在した祭祀聘享を嚴重にすること、宴會賦詩を行うこと、宗姓氏族を論ずることが戰國に入るとみられなくなると指摘する。(70) 高木智見は、傳世文獻の春秋時代以前の記事においてしばしばみられた盲目の樂師は、『戰國策』になると一人も見いだすことができなくなると述べる。(71) 文字の讀み書きができない視覺障害者は文字化された『詩』に對應することができず、『詩』に關する役割から退いていったのであろう。郭店楚簡に「詩」の語や『詩』の引用文がみえ、上海博楚簡『孔子詩論』のような『詩』に關する篇が存在したことから、遲くとも戰國時代には既に『詩』が文字化、すなわち編纂されて議論される段階になっていたのである。(72) 口傳のみで『詩』の知識を多數の人々に廣めるのはまず不可能であり、『詩』知識保有者增大の前段階として『詩』の文字化、すなわち編纂があったはずである。孔子刪詩の說話は、こうした時代を背景として生まれたのであろう。また戰國時代において、各地の思想集團は樣々な形で文王・武王をはじめとして西周王朝のことを引用する。このように戰國時代における理念としての西周王朝は未だに大きな影響力を有していたのである。『詩』が戰國時代以降、經書として重んぜられていく理由の一つに、『詩』が西周王朝で占めていた地位が念頭に置かれていることも考えに入れてよいのではないだろうか。石川三佐男は、郭店楚簡や上海博楚簡に引用された『詩』について、戰國時代の王國の正統性と權威性から古籍が整備されたことと關係があるとしている。(73) 今後はそうした可能性も考慮に入れながら『詩』の成立と傳播の問題を考えていくべきであろう。

以上、先行研究の議論を參照しつつ、それに前節までの檢討結果を付け加えて、『詩』の成立と傳播の問題について考察してみた。そうすると、『詩』の成立と傳播は單に『詩』成立に關する文學史の問題にとどまらず、西周から春秋時代にかけての政治的・社會的展開と密接な關係をもつことが窺えた。また『詩』は風雅頌のジャンルからなるが、これまでの議論がこれらのジャンルを通じて基本的に妥當であることが確認された。

結語

本節では、『左傳』において『詩』が用いられる場について、『左傳』の内容分類を利用しつつ檢討を加え、その結果をもとに、『詩』の成立と傳播の問題にも考察を加えた。『左傳』における說話の地の文で『詩』が用いられる場は、ほとんどが饗宴、會盟・盟誓、對話、軍中、その他の會合といった廣い意味での會合であり、そうした場は共同祭祀と關連性がある。『左傳』の說話の會話文においても、『詩』の引用者が存在する場は、說話の地の文と同樣である。また、『國語』の檢討においてもこれと同樣の結果が得られた。つまり、『詩』はもともと共同祭祀の場において使用されるものであった。その共同祭祀の場は西周王朝による統治體制と密接な關わりがあった。松丸道雄らは青銅器がその統治において重要な役割を擔ったと考えたが、その青銅器銘文と『詩』の一部に類似したものがあることは決して偶然ではない。

西周時代には、共同祭祀の場で使用され、西周王室を中心とする統治體制を支えた『詩』のいずれかの篇ないしその原型となる詩、いわば「原詩」が存在したことを想定した。その一つが西周後期における韻文形式の金文であった。そうした「原詩」の使用を擔ったのが、樂師と稱される職能集團であった。樂師が「原詩」を賦す技術・知識の水準は青銅器製作技術と同樣、周王室が壓倒的に高かった。ところが西周末期から春秋初期の混亂期にそのような文字知識を所有する職能集團が地方に移動したことと竝行して、西周時代の「原詩」に關する知識を有する樂師もまた各地域に移動し、「原詩」が各地に傳播することとなった。恐らくは春秋時代、どんなに遲くとも戰國中期までには、「原詩」をもとにしたり、新たに創作されたりして詩篇が作られ、今日の毛傳に含まれる三〇五篇やそれ以外の逸詩と稱される『詩』が各國で成立して出揃い、各國の共同祭祀の場で使用された。おおよそここが邑制國家などと稱される時代である。ところが支配形態が領域的なものに移行していく春秋末期以降、文字知識所有者の集團が一氣に增大し、文書行政を行う官僚が出現するような狀況になると、『詩』が文字として書寫されるようになり、文獻として編纂される契機となった。孔子集團は一種の官僚養成機關としての性格をもっていたが、孔子删詩傳說はそうした時代を背景にして生まれた可能性が考えられる。そのようにしてはじめて『詩』知識保有者が增大し、郭店楚簡や上海博楚簡における『詩』の引用にみられるように、各種思想の論理展開を補助するものとして傳世文獻に引用されるようになった。戰國時代において、各地の思想集團は樣々な形で西周王朝のことを引用するように、西周王朝は未だに大きな權威を有していた。『詩』が戰國時代以降、經書として重んぜられていくことは、「原詩」が西周王朝で占めていた地位と關係があるとも考えられる。以上、『詩』が樂師による口承文學から、文字として書寫されて文獻となることと、邑制國家ないし都市國家から領域國家の時代に移行することが密接に關連していることが分かる。『詩』は單なる古い文學などではなく、古代中國を統治する手段だったのであり、その古代中國の社會情勢の變化とともに『詩』のあり方も變化したのである。『詩』の成立と傳播の問題は文學史の枠內にとどまらず、中國社會の歷史的變動と密接な關わりをもつことになる。

今後は『詩』各篇の內容を議論するにあたり、篇によってはこうした共同祭祀の場で用いられたという背景、そして漢字傳播との關係を考慮しなければならなくなった。また、『詩』には、西周後期の金文と共通する表現をもつ篇など、春秋時代以前に遡り得る可能性が想定できる篇が含まれるのは確かであるが、『詩』の全篇が西周から春秋時代の成書と斷定できるわけではない。本節の檢討結果はあくまでも『詩』の成立と傳播に關し、先行研究を繼承しながら全體を俯瞰する作業假說であり、『詩』各篇、『毛傳』等の傳世文獻や出土史料にあたっての詰めの作業が必要となる。爾後の課題としたい。

注

（1）白川靜『詩經――中國の古代歌謠――』（中公新書、中央公論社、一九七〇年六月）二三〇～二三七頁。

（2）崔述『讀風偶識』四卷（『崔東壁遺書』八八卷所收）、白川靜『詩經研究――通論篇――』（朋友書店、一九八一年十月、原著、油印本、一九六〇年六月）二六～三〇頁。なお、「民謠」の解釋は研究者によって異なる。松本雅明『詩經國風篇の研究』（著作集㈠、弘生書林、一九八七年一月）序說、七「研究の方法」は、白川靜との「民謠」に對する認識の違いについて述べている。

（3）Granet, Marcel. *Fêtes et Chansons anciennes de la Chine.* Bibliothèque de l'École des Hautes Études, Paris: Sciences religieuses 34, Leroux, 1919.（邦譯、内田智雄譯『支那古代の祭禮と歌謠』（弘文堂、一九三八年二月））。

（4）聞一多『詩經新義』（『清華學報』一二―一、一九三七年一月）、同『詩經通義』（『清華學報』一四―一、一九四七年十月）、以上、『聞一多全集乙集』（古典新義、開明書店、一九四八年）所收。

（5）顧頡剛「詩經在春秋戰國間的地位」（『古史辨』第三册、樸社、一九三一年十一月）三四四～三四五頁。

（6）松本雅明『詩經諸篇の成立に關する研究』（東洋文庫、一九五八年一月）第八章「詩經に見える古代の祭禮」。

（7）屈萬里「論國風非民間歌謠的本來面目」（『中央研究院歷史語言研究所集刊』三四、一九六三年十二月、『書傭論學集』（開明書局、一九六九年）所收）。

（8）夏傳才『詩經研究史概要』（中州書畫社、一九八二年九月）一四頁。

（9）『論語』の成書問題について論じたものに、武內義雄『論語之研究』（岩波書店、一九三九年十二月）、津田左右吉『論語と孔子の思想』（岩波書店、一九四六年十二月）、木村英一『孔子と論語』（創文社、一九七一年二月）、宮崎市定『論語の新研究』（岩波書店、一九七四年六月）などがある。これらはいずれも成書年代を戰國末期から漢代初期にかけてとする。

（10）例えば、早稻田大學長江流域文化研究所『長江流域文化研究所年報』二（早稻田大學長江流域文化研究所、二〇〇三年）

掲載の論文・シンポジウムなど。

（11）平勢隆郎『左傳の史料批判的研究』（東京大學東洋文化研究所、汲古書院、一九九八年十二月）「附　春秋左氏傳の內容分類」。【說話・地の文】は說話の地の文、【說話・會話】は說話の會話文、【君子曰】は「君子曰」で始まる文、【君子】は「君子曰」を除く「君子」で始まる文である。詳しくは、第一章第一節一「問題の所在」參照。

（12）後掲「表」參照。引詩の『左傳』原文に卽した分析については、本章第一・二節參照。なお、（文公二―六）の引詩は主語が君子であり、君子の評言に準ずると考えられるため、ここでの檢討對象から除外した。

（13）事例の數え方は、小倉番號が同一で分類も同一の場合は一つとし、小倉番號が同一だが分類が複數になる場合は出現分類數を數える。會盟・盟誓は、史料上に會盟・盟誓が明記されているもののみそれに分類した。

（14）後掲の表では、その判斷理由を示すことはせず、その會合が行われた場所のみを掲げた。

（15）『詩』の關係する評言・預言は、會合など、場のあるものにもみられる。

（16）例えば、（襄公七―A）韓穆子の會話文では、『詩』が賦されつつ、韓宣子を立てればこれに福が降るということが預言されている。

（17）これは、小倉芳彥「ぼくの左傳研究とアジア・フォード問題」（『歷史評論』一九六三―五、一九六三年五月）、同『中國古代政治思想研究――左傳研究ノート――』（靑木書店、一九七〇年三月）における（Ⅱ）「筋の展開に插入されている演說的な部分」にあたり、春秋末期以後戰國にかけて付加された部分とされる。

（18）『國語』については、康有爲『新學僞經考』（萬木草堂、一八八八年）が現本『國語』を原本『國語』の殘餘であるとし、衞聚賢『古史研究』第一集（商務印書館、一九三一年十一月）が前四三一年以前から前三八四年以後にかけての成書と考え、孫海波「國語眞僞考」（『燕京學報』一六、一九三四年十二月）が、齊語は漢初の『管子』小匡篇を材料としているとし、平勢隆郎『中國古代紀年の研究――天文と曆の檢討から――』（東京大學東洋文化研究所、汲古書院、一九九六年三月）二三八頁が、『國語』において立年稱元法に關する理解を缺く整理が想定でき、戰國中期における木星位置の反映が指摘できるため、元からの史傳、戰國中期以後の整理、文帝頃の插入があるとする。

(19)『國語』引詩については本節末尾の表と本章第二節「國語引詩表」を參照。なお、篇名の後の數字は、『國語』（上海古籍、一九七八年）の頁數である。
(20)青木正兒「詩敎發展の經路より見て采詩の官を疑ふ」（『支那學』三―二、一九二二年十一月、『青木正兒全集』（春秋社、一九七〇年七月）所收）全集版三〇頁。他に、鈴木虎雄『支那詩論史』（弘文堂、一九二五年五月）八頁など。
(21)松本雅明前揭注（6）書六〇五、六三二、七九九～八〇〇、八一六頁。また、瀧遼一「詩經に現はれた巫歌」（『東方學報』東京五、一九三四年十二月）のように、『詩』に巫覡が自ら作って歌った詩が存在するとする說もある。
(22)赤塚忠「中國古代詩歌の發生とその展開」（『二松學舍大學中國文學研究室』油印、一九七八年四月、『詩經研究』（赤塚忠著作集第五卷、研文社、一九八六年三月）所收）二三頁。
(23)本田濟「春秋會盟考」（『日本中國學會報』一、一九五〇年三月）など。
(24)栗原朋信「『封爵之誓』についての小研究」（『秦漢史の研究』、吉川弘文館、一九六〇年五月）。
(25)白川靜「載書關係字說――古代詛盟祝禱儀禮と文字――」（『甲骨金文學論叢』四、立命館大學中國文學研究室油印本、一九五六年十二月）。
(26)山西省文物工作委員會編『侯馬盟書』（文物出版社、一九七六年十二月）、河南省文物研究所「河南溫縣東周盟誓遺址一號坎發掘簡報」（『文物』一九八三―三、一九八三年三月）。江村治樹『春秋戰國秦漢時代出土文字資料の研究』（汲古書院、二〇〇〇年二月）六三六～六四二、六七〇～六七四頁によると、侯馬盟書における主盟者は、晉景公、晉敬公あるいは幽公、趙敬公章、趙鞅、趙桓子、年代については、晉景公（前五八五年）から趙敬公章（前三八六年）まで、學說が大きく分かれている。現在では趙鞅（前五世紀初め）または趙桓子（前五世紀末）の頃とするのが有力のようである。
(27)增淵龍夫『中國古代の社會と國家』（弘文堂、一九六〇年二月）一九五頁。
(28)高木智見「春秋時代の結盟習俗について」（『史林』六八―六、一九八五年十一月）。
(29)松丸道雄「殷墟卜辭中の田獵地について――殷代國家構造研究のために――」（『東京大學東洋文化研究所紀要』三一、一九六三年三月）一四九頁は、中國古代の田獵が祭祀と軍事に深く關わっているとする。高木智見「春秋時代の軍禮について」

（『名古屋大學東洋史研究報告』一一、一九八六年八月）は、春秋時代の戰爭が祭祀集團間相互のものだったとする。
(30) 赤塚忠「古代における歌舞の詩の系譜」（『詩經研究』（前掲注（22））、原載、『日本中國學會報』三、一九五二年三月）。
(31) 許志剛『詩經論略』（遼寧大學出版社、二〇〇〇年一月）二〇六頁。
(32) 白川靜前掲注（1）書二五三～二五四頁は、『詩』の興について、古代的な思惟の方法に發しており、もと呪的な性格をもつ發想であり、『詩』のような古代歌謠は古く呪語であったと述べる。
(33) 津田左右吉『左傳の思想史的研究』（東洋文庫論叢、一九三五年九月）三一五～三二三頁は、『左傳』の引用詩全體が、詩の講習を業とする儒者たちによって僞作されたとする。
(34) 平勢隆郎前掲注（11）書一六二頁。
(35) 以下の說話については、前節でも分析している。また、『詩』の訓讀は特に問題ない限り、石川忠久『詩經』（新釋漢文大系、明治書院、一九九七年九月～二〇〇〇年七月）を參考にした。
(36) 松本雅明前掲注（6）書二〇三～二〇四頁。
(37) 白川靜前掲注（2）書二一二～二一四頁。
(38) 高橋庸一郎『『詩經』詩と邑・都・王』（『阪南論集』（人文・社會科學編）三〇―三、一九九五年一月）は、大雅緜篇・同公劉篇を都市讚歌、土地ぼめの詩として分析している。『詩』がこうした場において作られることがあったことが想定される。また、社の祭祀とも關係あるかもしれない。社の研究史については、小南一郎「社の祭祀の諸形態とその起源」（『古史春秋』四、一九八七年十月）參照。
(39) 白川靜前掲注（2）書二二九頁。
(40) 福本郁子は石川忠久前掲注（35）書中卷五四頁黃鳥篇の餘說で、この詩が三良の婦人にに假託して夫を亡くした妻の悲しみを謠う詩であり、その殘された婦人の悲しみに言寄せて、征役で亡くなった者の魂を慰める鎭魂歌として一族の宗廟で謠われたのであろうと述べる。
(41) 宮崎市定「中國上代は封建制か都市國家か」（『史林』三三―二、一九五〇年四月）、同「中國における聚落形態の變遷について――邑・國と鄉・亭と村とに對する考察――」（『大谷史學』六、一九五七年六月）。但し、都市の成立については、都市そのものの定義を含めてこれまで様々な議論がある。
(42) 松丸道雄「殷周國家の構造」（『岩波講座世界歴史』四、岩波書店、一九七〇年五月）五九、七九頁。
(43) 岡村秀典『青銅器の圖象記號による殷後期社會の研究』（平成七年度～平成八年度科學研究費補助金基盤研究（C）研究成果報告書、一九九七年三月）五～六頁。
(44) 松丸道雄前揭注（29）論文一五七頁。
(45) 平勢隆郎『よみがえる文字と呪術の帝國――古代殷周王朝の素顔――』（中公新書、中央公論新社、二〇〇一年六月）三一～三六頁、同「占い、預言、そして「歴史」」（『歴史を問う　二――歴史と時間――』、岩波書店、二〇〇二年六月）六六～六八頁。
(46) 王國維「與友人論詩書中成語書」・「與友人論詩書中成語書二」（『觀堂集林』卷二、一九二一年）。近年では、石川忠久前揭注（35）書が注釋の形で各篇について觸れている。
(47) 松丸道雄「西周青銅器製作の背景――周金文研究・序章――」（松丸道雄編『西周青銅器とその國家』、東京大學出版會、一九八〇年六月）、同「西周青銅器中の諸侯製作器について――周金文研究・序章その二――」（前揭書）。
(48) 白川靜前揭注（25）論文。
(49) 松丸道雄「西周青銅器製作の背景――周金文研究・序章――」（前揭注（47））一一七頁。
(50) 平勢隆郎『よみがえる文字と呪術の帝國――古代殷周王朝の素顔――』（前揭注（45））一四七、一六一～一六二、二〇四頁。また、一八一頁では、殷や西周時代の漢字使用の場を、王都や副都など領域的に非常に限られた一帶となることを述べる。一方、松崎つね子「中國文明の繼承性に果した文字の役割――官僚制と關連して――」（『駿台史學』一一一、二〇〇一年二月）三頁のように周の封建によって文字使用が地方へ擴大したとする見解もある。
(51) 陝西周原考古隊「陝西岐山鳳雛村發現周初甲骨文」（『文物』一九七九―一〇、一九七九年十月）、曹瑋『周原甲骨文』前言（世界圖書出版公司、二〇〇二年十一月）。

（52）山東大學東方考古研究中心・山東省文物考古研究所・濟南市考古所「濟南市大辛莊遺址出土商代甲骨文」（『考古』二〇〇三―六、二〇〇三年六月）。

（53）例えば『周禮』春官瞽矇に、

瞽矇は鼗・柷・敔・塤・簫・管・弦・歌を播《あ》ぐるを掌る。詩を諷誦し、奠繫を世し、琴瑟を鼓す。九德・六詩の歌を掌り、以て大師を役す。

とあるように、視覺障害者による樂師の官が存在したとされる。その先行研究については、高木智見「瞽矇の力――春秋時代の盲人樂師について――」（『山口大學文學會誌』四一、一九九〇年十二月）參照。また同論文三五頁に、音樂とは、春秋時代において祖先祭祀團が集團としての一體感を共有・確認し、竝びに祖先と交流するための手段であり、それを獨占的に扱っていたのが盲目の樂師であったとある。そして葉舒憲『詩經的文化闡釋――中國詩歌的發生研究――』（湖北人民出版社、一九九四年六月）第四章は、瞽矇が『詩』の發生と深い關係を有することを述べる。馬承源主編『上海博物館藏戰國楚竹書』（四）（上海古籍出版社、二〇〇四年十二月）には『采風曲目』なる歌曲の篇目が記載された篇があり、その中に「碩人」の語がみえる。その「碩人」が衞風碩人篇を示すかは不明だが、戰國時代に詩篇の少なくとも一部が樂曲として歌われていた可能性がでてきた。また、夏傳才前揭注（8）書一九～二一頁などは、詩篇全てが樂歌に相當するかに關する論爭について述べている。近年では劉麗文「春秋時期賦詩言志的禮學淵源及形成的機制原理」（『文學遺產』二〇〇四―一、二〇〇四年一月）が「賦詩」は多く樂器の伴奏を伴ったと述べている。

（54）『漢書』禮樂志

故に書序に、殷紂、先祖の樂を斷棄し、乃ち淫聲を作り、用て正聲を變亂し、以て婦人を說ばしむ、と。樂官・師瞽、其の器を抱えて犇散し、或いは諸侯に適き、或いは河海に入る。

顏師古注に、

論語に云ふ、太師の摯は齊に適き、（中略）、と。此の志に云ふ所及び古今人表に敍ぶる所は、皆是れを謂ふなり。諸侯と云ふは、追ひて其の地を繫く。當時已に國名有るが爲に非ざるなり。而るに論語を說く者、乃ち以て魯の哀公の時、禮壞れ樂崩れ、樂人皆去ると爲す。斷れ亦た未だ允ならざるなり。

とある。このことに關連して、近年出土した上海博楚簡には『樂禮』・『樂書』が含まれており、先秦時代の「樂」の解明に資することが期待されるが、問題點が多岐に亙るため、ここではその問題の存在を指摘するにとどめておく。

(55) 白川靜前掲注（1）書二三五頁。

(56) 松本雅明前掲注（6）書九三四〜九三五頁。このことに關連して、白川靜「詩經に見える農事詩（下）」（『立命館文學』一三九、一九五六年十二月）二七〜二八頁は、小雅や豳風の農事詩には、古い農耕儀禮、祭祀共同體的な氏族社會的遺制の殘存とともに、その反面内部においてかなり高度に階層化してきた事實も認められるとし、宇都宮清吉「詩經國風の農民詩」（『龍谷史壇』六五、一九七二年三月、『中國古代中世史研究』、創文社、一九七七年二月、所收）は、國風の農民詩や小雅の一部の詩篇には、氏族共同體が崩れ、邑制國家へと發展していったものの原型がみられるとする。

(57) 屈萬里前掲注（7）論文。「各國」の樂官としている點については、中央集權で官僚制を整備した戰國時代以降の國家の天下觀に影響されているように思われ、疑問である。

(58) 家井眞「『詩經』に於ける雅・頌の發生と成立」（『二松學舍大學論集』三〇、一九八六年三月）は、雅・頌が宗廟の彝器に鑄込まれた銘文の詩を母體とし、その宗教性を保ちつつも、それをより明確な文學的意識の下により洗練され文學化されて、前四世紀初頭から前三世紀初頭に成立したとする。雅・頌の成立と金文銘との關係について論ずる部分については本節の議論と通ずるところがある。

(59) 風雅頌のジャンルに分かれた時期は不明である。なお、上海博楚簡『孔子詩論』（馬承源主編『上海博物館藏戰國楚竹書（一）』、上海古籍出版社、二〇〇一年十一月）では、訟（頌）・大夏（雅）・小夏・邦風と、竝びが通行本と逆順になっている。

(60) 諸橋轍次『詩經研究』（目黑書店、一九一二年十一月）一〇二〜一一二頁は研究史に觸れつつ、孔子以前に今日の『詩經』に似たものがあり、孔子がそれを刪定したとして、孔子刪詩說をある程度肯定する。呂思勉「『詩經』與民歌」（一九四一年、『呂思勉論學叢稿』（上海古籍出版社、上海、二〇〇六年十二月）所收）は、『詩經』は大衆の歌謠で全てが良いわけではなかったから、孔子が刪詩を行ったとする。近年でも江林昌「由古文經學的淵源再論『詩論』與『毛詩序』的關係」（『齊魯學刋』二〇〇二―二、二〇〇二年三月）や馬銀琴『兩周詩史』（社會科學文獻出版社、二〇〇六年十二月）四一九～四二四頁のように孔子刪詩を肯定する考えがある。『詩』の孔子刪定說については、張壽林「詩經是不是孔子所刪定的？」（『古史辨』第三冊、樸社、一九三一年十一月）、夏傳才前揭注（8）書三四～四四頁、江口尚純「詩經における孔子刪定說の諸相――宋代までの學說を中心にして――」（『詩經研究』二四、一九九九年十二月）、洪湛侯『詩經學史』（中華書局、二〇〇二年五月）（上）七～一五頁など參照。

(61) 孔子刪詩を否定する說としては、『毛詩正義』詩譜序孔穎達疏に、

　史記の言の如くんば、則ち孔子の前、詩篇多し。案ずるに書序引く所の詩、見在する者多く、亡逸する者少なければ、則ち孔子の錄する所、十分に九を去るを容れず。馬遷の古詩三千餘篇を言ふは、未だ信ずべからざるなり。

とあるのが早い。この問題については、皮錫瑞『經學通論』五卷（師伏堂叢書、一九〇七年）「論孔子刪詩是去其重三百五篇已難盡通不必三百五篇之外」など參照。青木正兒前揭注（24）論文にも言及がある。

(62) 赤塚忠前揭注（22）論文二二頁。

(63) 松本雅明前揭注（6）書六三二頁。

(64) 藪敏裕「上海博物館藏戰國楚竹書『孔子詩論』所引の『詩』理解――周頌・淸廟之什・淸廟篇を中心として――」（『岩手大學教育學部研究年報』六二、二〇〇三年二月）五頁。

(65) 岡村秀典「先秦時代の供犧」（『東方學報』京都七五、二〇〇三年三月）。

(66) 例えば、楊寬『戰國史――1997增訂版――』（台灣商務印書館、一九九七年十月）一一～一四頁參照。

(67) 荊門市博物館『郭店楚墓竹簡』（文物出版社、一九九八年五月）、馬承源主編『上海博物館藏戰國楚竹書』（一）～（四）（上海古籍出版社、二〇〇一年十一月～二〇〇四年十二月）。郭店楚簡の年代に關する議論については、池田知久『郭店楚簡研究』（東京大學中國思想文化學研究室、一九九九年十一月）五～一一頁參照。概括すれば、成書を戰國中期の前三〇〇年前後に置く說と、それより遲らせて戰國後期の前二七〇～前二五〇年頃に置く說とに分かれ、現在は前三〇〇年前後說が多數派のようである。上海博楚簡については、『上海博物館藏戰國楚竹書』（一）「序」が時期を戰國晚期としており、「馬承源先

生談上海簡」（上海大學古代文明研究中心・精華大學思想文化研究所編『上博館藏戰國楚竹書研究』、上海書店、二〇〇二年三月）が、中國科學院上海原子核研究所の測定結果として二二五七±六五年前を紹介しており、これは戰國中期から末期（前三〇七±六五年）になる。しかし、西山尚志「上海博楚簡研究會――併せて『出土文獻と秦楚文化』創刊號出版の紹介――」（『中國出土資料學會會報』二六、二〇〇四年七月）のように放射性炭素による測定誤差の範圍に疑問を呈する見解もある。

(68) 屈萬里「先秦說詩的風尙和漢儒以詩敎說詩之迂曲」（『南洋大學學報』五、一九七一年）は、先秦時代の『詩』の機能として、立身處世の格言・政治の準則・辭令方面を掲げるが、立身處世の格言は『論語』、『孟子』や『禮記』といった『左傳』・『國語』以外の書に特徴的であるのに對し、政治の準則はいずれの書にもみられ、辭令方面は專ら『左傳』・『國語』にみられる。屈萬里はこれ以上述べないが、『詩』の機能に關する時代性を反映していると考えてよかろう。

(69) 楊寬前掲注（66）書一四頁。

(70) 顧炎武『日知錄』卷十三「周末風俗」に「春秋時猶嚴祭祀重聘享、而七國則無其事矣。春秋時猶宴會賦詩、而七國則不聞矣。春秋時猶論宗姓氏族、而七國則無有矣」とある。

(71) 高木智見前掲注（53）論文二四頁。

(72) 郭店楚簡『緇衣篇』の引詩については、澤田多喜男「郭店楚簡緇衣篇攷」（池田知久監修『郭店楚簡の思想史的研究』三、東京大學文學部中國思想文化學研究室、二〇〇〇年一月）七八〜八〇頁が、今本『詩』、今本『禮記』の引詩との差異や、『詩』解釋の時代による相違の可能性について觸れている。また、廖名春「上博『詩論』簡的作者和作年――兼論子羔也可能傳『詩』――」（『齊魯學刊』二〇〇二―二、二〇〇二年三月）は、上海博楚簡『孔子詩論』が孔子やその弟子の說からなるとし、同『子羔』とあわせて『詩』の傳承が多元的であることを論ずる。文中に孔子の名がみえることを根據に孔子やその弟子の說とする部分には疑問を感じるが、『詩』の傳承が多元的であったとする指摘は肯定できる。一方、こういう『孔子詩論』の成立年代を遡及させることに愼重な見解もあり、龐樸「上博簡零箋」（上海大學古代文明研究中心・精華大學思想文化研究所編『上博館藏戰國楚竹書研究』（上海書店、二〇〇二年三月））、曹峯『上博楚簡思想研究』（出土文獻譯注研析叢書P

〇二五、萬卷樓、二〇〇六年十二月）二七、四八頁は、『孔子詩論』の馬王堆帛書『五行』篇との言語的・思想的共通點を指摘している。曹峯は、『孔子詩論』の關雎篇に關わる部分の思想が、『荀子』大略篇とも共通すると述べている。また、『詩』の傳承の多元性については、黃人二「從上海博物館藏『孔子詩論』簡之『詩經』篇名論其性質」（『上博館藏戰國楚竹書研究』（前揭注（67））も述べている。

（73）石川三佐男「戰國中期諸王國古籍整備及上博竹簡『詩論』」（中國詩經學會編『詩經研究叢刊』第二輯、學苑出版社、二〇〇二年一月）。また、顧頡剛「讀詩隨筆」（前揭注（5）書）三七二頁は『詩』の編纂を『論語』の後で『孟子』の前、すなわち戰國中期とする。史料への接近方法が異なる兩者の結論が似通っていることは興味深い。

「『詩』が用いられる場の表」

表　注

（一）『左傳』について。「小倉番號」は、小倉芳彥譯『春秋左氏傳』（岩波文庫、岩波書店、一九八八年十一月〜一九八九年五月）における說話單位の番號である。對話と會合に分類することが困難な場合もあるが、引詩の場として會合の類が明記されていない一對一の會話は全て對話とした。

（二）『國語』について。「篇名」は『國語』の篇名である。「頁數」は、上海古籍版『國語』（上海古籍、一九七八年三月）の頁數を掲げた。

『左傳』

	小倉番號	内容分類	人物	場	詩經の篇名
1	閔公2—6	地の文		衛の復國の作詩説話	鄘風載馳
2	閔公2—7	地の文		鄭の高克亡命の作詩説話	鄭風清人
3	僖公23—B	地の文	晉の公子重耳と秦穆公	秦での饗宴	河水（逸詩）、小雅六月
4	文公3—6	地の文	魯文公と晉襄公	晉での盟誓	小雅菁菁者莪、大雅假樂
5	文公4—6	地の文	魯文公と衛の甯武子	魯での饗宴	小雅湛露、小雅彤弓
6	文公6—B	地の文		秦の子車氏三子殉死の作詩説話	秦風黄鳥
7	文公7—5	地の文	晉の荀林父と先蔑	個人的な會合	大雅板三章
8	文公13—6・7・9・10	地の文	魯文公と鄭穆公	鄭での饗宴	小雅鴻鴈、小雅四月、鄘風載馳四章、小雅采薇四章
9	成公9—5	地の文	魯成公、穆姜と季文子	魯での饗宴	大雅韓奕五章、邶風緑衣終章
10	襄公4—2	地の文	晉悼公と魯の穆叔	晉での饗宴	大雅文王、小雅鹿鳴
11	襄公8—9	地の文	魯襄公と晉の范宣子	魯での饗宴	召南摽有梅、小雅角弓、小雅彤弓
12	襄公14—1	地の文	向における晉等の諸侯と呉	向での會盟	小雅青蠅
13	襄公14—3	地の文		晉等諸侯の秦遠征の軍中	邶風匏有苦葉
14	襄公14—4	地の文	衛獻公と孫氏ら	衛での饗宴	小雅巧言末章
15	襄公16—11	地の文	晉の中行獻子と魯の穆叔	晉での會合	小雅祈父、小雅鴻鴈末章
16	襄公19—5	地の文	晉平公と魯の季武子	晉での饗宴	小雅黍苗、小雅六月

17	襄公19―15・16	地の文	晉の范宣子と魯の穆叔	柯での會合	鄘風載馳四章
18	襄公20―9	地の文		宋と魯での饗宴	小雅常棣七章・終章、小雅魚麗、小雅南山有臺
19	襄公26―7	地の文	晉平公と齊景公・鄭簡公	晉での饗宴	大雅假樂、小雅蓼蕭、鄭風緇衣、轡之柔矣（逸詩）、鄭風將仲子
20	襄公27―1	地の文	魯の叔孫穆子と齊の慶封	魯での饗宴	鄘風相鼠
21	襄公27―B	地の文	鄭簡公と晉の趙文子	鄭での饗宴	召南草蟲、鄘風鶉之奔奔、小雅黍苗四章、小雅周桑末章、鄭風野有蔓草、唐風蟋蟀、小雅桑扈
22	襄公27―E	地の文	晉平公と楚の薳罷	晉での饗宴	大雅既醉
23	襄公28―6	地の文	魯の叔孫穆子と齊の慶封	魯での饗宴	茅鴟（逸詩）
24	襄公29―2	地の文	魯の榮成伯と魯襄公	魯での個人的會合	邶風式微
25	襄公29―8	地の文	魯と吳の季札	魯での會合	周南、召南、邶風、鄘風、衞風、王風、鄭風、齊風、豳風、秦風、魏風、唐風、陳風、檜風、小雅、大雅、頌
26	昭公1―A	地の文	楚の令尹圍と晉の趙文子	虢での饗宴	大雅大明一章、小雅小宛二章
27	昭公1―B	地の文	鄭簡公と晉の趙文子・魯の穆叔・曹の大夫	鄭での饗宴	小雅瓠葉、召南鵲巢、召南采蘩、召南野有死麕末章、小雅常棣
28	昭公2―1	地の文	魯昭公と晉の韓宣子	魯での饗宴	大雅緜終章、小雅角弓、小雅節南山終章、召南甘棠
29	昭公2―1	地の文	衞襄公と韓宣子	衞での饗宴	衞風淇澳、衞風木瓜

30	昭公12—3	地の文	魯昭公と宋の華定	魯での饗宴	小雅蓼蕭
31	昭公16—C	地の文	鄭の六卿と晉の韓宣子	鄭での饗宴	鄭風野有蔓草、鄭風羔裘、鄭風褰裳、鄭風風雨、鄭風有女同車、鄭風蘀兮、周頌我將
32	昭公17—1	地の文	魯昭公と小邾穆公	魯での饗宴	小雅采菽、小雅菁菁者莪
33	昭公25—1	地の文	宋元公と魯の叔孫昭子	宋での饗宴	新宮（逸詩）、小雅車舝
34	定公4—15	地の文	楚の申包胥と秦哀公	秦での會合	秦風無衣
35	桓公6—B	會話	鄭の大子忽とある人	對話	大雅文王
36	莊公22—3	會話	齊の敬仲と齊桓公	對話	逸詩
37	閔公1—2	會話	齊の管仲と齊桓公	對話	小雅出車
38	僖公5—1	會話	晉の士蔿と晉獻公	對話	大雅板
39	僖公9—B	會話	秦の公孫枝と秦穆公	對話	大雅皇矣、大雅抑
40	僖公15—12a	會話	晉の韓簡と晉惠公	對話	小雅十月之交
41	僖公19—4	會話	宋の子魚と宋襄公	對話	大雅思齊
42	僖公22—C	會話	周の富辰と周襄王	對話	小雅正月
43	僖公22—3	會話	魯の藏文仲と魯僖公	對話	小雅小旻、周頌敬之
44	僖公24—2	會話	周の富辰と周襄王	對話	小雅常棣
45	僖公33—7	會話	晉の胥臣と晉襄公	對話	邶風谷風
46	文公1—B	會話	秦穆公と大夫たち	會合	大雅桑柔
47	文公2—1	會話	晉の趙衰と大夫たち	會合	大雅文王

48	文公4—6	會話	魯文公と衞の甯武子	魯での饗宴	小雅湛露、小雅彤弓（篇名のみ、地の文と引用重複）
49	文公10—7	會話		楚の軍中	大雅烝民、大雅民勞
50	文公15—11	會話	魯の季文子	預言	小雅雨無正、周頌我將
51	宣公2—4	會話	晉の士會と晉靈公	對話	大雅蕩、大雅烝民
52	宣公2—4	會話	晉の趙盾と蕩狐	對話	邶風雄雉
53	宣公9—11	會話	孔子	評言	大雅板
54	宣公11—4	會話	晉の郤成子と大夫たち	會合	周頌賚
55	宣公12—3	會話		晉の軍中	周頌酌、周頌式
56	宣公12—3	會話		楚の軍中	小雅六月、周頌時邁、周頌武、周頌賚、周頌桓
57	宣公15—A	會話	晉の羊舌職	評言	大雅文王
58	宣公16—1	會話	晉の羊舌職	評言	小雅小旻
59	宣公17—A	會話	晉の范武子と范文子	對話	小雅巧言
60	成公2—4・7	會話		晉の軍中	大雅既醉、小雅信南山、商頌長發
61	成公2—A	會話	楚の申叔跪	評言（篇名のみ）	鄘風桑中
62	成公2—8・9	會話		楚の軍中	大雅文王
63	成公4—5	會話	晉景公と魯成公	晉での會合（魯の季文子の預言）	周頌敬之
64	成公7—2	會話	魯の季文子	預言	小雅節南山
65	成公8—1	會話		魯の饗宴	衞風氓、大雅板

66	成公12—A	會話		楚の饗宴	周南兎罝
67	成公14—2	會話	衞定公と晉の郤犨	衞での饗宴（衞の甯惠子の預言）	小雅桑扈
68	成公16—6	會話		楚の軍中	周頌思文
69	襄公4—2	會話	晉悼公と魯の穆叔	晉での饗宴	大雅文王、小雅鹿鳴、小雅四牡、小雅皇皇者華（地の文と引用重複）
70	襄公7—A	會話	晉の韓穆子と韓獻子	對話	召南行露、小雅節南山、小雅小明
71	襄公7—7	會話	魯襄公と衞の孫文子	魯での盟誓（魯の穆叔の預言）	召南羔羊
72	襄公8—8	會話	鄭の大夫たち	會合	周詩（逸詩）、小雅小旻
73	襄公10—2	會話		魯の軍中	邶風簡兮
74	襄公11—8・10	會話	晉の魏莊子と晉悼公	會合	小雅采薇
75	襄公21—4	會話	晉の叔向とある人	對話	逸詩
76	襄公21—4	會話	叔向と羊舌氏の老との對話	大雅抑	
77	襄公21—4	會話	晉の祁奚と范宣子との會合	周頌烈文	
78	襄公24—A	會話	鄭の子產	書簡	小雅南山有臺、大雅大明
79	襄公25—F	會話	衞の大叔文子	預言	小雅小弁、大雅烝民
80	襄公26—F	會話	蔡の聲子と楚の令尹子木	楚での會合	大雅瞻卬、商頌殷武
81	襄公27—B	會話	鄭簡公と晉の趙文子	鄭での饗宴	小雅桑扈（地の文と引用重複）

82	襄公29—C	會話		鄭の會合	小雅四牡
83	襄公29—5	會話	鄭の子大叔と衛の大叔文子	杞の築城作業での會合	小雅正月
84	襄公29—8	會話	呉公子季札と魯	魯での會合	衛風（篇名のみ、地の文と引用重複）
85	襄公29—F	會話	鄭の大夫たち	盟誓（鄭の裨諶の預言）	小雅巧言
86	襄公31—D	會話	晉の叔向	評言	大雅板
87	襄公31—G	會話	衛の北宮文子と衛襄公	鄭での會合	大雅桑柔
88	襄公31—J	會話	衛の北宮文子と衛襄公	楚での對話	大雅蕩、大雅抑（または魯頌泮水）、邶風柏舟、大雅既醉、大雅皇矣
89	昭公1—2	會話	晉の樂王鮒	虢の會盟	大雅抑、小雅小旻終章（篇名のみ）
90	昭公1—A	會話	楚の令尹圍と晉の趙文子	虢での會盟	小雅正月
91	昭公1—10	會話	晉の叔向と趙文子	對話	大雅烝民
92	昭公2—1	會話	魯昭公と晉の韓宣子	魯での饗宴	小雅角弓（篇名のみ、地の文と引用重複）
93	昭公2—2	會話	晉の叔向	評言	大雅民勞
94	昭公4—1	會話	魯の季武子と申豐	對話	豳風七月終章（篇名のみ）
95	昭公4—B	會話	鄭の子産と子寬	對話	逸詩
96	昭公5—1	會話	仲尼	評言	大雅抑
97	昭公6—A	會話	晉の羊舌肸	書簡	周頌我將、大雅文王
98	昭公6—5	會話	宋の向戌と華亥	會合	大雅板

99	昭公6―C	會話	晉・楚	晉での會合	小雅角弓
100	昭公7―A	會話	楚の芋尹無宇と楚靈王	對話	小雅北山
101	昭公7―4	會話	晉平公と士文伯	對話	小雅十月之交
102	昭公7―5	會話	晉の大夫と范獻子	對話	小雅常棣
103	昭公7―6	會話	仲尼	評言	小雅鹿鳴
104	昭公7―7	會話	晉の士文伯と晉平公	對話	小雅北山
105	昭公8―A	會話	晉の叔向	預言	小雅雨無正
106	昭公9―5	會話	魯の叔孫昭子	評言	大雅靈臺
107	昭公10―2	會話		齊の會合	大雅文王
108	昭公10―3	會話	魯の臧武仲	評言	小雅鹿鳴
109	昭公10―4・5	會話	魯の叔孫昭子と大夫たち	會合	小雅正月
110	昭公12―3	會話	魯昭公と宋の華定	魯での饗宴（魯の叔孫昭子の評言）	小雅蓼蕭（地の文と引用重複）
111	昭公12―9	會話	楚の右尹子革と楚靈王	會合	祈招（逸詩）
112	昭公13―A	會話	仲尼	評言	小雅南山有臺
113	昭公16―B	會話	魯の叔孫昭子	評言	小雅雨無正
114	昭公20―F	會話	齊の晏嬰と齊景公	饗宴	商頌烈祖、豳風狼跋
115	昭公20―G	會話	仲尼	評言	大雅民勞、商頌長發
116	昭公21―1	會話	魯の叔孫昭子と魯の大夫	會合（魯の叔孫昭子の預言）	大雅假樂
117	昭公23―B	會話	楚の沈尹戌	預言	大雅文王

118	昭公24—D	會話	鄭定公・子大叔と晉の范獻子	晉での會合	小雅蓼莪
119	昭公24—6	會話	楚の沈尹戌	預言	大雅桑柔
120	昭公25—1	會話	宋元公と樂祁	宋での對話	大雅瞻卬
121	昭公26—D	會話	齊の晏嬰と齊景公	對話	大雅大明、逸詩
122	昭公26—E	會話	齊の晏嬰と齊景公	對話	小雅車舝
123	昭公28—A	會話	晉の司馬叔游と祁盈	對話	大雅板
124	昭公28—B	會話	晉の魏獻子と成鱄	晉での對話	大雅皇矣
125	昭公28—B	會話	仲尼	評言	大雅文王
126	昭公32—5	會話	諸侯の大夫たち	周での盟誓（衞の彪傒の評言）	大雅板
127	昭公32—6	會話	晉の蔡墨と趙簡子	對話	小雅十月之交
128	定公4—15	會話	楚の鬬辛と鬬懷	對話	大雅烝民
129	定公10—7	會話		魯の軍中	唐風揚之水終章（篇名のみ）
130	哀公2—5	會話		晉の軍中	大雅緜
131	哀公5—B	會話	鄭の子思	評言	大雅假樂、商頌殷武
132	哀公26—C	會話	子貢と衞出公の使者	個人的對話	周頌烈文

『國語』

	篇名	頁數	内容分類	人物	場	詩經の篇名
1	周語上	9	會話	邵公と周厲王	對話	詩
2	周語上	12、13	會話	周の芮良夫の預言		周頌思文、大雅文王
3	周語中	45	會話	周の富辰と襄王	對話	小雅常棣
4	周語中	84	會話	周の單襄公と邵桓公	會合	大雅旱麓
5	周語下	109、112	會話	大子晉と周靈王	對話	大雅桑柔、大雅蕩
6	周語下	114	地の文	晉羊舌肸と單靖公	周の饗宴	周頌昊天有成命
7	周語下	116、117	會話	晉羊舌肸と單靖公	周の饗宴	周頌昊天有成命、大雅既醉
8	周語下	121	會話	單穆公と周景王	對話	大雅旱麓
9	周語下	145	會話	衞の彪傒と單穆公	對話	周詩
10	魯語下	185	地の文	晉悼公と叔孫穆子	晉の饗宴	小雅鹿鳴の前3篇
11	魯語下	186	會話	魯の叔孫穆子と晉悼公	晉の饗宴	大雅文王、大雅大明、大雅緜、小雅鹿鳴、小雅四牡、小雅皇皇者華
12	魯語下	190	會話	叔孫穆子と晉の羊舌肸	晉の軍中	邶風匏有苦葉
13	魯語下	210	地の文	魯の公父文伯の母と宗老	饗宴	邶風綠衣
14	魯語下	210	會話	魯の師亥の評言		詩
15	魯語下	216	會話	魯の閔馬父と子服景伯	魯の盟誓	商頌那
16	晉語四	341、342	會話	齊の姜氏と晉の公子重耳	對話	大雅大明、小雅皇皇者華、鄭風將仲子
17	晉語四	348	會話	宋の公孫固と襄公	對話	商頌長發
18	晉語四	350	會話	鄭の叔詹と文公	對話	周頌天作

19	晉語四	354	會話	楚成王と令尹子玉	楚の饗宴	曹風候人
20	晉語四	360	地の文	公子重耳と秦穆公	秦の饗宴	小雅采菽、小雅黍苗、小雅小宛、小雅沔水、小雅六月
21	晉語四	387	會話	晉の胥臣と文公	對話	大雅思齊
22	晉語八	460	會話	晉の師曠の預言		詩
23	楚語上	528	會話	楚の申叔時と莊王	對話	詩
24	楚語上	545	會話	楚の伍擧と靈王	對話	大雅靈臺
25	楚語上	556	會話	楚の白公子張と靈王	對話	小雅節南山

結論

本書では、『左傳』を中心としつつ、他に『左傳』に引用された『詩（詩經）』などの傳世文獻や家族關係出土史料に關する新たな檢討を行った。

序章第一節では、先秦時代婚姻・家族史の先行研究を整理し、加藤常賢以後における研究の個別化・細分化の中で、日本での研究は停滯を迎えることになったが、その一方、中國においては文革後、その研究は盛んとなったものの、提示される見解には多樣性が不足しているようにみえることを述べた。そして、日中雙方の近年の研究は、女性のあり方に注意が拂われるようになったことにおいて共通していることを指摘した。それら研究の史料の中心は傳世文獻であるが、傳世文獻の家族關連記事も成立當時の思想的影響を被っており、本文の內容と注釋の解釋との間には時代・地域による差異が生じると考えられる。その差異を見極めるために、史料本文に對する構造分析により、先秦家族史關係史料の史料的性格の確認作業を進めていくことを述べた。第二節では、松本雅明の詩經研究を確認した。『詩經』各篇の成立年代については、それを遡及させる點においてかなり愼重な態度をとることから窺えるように、所謂「疑古」の方法に長け、また所謂「釋古」の方法にも愼重に對處したというべき松本の研究態度に見習うべき點が多く、それを鑒として研究を進めていくべきことを述べた。また、松本の『詩經』研究は、專ら文獻の構造を分析することにより、文獻の成書年代を類推していくため、『詩經』の絕對年代を決定するにおいては限界があり、平山清次らの曆法の議論を參照する必要があった。本書も松本の研究のように、家族關係記事の構造分析のみでは、文獻の成立年代を決定するには不十分であるから、年代に關する研究を時々確認する必要が生ずることにも觸れた。

第一章第一節では、『春秋』三傳それぞれの婚姻記事の配列と評價の傾向から、『公羊傳』は魯と齊の婚姻關係に少なくとも否定的ではなく、『左傳』は魯の國君と齊の公女の婚姻に嚴しく、『穀梁傳』は價値評價を與えるにあたって倫理性が強くみられることを述べ、小倉芳彦による『左傳』の構造分析の手法としての內容分類が、史料の分析方法として有效であることを示した。第二節では、『左傳』の家族關係記事が晉の韓・魏氏を稱揚する「形」の一環として機能したことを論じ、『公羊傳』を編纂した集團と『左傳』を編纂した集團が、相互に血統の正統性を主張していた圖式を想定した。

第一章の檢討から考えれば、韓・魏氏が稱王するのは戰國中期であり、『左傳』・『公羊傳』の主要部分は、基本的に戰國中期に成書されたとするのが理解しやすい。ただ、本章の檢討は婚姻記事に絞ったものであり、『左傳』・『公羊傳』の他の部分に後代の手が加わっていないことを完璧に證明することはできず、その可能性の高さを示すにとどめざるを得ない。それから『穀梁傳』は通說通り、『左傳』・『公羊傳』より成書が遲れることを確認することになった。

第二章第一節では、『春秋』や『左傳』の編纂者が、西周・春秋以來の女性名に關する知識を踏まえた上で、春秋時代の國君の女性配偶者の名稱に對する何らかの意味付與を行っていたことを意味することを述べ、第一章で論じたような『左傳』家族關係記事の「形」との關連性を想定した。第二節では、東周期の列國金文をいくつか檢討した。それらが春秋末から戰國時代にかけて下克上した勢力により、婚姻關係を示すことによって子孫を權威づけするという西周期以來の「傳統」を利用しつつ、君主權力正當性の根據として使用されたことを論じた。第三節では、繼承制度に關する「舊說」・「新說」をとりあげた。いずれも出自をめぐる議論を行っているが、その議論そのものに意味がないことを指摘した。そして、『左傳』において繼承を議論する部分は、賢人としての德目を備えた嫡長子繼承を正統としているようにみえるが、それらは戰國時代以降の思想を反映している可能性が高いこと、戰國時代において父子繼承に特別な意味づけが行われるようになったことを述べた。第四節では、『左傳』の同姓婚記事をとりあげ、そこにみられるような同姓不婚に關する諸言説が出現したことは、『左傳』そのものの編纂意圖とは別に、中國家族史において、極めて畫期的な意義をもつことになったことを述べた。

第二章の檢討の結果、傳世文獻の婚姻記事には出土史料と共通し、時代を遡って議論し得る部分と、後代の影響を受けた新しい部分とがあり、傳世文獻における時代の層を正しく辨別することによって春秋時代以前の家族を解明していくことが可能であることを明らかにした。家族關係列國金文に關する檢討結果は、從來の金文に關する解釋が、『左傳』など傳世文獻の記事の影響を受けている可能性を確認することにもなった。それから、體系化した家族倫理や家族制度が成立してくる畫期として、時期的には文獻が盛んに編纂されるようになった戰國期、地域的には地域間接觸の中から生成された可能性を考えてもよいのではないかと考えた。

第三章第一節では、『左傳』の君子の評言・會話文に引用された『詩』の配列について、その部分の引詩關係記事のみでは、君主權力の正統を稱揚する「形」にはなっていないことを述べた。そして、『詩』が賦されている『左傳』會話文の成立年代は下る可能性が高いが、詩句そのものは、『左傳』成書の時代よりも更に遡り得る可能性を論じた。第二節では、第一節の議論を更に推し進め、『左傳』の引詩關係記事は、特定の世族を稱揚する「形」になっているとはいえないが、世族の評價に利用されていることには違いなく、その際、『左傳』に引用される『詩』は、その原義とは異なる意味を付與されたとした。そして、篇名のみで內容の共通理解が得られる中原を含む北および秦を含む西の地域と、詩句のこと細かな説明が必要な楚を含む南の二種類の地域に分けることができ、『左傳』引詩關係の説話の來源もこの二系統に分けることができた。また『詩』を賦す慣習については、北と西の地域に由來し、それが後に楚を含む南方に傳播したと考えた。第三節では、『詩』の成立及びその傳播に關して、文字使用の擴大と密接な關係があり、『詩』各篇はもともと西周後期から現れる韻文型式の金文のように、周王朝を中心とする統治體制における共同祭祀の場で使用されたり、またそのために作られた篇や傳世する篇の原形を含んでいた。それが、西周春秋の際における文字の擴散と時期を同じくして各地に傳播し、春秋末期以降における文字知識所有者の増大と官僚の出現に竝行するように文字化して編纂された可能性があることを論じた。

このように第三章では、『左傳』における『詩』の引用には必ずしも特定世族の正統が想定されるような「形」がみられたわけではないが、世族の價値評價には利用されており、その限りにおいては第一章の『左傳』家族關係記事の「形」とは矛盾しないこと、『詩』が中原を含む北および秦を含む西の地域で成立し、楚を含む南の地域に傳播していったことが明らかになった。そして『詩』の成書問題については、『詩』の傳播と文字の傳播とが軌を一にしている可能性が想定された。

ここで本書の檢討結果を、中國古代史の研究動向と突き合わせてみることにしよう。ここ十年ほどの間に、鶴間和幸、平勢隆郎、藤田勝久のように先秦・秦漢の史料に對し、體系的に史料批判を展開してそれらの成立狀況を解明し、ひいては當該時代に對する歷史觀を一變させる研究が次々に現れた。鶴間和幸は『史記』や漢代畫像石など、平勢隆郎は『左傳』などの戰國文獻、藤田勝久は『史記』を扱った。先秦家族史の研究はこれらの研究者が檢討した傳世文獻に依據するところが大きい。從って以上の研究成果は、先秦家族史にも影響を與えるところが少なくない。更に近年、中國大陸における新出出土史料は増大の一途をたどり、それが先秦家族史にも大きな影響を與えつつある。故に本書では、先秦家族史の重要史料である『左傳』を中心に、それ以外の傳世文獻や出土史料もあわせて檢討したのであった。そうした史料の家族關係部分について、既に序章第一節でみてきたように、宇都木章・尾形勇・齋藤道子・

松丸道雄は「政治性」による作爲を指摘する。「政治性」というだけなら、時間・空間を超越して普遍的にみられるものといえよう。だが、本書で論じた「政治性」は、先秦時代の家族關係史料に特有のものであり、春秋末から戰國時代にかけて、春秋時代の世族が下克上して君位に就き、やがて稱王していくという時代狀況、岡村秀典や宮本一夫といった考古學方面の研究者を中心として近年盛り上がりをみせている初期國家論でいえば、初期國家から成熟國家へと中國社會が大きく變化していく時代狀況と密接な關係にあることが、本書第一章の檢討結果から確認された。平勢隆郎は戰國中期において「戰國的正統觀」ともいうべき複數の正統が競い合い、その中から後に經書となるものが成書されたとする。家族史方面からのアプローチとして平勢の研究とは視角や問題意識が異なるものの、本書第一章における『左傳』家族關係記事における晉の韓・魏氏を稱揚する「形」の議論は、平勢による『左傳』の微言・預言による「形」の議論と重なる部分がある。しかし、檢討對象を婚姻記事に絞ったこともあって、小倉芳彦による『左傳』內容三分類の分析手法としての有效性を確認することはできたが、春秋三傳の成書の絕對年代・地域を特定するには至らなかった。ただ、本書における檢討の結果からすれば、『左傳』の婚姻記事には、戰國中期に稱王する晉の姬姓世族を稱揚する「形」があるのであるから、戰國中期にその主要部分が成立したという可能性は濃厚であり、成立地域は三晉地域、特に韓・魏のあたりが有力である。このことは鎌田正說と一部符合し、平勢說をも含むものになった。『公羊傳』は魯侯と齊の公女の婚姻を稱揚する「形」があると認められたことから、その婚姻記事に關する部分は、戰國中期の田齊で成立した可能性が高い。『穀梁傳』はその內容の一部が戰國時代まで遡ることを否定することはできないが、婚姻關係の思想內容が比較的新しいと考えられることから、成書は他の二傳より遲れると考えられる。これらは『公羊傳』・『穀梁傳』の成書に關する有力說と符合するところがある。

また、傳世文獻は當然ながら文字で書かれているわけであるが、白川靜は『詩』が口誦文學から文字文學になるところに時代の相を見出し、平勢はその文字知識を所有した勢力とその知識の擴大過程が、先秦時代の社會變動と關わりをもつと考えた。こうしたことは本書第三章、特に第三節の内容と關わりをもち、本書では『詩』の成立と傳播の問題の角度から白川や平勢の議論を批判的にではあるが、一部確認することとなった。『詩』の家族關係史料は、家族に關する原始的な要素を傳えるとしばしばいわれるが、史料の成立・傳承において、特定の集團・勢力が關わっているなら、當然ながら史料内容において一定のバイアスを考慮に入れる必要があろう。

加藤常賢は中國古代家族制度について姓から氏への移行を通した發展段階を考え、宇都木章は、その中國古代家族制度の畫期を春秋から戰國時代にみている。本書では、加藤や宇都木の考えを基本的に受け繼いで、春秋戰國時代に家族關係思想の畫期を想定することとなった。春秋三傳の中、『左傳』・『公羊傳』の婚姻關係記事から、戰國中期に稱王する晉や齊の世族を稱揚する「形」を見出すことができるという先の檢討結果からすれば、より嚴密に、家族關係思想の畫期を戰國中期に置く假説を立てることは可能である。郭店楚簡や上海博楚簡といった出土史料から、おおよそ前三〇〇年前後において、傳世文獻に繋がるような文獻の編纂が、盛んに行われ始めたことが明らかになりつつある。所謂「周代宗法制」はそうした政治的・思想的狀況の中から、戰國中期に少なくともその原型が成立したとする見通しを立てることが可能である。家族に關する思想が禮制として完成するのは恐らく漢代に下るのであろうが、そのエッセンスは戰國中期に出揃っていたのではないかと考えられる。

この假説を今後檢證していくには、初期國家成立期としても議論される紀元前三〇〇〇年前後から、古代帝國成立期である秦漢時代にかけての中國家族史について、大きく俯瞰しつつ、その細部に更にきめ細かな檢討を加えていく必要がある。このことは今後に殘された非常に大きな課題である。この課題をこなしていくためには、『左傳』同様に家族史關係史料の豐富な『詩』や、近年續々と新發見がなされている出土史料に關する檢討が缺かせない。それらについては、本書では『左傳』との比較やそれに引用されたものを手掛かりに検討するにとどまった。今後は本書の成果を基礎として、『詩』や出土史料などについて直接検討に入り、これらの史料的性格の解明をはじめとして、先秦家族史の解明に向けて更に微力を盡くす所存である。

主要參考文獻

（I）出土史料（『竹書紀年』を含む）

荊門市博物館『郭店楚墓竹簡』（文物出版社、北京、一九九八年五月）

河南省文物研究所「河南溫縣東周盟誓遺址一號坎發掘簡報」（『文物』一九八三―三、北京、一九八三年三月）

山西省文物工作委員會編『侯馬盟書』（文物出版社、北京、一九七六年十二月）

山東大學東方考古研究中心・山東省文物考古研究所・濟南市考古所「濟南市大辛莊遺址出土商代甲骨文」（『考古』二〇〇三―六、北京、二〇〇三年六月）

馬承源主編『上海博物館藏戰國楚竹書』（一）～（五）（上海古籍出版社、上海、二〇〇一年十一月～二〇〇五年十二月）

睡虎地秦墓竹簡整理小組『睡虎地秦墓竹簡』（文物出版社、北京、一九七八年十一月）

陝西周原考古隊「陝西岐山鳳雛村發現周初甲骨文」（『文物』一九七九―一〇、一九七九年十月）

陝西周原考古隊「陝西扶風縣雲塘・莊伯二號西周銅器窖藏」（『文物』一九七八―一一、北京、一九七八年十一月）

寶鷄市博物館　盧連成・寶鷄縣文化館　楊滿倉「陝西寶鷄縣太公廟村發現秦公鐘・秦公鎛」（『文物』一九七八―一一、北京、一九七八年十一月）

山西省考古研究所・北京大學考古系「天馬――曲村遺址北趙晉侯墓地第四次發掘――」（『文物』一九九四―八、北京、一九九四年八月）

馬王堆漢墓帛書整理小組「馬王堆漢墓出土帛書『春秋事語』釋文」（『文物』一九七七―一、北京、一九七七年一月）

馬王堆漢墓帛書整理小組「春秋事語釋文註釋」（『馬王堆漢墓帛書（參）』、文物出版社、北京、一九七八年七月）

馬王堆漢墓帛書整理小組『馬王堆漢墓帛書（壹）』（文物出版社、北京、一九七四年九月）
馬王堆漢墓帛書整理小組『馬王堆漢墓帛書（參）』（文物出版社、北京、一九七八年七月）
文物古文獻研究室・安徽阜陽地區博物館・阜陽漢簡整理組「阜陽漢簡『詩經』」（『文物』一九八四—八、北京、一九八四年八月、胡平生・韓自強編著『阜陽漢簡詩經研究』（上海古籍出版社、上海、一九八八年五月）所收）
湖北省荊沙鐵路考古隊『包山楚簡』（文物出版社、北京、一九九一年十月）
王國維『古本竹書紀年輯校』一卷
王國維『今本竹書紀年疏證』一卷
范祥洋『古本竹書紀年輯校訂補』（新知識出版社、上海、一九五六年七月）
方詩銘・王修齡『古本竹書紀年輯證』（上海古籍出版社、上海、一九八一年二月）

（Ⅱ）金文著錄

大系　郭沫若『兩周金文辭大系圖錄考釋』（一九三二年、のち、考古學專刊甲種第三號、科學出版社、北京、一九五七年十二月として再刊）
攈古　吳式芬『攈古錄金文』三卷、一八五〇年前後（成）、（一八九五年刊）
考古　呂大臨『考古圖』十卷、一〇九二年（自序）
古籀　孫詒讓『古籀拾遺』三卷、一八七二年（成）、（一八八八年刊）
古文審　劉心源『古文審』八卷、一八九一年

三代　羅振玉『三代吉金文存』二十巻、一九三六年
上海　上海博物館編『上海博物館藏靑銅器』（上海美術出版社、上海、一九六四年一月）
集成　中國社會科學院考古研究所編『殷周金文集成』（全一八册、中華書局、上海、一九八四年〜一九九〇年）
積古　阮元『積古齋鐘鼎彝器款識』十巻、一八〇四年
積微　楊樹達『積微居金文説』七巻、一九五二年九月
總集　嚴一萍編『金文總集』（全一〇册、臺灣藝文印書館、臺北、一九八三年十二月）
斷代　陳夢家『西周銅器斷代』一〜六（考古學報第九册、北京、一九五五年九月、同第一〇册、北京、一九五五年十月、同一九五六年第一〜四期、北京、一九五六年一〜四月）
通釋　白川靜『金文通釋』（白鶴美術館誌第一〜五六輯、神戸、一九六二年八月〜一九八四年三月）
博古　王黼等『博古圖錄』三十巻、一一一〇年前後

（Ⅲ）論　著

①前近代

歐陽脩『詩本義』
顧炎武『日知錄』
顧棟高『春秋大事表』六十六巻、輿圖一巻（『皇清經解續編』巻六十七〜百三十三）
洪亮吉『更生齋文甲集』四巻

崔述『崔東壁遺書』八十八卷
成伯璵『毛詩斷章』二卷（逸書）
錢大昕『十駕齋養新錄』二十卷
張載『經學理窟』五卷
趙翼『陔餘叢考』四十三卷
陳澧『東塾讀書記』二十五卷
程瑤田『宗法小記』一卷（『皇淸經解』卷五百二十四）
鄭樵『詩辨妄』一卷
皮錫瑞『經學通論』五卷（師伏堂叢書、一九〇七年）
馮惟訥『風雅廣逸』十卷
厤三衡『古逸詩載』十二卷
毛奇齡『大小宗通釋』一卷（『皇淸經解續編』卷二十三）
楊愼『風雅逸篇』十卷
李石『左氏詩如例』三卷（『方舟集』卷二十一～二十三）
劉逢祿『左氏春秋考證』二卷（『皇淸經解』一千二百九十四～五卷）
勞孝輿『春秋詩話』五卷

②日本

相原俊二「春秋期における燕の變遷――燕國考　その二――」（中國古代史研究會編『中國古代史研究』第三、吉川弘文館、東京、一九六九年十一月）
青木正兒「詩教發展の經路より見て采詩の官を疑ふ」（『支那學』三―二、京都、一九二三年十一月、『青木正兒全集』（春秋社、東京、一九七〇年七月）所收）
青木正兒『支那文學概說』（弘文堂、東京、一九三五年十二月）
青木正兒『支那文學藝術考』（弘文堂、東京、一九四二年八月）
赤塚忠「古代における歌舞の詩の系譜」（『日本中國學會報』三、東京、一九五二年三月、『詩經研究』（赤塚忠著作集第五卷、研文社、東京、一九八六年三月）所收）
赤塚忠「中國古代詩歌の發生とその展開」（『二松學舍大學中國文學研究室』油印、東京、一九七八年四月、『詩經研究』（赤塚忠著作集第五卷、研文社、東京、一九八六年三月）所收）
赤塚忠『詩經研究』（赤塚忠著作集第五卷、研文社、東京、一九八六年三月）
赤塚忠『中國古代文化史』（赤塚忠著作集第一卷、研文社、東京、一九八八年七月）
淺野裕一「『春秋』の成立時期――平勢說の再檢討――」（『中國研究集刊』二九、大阪、二〇〇一年十二月）
新井儀平「郭店楚墓竹簡の書法と字形についての考察」（池田知久監修、大東文化大學郭店楚簡研究班編『郭店楚簡の研究（一）』、大東文化大學大學院事務室、東京、一九九九年八月）
飯尾秀幸「中國古代の家族研究をめぐる諸問題」（『歷史評論』四二八、東京、一九八五年十二月）
飯嶋忠夫『支那曆法起源考』（岡書院、東京、一九三〇年一月）
飯島忠夫『支那古代史論』（補訂版、恆星社、東京、一九四一年四月、初版、一九三〇年一月）

池澤優「西周春秋時代の「孝」と祖先祭祀について――「孝」の宗教學・その一――」(『筑波大學地域研究』一〇、つくば、一九九二年一月)
池澤優「祭られる神と祭られぬ神――戰國時代の楚の「卜筮祭禱記錄」竹簡に見る靈的存在の構造に關する覺書」(『中國出土資料研究』創刊號、東京、一九九七年三月)
池澤優「西周金文の祖先祭祀における祭祀對象――陝西省強家村・荘白村銅器群の例――」(論集編集委員會編『論集中國古代の文字と文化』、汲古書院、東京、一九九九年八月)
池澤優『「孝」思想の宗教學的研究――古代中國における祖先崇拜の思想的發展――』(東京大學出版會、東京、二〇〇二年一月)
池田末利「古代中國の地母神に關する一考察」(『宗教研究』一六八、東京、一九六一年六月)
池田末利「古代中國に於けるトテミズムの問題」(『宗教研究』一七〇、東京、一九六一年十二月)
池田末利『中國古代宗教史研究――制度と思想――』(增訂再版、東海大學出版會、東京、一九八九年八月)
池田知久「郭店楚簡『五行』の研究」(東京大學郭店楚簡研究會編『郭店楚簡の思想史的研究』二、東京大學文學部中國思想文化學研究室、東京、一九九九年十二月)
池田知久『郭店楚簡研究』(東京大學中國思想文化學研究室、東京、一九九九年十一月)
池田知久「郭店楚簡『窮達以時』の研究」(池田知久監修『郭店楚簡の思想史的研究』三、東京大學文學部中國思想文化學研究室、東京、二〇〇〇年一月)
池田知久「郭店楚簡『老子』諸章の上段・中段・下段――『老子』のテキスト形成史の中で――」(『中國哲學研究』一八(池田知久教授退官記念特集)、東京、二〇〇三年二月)

石川忠久『詩經』（上）・（中）・（下）（新釋漢文大系、明治書院、東京、一九九七年九月、一九九八年十二月、二〇〇〇年七月）
石川三佐男「『詩經』における捕兎の興詞と婚宴の座興演舞について――兎を對象とする呪儀的行爲とその展開――」（『日本中國學會報』三五、東京、一九八三年十月）
石川三佐男「『詩經』における夫婦の破局をうたう歌について」（『詩經研究』九、東京、一九八四年十二月）
石川三佐男「戰國中期諸王國古籍整備及上博竹簡『詩論』」（中國詩經學會編『詩經研究叢刊』第二輯、學苑出版社、北京、二〇〇二年一月）
石黑ひさ子「曾侯乙墓出土竹簡についての一考察」（『駿臺史學』九五、東京、一九九五年十月）
石黑ひさ子「『左傳』に見える鄅國・杞國」（『史料批判研究』二、汲古書院、東京、一九九九年六月）
板野長八「左傳の作成」（上）・（下）（『史學研究』一二七、一二八、東京、一九七五年六月、九月、［板野長八一九九五］所收）
板野長八『儒敎成立史の研究』（岩波書店、東京、一九九五年七月）
伊藤道治「殷以前の血緣組織と宗敎」（『東方學報』京都三二、京都、一九六二年三月）
伊藤道治『中國古代王朝の形成――出土資料を中心とする殷周史の研究――』（創文社、東京、一九七五年三月）
伊藤道治『中國古代國家の支配構造――西周封建制度と金文――』（中央公論社、東京、一九八七年十月）
伊藤道治「𧊒鼎銘とその社會的意義」（『關西外國語大學研究論集』五八、枚方、一九九三年七月）
家井眞「『詩經』に於ける雅・頌の發生と成立」（『二松學舍大學論集』三〇、東京、一九八六年三月、家井眞『詩經の原義的研究』（研文出版、東京、二〇〇四年三月）所收）

家井眞「『詩經』「王事靡盬」の解釋に就いて――經學研究への提言――」（『二松學舍大學人文論叢』五〇、東京、一九九三年三月、家井眞『詩經の原義的研究』（研文出版、東京、二〇〇四年三月）所收）
家井眞『詩經の原義的研究』（研文出版、東京、二〇〇四年三月）
井上芳郎『支那原始社會形態』（岡倉書房、東京、一九三九年七月）
今村仁司『マルクス入門』（ちくま新書、筑摩書房、東京、二〇〇五年五月）
岩本憲司『春秋穀梁傳范甯集解』（汲古書院、東京、一九八八年十月）
岩本憲司『春秋公羊傳何休解詁』（汲古書院、東京、一九九三年十二月）
岩本憲司『春秋左氏傳杜預集解』（全二册、汲古書院、東京、二〇〇一年八月、二〇〇六年五月）
上野千鶴子「異人・まれびと・外來王――または「野生の權力理論」――」（『現代思想』一九八四―四、東京、一九八四年四月）
內田銀藏「支那古代の姓氏の關する研究（一）」、「同（二）」（『藝文』五―四、東京、一九一四年四月、『同』五―七、一九一四年七月）
內野熊一郎「毛傳の成立及び今古文詩說根の古在に關する一考察」（『東方學報』東京八、東京、一九三八年一月）
內野熊一郎『秦代に於ける經書經說の研究』（東方文化學院、東京、一九三九年三月）
內野熊一郎『漢初經書學の研究』（清水書店、東京、一九四二年六月）
宇都木章「宗族制と邑制」（『古代史講座』六、學生社、東京、一九六二年十二月）
宇都木章「西周諸侯系圖試論」（『中國古代史研究』第二、吉川弘文館、東京、一九六五年五月）
宇都木章「春秋時代の宋の貴族」（『古代學』一六―一、大阪、一九六九年八月）

宇都木章「エピソード〝「左傳」中の一女性の悲劇をめぐって〟」（『史友』三、東京、一九七一年五月）
宇都木章「春秋左傳に見える鄫國」（『青山史學』八、東京、一九八四年十一月）
宇都木章「曾侯乙墓について」（『三上次男博士喜壽記念論文集・歴史編』、平凡社、東京、一九八五年八月）
宇都木章「『春秋』にみえる魯の公女」（『中國古代史研究』第六、研文出版、東京、一九八九年十一月）
宇都宮清吉『漢代社會經濟史研究』（弘文堂、東京、一九五五年二月）
宇都宮清吉「詩經國風の農民詩」（『龍谷史壇』六五、京都、一九七二年三月、『中國古代中世史研究』（創文社、東京、一九七七年二月）所收）
宇野精一「春秋時代の道德意識について」（『大東文化研究所東洋學術論叢』二、東京、一九五八年十月）
江頭廣『姓考――周代の家族制度――』（風間書房、東京、一九七〇年四月）
江頭廣『左傳民俗考』（二松學舍大學出版部、東京、一九八七年三月）
江頭廣『古代中國の民俗と日本』（雄山閣、東京、一九九二年二月）
江口尚純「詩經における孔子刪定説の諸相――宋代までの學説を中心にして――」（『詩經研究』二四、東京、一九九九年十二月）
江村治樹「戰國出土文字資料概述」（林巳奈夫編『戰國時代出土文物の研究』、京都大學人文科學研究所、京都、一九八五年三月）
江村治樹『春秋戰國秦漢時代出土文字資料の研究』（汲古書院、東京、二〇〇〇年二月）
江村治樹『戰國秦漢時代の都市と國家――考古學と文獻史學からのアプローチ――』（白帝社アジア史選書〇〇七、白帝社、東京、二〇〇五年九月）

江守五夫『母權と父權――婚姻にみる女性の地位――』（弘文堂、東京、一九七三年九月）
太田有子「古代中國における夫婦合葬墓」（『史學』四九―四、東京、一九八〇年三月）
太田有子「中國古代における夫婦合葬――その發生と展開および家族制度との關わり――」（伊藤清司先生退官記念論文編集委員會『中國の歴史と民俗』、第一書房、東京、一九九一年十月）
太田幸男「齊の田氏について・その二――田齊の成立――」（『中國古代史研究』第四、雄山閣、東京、一九七四年三月）
太田幸男「秦の政治と國家」（『歴史學研究』增刊號「世界史認識における國家（續）」、東京、一九八八年十月）
尾形勇『中國古代の「家」と國家――皇帝支配下の秩序構造――』（岩波書店、東京、一九七九年十月）
尾形勇「中國の姓氏」（『東アジア世界における日本古代史講座』一〇（東アジアにおける社會と習俗）、學生社、東京、一九八三年十二月）
尾形勇「「吹律定姓」初探――中國古代姓氏制に關する一考察――」（『西嶋定生博士還曆記念　東アジア史における國家と農民』、山川出版社、東京、一九八四年十一月）
尾形勇・平勢隆郎『世界の歴史二――中華文明の誕生――』（中央公論社、東京、一九九八年五月）
岡村秀典「區系類型論とマルクス主義考古學」（考古學研究會編『考古學研究會四〇周年記念論集　展望考古學』、考古學研究會、岡山、一九九五年六月）
岡村秀典『青銅器の圖象記號による殷後期社會の研究』（平成七年度〜平成八年度科學研究費補助金基盤研究（C）研究成果報告書、一九九七年三月）
岡村秀典「先秦時代の供犧」（『東方學報』京都七五、京都、二〇〇三年三月）
岡村秀典「中國初期國家の形成過程」（『國立歴史民俗博物館研究報告』一一九、佐倉、二〇〇四年三月）

岡村秀典『中國古代王權と祭祀』（學生社、東京、二〇〇五年一月）
岡村秀典「禮制からみた國家の成立」（田中良之・川本芳昭編『東アジア古代國家論――プロセス・モデル・アイデンティティ――』、すいれん舍、東京、二〇〇六年四月）
小倉芳彦「ぼくの左傳研究とアジア・フォード問題」（『歷史評論』一九六三―五、東京、一九六三年五月）
小倉芳彦「陽虎と公山不狃――春秋末期の「叛」――」（『東京大學東洋文化研究所紀要』四九、一九六九年三月、『中國古代政治思想研究』（青木書店、東京、一九七〇年三月）所收）
小倉芳彦『中國古代政治思想研究――左傳研究ノート――』（青木書店、東京、一九七〇年三月）
小倉芳彦譯『春秋左氏傳』（岩波文庫、岩波書店、東京、一九八八年十一月〜一九八九年五月）
小島祐馬「左傳引經考證」（一）・（二）・（三）（『支那學』三―一、三―二、三―六、京都、一九二二年十、十一月、一九二三年八月）
小島祐馬『古代支那研究』（弘文堂、東京、一九四三年三月、のち『古代中國研究』（筑摩書房、東京、一九六八年十一月））
越智重明『戰國秦漢史研究』三（中國書店、福岡、一九九七年八月）
小野澤精一「左傳に見える「室」の意味と春秋時代の財産」（『日本中國學會報』一〇、東京、一九五八年十月、小野澤精一『中國古代説話の思想史的研究』（汲古書院、東京、一九八二年十二月）所收）
小野澤精一「晉の文公説話にみられる覇者の性格について」（『東京大學教養學部人文科學紀要』四六（國文學・漢文學）Ⅹ Ⅲ、東京、一九六八年九月、小野澤精一『中國古代説話の思想史的研究』（汲古書院、東京、一九八二年十二月）所收）
小野澤精一「齊の桓公説話の思想史的考察――特に桓公政權成立過程における管仲との結びつきをめぐって――」（『二松學舍大學論集』（中國文學編）、東京、一九七七年十月、小野澤精一『中國古代説話の思想史的研究』（汲古書院、東京、

一九八二年十二月）所收）
加藤常賢『支那古代家族制度研究』（岩波書店、東京、一九四〇年九月）
加藤常賢「春秋學に於ける王」（『日本諸學振興委員會研究報告』特輯第二篇（哲學）、東京、一九四一年九月、『中國古代文化の研究』（二松學舍大學出版部、東京、一九八〇年八月）所收）
加藤常賢『中國古代文化の研究』（二松學舍大學出版部、東京、一九八〇年八月）
金谷治『管子の研究』（岩波書店、東京、一九八七年七月）
金田純一郎「唱和の婚俗について――讀詩雜記之一――」（『史窗』一、京都、一九五二年七月）
金田純一郎「唱和方式の婚俗をめぐって」（上）・（中）・（下）（『京都女子大學文學部紀要』一三、一四、一六、京都、一九五六年九月、一九五七年三月、一九五八年二月）
狩野直喜『春秋研究』（みすず書房、東京、一九九四年十一月）
鎌田正『左傳の成立とその展開』（大修館、東京、一九六三年三月）
木村英一『孔子と論語』（創文社、東京、一九七一年二月）
桐本東太「『詩經』東方未明の一解釋」（『史學』五九―二・三、東京、一九九〇年七月、桐本東太『中國古代の民俗と文化』（刀水書房、東京、二〇〇四年三月）所收）
桐本東太『中國古代の民俗と文化』（刀水書房、東京、二〇〇四年三月）
工藤元男『睡虎地秦簡よりみた秦代の國家と社會』（創文社、東京、一九九八年二月）
久富木成大「戰國諸子における詩說――儒家から法家へ――」（『金澤大學教養部論集』（人文科學）二三―一、金澤、一九八四年十月）

栗原圭介『古代中國婚姻制の禮理念と形態』（東方書店、東京、一九八二年二月）
栗原朋信「『封爵之誓』についての小研究」（『秦漢史の研究』、吉川弘文館、東京、一九六〇年五月）
桑原隲藏「支那古代の祭祀に就き」（『史學雜誌』七―一一、一八九六年十一月、『同』七―一二、一八九六年十二月、『桑原隲藏全集』第一巻（岩波書店、東京、一九六八年二月）所收）
巨勢進「詩經の傳承についての考察」（『漢文學會々報』（東京教育大學漢文學會）二七、東京、一九六八年六月）
小寺敦「婚姻記事の差異より見た春秋三傳――『春秋』經文に見える事例を中心として――」（『史料批判研究』創刊號、汲古書院、東京、一九九八年十二月）
小寺敦「『春秋』所見の女性名に關する試論――出土史料との比較を交えながら――」（『史料批判研究』二、汲古書院、東京、一九九九年六月）
小寺敦「『左傳』君子・會話部分の引詩について――内容分類を用いて――」（『史料批判研究』三、汲古書院、東京、一九九九年十二月）
小寺敦「先秦時代の婚姻に關する一考察――戰國王權の正統性に關連して――」（『史學雜誌』一〇九―一、東京、二〇〇〇年一月）
小寺敦「列國金文にみえる祖先祭祀と女性」（『中國出土資料研究』四、東京、二〇〇〇年三月）
小寺敦「先秦時代婚姻史および鄰接分野研究の展望」（『中國史學』一〇、東京、二〇〇〇年十二月）
小寺敦「『左傳』の引詩に關する一考察――「賦詩斷章」の背景――」（『東洋文化』八一、東京、二〇〇一年三月）
小寺敦「『左傳』にみえる繼承について」（『中國哲學研究』一八（池田知久教授退官記念特集）、東京、二〇〇三年二月）
小寺敦「中國古代における『詩』の成立と傳播に關する一考察――共同祭祀の場との關係を中心に――」（『史學雜誌』

一一四—九、東京、二〇〇五年九月）

小寺敦「松本雅明『詩經諸篇の成立に關する研究』における詩篇成立年代について」（『史料批判研究』三、汲古書院、東京、二〇〇五年十二月）

小寺敦「『左傳』の同姓不婚について」（『日本秦漢史學會會報』七、東京、二〇〇六年十一月）

小林茂「春秋左氏傳「君子曰」に於ける引詩の意義」（『大東文化大學中國學論集』五、東京、一九八三年三月）

小南一郎「社の祭祀の諸形態とその起源」（『古史春秋』四、京都、一九八七年十月）

近藤則之「左傳の説經について」（『中國哲學論集』（九州大學中國哲學研究會）五、福岡、一九七九年十月）

近藤則之「戰國より漢初に至る春秋説話傳承の一側面——讀馬王堆漢墓帛書『春秋事語』——」（『中國哲學論集』（九州大學中國哲學研究會）一〇、福岡、一九八四年十月）

近藤則之「春秋學の起源について——三傳の『春秋』觀の檢討を通じて——」（『佐賀大學教育學部研究論文集』三七—一（I）、佐賀、一九八九年八月）

近藤則之「孔子『春秋』制作説の成立について」（『中國哲學論集』（九州大學中國哲學研究會）一七、福岡、一九九一年十月）

近藤浩之「馬王堆帛書『周易』と包山楚簡の卜筮祭禱記錄——包山楚簡より見た『周易』の形成に關する試論——」（『SIMPOSIUM Ⅰ　楚簡より見た先秦文化の諸相　Various Aspects of Pre-Qin Culture as Seen through Chu Bamboo Slips』、第四四回國際東方學者會議報告、東京、一九九九年六月、KONDO Hiroyuki. *The Silk-Manuscript Chou-i from Ma-wang-tui and Divination and Prayer Records in Chu Bamboo Slips from Pao-shan: A Tentative Study of the Formation of the Chou-i as Seen from the Pao-shan Chu Bamboo Slips.* ACTA ASIATICA, 1991.2. 所收）

齋藤道子「楚の王位繼承法と靈王・平王期」（『史學』五七―一、東京、一九八七年五月）
齋藤道子「春秋時代における統治權と宗廟」（伊藤清司先生退官記念論文集編集委員會編『中國の歷史と民俗』、第一書房、東京、一九九一年十月）
齋藤道子「春秋時代の婚姻――その時代的特質を求めて――」（『東海大學文明研究所紀要』一二、東京、一九九二年三月）
齋藤道子「春秋楚國の王と世族――その系譜關係をめぐって――」（『日中文化研究』一〇、勉誠社、東京、一九九六年八月）
齋藤道子「祖先と時間――宗廟・祭器に込められた春秋時代の時間觀念――」（『東海大學文學部紀要』七七、東京、二〇〇二年十一月）
齋藤道子「春秋時代の「諸侯位」について――『春秋』の表記を手掛かりに――」（『東海大學紀要（文學部）』八一、平塚、二〇〇四年九月）
佐川修『春秋學論考』（東方書店、東京、一九八三年十月）
佐藤廣治「詩の所謂三星と婚時」（『支那學』三―二、京都、一九二二年十一月）
佐藤長「周王朝の系統について――西方民族と中國民族――」（『鷹陵史學』一三、京都、一九八七年十月）
佐藤長「秦王朝の系統について」（『鷹陵史學』一四、京都、一九八八年十月）
澤田多喜男「郭店楚簡緇衣篇攷」（池田知久監修『郭店楚簡の思想史的研究』三、東京大學文學部中國思想文化學研究室、東京、二〇〇〇年一月）
澤田多喜男「三家『詩』と毛傳考索」（『東洋古典學研究』一三、廣島、二〇〇二年五月）
滋賀秀三「「承重」について」（『國家學會雜誌』七一―八、東京、一九五七年八月）

滋賀秀三『中國家族法の原理』(創文社、東京、一九六七年三月)
重澤俊郎「穀梁傳の思想と漢の社會」(『支那學』一〇—二、京都、一九四〇年十一月)
篠田幸夫「金文資料よりみた韻文の成立——『詩經』詩篇成立へのアプローチ——」(『二松學舍大學論集』三九、東京、一九九六年三月)
柴田昇「戰國史研究の視角——諸子百家と戰國時代の「國」をめぐって——」(『名古屋大學東洋史研究報告』一八、名古屋、一九九四年三月)
島邦男『殷墟卜辭研究』(汲古書院、東京、一九五八年七月)
清水盛光『支那家族の構造』(岩波書店、東京、一九四二年六月)
白川靜「詩經學の成立」(一)～(六)(『說林』二—九～一二、三—一、三—二、東京、一九五〇年九～一九五一年二月)
白川靜「載書關係字說——古代詛盟祝禱儀禮と文字——」(『甲骨金文學論叢』四、立命館大學中國文學研究室油印本、京都、一九五六年十二月)
白川靜「詩經に見える農事詩(下)」(『立命館文學』一三九、京都、一九五六年十二月)
白川靜「書評　松本雅明『詩經諸篇の成立に關する研究』」(『立命館文學』一六〇、京都、一九五八年九月)
白川靜『詩經研究——通論篇——』(朋友書店、京都、一九八一年十月、原著、『稿本詩經研究』(通論篇、油印本、京都、一九六〇年六月))
白川靜『詩經——中國の古代歌謠——』(中公新書、中央公論社、東京、一九七〇年六月)
白川靜『字統』(平凡社、東京、一九八四年八月)
白鳥庫吉「支那古代史の批判」(一九三〇年頃、『白鳥庫吉全集』八(岩波書店、東京、一九七〇年十月)所收、白鳥庫吉「支那古代史について」（一九二九年十一月三十日史學會例會講演、『史學雜誌』四一―一、東京、一九三〇年一月、『白鳥庫吉全集』八（岩波書店、東京、一九七〇年十月）所收）
新城新藏『東洋天文學史研究』（弘文堂、東京、一九二八年九月）
鈴木虎雄『支那詩論史』（弘文堂、東京、一九二五年五月）
鈴木隆一「同姓不婚に就いて」（『支那學』一〇、京都、一九四二年四月）
鈴木隆一「宗法の成立事情」（『東方學報』京都三一、京都、一九六一年三月）
鈴木隆一「一生一及の相續法」（『東方學報』京都三三、京都、一九六三年三月）
鈴木隆一「姓による族的結合」（『東方學報』京都三六、京都、一九六四年十月）
瀨川昌久「人類學における親族研究の軌跡」（『岩波講座文化人類學』四、岩波書店、東京、一九九七年十月）
瀨川昌久『中國社會の人類學――親族・家族からの展望――』（世界思想社、京都、二〇〇四年四月）
戴炎輝「同姓不婚（一）」、「同（二・完）」（『法學協會雜誌』五三―七、五三―八、東京、一九三五年七月、八月）
高木智見「春秋時代の結盟習俗について」（『史林』六八―六、京都、一九八五年十一月）
高木智見「春秋時代の軍禮について」（『名古屋大學東洋史研究報告』一一、名古屋、一九八六年八月）
高木智見「夢にみる春秋時代の祖先神――祖先觀念の研究（二）――」（『名古屋大學東洋史研究報告』一四、名古屋、一九八九年十二月）
高木智見「春秋時代の神・人共同體について」（『中國―社會と文化』五、東京、一九九〇年六月）
高木智見「瞽矇の力――春秋時代の盲人樂師について――」（『山口大學文學會誌』四一、山口、一九九〇年十二月）
高木智見「春秋時代の讓について――自己抑制の政治學――」（中國中世史研究會編『中國中世史研究　續編』、京都大學學

術出版會、京都、一九九五年十二月）
高木智見『先秦の社會と思想』（中國學藝叢書一二、創文社、東京、二〇〇一年十二月）
高津純也「「夏」字の「中華」的用法について――「華夷思想」の原初的形態に關する序論――」（論集編集委員會編『論集中國古代の文字と文化』、汲古書院、東京、一九九九年八月）
高津純也「春秋公羊傳何休注の「中國」と「夷狄」について――公羊傳文との比較から――」（『史料批判研究』七、汲古書院、東京、二〇〇六年十二月）
高橋均「春秋事語と戰國策士」（『中國文化』四一、つくば、一九八三年六月）
高橋庸一郎「『詩經』詩と邑・都・王」（『阪南論集』（人文・社會科學編）三〇―三、松原、一九九五年一月）
田上泰昭「春秋左氏傳における歷史敍述の性質――魯公十八夫人をめぐって――」（『日本中國學會報』二五、東京、一九七三年十月）
田上泰昭「春秋左氏傳における說話成熟の原型――十三魯公女記事をめぐって――」（『日本中國學會報』三一、東京、一九七九年十月）
瀧遼一「詩經に現はれた巫歌」（『東方學報』東京五、東京、一九三四年十二月）
武內義雄「孟子と春秋」（『支那學』四―二、京都、一九二七年三月、『武內義雄全集』二（角川書店、東京、一九七八年六月）所收）
武內義雄『論語之研究』（岩波書店、東京、一九三九年十二月）
竹添光鴻『左氏會箋』（富山房漢文大系、東京、一九一一年）
竹浪隆良「中國古代の夫權と父母權について」（『堀敏一先生古稀記念　中國古代の國家と民衆』、汲古書院、東京、一九九五

年三月）
竹治貞夫『楚辭研究』（風間書房、東京、一九七八年三月）
田中柚美子「晉と戎狄――獻公の婚姻關係を中心として――」（『國學院雜誌』七六―三、東京、一九七五年三月）
田中良之・川本芳昭編『東アジア古代國家論――プロセス・モデル・アイデンティティ――』（すいれん舍、東京、二〇〇六年四月）
谷口滿「先秦楚國の建國と建國傳說――先王傳說の形成にみられる加上の法則――」（代表・安田二郎『中國における歷史認識と歷史意識の展開についての總合的研究』、平成四・五年度科學研究費報告書、一九九四年三月）
谷口義介『中國古代社會史研究』（朋友書店、京都、一九八八年三月）
谷田孝之『中國古代喪服の基礎的研究』（風間書房、東京、一九七〇年五月）
谷田孝之『中國古代家族制度論考』（東海大學出版會、東京、一九八九年十月）
田村和親「伯姬に對する『三傳』の評價」（『二松學舍大學東洋學研究所集刊』二七、東京、一九九七年三月）
津田左右吉『左傳の思想史的研究』（東洋文庫論叢二二、東京、一九三五年九月）
津田左右吉『論語と孔子の思想』（岩波書店、東京、一九四六年十二月）
都出比呂志「國家形成の諸段階――首長制・初期國家・成熟國家――」（『歷史評論』五五一、東京、一九九六年三月）
鶴間和幸「中華の形成と東方世界」（『岩波講座世界歷史』三、岩波書店、東京、一九九八年一月）
友枝龍太郎「松本雅明『詩經諸篇の成立に關する研究』」（『東方古代研究』九、熊本、一九五九年十一月）
豐島靜枝『中國における國家の起源――國家發生史上のアジアの道――』（汲古書院、東京、一九九九年十二月）
豐田久「周王朝の君主權の構造について――「天命の膺受」者を中心に――」（松丸道雄編『西周靑銅器とその國家』、東

京大學出版會、東京、一九八〇年六月）
豐田久「西周金文に見える「家」について——婦人の婚姻そして祖先神、領地や軍事など——」（論集編集委員會編『論集中國古代の文字と文化』、汲古書院、東京、一九九九年八月）
中生勝美「漢族の民俗生殖觀とイトコ婚」（『史苑』五二—二、東京、一九九二年三月）
長澤規矩也編『和刻本經書集成』第二輯（汲古書院、東京、一九七五年十二月）
中鉢雅量「詩經における神婚儀禮」（『東方宗敎』六六、京都、一九八五年十月）
仁井田陞『支那身分法史』（岩波書店、東京、一九四二年一月）
仁井田陞『補訂　中國法制史研究——奴隷農奴法・家族村落法——』（東京大學出版會、東京、一九九一年四月、初版一九六二年九月）
西嶋定生『中國古代帝國の形成と構造——二十等爵制の研究——』（東京大學出版會、東京、一九六一年三月）
西山榮久『支那の姓氏と家族制度』（六興出版部、東京、一九四四年一月）
西山尙志「上海博楚簡研究會——併せて『出土文獻と秦楚文化』創刊號出版の紹介——」（『中國出土資料學會會報』二六、東京、二〇〇四年七月）
野間文史『春秋學——公羊傳と穀梁傳——』（研文選書八三、研文出版、東京、二〇〇一年十月）
野間文史『馬王堆出土文獻譯注叢書　春秋事語』（東方書店、東京、二〇〇七年二月）
橋本增吉「支那古代に於ける姓氏の意義に就きて」（『史學雜誌』二一—七、東京、一九一〇年七月）
橋本增吉「詩經の作成年代に就いて」（『市村博士古稀記念東洋史論叢』、冨山房、東京、一九三三年八月）
橋本增吉『支那古代曆法史研究』（東洋文庫、東京、一九四三年十月）

服部宇之吉「宗法考」（『東洋學報』三─一、東京、一九一三年一月）
花房卓爾「子にとって父とはなにか──春秋時代の父子關係──」（『廣島大學文學部紀要』三七、廣島、一九七七年十二月）
花房卓爾「亡命に及ぼす通婚・姻戚關係の影響」（『廣島大學文學部紀要』四一、廣島、一九八一年十二月）
濱久雄『公羊學の成立とその展開』（國書刊行會、東京、一九九二年六月）
林巳奈夫「殷周時代の圖象記號」（『東方學報』京都三九、京都、一九六八年三月）
林巳奈夫『春秋戰國時代青銅器の研究・殷周青銅器綜覽三』（吉川弘文館、東京、一九八九年一月）
林巳奈夫「殷周時代における死者の祭祀」（『東洋史研究』五五─三、京都、一九九六年十二月）
原宗子『古代中國の開發と環境──『管子』地員篇研究──』（研文出版、東京、一九九四年九月）
原宗子『「農本」主義と「黃土」の發生──古代中國の開發と環境　2──』（研文出版、東京、二〇〇五年二月）
日原利國『春秋公羊傳の研究』（創文社、東京、一九七六年三月）
平岡武夫『經書の成立──天下的世界觀──』（全國書房、大阪、一九四六年一月、創文社、東京、一九八三年十二月再刊）
平勢隆郎『新編史記東周年表──中國古代紀年の研究序章──』（東京大學東洋文化研究所、東京大學出版會、東京、一九九五年三月）
平勢隆郎『中國古代紀年の研究──天文と曆の検討から──』（東京大學東洋文化研究所、汲古書院、東京、一九九六年三月）
平勢隆郎『左傳の史料批判的研究』（東京大學東洋文化研究所、汲古書院、東京、一九九八年十二月）
平勢隆郎「越の正統と『史記』」（『史料批判研究』創刊號、汲古書院、東京、一九九八年十二月）

平勢隆郎『『史記』二二〇〇年の虚實』（講談社、東京、二〇〇〇年一月）
平勢隆郎『中國古代の預言書』（講談社現代新書、講談社、東京、二〇〇〇年六月）
平勢隆郎「中國古代正統的系譜」（第一回中國史學國際會議提出論文、二〇〇〇年九月）
平勢隆郎『よみがえる文字と呪術の帝國――古代殷周王朝の素顔――』（中公新書一五九三、中央公論新社、東京、二〇〇一年六月）
平勢隆郎「占い、預言、そして「歴史」」（『歴史を問う　二――歴史と時間――』、岩波書店、東京、二〇〇二年六月）
平勢隆郎『『春秋』と『左傳』――戰國の史書が語る「史實」、「正統」、國家領域觀――』（中央公論新社、東京、二〇〇三年二月）
平勢隆郎「私の小倉塾」（『呴沫集』一一、東京、二〇〇四年三月）
Hirayama Kiyotsugu. *On the eclipses recorded in the Shu chin*（書經）*and Shih ching*（詩經）. Tokyo Sugaku-Buturigakkwai Kizi, Ser. 2, Vol. VIII, 1914.
廣池千九郎「中國古代親族法の研究」（東京帝國大學學位請求論文、一九一〇年、內田智雄校訂『東洋法制史研究』（創文社、東京、一九八三年十月）所收）
深津胤房「古代中國人の思想と生活――同姓不婚について――」（『二松學舎大學東洋學研究所集刊』五、東京、一九七五年三月）
藤川正數「春秋左氏傳における家族主義的倫理思想」（『池田末利博士古稀記念　東洋學論集』、池田末利博士古稀記念事業會、廣島、一九八〇年九月）
藤田勝久『史記戰國史料の研究』（東京大學出版會、東京、一九九七年十一月）

藤山和子「『詩經』標有梅における婚姻の正時――戴震の「詩標有梅解」を通じて――」（『日本中國學會報』三五、東京、一九八三年十月）
星川清孝『楚辭の研究』（養德社、天理、一九六一年三月）
堀敏一「中國古代の家族形態」（『中國古代の家と集落』、汲古書院、東京、一九九六年十一月）
本田成之『支那經學史論』（弘文堂、京都、一九二七年十一月）
本田成之「春秋經成立に就きての一考察」（『支那學』五―三、京都、一九二九年十月）
本田濟「春秋會盟考」（『日本中國學會報』一、東京、一九五〇年三月）
牧野巽『支那家族研究』（生活社、東京、一九四四年十二月）
增淵龍夫『中國古代の社會と國家』（弘文堂、東京、一九六〇年二月）
松井嘉德「周王子弟の封建――鄭の始封・東遷をめぐって――」（『史林』七二―四、京都、一九八九年七月、松井嘉德『周代國制の研究』（汲古書院、東京、二〇〇二年二月）に再錄）
松井嘉德『周代國制の研究』（汲古書院、東京、二〇〇二年二月）
松崎つね子「中國文明の繼承性に果した文字の役割――官僚制と關連して――」（『駿臺史學』一一一、東京、二〇〇一年二月）
松丸道雄「殷墟卜辭中の田獵地について――殷代國家構造研究のために――」（『東京大學東洋文化研究所紀要』三一、東京、一九六三年三月）
松丸道雄「殷周國家の構造」（『岩波講座世界歷史』四、岩波書店、東京、一九七〇年五月）
松丸道雄「西周靑銅器製作の背景――周金文研究・序章――」（松丸道雄編『西周靑銅器とその國家』、東京大學出版會、東

京、一九八〇年六月）
松丸道雄「西周青銅器中の諸侯製作器について――周金文研究・序章その二――」（松丸道雄編『西周青銅器とその國家』、東京大學出版會、東京、一九八〇年六月）
松丸道雄「河南鹿邑縣長子口墓をめぐる諸問題――古文獻と考古學との邂逅――」（『中國考古學』四、東京、二〇〇四年十一月）
松本光雄「中國古代の「室」について」（『史學雜誌』六五―八、東京、一九五六年八月）
松本信廣「支那古姓とトーテミズム」（『史學』一、二、東京、一九二一年十月、一九二二年一月）
松本雅明「周代における婚姻の季節について（上）・（下）――詩經にみえる庶民祭禮研究の一章――」（『東方宗教』三、四・五、京都、一九五三年七月、一九五四年二月）
松本雅明「詩經戀愛詩における興の研究――周南關雎篇について――」（『東方古代研究』五、熊本、一九五四年十二月）
松本雅明『詩經諸篇の成立に關する研究』（東洋文庫論叢第四十一、東洋文庫、東京、一九五八年一月）
松本雅明「古代の民謠」（『書報――中國圖書の雜誌――』二、東京、一九五九年十一月、同『中國古代史研究』（松本雅明著作集一〇、弘生書林、東京、一九八八年六月）所收）
松本雅明「詩經と楚辭」（『古代史講座』一二、學生社、東京、一九六五年十一月、同『中國古代史研究』（松本雅明著作集一〇、弘生書林、東京、一九八八年六月）所收）
松本雅明「古典の形成」（『岩波講座世界史』四、岩波書店、東京、一九七〇年五月、同『中國古代史研究』（松本雅明著作集一〇、弘生書林、東京、一九八八年六月）所收）
松本雅明「競爭と結婚同盟――詩經國風篇成立についての諸問題」（『法文論叢』二八、三〇、熊本、一九七一年一月、一

九七二年十二月、同『中國古代史研究』（松本雅明著作集一〇、弘生書林、東京、一九八八年六月）所收）
松本雅明『詩經國風篇の研究』（著作集（一）、弘生書林、東京、一九八七年一月）
宮崎市定「中國上代は封建制か都市國家か」（『史林』三三―二、京都、一九五〇年四月）
宮崎市定「中國における聚落形態の變遷について――邑・國と鄉・亭と村とに對する考察――」（『大谷史學』六、京都、一九五七年六月）
宮崎市定『論語の新研究』（岩波書店、東京、一九七四年六月）
宮本一夫「中國における初期國家形成過程を定義づける」（田中良之・川本芳昭編『東アジア古代國家論――プロセス・モデル・アイデンティティ――』、すいれん舍、東京、二〇〇六年四月）
向井哲夫「『春秋事語』と『經法』等四篇」（『東方學』八四、東京、一九九二年七月）
目加田誠「春秋の斷章賦詩について」（『文學研究』三一、東京、一九四二年六月）
目加田誠『詩經研究』（目加田誠著作集第一卷、龍溪書舍、東京、一九八五年十一月）
諸橋轍次『詩經研究』（目黑書店、東京、一九一二年十一月）
諸橋轍次『支那の家族制』（大修館書店、東京、一九四〇年五月）
諸橋轍次『經學研究序說（改訂版）』（目黑書店、東京、一九四一年五月）
藪敏裕「上海博物館藏戰國楚竹書『孔子詩論』所引の『詩』理解――周頌・淸廟之什・淸廟篇を中心として――」（『岩手大學教育學部研究年報』六二、盛岡、二〇〇三年二月）
山口義男「春秋穀梁傳の成立」（『廣嶋大學文學部紀要』二、廣島、一九五二年三月）
山田勝芳「中國古代の「家」と均分相續」（『東北アジア研究』二、仙臺、一九九八年三月）

山田統「左傳所見の通婚關係を中心として見たる宗周姓制度」（『漢學會雜誌』五―一～九―二、東京、一九三七年三月～一九四一年九月、『山田統著作集』四（明治書院、東京、一九八二年四月）所收）
山田統「周代封建制度と血族聚團制」（『社會經濟史學』一七―二、東京、一九五一年五月、『山田統著作集』四（明治書院、東京、一九八二年四月）所收）
山田統「批評と紹介　松本雅明『詩經諸篇の成立に關する研究』」（『史學雜誌』六八―六、東京、一九五九年六月）
山田統「竹書紀年と六國魏表」（『中國古代史研究』、吉川弘文館、東京、一九六〇年十一月、『山田統著作集』一（明治書院、東京、一九八一年十一月）所收）
山田統「竹書紀年の後代性」（『國學院雜誌』六一―一一、東京、一九六〇年十一月、『山田統著作集』一（明治書院、東京、一九八一年十一月）所收）
山田崇仁「淅川下寺春秋楚墓考――二號墓の被葬者とその時代――」（『史林』八〇―四、京都、一九九七年七月）
山田琢『春秋學の研究』（明德出版社、東京、一九八七年十二月）
吉川幸次郎「批評・紹介　松本雅明『詩經諸篇の成立に關する研究』」（『東洋史研究』一七―三、京都、一九五八年十二月）
吉田浤一「中國家父長制論批判序說」（中國史研究會編『中國專制國家と社會結合――中國史像の再構成Ⅱ――』、文理閣、京都、一九九〇年二月）
吉本道雅「春秋事語考」（『泉屋博古館紀要』六、京都、一九九〇年一月）
吉本道雅「左傳成書考」（『立命館東洋史學』二五、京都、二〇〇二年七月）
吉本道雅『中國先秦史の研究』（東洋史研究叢刊之六十七、京都大學學術出版會、京都、二〇〇五年九月）

好並隆司『秦漢帝國史研究』（未來社、東京、一九七八年三月）
渡邊卓『古代中國思想の研究――〈孔子傳の形成〉と儒墨集團の思想と行動――』（創文社、東京、一九七三年三月）
渡邊千春『周易原論』（渡邊昭發行、東京、一九二二年一月）
和田清『中國史概說』（全二冊、岩波全書一二〇、岩波書店、東京、一九五〇年十一月、一九五一年二月）

③中國（近現代、臺灣・香港を含む）

雲博生「『春秋』與『春秋左傳』反映的原始婚俗考略」（『中南民族學院學報』（哲學社會科學版）一九八八―二、武漢、一九八八年三月）
衞聚賢『古史研究』第一集（商務印書館、上海、一九三一年十一月）
王育成「從兩周金文探討婦名「稱國」規律――兼談湖北隨縣曾國姓――」（『江漢考古』一九八二―一、武漢、一九八二年九月）
王恩田「再論西周的一建一及制」（『大陸雜誌』八四―三、臺北、一九九二年三月）
王恩田「吳國繼承制的剖析」（『東南文化』一九九二―二、南京、一九九二年四月）
王恩田「周代昭穆制度源流」（陝西歷史博物館『第二次西周史學術討論會論文集』（下）、陝西人民教育出版社、西安、一九九三年六月）
王輝『古文字通假釋例』（藝文印書館、臺北、一九九三年四月）
王玉波「啓動・中斷・復興――中國家庭・家族史研究述評――」（『歷史研究』一九九三―二、北京、一九九三年四月）
王桂枝・竇連榮「秦代宗教之歷程」（『寧夏社會科學』一九九三―六、銀川、一九九三年十一月）

王建新「中國先秦昭穆制について」（『泉屋博古館紀要』五、京都、一九八八年九月）
王國維『觀堂集林』二十卷
王志民『齊文化新論』（山東人民出版社、濟南、一九九三年一月）
王葆玹「試論郭店楚簡的抄寫時間與『莊子』的撰作時代——兼論郭店與包山楚墓的時代問題——」（『哲學研究』一九九九—四、北京、一九九九年四月）
王葆玹「試論郭店楚簡各篇的撰作時代及其背景——兼論郭店及包山楚墓的時代問題——」（『中國哲學』編輯部・國際儒聯學術委員會編『郭店楚簡研究　中國哲學第二〇輯』、遼寧教育出版社、瀋陽、一九九九年一月）
汪受寬『謚法研究』（上海古籍出版社、上海、一九九五年六月）
汪中文「兩周金文所見周代女子名號條例（修訂稿）」（『古文字研究』二三、中華書局・安徽大學出版社、北京・合肥、二〇〇二年六月）
何浩・張君「試論楚國的君位繼承制」（『中國史研究』一九八四—四、北京、一九八四年十一月）
何星亮「圖騰名稱與姓氏的起源」（『民族研究』一九九〇—五、北京、一九九〇年九月）
夏傳才『詩經研究史概要』（中州書畫社、鄭州、一九八二年九月）
郭松義「八十年代以來中國大陸婚姻・家庭史研究概述」（『中國史學』六、東京、一九九六年十二月）
郭沫若『中國古代社會研究』（第三版、增訂、上海聯合書店、上海、一九三〇年五月）
郭沫若「謚法之起源」（『金文叢攷』、文求堂、東京、一九三二年八月）
郭沫若『十批判書』（改版、新文藝出版社、上海、一九五一年八月）
郭沫若「釋祖妣」（『甲骨文字研究』、增訂版、人民出版社、北京、一九五二年、『郭沫若全集考古編』第一卷（科學出版社、北京、

一九八二年九月）所收）
郭沫若『石鼓文研究』（第三版、科學出版社、北京、一九五九年）
郭沫若『石鼓文研究・詛楚文考釋』（中國社會科學院考古研究所考古學專刊甲種一一號、科學出版社、北京、一九八二年九月）
郭明昆『中國の家族制及び言語の研究』（東方學會、東京、一九六二年九月）
官文娜「中國の宗法制およびその研究の歴史と現狀」（『立命館文學』五五七、京都、一九九八年十一月）
雁俠『中國早期姓氏制度研究』（天津古籍出版社、天津、一九九六年八月）
裘錫圭「關於商代的宗族組織與貴族和平民兩個階級的初步研究」（『文史』一七、北京、一九八三年六月）
裘錫圭「殷周古代文字における正體と俗體」（東方書店編『シンポジウム中國古文字と殷周文化――甲骨文・金文をめぐって――』、東方書店、東京、一九八九年三月）
裘錫圭「關於『孔子詩論』」（『經學今詮三編（『中國哲學』第二四輯）』、遼寧教育出版社、瀋陽、二〇〇二年四月）
許志剛『詩經論略』（遼寧大學出版社、瀋陽、二〇〇〇年一月）
饒宗頤「讀阜陽漢簡『詩經』」（『明報月刊』一九八四―一二、香港、一九八四年十二月）
金眉・張中秋「同姓不婚到同宗共姓不婚的歴史考察」（『南京大學學報』（哲學・人文・社會科學）一九八八―三、南京、一九八八年七月）
屈萬里「論國風非民間歌謠的本來面目」（『中央研究院歴史語言研究所集刊』三四、臺北、一九六三年十二月、『書傭論學集』（開明書局、臺北、一九六九年）所收）
屈萬里「先秦說詩的風尚和漢儒以詩教說詩之迂曲」（『南洋大學學報』五、Singapore、一九七一年）
嚴志斌「商代金文的婦名問題」（『古文字研究』二六、中華書局、北京、二〇〇六年十一月）

顧頡剛「詩經在春秋戰國間的地位」（『古史辨』第三冊、樸社、北平、一九三一年十一月）
顧頡剛「讀詩隨筆」（『古史辨』第三冊、樸社、北平、一九三一年十一月）
顧頡剛「由「烝」・「報」等婚姻方式看社會制度的變遷」（上）・（下）（『文史』一四、一九八二年七月、『同』一五、北京、一九八二年九月）
胡厚宣「殷代封建制度考」（『甲骨學商史論叢』初集、齊魯大學國學研究所、一九四四年三月）
胡厚宣「殷代婚姻家族宗法生育制度考」（『甲骨學商史論叢』初集、齊魯大學國學研究所、一九四四年三月）
胡適「談談詩經」（『芸林旬刊』（『晨報副刊』一）二〇、北平、一九二五年、『古史辨』第三冊下編（樸社、北平、一九三一年十一月）所收）
胡平生・韓自強「阜陽漢簡『詩經』簡論」（『文物』一九八四―八、北京、一九八四年八月、同編著『阜陽漢簡詩經研究』（上海古籍出版社、上海、一九八八年五月）所收）
吳其昌『金文世族譜』（中央研究院歷史語言研究所專刊之十二、一九三六年四月）
江林昌「由古文經學的淵源再論『詩論』與『毛詩序』的關係」（『齊魯學刊』二〇〇二―二、曲阜、二〇〇二年三月）
江林昌「上博竹簡『詩論』的作者及其與今傳本『毛詩』序的關係」（上海大學古代文明研究中心・精華大學思想文化研究所編『上博館藏戰國楚竹書研究』（上海書店、上海、二〇〇二年三月））
洪湛侯『詩經學史』（全二冊、中華書局、北京、二〇〇二年五月）
高兵「春秋「流亡婚姻」考述」（『齊魯學刊』二〇〇四―一、曲阜、二〇〇四年一月）
康有爲『新學僞經考』（萬木草堂、一八八八年）
黃懷信『上海博物館藏戰國楚竹書『詩論』解義』（社會科學文獻出版社、北京、二〇〇四年八月）

黄曉芬「秦の墓制とその起源」（『史林』七四―六、京都、一九九一年十一月）
黃人二「從上海博物館藏『孔子詩論』簡之『詩經』篇名論其性質」（上海大學古代文明研究中心・精華大學思想文化研究所編『上博館藏戰國楚竹書研究』（上海書店、上海、二〇〇二年三月））
郜林濤「『詩經』所載上古婚嫁時令的文化內涵」（『晉陽學刊』一九九七―六、太原、一九九七年十一月）
崔仁義「荊門楚墓出土的竹簡『老子』初探」（『荊門社會科學』一九九七―五、荊門、一九九七年五月）
崔適『春秋復始』（北京大學出版部、北京、一九一八年）
崔明德『先秦政治婚姻史』（山東大學出版社、濟南、二〇〇四年十一月）
謝維揚「周代的世系問題及其在中國歷史上的影響」（『吉林大學社會科學學報』一九八五―四、長春、一九八五年七月）
謝維揚『周代家庭形態』（中國社會科學出版社、北京、一九九〇年六月、一部修訂版、金景芳師傳學者文庫第一輯、黑龍江人民出版社、哈爾濱、二〇〇五年一月）
上海師範大學古籍整理組校點『國語』（上海古籍、上海、一九七八年三月）
上海大學古代文明研究中心・精華大學思想文化研究所編『上博館藏戰國楚竹書研究』（上海書店、上海、二〇〇二年三月）
朱彥民「論商族早期婚姻制度的變遷」（慶祝李民先生七十壽辰論文集編委會編『中國古代文明探索――慶祝李民先生七十壽辰論文集――』、中州古籍出版社、鄭州、二〇〇六年一月）
朱鳳瀚『商周家族形態研究』（天津古籍出版社、天津、一九九〇年八月）
朱鳳瀚『商周家族形態研究　增訂本』（天津古籍出版社、天津、二〇〇四年七月）
周何『春秋穀梁傳傳授源流考――兼論張西堂穀梁眞僞考――』（國立編譯館、臺北、二〇〇二年七月）

周廷良『夏商周原始文化要論』（學苑出版社、北京、二〇〇四年七月）
祝瑞開「我國一夫一妻制家庭的形成」（『社會科學輯刊』一九八九―六、瀋陽、一九八九年十一月）
徐義華「甲骨刻辭諸婦考」（『殷商文明暨紀念三星堆遺址發現七十周年國際學術研討會論文集』、社會科學文獻出版社、北京、二〇〇三年八月）
徐傑令「春秋時期聯姻對封交的影響」（『東北師大學報』（哲學社會科學版）二〇〇四―一、長春、二〇〇四年一月）
徐仁甫「馬王堆漢墓帛書『春秋事語』和『左傳』的事・語對比研究――談『左傳』的成書時代和作者――」（『社會科學戰線』一九七八―四、長春、一九七八年十二月）
徐復觀『兩漢思想史』（增訂版、臺灣學生書局、臺北、一九七六年六月）
徐揚傑『中國家族制度史』（人民出版社、北京、一九九二年七月）
葉舒憲『詩經的文化闡釋――中國詩歌的發生研究――』（湖北人民出版社、武漢、一九九四年六月）
鄒然「孔子『詩』說綜覽」（中國詩經學會編『第二屆詩經國際學術研討會論文集』、語文出版社、北京、一九九六年八月）
齊思和「燕吳非周封國說」（『燕京學報』二八、北平、一九四〇年十二月）
盛冬鈴「西周銅器銘文中的人名及其對斷代的意義」（『文史』一七、北京、一九八三年六月）
芮逸夫「伯叔姨舅姑攷」（『中央研究院歷史語言研究所集刊』一四、上海、一九四九年十二月）
石岩「周代金文女子稱謂研究」（『文物春秋』二〇〇四―三、石家莊、二〇〇四年六月）
薛理勇「試論春秋媵制」（『江漢論壇』一九九一―八、武漢、一九九一年八月）
錢玄同「重論經今古文學問題」（『古史辨』第五册、樸社、北平、一九三五年一月）
錢杭『周代宗法制度史研究』（學林出版社、上海、一九九一年八月）

錢穆『先秦諸子繫年』（增訂版、香港大學出版社、香港、一九五六年六月）
蘇秉琦『中國文明起源新探』（商務印書館、香港、一九九七年六月、邦譯、張明聲譯『新探　中國文明の起源』、言叢社、東京、二〇〇四年五月）
宋公文・張君『楚國風俗志』（湖北教育出版社、武漢、一九九五年七月）
宋鎭豪『夏商社會生活史』（中國社會科學出版社、北京、一九九四年九月）
曾勤良『左傳引詩賦詩之詩教研究』（文津出版社、臺北、一九九三年一月）
曾謇『中國古代社會』（食貨出版社、北平、一九三四年十一月）
曹瑋「散伯車父器與西周婚姻制度」（『文物』二〇〇〇―三、北京、二〇〇〇年三月）
曹兆蘭「金文女性稱謂中的古姓」（『考古與文物』二〇〇二―二、西安、二〇〇二年二月）
曹兆蘭『金文與殷周女性文化』（北京大學出版社、北京、二〇〇四年七月）
曹定雲「「婦好」乃「子方」之女」（『慶祝蘇秉琦考古五十五年論文集』、文物出版社、北京、一九八九年八月）
曹定雲「周代金文中女子稱謂類型研究」（『考古』一九九九―六、北京、一九九九年六月）
曹峯『上博楚簡思想研究』（出土文獻譯注研析叢書P〇二五、萬卷樓、臺北、二〇〇六年十二月）
孫海波「國語眞僞考」（『燕京學報』一六、北平、一九三四年十二月）
張荷『吳越文化』（遼寧教育出版社、瀋陽、一九九一年七月）
張光直「商王廟號新考」（『中央研究院民族學研究所集刊』一五、臺北、一九六三年、『中國青銅時代』（香港中文大學出版社、香港、一九八二年）所收）
張光直「關於商王廟號新考一文的補充意見」（『中央研究院民族學研究所集刊』一九、臺北、一九六五年）

張光直『中國青銅時代』（香港中文大學出版社、香港、一九八二年、邦譯、小南一郎・間瀬收芳譯『中國青銅時代』（平凡社、東京、一九八九年九月））

Chang, Kwang-chih（張光直）. *Art,Myth,and Ritual: The Path to Political Authority in Ancient China.* Cambridge: Harvard University Press, Mass., 1983.、邦譯、伊藤清司・森雅子・市瀬智紀譯『古代中國社會——美術・神話・祭祀——』（東方書店、東京、一九九四年一月）

張壽林「詩經是不是孔子所刪定的?」（『北京大學研究所國學門月刊』一―二、北京、一九二六年、『古史辨』第三冊（樸社、北平、一九三一年十一月）所收）

張淑一「先秦「賜姓」問題探索」（『東北師大學報』（哲學社會科學版）一九九九―四、長春、一九九九年七月）

張心澂『僞書通考』（商務印書館、上海、一九三九年二月）

張正明『楚史』（湖北教育出版社、武漢、一九九五年七月）

張西堂『穀梁眞僞攷』（和記印書館、一九三一年八月）

張西堂「逸詩篇句表（附考）」（『西北大學學報』（人文科學）一九五八―一、西安、一九五八年七月）

張政烺「『春秋事語』解題」（『文物』一九七七―一、北京、一九七七年一月、湖南省博物館『馬王堆漢墓研究』（湖南人民出版社、長沙、一九八一年八月）所收）

張素卿『左傳稱詩研究』（國立臺灣大學文史叢刊之八十九、國立臺灣大學出版委員會、臺北、一九九一年六月）

張素卿『敍事與解釋——『左傳』經解研究——』（書林出版、臺北、一九九八年四月）

張林泉・周春健「『左傳』引『詩』三論」（『孔孟學報』八一、臺北、二〇〇三年九月）

晁福林「試論春秋時期的祖先崇拜」（『陝西師大學報』（哲學社會科學版）一九九五―二、西安、一九九五年六月）

趙生群「『詩經』時代逸詩三題」（『南京師院學報』（哲學社會科學版）一九八三─四、南京、一九八三年十一月）
陳偉「兩周婦名稱國的一點商榷」（『江漢考古』一九八二─二、武漢、一九八二年）
陳偉「『詛楚文』時代新證」（『江漢考古』一九八八─三、武漢、一九八八年）
陳顧遠『中國婚姻史』（商務印書館、上海、一九三六年十一月）
陳昭容「周代婦女在祭祀中的地位──青銅器銘文中的性別・身分與角色研究（之一）──」（『清華學報』三一─四、新竹（臺灣）、二〇〇一年十二月）
陳昭容「從青銅器銘文看兩周漢淮地區諸國婚姻關係」（『中央研究院歷史語言研究所集刊』七五─四、臺北、二〇〇四年十二月）
陳東原『中國婦女生活史』（商務印書館、上海、一九三七年五月）
陳桐生『『孔子詩論』研究』（中華書局、北京、二〇〇四年十二月）
陳寧「春秋時期大國爭覇對諸侯婚姻制度的影響」（『河北師院學報』一九九〇─四、石家莊、一九九〇年十二月）
陳槃「詩三百篇之采集與刪定問題」（『學術季刊』三─二、臺北、一九五四年十二月）
陳槃『春秋大事表列國爵姓及存滅表譔異』（三訂本、中央研究院歷史語言研究所專刊之五十二、臺北、一九六八年六月）
陳夢家「壽縣蔡侯墓銅器」（『考古學報』一九五六─二、北京、一九五六年二月）
陳夢家『殷墟卜辭綜述』（考古學專刊甲種二、科學出版社、北京、一九五六年七月）
陳立「『孔子詩論』的作者與時代」（上海大學古代文明研究中心・精華大學思想文化研究所編『上博館藏戰國楚竹書研究』（上海書店、上海、二〇〇二年三月））
丁山「宗法考源」（『中央研究院歷史語言研究所集刊』四─四、上海、一九三四年）

丁山『甲骨文所見氏族及其制度』（科學出版社、北京、一九五六年九月）
鄭良樹「『春秋事語』校釋」（鄭良樹『竹簡帛書論文集』、中華書局、北京、一九八二年一月）
鄭良樹「「孔子作『春秋』」說的形成」（彭林主編『中國經學』第一輯（廣西師範大學出版社、桂林、二〇〇五年十一月））
田靜・史黨社「論秦人對天或上帝的崇拜」（『中國史研究』一九九六―三、北京、一九九六年八月）
杜正勝「周代封建制的建立――封建與宗法（上編）――」、「周代封建制的建立――封建與宗法（下編）――」（『中央研究院歷史語言研究所集刊』五〇、臺北、一九七九年九月）
杜正勝「周代封建制度的社會結構」（『中央研究院歷史語言研究所集刊』五〇―三、臺北、一九七九年九月）
杜正勝「傳統家族試論」（上）・（下）（『大陸雜誌』六五―二、一九八二年八月、『同』六五―三、臺北、一九八二年九月）
董家遵「中國古代婚姻制度研究」（『現代史學』二―一・二、一九三四年五月、卞恩才整理『中國古代婚姻史研究』（廣東人民出版社、廣州、一九九五年九月）所收）
董家遵「中國的內婚制與外婚制」（手寫本、一九四五年、卞恩才整理『中國古代婚姻史研究』、廣東人民出版社、廣州、一九九五年九月、所收）
董家遵「中國收繼婚史之研究」（『嶺南大學西南社會經濟研究所專刊』第八種、廣州、一九五〇年五月、卞恩才整理『中國古代婚姻史研究』、廣東人民出版社、廣州、一九九五年月、所收）
董同龢『上古音韻表稿』（第三版、中央研究院歷史語言研究所單刊甲種之二一、臺北、一九七五年十一月）
陶毅・明欣『中國婚姻家庭制度史』（東方出版社、北京、一九九四年七月）
童書業「中國上古的婚姻與戀愛」（『上海家庭月刊』、上海、一九四一年）
童書業『春秋史』（開明書店、上海、一九四七年四月）

童書業「從「生產關係適合生產力的規律」說到西周春秋的宗法封建制度」（文史哲雜誌編輯委員會編『中國古史分期問題論叢』、中華書局、北京、一九五七年十一月）
童書業『春秋左傳研究』（上海人民出版社、上海、一九八〇年十月）
童書業　童敎英整理『童書業史籍考證論集』（全二册、現代史學家文叢、中華書局、北京、二〇〇五年十月）
馬銀琴『兩周詩史』（社會科學文獻出版社、北京、二〇〇六年十二月）
馬雍「中國姓氏制度的沿革」（『中國文化研究集刊』二、復旦大學出版社、上海、一九八五年二月）
潘萬木『『左傳』敍述模式論』（華中師範大學出版社、武漢、二〇〇四年九月）
糜文開「詩經篇名問題答案三十四則」（『東方雜誌』復刊一二―一二、臺北、一九七九年六月）
文崇一『楚文化研究』（中央研究院民族學研究所專刊之十二、臺北、一九六七年）
聞一多「詩經新義」（『清華學報』一二―一、北平、一九三七年一月、『聞一多全集乙集』（古典新義、開明書店、上海、一九四八年）所收）
聞一多「詩經通義」（『清華學報』一四―一、北平、一九四七年十月、『聞一多全集乙集』（古典新義、開明書店、上海、一九四八年）所收）
龐樸「上博簡零箋」（上海大學古代文明研究中心・精華大學思想文化研究所編『上博館藏戰國楚竹書研究』（上海書店、上海、二〇〇二年三月））
牟潤孫「春秋時代之母系遺俗公羊證義」（『新亞學報』一、香港、一九五五年八月）
餘敦康「論管仲學派」（『中國哲學』二、三聯書店、北京、一九八〇年三月）
楊寬『古史新探』（中華書局、北京、一九六五年十月、『西周史』（臺灣商務印書館、臺北、一九九九年四月）所收）

楊寬『戰國史――1997增訂版――』（臺灣商務印書館、臺北、一九九七年十月）
楊寬『西周史』（臺灣商務印書館、臺北、一九九九年四月）
楊希枚「論先秦所謂姓及其相關問題」（『中國史研究』一九八四―三、北京、一九八四年八月、『先秦文化史論集』（中國社會科學出版社、北京、一九九五年八月）所收）
楊希枚「「姓」字古義析證」（『國立中央研究院歷史語言研究所集刊』二三、臺北、一九五二年七月、『先秦文化史論集』（中國社會科學出版社、北京、一九九五年八月）所收）
楊希枚『先秦文化史論集』（中國社會科學出版社、北京、一九九五年八月）
楊樹達「說殷先公先王與其妣日名之不同」（『耐林廎甲文說』、群聯出版社、上海、一九五四年十二月）
楊向奎「論左傳之性質及其與國語之關係」（國立北平研究院史學集刊編輯委員會編『史學集刊』二、北平、一九三六年十月）
楊向時「左傳引詩考」（『淡江學報』三、臺北、一九六四年十一月）
楊向時「左傳賦詩考」（『孔孟學報』一三、一九六七年四月）
楊升南「是幼子繼承制、還是長子繼承制？」（『中國史研究』一九八二―一、北京、一九八二年三月）
楊伯峻『春秋左傳注（修訂本）』（中華書局、北京、一九九〇年五月）
李亞農『周族的氏族與拓跋族的前封建制』（上海人民出版社、上海、一九五四年九月）
李學勤「論殷代親族制度」（『文史哲』一九五七―一一、青島、一九五七年十一月）
李學勤「論「婦好」墓的年代及有關問題」（『文物』一九七七―一一、北京、一九七七年十一月）
李學勤「新出簡帛與楚文化」（湖北省社會科學院歷史研究所編『楚文化新探』、湖北人民出版社、武漢、一九八一年九月）
李學勤『東周與秦代文明』（文物出版社、北京、一九八四年六月）

李學勤「考古發現與古代姓氏制度」（『考古』一九八七―三、北京、一九八七年三月）
李學勤「『春秋事語』與『左傳』的傳流」（『古籍整理研究學刊』一九八九―四、長春、一九八九年、李學勤『簡帛佚籍與學術史』所收）
李學勤「先秦人名的幾個問題」（『歷史研究』一九九一―五、北京、一九九一年十月）
李學勤『簡帛佚籍與學術史』（文化叢書一三二、時報文化出版企業有限公司、臺北、一九九四年十二月）
李學勤『走出疑古時代』（修訂本、遼寧大學出版社、瀋陽、一九九七年十二月）
李學勤『綴古集』（上海古籍出版社、上海、一九九八年十月）
李學勤「簡帛書籍的發現及其影響」（『文物』一九九九―一〇、北京、一九九九年十月）
李學勤「『詩論』的體裁和作者」（上海大學古代文明研究中心・精華大學思想文化研究所編『上博館藏戰國楚竹書研究』（上海書店、上海、二〇〇二年三月））
李玄伯『中國古代社會新研』（再版、開明書局、上海、一九四九年三月、初版、一九四八年九月）
李衡眉「論周代的「同姓不婚」禮俗」（『齊魯學刊』一九八八―五、曲阜、一九八八年六月）
李衡眉「也談齊國的「同姓不婚」習俗」（『學術月刊』一九九一―八、上海、一九九一年八月）
李衡眉『昭穆制度研究』（齊魯書社、濟南、一九九六年十一月）
李衡眉・梁方健「「一繼一及」非「魯之常」說」（『齊魯學刊』一九九九―六、曲阜、一九九九年七月）
李衡眉「論西周的王位繼承制度」（『先秦史論集（續）』、齊魯書社、濟南、二〇〇三年一月）
李仲操「兩周金文中的婦女稱謂」（『古文字研究』一八、北京、一九九二年八月）
李裕民「殷周金文的「孝」與孔丘「孝道」的反動本質」（『考古學報』一九七四―二、北京、一九七四年二月）

李零「春秋秦器試探――新出秦公鐘・鎛銘與過去著錄秦公鐘・𣪘銘的對讀――」(『考古』一九七九―六、北京、一九七九年六月)
李零「楚國族源・世系的文字學證明」(『文物』一九九一―二、北京、一九九一年二月)
李零『上博楚簡三篇校讀記』(出土文獻譯注研析叢書一四、萬卷樓、臺北、二〇〇二年三月)
劉光漢「讀左箚記」(『國粹學報』一・三・四・八・一一・一三・一八・二〇・二二、上海、一九〇五年二月～一九〇六年九月)
劉信芳『孔子詩論述學』(安徽大學出版社、合肥、二〇〇三年一月)
劉正『金文氏族研究――殷周時代社會・歷史和禮制視野中的氏族問題――』(中華書局、北京、二〇〇二年一月)
劉正『金文廟制研究』(中國社會科學出版社、北京、二〇〇四年一月)
劉生良「上博論詩竹簡的發現幷不能否定「孔子刪詩說」」(中國詩經學會編『詩經研究叢刊』第二輯、學苑出版社、北京、二〇〇二年一月)
劉麗文「春秋時期賦詩言志的禮學淵源及形成的機制原理」(『文學遺產』二〇〇四―一、北京、二〇〇四年一月)
呂思勉「『詩經』與民歌」(一九四一年、『呂思勉論學叢稿』(上海古籍出版社、上海、二〇〇六年十二月)所收)
呂思勉『呂思勉論學叢稿』(上海古籍出版社、上海、二〇〇六年十二月)
呂靜「秦の『詛楚文』についての再檢討」(『中國出土資料研究』二、東京、一九九八年三月)
廖名春「荆門郭店楚簡與先秦儒學」(『中國哲學』第二〇輯(「郭店楚簡研究」)、遼寧教育出版社、瀋陽、一九九九年一月)
廖名春「論六經幷稱的時代兼及疑古說的方法論問題」(『孔子研究』二〇〇〇―一、濟南、二〇〇〇年一月)
廖名春「上博『詩論』簡的作者和作年――兼論子羔也可能傳『詩』――」(『齊魯學刊』二〇〇二―二、曲阜、二〇〇二年三月)

林劍鳴『秦史稿』（上海人民出版社、上海、一九八一年二月）

④歐米

Bachofen, Johann Jakob. *Das Mutterrecht: eine Untersuchung über die Gynaikokratie der alten Welt nach ihrer religiösen und rechtlichen Natur.* Stuttgart, 1861.（邦譯、岡道男・河上倫逸監譯『母權論――古代世界の女性支配に關する研究　その宗教的および法的本質母權論――』、東京、みすず書房、一九九一年九月〜一九九五年二月）

Engels, Friedrich. *Der Ursprung der Familie, des Privateigenthums und des Staats: Im Anschluss an Lewis H. Morgan's Forschungen.* 1891.（邦譯、戸原四郎譯『家族・私有財產・國家の起源――ルイス・H・モーガンの研究に關連して――』、岩波文庫、岩波書店、一九六五年十月）

Granet, Marcel. *Fêtes et Chansons anciennes de la Chine.* Bibliothèque de l'École des Hautes Études, Paris: Sciences religieuses 34, Leroux, 1919.（邦譯、内田智雄譯『支那古代の祭禮と歌謠』、弘文堂、東京、一九三八年二月）

Hartner, Willy. *Das Datum der Shih-ching-Finsternis.* T'oung Pao, Serie II, Vol. XXXI, Livr. 3-5, 1935.

Huang, Paulos. "*The Guodian Bamboo Slip Texts and the Laozi.*"（『中國出土資料研究』三、東京、一九九九年三月）

Karlgren, Bernhard. *On the Authenticity and Nature of the Tso-Chuan.* Göteborg: Göteborg Högskolas årsskrift 32-3, 1926.（邦譯、小野忍譯『左傳眞僞考――附支那古典籍の眞僞について――』、文求堂書店、東京、一九三九年七月）

Leach, Edmund Ronald. *Rethinking Anthropology.* London: 1961.（邦譯、青木保・井上兼行譯『人類學再考』、思索社、東京、一九九〇年一月）

Morgan, Lewis Henry. *Ancient Society or Researches in the Lines of Human Progress from Savagery through Barbarism to Civilization.* New York: Henry Holt, 1877.（邦譯、青山道夫譯『古代社會』（上）・（下）、岩波文庫、岩波書店、東京、一九五八年七月、一九六一年九月）

Service, Elman Rogers. *Primitive Social Organization: An Evolutionary Perspectives.* 2nd ed. New York: Random House, 1971.（邦譯、松園萬龜雄譯『未開の社會組織——進化論的考察——』、弘文堂、東京、一九七九年六月）

Thatcher, Melvin P., *Marriages of the Ruling Elite in the Spring and Autumn Period.* Rubie S. Watson & Patricia Buckley Ebrey, ed. *Marriage and Inequality in Chinese Society.* Berkley and Los Angeles: University of California Press, 1991.

あとがき

本書の執筆にあたっては次のように既發表の論文を利用した。

序　章第一節「先秦時代婚姻史および鄰接分野研究の展望」（『中國史學』一〇、二〇〇〇年十二月）

第一章第一節「婚姻記事の差異より見た春秋三傳――『春秋』經文に見える事例を中心として――」（『史料批判研究』創刊號、汲古書院、一九九八年十二月）

第二節「先秦時代の婚姻に關する一考察――戰國王權の正統性に關連して――」（『史學雜誌』一〇九―一、二〇〇〇年一月）

第二章第一節「『春秋』所見の女性名に關する試論――出土史料との比較を交えながら――」（『史料批判研究』二、汲古書院、一九九九年六月）

第二節「列國金文にみえる祖先祭祀と女性」（『中國出土資料研究』四、二〇〇〇年三月）

第三節「『左傳』にみえる繼承について」（『中國哲學研究』一八（池田知久教授退官記念特集）、二〇〇三年二月）

第四節「『左傳』の同姓不婚について」（『日本秦漢史學會會報』七、二〇〇六年十一月）

第三章第一節「『左傳』君子・會話部分の引詩について――内容分類を用いて――」（『史料批判研究』三、汲古書院、一九九九年十二月）

第二節　「『左傳』の引詩に關する一考察――「賦詩斷章」の背景――」（『東洋文化』八一、二〇〇一年三月）
第三節　「中國古代における『詩』の成立と傳播に關する一考察――共同祭祀の場との關係を中心に――」（『史學雜誌』一一四―九、二〇〇五年九月）

直接本書のもとになったのは博士論文（東京大學、二〇〇三年十月）である。今回の出版にあたり、かなりの部分に手を加えたが、議論の方向性にはほとんど變わりがないと考えている。

『左傳』をはじめ先秦時代の典籍に記載された家族形態は、歴代の統治イデオロギーにより都合よく解釋・利用された。そのため、先秦家族史の先行研究は、漢代の注釋類に始まる膨大なものとなっている。それらは、研究が行われた時代・地域の性格を反映する。しかし、近代以後の先行研究において、このことを意識して先秦時代の家族について議論したものは少なく、纏まった研究は皆無といってよかった。本書は、この課題に關連して、三章にわたって檢討したものであり、そのことを念頭に置いて『先秦家族史の新研究』と題して纏めを行った次第である。

本書の執筆に至るまでには數多くの方々のご指導を仰いだ。尾形勇東京大學教授（現・立正大學教授）には右も左も分からぬ學部生時代から、曲がりなりにも論文を執筆し始めた修士課程修了に至るまで指導教官としてご指導頂いた。尾形教授の退官後、博士課程在籍中は平勢隆郎教授にご指導頂いた。博士課程で副指導教官を引き受けて頂いた池田知久教授（現・大東文化大學教授）からは、大學院進學以來、先秦時代の材料を批判的に分析する手法を體系的にお教え頂いた。博士論文の審査委員だった石川三佐男秋田大學教授、池澤優・大西克也・橋本秀美東京大學准教授からは、單に博士論文の內容にとどまらず、樣々な方面においてご教示賜った。また、松丸道雄名譽教授には常日頃學會等でご指導頂くのみならず、本書の執筆を強く薦めて頂いた。中文提要は呂靜副教授（復旦大學）、英文提要はヨアヒム・

ゲンツ研究員（エディンバラ大學）の手を煩わせた。汲古書院の石坂叡志社長、小林詔子さん、東洋文化研究所刊行委員長、同委員會諸氏、研究支援擔當の松本律子さんには、本書の出版にあたり一方ならずお世話になった。無論、それ以外にも數多くの方々のご恩を被っている。ここに厚く感謝の意を表する次第である。

小寺　　敦（こてら　あつし）

著者略歴

1969年10月、滋賀縣生まれ。東京大學文學部東洋史學科卒業。同大學大學院人文社會系研究科アジア文化研究専攻博士課程修了。博士（文學）。日本學術振興會特別研究員（ＰＤ）を經て、2006年４月東京大學東洋文化研究所助教授（2007年４月より准教授に職名變更）。

主要業績

「先秦時代の婚姻に關する一考察――戰國王權の正統性に關連して――」（『史學雜誌』109－１、史學會、2000年１月）

「中國古代における『詩』の成立と傳播に關する一考察――共同祭祀の場との關係を中心に――」（『史學雜誌』114－９、史學會、2005年９月）

「左傳の同姓不婚について」（『日本秦漢史學會會報』７、日本秦漢史學會、2006年11月）

先秦家族關係史料の新研究

平成二十年三月十七日　發行

著者　小寺　敦
發行者　石坂叡志
整版印刷　中台整版
モリモト印刷

發行所　汲古書院
〒102-0072　東京都千代田區飯田橋二－五－四
電話〇三（三二六五）九七六四
ＦＡＸ〇三（三二二二）一八四五

ISBN978－４－7629－2837－６　C3022

KYUKO-SHOIN, Co.,Ltd.　Tokyo

New Research about Historical Source Material on Lineage Relationship in the Pre-Qin Era

Abstract

KOTERA Atsushi

This article focuses on the *Zuo zhuan(左傳)* as its main source. Furthermore it also uses *Shijing(詩經)* quotes from the *Zuo zhuan* and other transmitted sources as well as excavated materials related to lineage relationship to open up a new area of investigation.

The first part of the introduction presents material and earlier research on marriage and lineage history in the Pre-Qin era and especially points out how research tendencies and developments gradually became much specified and particularized after KATŌ Jōken*(加藤常賢)* and how this topic has slowly been abandoned by later Japanese scholars. In contrast, in the PRC after the Cultural Revolution research in the topic of lineage has become a rather broad spread and hot topic, but the research lacked originality and a sharp analytical focus. Furthermore the fact of the existence of female members of lineages has become a major concern of recent research of both Chinese and Japanese scholars. The main sources of this article are transmitted texts. However, the records on the history of lineage relationships have been shaped by the influence of the tendency of thoughts of the time the texts were written so that the source texts follow in the interpretations of their contents the differences of time and place of production. In order to differentiate these differences the material will first of all be analysed in regard to its structure and characteristics.

The second part of the introduction summarizes once again MATSU-

MOTO Masaaki(松本雅明)'s research on the *Shijing*. Carefully seeking the dating of each song of the *Shijing* following the example of MATSUMOTO Masaaki's research and studying the sceptical approach of the yigu (疑古, doubting antiquity) school and at the same time also using an approach of the shigu(釋古, explaining antiquity) the article goes one step further in its exploration of the characteristics of the *Shijing*.

MATSUMOTO Masaaki's *Shijing* research was entirely based on a structural analysis of texts. However, to conclude the absolute dating of the *Shijing* only on the basis of the dating of texts is a restricted approach and there is further need to make use of HIRAYAMA Kiyotsugu(平山清次)'s and other scholar's research on ancient calendar systems. Because the research of this article like the research of MATSUMOTO mainly uses lineage records for its structural analysis it will, if the dating of the texts is not possible, draw on the research results of HIRAYAMA and others where dating is necessary for the research.

The first part of the first chapter starts from the sequence order and evaluation of marriage records in each of the three commentaries to the *Spring and Autumn Annals* (春秋, *Chunqiu*) to point out that the *Gongyang zhuan(公羊傳)* at least does not oppose marriage relations between the state of Lu(魯) and the state of Qi(齊), the *Zuo zhuan* clearly expresses a very strict attitude towards the marriage between the ruler of Lu and the Princess of Qi. The *Guliang zhuan(穀梁傳)* has a rather strong moralistic approach in its evaluations. This part also discusses the effect which OGURA Yoshihiko(小倉芳彦)'s method of structural analysis has on his classification of the contents of the *Zuo zhuan*. The second part discusses the effect which the concept of form (形, xing) as a means of appraisal that was useful for the two clans of Han(韓) and Wei(魏) in the state of Jin(晉) unfolded in the lineage records. At the same time taking into account the

two big organizations of the *Gongyang* and the *Zuo zhuan* edition teams and how they mutually emphasized models of their blood based legitimacy.

During the middle of the Zhanguo(戰國) period the rulers of the states Han and Wei claimed to be "kings" , and the main part of the *Gongyang zhuan* is assumed to basically have been accomplished in the middle of the Zhanguo period. This point is rather easy to understand.

However, discussions in this chapter are mostly focused on the marriage records. Although it can not be fully proved that other parts of the *Zuo zhuan* and *Gongyang zhuan* have not been revised by later generations, we only can take a highly skeptical stance towards that problem in our research. This article will therefore adopt the most popular view that the *Guliang zhuan* was accomplished a little later than *Zuo zhuan* and *Gongyang zhuan* were.

The first part of the second chapter expounds that compilers of *Chunqiu* and *Zuo zhuan* on the basis of the continuation of the Western Zhou(西周) and Chunqiu knowledge discussed the names of the female spouses of the Chunqiu period state rulers and the connotation 'form' of these names. It is assumed that there is a certain connection between this and the lineage records in *Zuo zhuan*, which are analyzed in the first chapter. The second part of this chapter focuses on some bronze inscriptions from several states of the Eastern Zhou(東周) Dynasty. These records are specific exemplifications of the phenomenon that during late Chunqiu and early Zhanguo periods political forces of inferior status subdued their superior class and earned legitimate political rights for their later generations by making advantage of marriage relations, a tradition passed down from the Western Zhou Dynasty. The third part of this chapter discusses both the old and new theories of succession policies. The origins of both the two

theories are presented and it is pointed out that there is no academic value in merely discussing these theories themselves. All evaluations about succession in *Zuo zhuan* were based on the position of the 'worthy', the eldest son born of primary wife was taken as the orthodox successor. This view very likely reveals the father-to-son succession concept that was popular during the Zhanguo period. The fourth part of this chapter deals with the records in *Zuo zhuan* on the topic that marriages were prohibited among kin with the same surname. It is also pointed out that the various records about this prohibition in the *Zuo zhuan* are kept out of a different purpose from the compilation intent mentioned earlier. This has epoch-making significance in the research on the history of ancient Chinese lineage relationship.

The discussions in the second part reveal a resemblance between the marriage records from transmitted texts and excavated materials: the earlier the era it came from, the better its discussions reflect the new ideology of the later generations. A proper judgment of the era characteristics of the transmitted texts makes it possible to specify the lineage issues in the pre-Chunqiu period.

Through this analysis of the bronze inscriptions from various states related to lineage relationship, it has been discerned that all interpretations about bronze inscriptions had been influenced by transmitted texts such as *Zuo zhuan*. The period in which epoch-making systematic lineage moralities and rules were established was exactly the Zhanguo period, when various texts were popularly compiled. The regions involved in this process can be taken as those with clan intercommunication.

Based on the sequence order of the *Shijing* quotes in the 'Junzi(君子)' comments and in the conversations parts in the *Zuo zhuan*, the first part of Chapter Three states that by looking at which parts were quoted it is

evident that the 'form' which was used for the appraisal of orthodox had not been established. It also points out that the conversation parts from *Zuo zhuan* in which Fu(賦) of *Shijing* was retained were more likely to be composed in later years, while the verse lines themselves were supposed to be composed earlier than *Zuo Zhuan*. The second part of this chapter penetrates deeper with continuous discussions. Although it can not be asserted that the *Shijing* quotes from the *Zuo zhuan* could be taken as the establishment of a 'form' - appraisal of a particular powerful clan, it shows that obviously the practice of judging clans by using *Shijing* quotes had already begun. Under such circumstance, the *Shijing* songs quoted in the *Zuo zhuan* were endowed with new connotations different from their original meanings. As the titles of the songs were commonly recognized, interpretations on their contents were categorized into two broad groups: the northern school including central China with the western including the state of Qin(秦) on the one side and the southern including the state of Chu(楚) on the other. The *Zuo zhuan* quotes can be correspondingly categorized into these two systems of interpretation. Besides, the practice of poem composition can be considered to have begun from the north and west, and then spread gradually towards the southern territory of Chu.

The third part of this chapter addresses the relationship between the accomplishment and spread of the *Shijing* and the popularization of written characters. The individual stanzas in the *Shijing* were originally rhymed prose verses composed in the late Western Zhou Dynasty under the Zhou kingdom centered ruling system, used in some common sacrificial rituals, and bearing resemblance with bronze inscriptions. Some other locally created and circulated works were also included in the *Shijing*. At the edge of the Western Zhou and Chunqiu periods, written characters were popularized and spread among different regions. The particular fact

that in the later Chunqiu period the number of literate people was increasing and bureaucracy came into existence makes the compilation of written texts a possibility.

The third chapter firstly points out that *Zuo zhuan*'s quotes from *Shijing* were not necessarily made to establish the 'form' for a particular clan's orthodoxy. Rather it was in effect adopted to make judgements on clans. However, this is not contradictory to the 'form' of lineage records in *Zuo zhuan* mentioned in chapter one. *Shijing* was compiled in the northern region including Central China, and the western region including the state of Qin, while at the same time it was spread within the southern region including the state of Chu. Finally, concerning the accomplishment of the *Shijing*, it was hypothesized that there is a possibility of a relationship between the spread of the *Shijing* and the spread of written characters.

Furthermore, a review of the conclusion of this book is carried out from the perspective of recent research tendencies in ancient Chinese history. In the past decade, scholars such as TSURUMA Kazuyuki(鶴間和幸), HIRASE Takao(平勢隆郎) and FUJITA Katsuhisa(藤田勝久) have based their research on pre-Qin, Qin and Han(漢) history and carried out systematic and historiographical criticism so that the dating of these historical texts was specified. Research on the changes of historical views during that period has also prospered. TSURUMA Kazuyuki has conducted research on *Shiji* and stone portraits from the Han Dynasty; HIRASE Takao has specialized in the research on the *Zuo zhuan* and related Zhanguo texts; and FUJITA Katsuhisa has extensively based his research on the *Shiji*. Research on pre-Qin lineage relationship history has heavily relied on this sort of text research. Considerable amount of materials have been newly excavated from mainland China, which has also had a great significance for the research on pre-Qin lineage relationship history. Therefore, this

book takes the *Zuo zhuan* as its main source for the history of pre-Qin lineage relations, while other transmitted sources and the excavated materials are also adopted. As for the lineage records from these materials, as is mentioned in the first part of the introduction, UTSUGI Akira(宇都木章), OGATA Isamu(尾形勇), SAITŌ Michiko(齋藤道子) and MATSUMARU Michio(松丸道雄) stress that they are featured with 'political' characteristics. If these are merely political characteristics, it might be taken as a general feature that can surpass time and space limitations. However, the political character discussed in this book is a particular phenomenon especially found in the history of lineage relationships in the pre-Qin period. From the late Chunqiu period to the early Zhanguo period, Chunqiu period families adopted strategies to subdue their superiors, ascend to the throne and claim themselves 'king'. This epoch's characteristics can be closely associated with the specific conditions of great social changes when China was transformed from the primary state to a more sophisticated country, as reflected in the 'primary state theory' which has been heatedly discussed in recent years by a group of archaeological researchers led by OKAMURA Hidenori(岡村秀典) and MIYAMOTO Kazuo(宮本一夫). This viewpoint is further proved by the discussion in Chapter One of this book. HIRASE Takao holds that there existed a number of cliques that were in a competitive situation in claiming themselves to represent the 'Orthodox ideology of the Zhanguo period'. They were then formed into respective canonical texts. Although in the aspect of lineage relationship history differing from HIRASE's research perspective and problem's approach, the discussions in chapter one of this book on the appraisal of the Han and Wei clans of the state of Jin in the lineage records of the *Zuo zhuan* bear some resemblance with Hirase's discussion about the 'form' of the subtle words and predictions in the *Zuo zhuan*. The discussions focus on marriage

records. They firstly prove the effectiveness of OGURA Yoshihiko's method of breaking the content of the *Zuo zhuan* into three parts. However, the specific time and region of the accomplishment of the three *Chunqiu* commentaries still can not be defined. Through the investigation of this book, it has been discerned that in the marriage records in the *Zuo zhuan*, the concept of 'form' was already developed as a means of appraisal for the lineage of the Ji(姫) clan who claimed kingship in the state of Jin during the mid-Zhanguo period. Therefore, this part was very likely to be compiled in the mid-Zhanguo period, while the statement that it was compiled in the regions around the states Han and Wei in the San-Jin would be rather convincing. This conclusion conforms to parts of KAMATA Tadashi(鎌田正)'s view, and includes parts of HIRASE's argument as well. It was commonly believed that the *Gongyang zhuan* is very likely to hold a favourable view towards the marriage relations between the rulers of Lu and the princesses of Qi. Then it is highly probable that the accomplishment of this part of reports is linked with the Tian clan of the state of Qi(田齊) during the mid-Zhanguo period. As it can not be denied that a relevant part of the *Guliang zhuan* might be a review of Zhanguo period history, and a brand-new view and stance can be noted from the lineage records therein, it might have been accomplished later than the previous two commentaries. The above stated evidence is a further proof of the strong theory on the dating of the *Gongyang* and *Guliang zhuan*.

The transmitted sources are surely written documents. While SHIRAKAWA Shizuka(白川静) has described the times related characteristics of the transition of the *Shijing* from an oral to a written form, HIRASE has focused on the powerful literate class and the expansion of literacy, and has pointed out that this transitional phenomenon was closely connected to the social changes in the pre-Qin era.

Discussion on this issue is carried out in Chapter Three of this book and part three of this chapter is specially devoted to this issue. This book carries out an investigation on SHIRAKAWA Shizuka and HIRASE's views from the perspective of the accomplishment and spread of the *Shijing*, discussing the related parts of their work. The lineage records in the *Shijing* are widely adopted as the original elements for lineage issue studies. When the dating and spread of historical materials are closely linked to a particular clique and power, the selection of the materials is always inclined to be lopsided.

KATŌ Jōken considers the transition from surname to clan as a developmental phase of the ancient Chinese clan system. Yet UTSUGI Akira holds that the ancient Chinese clan system has undergone an epoch-making change from the Chunqiu period to the Zhanguo period. This book basically follows the theories of KATŌ Jōken and UTSUGI Akira, and assumes that Chunqiu and Zhanguo periods were crucial periods for clan system development. It is assumed that among the three *Chunqiu* commentaries, marriage records in *Zuo zhuan* and *Gongyang zhuan* as previous parts have discussed had revealed the existence of 'form' as an appraisal for Jin and Qin, who claimed kingship during mid-Zhanguo Period. An even more rigorous method should be the attribution of the establishment of the epoch-making clan concept to mid-Zhanguo period. Judging from the excavated historical data on Guodian(郭店) bamboo slips of the state of Chu and Shangbo(上博) bamboo slips of the state of Chu, it can be ascertained that written text compilation has been conducted in a large scale around 300 B. C. It was against such political and ideological background that the patriarchal clan system of the Zhou took its original shape during the mid-Zhanguo period. While the time when clan ideology was totally taken for the accomplishment of the ritual order might be post-

poned till the Han Dynasty, all its key elements can be considered to have taken their shape as early in mid-Zhanguo period.

This hypothesis needs to be further proved. Chinese lineage history, spanning from 3000 B. C. when the early state was believed to be established in the Qin and Han periods when ancient empires were founded, needs not only a panoramic-view research, but also in-depth studies on its details. This is left as a grand project for future studies. In order to carry out this project, analysis of *Zuo zhuan*, which bears historical records of lineage history, *Shijing*, which is of equal historical value, and newly excavated historical materials coming forth steadily in recent years are all of great importance. This book is still restricted to discussions on the *Zuo zhuan* and its quotations. Forthcoming studies based on this book will move onto direct studies on the quality and characteristics of the *Shijing* and excavated materials, so that contributions can be made for the overall research of the history of pre-Qin lineage relationships.

《先秦家族關系史料新研究》摘要

小寺　敦

本論文以《左傳》爲核心，同時利用《左傳》中所引“詩《詩經》”等傳世文獻以及有關家族的出土史料展開新的探討。

序章第一節整理了有關先秦時代婚姻、家族史的先行研究，特別指出加藤常賢以後的研究趨向於個別化和細分化，此後日本學界關於這一問題的研究漸漸處於停滯的狀態。而在中國，文革以後這一家族問題的研究，盡管顯得很熱鬧，但是研究缺乏創意和見解。另外注重女性存在狀態的研究，成爲近年來日中雙方關注的共同點。本論研究史料的核心是傳世文獻，但是傳世文獻中有關家族史實的記錄受到文獻成立之時思想傾向的影響，原文及其內容注釋隨著時代、地域而產生差異。爲了辨別這些差異，首先對史料本身進行結構和性質的分析。第二節重新總結了松本雅明的詩經研究。以謹慎的態度追蹤《詩》各篇的成立年代，借鑑松本的研究，既學習采用所謂“疑古”的方法，又慎重地使用“釋古”的方法，進一步對《詩》的性質展開探討。

松本的《詩》研究完全通過文獻的結構分析而進行，但是僅僅依靠文獻的成書年代來推斷《詩》的絕對年代是有一定局限的，有必要利用平山清次等人關於歷法的研究。由於本文的研究如同松本氏的研究那樣主要是通過家族記事的結構分析展開，無法確立文獻的成立年代，因此研究中有關年代確認的場合常常會參考平山氏等人的研究成果。

在第一章第一節中，從《春秋》三傳各自關於婚姻記事的排列和評價傾向，指出《公羊傳》至少沒有否定魯和齊的婚姻關系，《左傳》對魯國國君和齊國公女的婚姻顯示出極其嚴厲的態度，《穀梁傳》在給予評價的時候，其倫理性的特征很濃。本節中同時論證了小倉芳彥氏對於《左傳》所采用的結構分析手法對於內容分類的有效性。在第二節中討論在《左傳》家族記事裡，“形”作爲頌揚晉

國韓、魏兩氏有用的手段發揮了作用，同時設想編纂《公羊傳》的集團和編纂《左傳》集團的兩大組織，他們相互強調其血統正統性的模式。

韓、魏稱王在戰國中期，而《公羊傳》的主要部分被認爲在戰國中期基本成形，這一點很容易理解。不過本章的討論集中在婚姻記事方面，雖然現在尙不能完美地證明《左傳》和《公羊傳》的其他部分沒有經後人加工過，只能停留在保持高度懷疑的狀態。因此采用一般的觀點，《穀梁傳》的成書比《左傳》、《公羊傳》要晚一些。

在第二章第一節中，論述了《春秋》和《左傳》的編撰者在繼承西周、春秋以來關於女性名字知識的基礎上，對春秋時期國君女性配偶者的名稱及其名稱所蘊含的意義“形”進行了討論，設定其與第一章中所言及的《左傳》家族記事之有著某種關聯。第二節討論了東周時期若干列國金文的材料。這些金文實例都是春秋末至戰國時代以下克上的政治勢力們，利用西周以來的傳統，通過婚姻關系賦予其子孫的政治權威，作爲其擁有君主權力正當性的根據。在第三節中討論了關於繼承制度的新、舊理論。圍繞著兩種學說的發生緣起展開了討論，指出就學說本身進行討論并無任何價值。《左傳》中有關繼承問題的評價，都是以“賢人”的立場出發以嫡長子繼承爲正統，而這一思想傾向有很大可能反映了戰國時代通行的父子繼承思想。第四節討論了《左傳》中的同姓不婚記錄，并且指出《左傳》中所出現的關於同姓不婚諸說的出現，與前述《左傳》一書編纂的意圖有所不同，其在中國古代家族史的研究中具有劃時代的意義。

經過第二章的討論，發現傳世文獻中的婚姻記錄和出土史料具有共同特點，時代越是往前，其議論則越體現後代的新的思想傾向，正確辨別傳世文獻的時代特征，爲明確春秋以前的家族問題提供了可能。

通過探討有關家族問題的列國金文材料，發現歷來有關的金文解釋，受到《左傳》等傳世文獻的影響，而具有時代意義的、系統化的家族倫理、家族制度建立的時期，正是流行文獻書記編纂的戰國時期，建立的地域也可以考慮是互相接觸交流的地域。

第三章第一節，根據《左傳》中的君子評論、對話部分所引用的《詩》的排列，從那部分的引詩來看，尙未形成頌揚正統的“形”，并且指出保留了“詩”

賦的那部分《左傳》對話部分，其成立年代稍後的可能性比較高，而詩句本身的年代應該比《左傳》的成書年代更早。在第二節中進一步深入討論前節的內容，雖然《左傳》有關引詩記錄不能說已經形成對特定世族頌揚的“形”，但是可以肯定利用“詩”對世族進行評價的做法已經開始，而在這種場合下，《左傳》所引用的《詩》，賦予了與原來《詩》的本義所不同的含義。僅僅是《詩》的篇名得到公認，《詩》的內容的解釋被分爲包括中原在內的北部、包含秦的西部以及包括楚在內的南部兩大部分。《左傳》中引詩部分的來源也可以被分成這兩大系統。另外，關於賦詩的習慣可以考慮先有北方和西方開始，以後漸漸向南方的楚地傳播開來。

在第三節中討論《詩》的成立及其傳播與文字使用的擴大關系密切的問題。《詩》各篇原來是西周後期所出現的、在以周王朝爲中心的統治體制下、在共同的祭祀場中所使用的、如同金文那樣的韻文，也包括創作的和流傳下來的作品。西周春秋之際文字擴散，向各地傳播。特別是春秋後期以降文字知識所有者的增多和官僚的出現，文字的編纂成爲可能。

在第三章中首先指出《左傳》中《詩》的引用未必就是爲了設定特定世族正統性的“形”，但是卻被用來評價世族，其與第一章關於《左傳》家族記事中的“形”，并不矛盾。《詩》在包括中原在內的北面以及包括秦在內的西部地域的成立，同時在包括楚在內的南面的地域傳播開來。最後關於《詩》的成書問題，假設《詩》的傳播和文字的傳播途徑合二爲一的可能性的存在。

另外從中國古代史的研究動向來看本文的討論結果。最近十年來象鶴間和幸、平勢隆郎、藤田勝久那樣，通過對先秦、秦漢史料展開系統化的、史料學的批判，明確了這些史料的成立狀況，針對那個時代歷史觀變化的研究層出不窮。鶴間和幸的《史記》和漢代畫像石研究、平勢隆郎的《左傳》戰國文獻的研究、藤田勝久利用《史記》的研究，先秦家族史的研究在很大程度上依靠了這樣的文獻研究。尤其是近年來中國大陸新出了大量的出土史料，也給先秦家族史的研究帶來巨大影響。因此本書的先秦家族史重要資料以《左傳》爲中心，并結合其它的傳世文獻何出土資料展開研究。關於這些史料的家族部分，正如已經在序章第一節中所談到的，宇都木章、尾形勇、齋藤道子和松丸道雄強調具有“政治性”的特徵。

假如僅僅是“政治特徵”的話，可以作爲超越時空的普遍性來看吧。不過本書所論及的“政治性”，指先秦時代家族關係史料中所特有的現象，從春秋末期到戰國，春秋時代的世族以下克上獲得君位，隨即稱王。這種時代特征，正如近年來在以岡村秀典和宮本一夫爲中心的考古學研究者中熱烈討論的初期國家論中，所謂從初期國家向成熟國家發展的中國社會大變化的時代狀況密切相關，本書第一章討論的結果進一步證明了這樣的觀點。平勢隆郎認爲在戰國中期存在著數個競相標榜“戰國正統觀”集團，而其後作爲經書的經典文籍形成。在家族史方面與平勢的研究在視角和問題意識上有所不同，本書第一章討論的《左傳》有關家族記事中頌揚晉國韓、魏兩氏的議論，與平勢的關於《左傳》微言、預言的“形”的討論有相同的部分。討論的焦點集中在婚姻記事方面，首先論證了小倉芳彥將《左傳》內容三分類手法的有效性，而春秋三傳成書的絕對年代和地域的確定卻無法達成。通過本書的探討，發現在《左傳》的婚姻記事中戰國中期已經形成頌揚稱王的晉國姬姓世族的“形”，因此，這一部分的成立發生在戰國中期的可能性極大，成立的地域在三晉的韓、魏周圍的說法也有相當的說服力。這個結果跟鎌田正的一部分觀點相符合，也包括了平勢的說法。通常認爲《公羊傳》有贊揚魯侯和齊國公女婚姻的傾向，那麼這一部分的記事成立與戰國中期齊的田氏的可能性極高。至於《穀梁傳》中相關部分的內容不能否定是對戰國歷史的回顧，其有關的婚姻思想顯示了一種嶄新的見解和看法，因此其成書比起上兩傳要晚一些。以上是對《公羊傳》和《穀梁傳》成書年代有力學說的進一步論證。

傳世文獻當然是被文字書寫下來的東西，白川靜描述了《詩》從口頭文學變成文字文學的時代特征，而平勢則從具備了文字知識的勢力階層以及文字知識的擴大過程，指出這一現象與先秦時代的社會變動密切相關。

關於這一問題的討論在本書第三章中展開，特別在第三節重點予以討論。本書從《詩》的成立和傳播問題的角度對白川靜和平勢的觀點進行考察，對於其中的部分進行了論證。通常將《詩》中的有關家族史料，作爲家族問題的原始元素被大加利用。史料的成立、傳播，當與特定的集團和勢力有著密切關聯的時候，其選擇取舍一定發生偏倚。

加藤常賢把姓向氏的變化作爲中國古代家族制度的一個發展階段，宇都木章

則認爲春秋時代至戰國時代中國古代家族制度發生了劃時代的變化。本書基本上繼承了加藤常賢和宇都木章的學說，設定春秋戰國時代爲家族制度關鍵的變化時期。在春秋三傳中，假定《左傳》、《公羊傳》的婚姻記事，正如前文所探討的結果那樣，戰國中期已經顯現出頌揚稱王的晉、齊世族的“形”，更爲嚴謹的做法是將具有劃時代意義的家族思想的成立置於戰國中期。從郭店楚簡、上博楚簡的出土史料以及傳世文獻，我們確知大約在公元前三百年左右文獻的編纂大規模地進行。正是在當時政治、思想的背景下，至少在戰國中期形成了所謂的“周代宗法制”的原型。而家族的思想作爲禮制的完成恐怕要向後延伸到漢代，不過其重要元素可以考慮早在戰國中期已經全部具備。

這一假說需要在今後進一步展開論證。從通常被認爲初期國家成立的公元前三千年，到古代帝國成立的秦漢時期的中國家族史，不僅需要全面俯瞰式地研究，更需要對細部進行細致地探討。這是今後留下來的大課題。爲了進行這一課題，對有關家族史史料的《左傳》、以及同樣具有豐富史料價值的《詩》進行探討，對於近年來源源不斷出土的新史料的討論也不可缺少。本書還僅僅停留在《左傳》及其引用的研究，今後將以本文的研究成果爲基礎，進入對《詩》和出土史料的直接討論，探討這些史料的性質特征，爲先秦家族史的研究盡微薄之力。

索　引

書名篇名索引

タ行

ハ行

マ行

ヤ行

ラ行

人名索引

事項索引

タ行

ナ行

ハ行